编委会
普通高等学校"十五五"规划旅游管理类精品教材
教育部旅游管理专业本科综合改革试点项目配套规划教材

总主编

马 勇 教育部高等学校旅游管理类专业教学指导委员会副主任
中国旅游协会教育分会副会长
中组部国家"万人计划"教学名师
湖北大学旅游发展研究院院长，教授、博士生导师

编 委（排名不分先后）

田 里 教育部高等学校旅游管理类专业教学指导委员会主任
云南大学工商管理与旅游管理学院原院长，教授、博士生导师

高 峻 教育部高等学校旅游管理类专业教学指导委员会副主任
上海师范大学环境与地理学院院长，教授、博士生导师

韩玉灵 北京第二外国语学院旅游管理学院教授

罗兹柏 中国旅游未来研究会副会长，重庆旅游发展研究中心主任，教授

郑耀星 中国旅游协会理事，福建师范大学旅游学院教授、博士生导师

董观志 暨南大学旅游规划设计研究院副院长，教授、博士生导师

薛兵旺 武汉商学院旅游与酒店管理学院院长，教授

姜 红 上海商学院酒店管理学院院长，教授

舒伯阳 中南财经政法大学工商管理学院教授、博士生导师

朱运海 湖北文理学院资源环境与旅游学院副院长

罗伊玲 昆明学院旅游学院教授

杨振之 四川大学中国休闲与旅游研究中心主任，四川大学旅游学院教授、博士生导师

黄安民 华侨大学城市建设与经济发展研究院常务副院长，教授

张胜男 首都师范大学资源环境与旅游学院教授

魏 卫 华南理工大学旅游管理系教授、博士生导师

毕斗斗 华南理工大学旅游管理系副教授

蒋 昕 湖北经济学院旅游与酒店管理学院副院长，副教授

窦志萍 昆明学院旅游学院教授，《旅游研究》杂志主编

李 玺 澳门城市大学国际旅游与管理学院执行副院长，教授、博士生导师

王春雷 上海对外经贸大学会展与传播学院院长，教授

朱 伟 天津农学院人文学院副院长，副教授

邓爱民 中南财经政法大学旅游发展研究院院长，教授、博士生导师

程丛喜 武汉轻工大学旅游管理系主任，教授

周 霄 武汉轻工大学旅游研究中心主任，副教授

黄其新 江汉大学商学院副院长，副教授

何 彪 海南大学旅游学院副院长，教授

普通高等学校"十五五"规划旅游管理类精品教材

教育部旅游管理专业本科综合改革试点项目配套规划教材

总主编◎马 勇

旅游项目管理

Tourism Project Management

梁增贤 ◎ 编著

华中科技大学出版社

http://press.hust.edu.cn

中国·武汉

图书在版编目(CIP)数据

旅游项目管理 / 梁增贤编著 . -- 武汉 ：华中科技大学出版社，2025.8. -- ISBN 978-7-5772-2118-2

Ⅰ. F590.1

中国国家版本馆 CIP 数据核字第 2025F9J221 号

旅游项目管理
Lüyou Xiangmu Guanli

梁增贤　编著

总 策 划：李　欢

策划编辑：李　欢　胡弘扬

责任编辑：王梦嫣

封面设计：原色设计

责任校对：刘小雨

责任监印：曾　婷

出版发行：华中科技大学出版社(中国·武汉)　　　电话：(027)81321913

　　　　　武汉市东湖新技术开发区华工科技园　　　邮编：430223

录　　排：孙雅丽

印　　刷：武汉市籍缘印刷厂

开　　本：787mm×1092mm　1/16

印　　张：19.5

字　　数：443千字

版　　次：2025年8月第1版第1次印刷

定　　价：49.80元

Abstract | —————————— 内容简介

"旅游项目管理"是旅游管理乃至整个管理学中,综合性、实用性和操作性要求极高的一门课程。广义的旅游项目涉及旅游景区、酒店、会展、度假区、特色小镇等多种类型、规模和尺度的项目,既复杂多样又不断创新。随着文旅融合和城乡融合,旅游项目涵盖的范围越来越广。本教材全面论述了旅游相关项目管理知识体系、理论、方法和工具,引进并介绍了近年来最新的项目管理理论方法和旅游项目实践案例,基于中国旅游项目情境创新了一些理论工具和技术方法。本教材涵盖旅游项目类型特征、旅游项目管理基础、旅游项目招投标与合同管理、旅游项目融资管理、旅游项目论证评估、旅游项目范围管理、旅游项目时间管理、旅游项目成本管理、旅游项目质量管理、旅游项目团队管理、旅游项目沟通管理,以及旅游项目风险与收尾管理等内容。本教材紧密围绕中国式现代化发展需求,适用于具有一定管理学基础的旅游管理、酒店管理、会展经济与管理和文化产业管理等专业的本科生,以及有工作经验的项目管理工程硕士、旅游管理硕士、数字文化管理硕士,同时,也适合从事相关研究的专家学者、各级政府和旅游主管部门工作人员,以及旅游项目管理从业者。

当前,旅游业被定位为新兴的战略性支柱产业和具有显著时代特征的民生产业、幸福产业。旅游项目是旅游业的具体呈现形式,因此,旅游项目管理成为推动战略性支柱产业发展的关键。全球约有40％的经济活动通过项目形式进行,而大多数旅游经济活动也可以采用项目或项目化管理的模式。展望"十五五",构建中国旅游项目管理知识体系,提升项目管理能力,确保旅游项目可持续发展,释放旅游项目的带动效应,对巩固旅游业国民经济战略性支柱产业的地位,培育旅游业发展新动能至关重要。

"项目管理"是一门综合性的管理课程、一个跨专业的知识体系、一套系统的方法论、一种独特的管理哲学、一类丰富的管理艺术,以及一系列工作程序和规范。"项目管理"课程将各类管理课程和专业领域的知识技能整合为面向项目实践的知识、技术、方法和工具。由于不同项目各具特点,项目管理涉及的知识点和方法论复杂多样,其教材的知识体系也就形成了多种组织路径。从20世纪初至今,各国知名项目管理协会和大学教育机构都推出了各自的项目管理教材,仅《项目管理知识体系指南》(中文版)一本教材在2024年就已更新到第七版,由此可以看出项目管理知识体系的完善程度。虽然欧美国家出版的项目管理教材已相当成熟,其适用性得到了广泛认可,但是开发《旅游项目管理》教材仍十分有必要。一方面,世界各国的项目管理知识体系是建立在各自具体项目情境下的,尽管许多知识和方法论是通用的,但中国项目管理情境有其特殊性,且随着中国旅游项目实践的广泛展开,中国已经成为全球旅游项目最集中的国家,中国情境的特殊性又被进一步强化,因此,我们需要对国际教材做一些本土化工作。另一方面,旅游项目与其他项目相比也有特殊性,虽然这种特殊性还不足以重构项目管理的知识体系和方法论,但在局部知识、技能、方法和工具上的调整和创新足以构筑新的体系。此外,中国几十年高速发展下的旅游项目大开发也确实积累了不少实战经验和本土案例。因此,讲好中国故事和凝练管理知识显得尤为必要。

项目管理是很多经管类专业的核心课程。全球开设相关专业或课程的知名大学很多,包括斯坦福大学、麻省理工学院、宾夕法尼亚大学、新加坡国立大学、墨尔本大学、昆士兰大学、华威大学、曼彻斯特大学等。我国的清华大学、浙江大学、上海交通大学等院校也开设了相关专业的硕士课程。项目管理是一门需要一定实践基础和经验积累的课程。一方面,学

习这门课程的学生一般是高年级本科生或硕士研究生,他们前期要学习管理学系列课程和本专业核心课程,部分硕士专业甚至要求申请者具备一定的项目工作经历;另一方面,讲授这门课程的教师显然必须拥有丰富的项目管理经验,因为很多项目管理的经验和启示并不能完全通过阅读获得,而没有项目经验的教师讲授这门课程时,难免显得底气不足。

然而,在文旅项目层出不穷、项目管理人才需求扩大的背景下,时代不可能等所有教师都实践到位后才开展教学。旅游项目管理的教学只能通过"引进来、走出去、请上堂"的方式进行。一是我们需要将国际上优秀的项目管理教材引进国内,针对中国文化和旅游项目特点和管理情境进行本土化转化;二是我们要求老师走进项目管理一线,组织学生参与到项目管理实践中,通过实际项目管理边学、边做、边积累;三是我们需要建立校企合作教学基地,依托项目场景搭建课堂,请操盘旅游项目的企业高管和实战专家到课堂讲学。

本教材借鉴国际上广泛应用的项目管理知识体系,包括美国项目管理协会(PMI)的《项目管理知识体系指南》,英国商务部(OGC)的《受控环境下的项目管理》,以及国际项目管理协会(IPMA)的《国际项目管理专业资质认证标准》等。同时,本教材也吸收了国内项目管理优秀教材成果,基于中国旅游项目管理实际进行集成、融合和创新,构建起中国旅游项目管理知识体系。

本教材汲取了中山大学旅游学院近20年旅游项目实践案例和我本人多年的项目管理经验。过去十几年,我每年都带领学生参与旅游项目实践,涉及的项目范围和类型从大型的旅游度假区开发项目到小型主题公园的可行性研究项目;从县域旅游规划项目到会展节事活动策划项目、酒店更新改造项目,类型多样且管理复杂。因此,我在教材中最大限度地融合了不同类型旅游项目管理案例的细节。

本教材还基于中山大学旅游学院近20年的"旅游项目管理"课程教学积累和我本人12年的"项目管理"课程建设的成果。一直以来,中山大学教务部高度重视该课程建设,每年都投入教学经费支持课程建设、野外实习、教材编写和教学成果申报。本教材不仅是学校、学院和合作企业多年持续资助的成果,更是学院多位教师建言献策和多届学生评教建议的结晶。

本教材构建了旅游项目管理知识体系,并结合中国文旅项目实践经验,为学生提供文旅项目乃至其他行业项目管理所需的知识、技能、方法和工具,旨在帮助学生成为旅游领域项目管理的专业人才,助力中国旅游高质量发展。

梁增贤

2025 年 1 月 17 日

中国珠海·唐家湾

目录

Contents

第一章 →

旅游项目类型特征

学习目标

(1) 掌握旅游项目的定义和特征。

(2) 熟悉旅游项目生命周期的类型。

(3) 熟悉旅游项目的资源条件和环境因素。

(4) 掌握旅游项目生命周期的一般规律。

(5) 了解小型旅游项目管理的特点。

第一节 旅游项目定义与分类

一、旅游项目的定义与特征

中国有悠久的项目史。古代的重大工程如长城、都江堰、故宫、颐和园等,都是大规模组织人力参与,历时数年甚至百余年完成的。若没有有效的项目管理,很难想象如此复杂的系统性工程项目是如何组织和实施的。旅游项目无处不在、种类繁多,大到国家级重大文化工程,小到景区的可行性研究,这些都是旅游项目。旅游项目就是为创造既定目标的旅游产品、服务或其他旅游相关成果,在一定的时间和成本约束下,满足需求和质量标准的一次性临时活动。

旅游项目有以下特征:

(1) 目标的多样性。旅游项目的目标是多样的,必须满足多种干系人的多样需求,产出特定的旅游产品、服务或其他交付物。

(2) 组织的临时性。项目从开始到结束的时间短,做完即止。项目团队也是临时组织的,完成任务后解散。

(3) 过程的一次性。项目是一次性的,不会重复过程,也不是流水线生产的标准化、规模化常规产品和服务。

（4）运作的独特性。受干系人需求、目标、时间、成本和质量的约束，每个项目都有独特的运作方式，难以纳入常规任务，需要独立管理。

（5）流程的渐进性。旅游项目通常从概念需求的提出到实施落地，分为若干阶段，有特定的生命周期，依次实施、逐步推进。每个阶段都有特定的交付物和里程碑事件。

（6）成果的不可挽回性。项目的资金、资源、人力和时间，投入后就不可能再利用。在项目的早期阶段，干系人的影响力、项目的风险与不确定性最大。随着项目的推进，这种情况会逐渐改善。在项目开始时，变更项目产品最终特性的能力最大，因为此时项目的主要工作还未展开，变更的成本较低。而随着项目的开展，变更和纠正错误的成本显著增加，尤其是在项目即将完成时，任何变更都可能产生较高的成本和时间延误（见图1-1）。

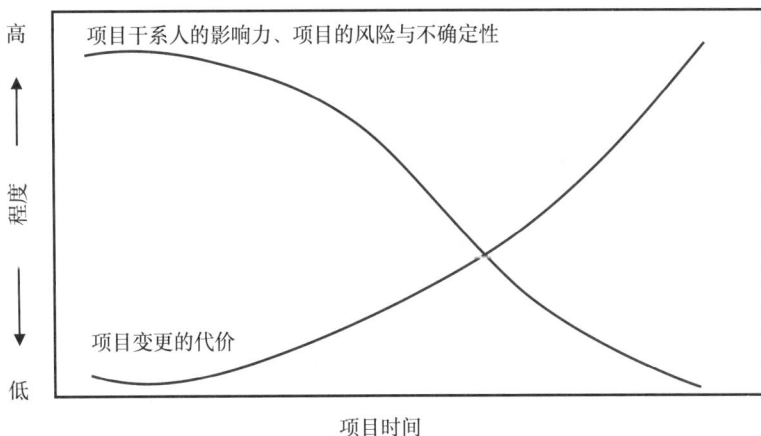

图1-1　旅游项目变更代价、干系人影响与风险的关系

二、旅游项目类型与特点

旅游项目的类型众多，各具特点。从项目领域看，它可分为旅游区项目、酒店项目、会展项目等；从项目性质看，它可分为新建项目、扩建项目、改建项目、迁建项目、恢复项目；从项目层级看，它可分为中央项目、地方项目，地方项目又进一步分为省级项目、市级项目、区县项目、乡镇项目和村级项目；从项目建设过程看，它可分为筹建项目、施工项目、规划项目、投资项目、设计项目、生产项目、收尾项目等；从项目规模看，它可分为超大型项目、大型项目、中型项目、小型项目。

旅游项目的类型决定了项目管理的执行依据和工作重点。不同类型的项目审批主体、执行规范、质量标准、项目资质、收费标准都不一样。例如，国家发展改革委于2018年发布了《关于规范主题公园建设发展的指导意见》（发改社会规〔2018〕400号），该意见将主题公园划分为特大型、大型和中小型三个等级。其中，总占地面积2000亩①及以上或总投资50亿元及以上的，为特大型主题公园；总占地面积600亩及以上不足2000亩或总投资15亿元及以

---

① 1亩≈666.67平方米。

上不足50亿元的,为大型主题公园;总占地面积200亩及以上不足600亩或总投资2亿元及以上不足15亿元的,为中小型主题公园。特大型主题公园项目要经省级政府论证并报国务院核准(梁增贤,2019)。

旅游规划项目是较常见的旅游项目之一。旅游规划项目分为发展规划和区域规划,其中旅游发展规划按照规划的范围和政府管理层次,分为全国旅游业发展规划、区域旅游业发展规划和地方旅游业发展规划。区域旅游业发展规划又分为总体规划、控制性详细规划、修建性详细规划等;地方旅游业发展规划可分为省级旅游业发展规划、地市级旅游业发展规划和县级旅游业发展规划等(保继刚、梁增贤,2011)。实践中还有旅游发展提升规划、旅游总体规划(修编)、旅游资源普查等项目。各类旅游规划项目的工作范围、开发深度存在差别,其收费标准也会根据项目所在地的社会经济条件和旅游发展情况来制定。

区域旅游总体规划包括:

(1)村级行政区界,如明月村旅游发展总体规划;

(2)乡镇级或跨村级行政区界,如禾木旅游发展总体规划;

(3)县级或跨乡镇级行政区界,如阳朔县旅游发展总体规划;

(4)地市级或跨县级行政区界,如珠海市旅游发展总体规划;

(5)副省级、省级或跨地市级行政区界,如湖北省旅游发展总体规划;

(6)跨省级行政区界,如京杭大运河区域旅游发展总体规划。

不同空间尺度的总体规划报价要根据规划地区偏远程度、面积与人口状况、资源禀赋、时间要求、附加要求等增加费用,一般乘以1.2—2.0系数。若是基于现有规划进行提升规划或总规修编,则相应减少费用,一般减少20%—50%。

旅游区(如主题公园、度假区、风景区等)规划一般按照阶段可划分为可行性研究、专题研究、总体规划、总体策划、概念性策划、概念性规划、专项规划、控制性详细规划、修建性详细规划、场地设计、景观设计、建筑设计、施工图设计(土木工程)、商业计划书(梁增贤,2019)。

旅游区并不是需要完成所有类型的规划设计,可根据项目的投资、占地、规模、内容和复杂程度进行选择。其中,旅游项目的立项建议书、可行性研究报告等是项目立项和报批政府,以及申请贷款的必要文件。一般来说,空间尺度很大的旅游区通常不直接做详细规划;空间尺度很小的景点也不做过于粗略的概念性策划,而是直接开展详细规划甚至具体设计。

会展项目也有多种类型。

按项目性质,它可分为贸易展览会和消费展览会。前者的参展者包括行业内的制造商、贸易商、批发商、分销商、代理商以及相关的咨询服务公司;后者的观众主要是消费者,需要购买门票参观。

按项目内容,它可分为综合展览和专业展览,前者涉及全行业或数个行业,也被称作横向性展览会,如广交会;后者是展示某一行业甚至某一项产品的展览会,如汽车展。

按照展会规模,它可分为国际展、国家展、地区展和地方展,以至单个公司或个人展会。规模越小,受众越少,专业性就越强,项目管理就更要有针对性。

按照展会时间,它可分为定期展览和非定期展览。定期展览可以是一年四次、一年两次、一年一次、两年一次等。周期性的同类展会的项目管理的内容和流程是高度相似的,特定情况下可以作为常规业务管理,不一定作为具体的项目进行管理。

此外,还有一些展会是巡回展,在多个地方流动,甚至可以将飞机、轮船、火车、汽车等交通工具作为展馆。此类会展项目管理具有特殊性。

以上所述的会展项目管理内容,可以是策展、组展、参展、设计、施工(展台搭建)中的某一部分或全部环节。而从广义来看,会展项目还包括大型赛事活动(如奥运会)、传统民俗节事、大型会议、电子竞技比赛、产品发布会、演唱会、音乐节、狂欢节、时装秀等,项目规模可大可小。会展项目管理的知识和方法可参照其他旅游项目。

第二节　旅游项目生命周期

一、项目生命周期

项目生命周期是指项目从启动到完成的全过程,反映项目的阶段和节奏,以及人力和相关资源的投入趋势。生命周期划分明确了项目的各个阶段及其相应的任务和活动,有助于项目经理和团队成员清晰地了解项目进展、合理分配资源、控制项目风险、确保目标实现。项目生命周期的划分有3种主流方式:PMI(Project Management Institute)生命周期、PRINCE2(Projects in Controlled Environments)生命周期和极限编程(Extreme Programming,XP)生命周期。

PMI生命周期通常包括5个阶段(见图1-2)。

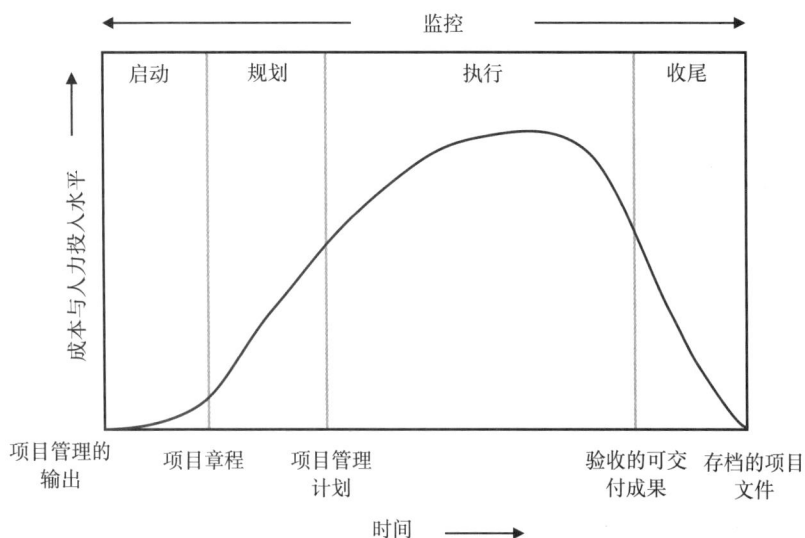

图1-2　一般项目生命周期及项目阶段特征

• 启动:立项并获得批准,涉及编写项目章程、确定项目的初步范围、识别项目干系人并建立初步的沟通计划等环节。

• 规划:规划项目的各个方面,涉及制订项目管理计划、范围管理计划、时间管理计划、成本管理计划、质量管理计划等环节。

• 执行:执行规划阶段制订的计划,并交付成果,涉及管理团队、分配资源、执行项目任务、沟通和管理干系人等环节。

• 监控:贯穿整个项目生命周期,确保项目按计划进行,涉及进度监控、成本控制、质量管理、风险管理等环节。

• 收尾:完成所有项目活动,正式结束项目,涉及确认项目交付物、进行验收、终止合同、完成项目文档、进行项目评审和总结等环节。

项目成本与人力投入在开始时较低,随着项目的进行逐渐增加,在执行阶段达到最高峰,在项目结束时迅速回落。在启动阶段,旅游规划项目只进行可行性分析和初步规划,投入较低;在规划阶段,会详细制订项目计划,成本和人力投入开始增加;在执行阶段,开展实际工作,投入达到最高峰;在收尾阶段,完成验收和总结,投入迅速回落。

PRINCE2生命周期分为7个阶段:启动项目、指导项目、实施项目、控制阶段、管理产品交付、边界管理、收尾项目。

极限编程生命周期是一种基于敏捷项目管理的生命周期,包括5个阶段:探索阶段、计划阶段、迭代阶段、发布阶段、维护阶段。

项目生命周期是项目管理的基础,通过清晰的阶段划分,可系统化、标准化地管理项目,从而提高项目成功率。旅游项目的类型繁多,生命周期各不相同,可以遵循上述3种生命周期中的任何一种,具体需根据项目来选择。

二、项目生命周期类型

项目生命周期类型包括预测型生命周期、迭代型生命周期、增量型生命周期、敏捷型生命周期和混合型生命周期。

(一)预测型生命周期

预测型生命周期,也称为计划驱动型生命周期,广泛应用于需求及步骤明确、结果相对稳定、法律和监管严格的项目。每个阶段都在项目开始之前进行详细的规划和设计,整个项目按制订的计划实施和控制,并按既定的阶段顺序推进,每个阶段都有明确的起点和终点。

预测型生命周期具有以下优点:

(1)清晰的项目方向和目标;

(2)可预测的进度和成本;

(3)标准化、规范化管理。

预测型生命周期也存在一定的缺点,主要包括灵活性不足和变更成本高。在快速变化的环境中,预测型生命周期的灵活性较差,难以迅速适应新的需求或变化。加之变更控制严

格,任何变更都会产生较高的成本和较大的时间代价,因此不利于应对项目执行过程中的突发情况和需求变化。

瀑布模型是预测型生命周期中较常见的模型。瀑布模型中,每个阶段依次进行,不回退(见图1-3)。每个阶段的输出成为下一个阶段的输入,线性进展方式确保项目在每个阶段都有明确的任务和目标。瀑布模型的优点在于其简单且清晰的结构,便于管理和控制;缺点是缺乏灵活性,难以应对旅游项目甲方需求多变的情况。

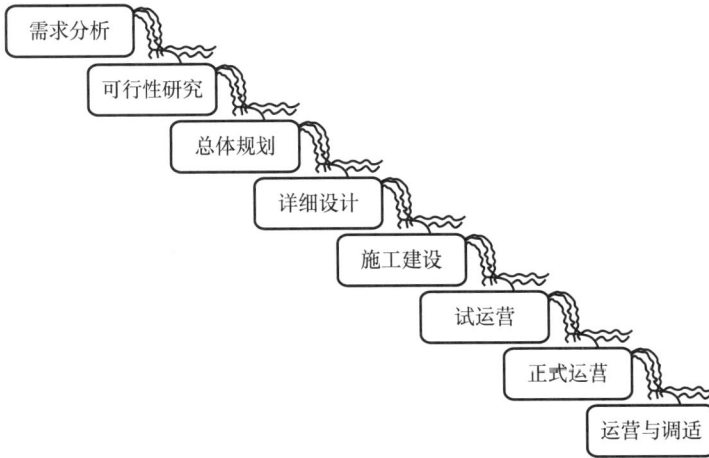

图1-3 旅游项目瀑布模型

V模型是瀑布模型的一种变体。V模型强调开发阶段与测试阶段的对应关系,即在项目的每个开发阶段都有相应的测试阶段(见图1-4)。例如,收集需求对应交付测试,系统分析对应系统测试,产品设计对应产品测试,等等。项目在每个阶段都能进行相应的测试和验证,确保每个阶段的输出都符合预期标准。V模型的优点是可通过早期的核实和验证活动,提前发现并解决问题,降低后期修正的成本。

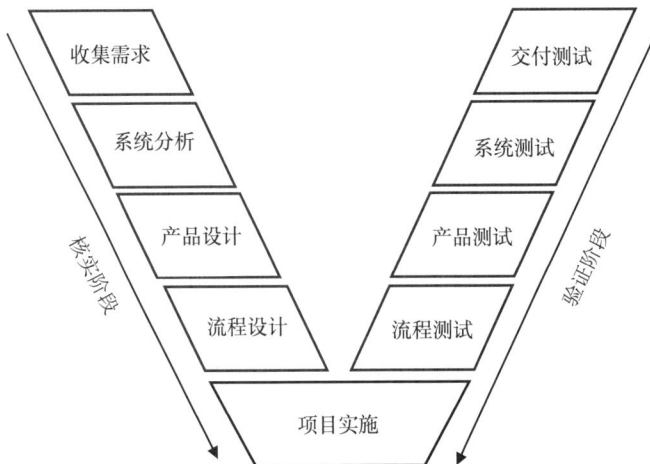

图1-4 旅游项目V模型

（二）迭代型生命周期

迭代型生命周期通过迭代的方式快速响应变化，减少需求误解或风险，并通过持续完善来解决项目中的复杂问题。此类项目的目标和范围在初期并不确定，而是在每次迭代中逐步明确和补充。项目团队会反复开展同一工作，但每一次迭代都会基于对前一次迭代的反馈进行调整和优化，最终通过多次迭代交付一个完整的产品（见图1-5）。迭代型模型适用于技术含量高、需求模糊的项目，如景区总体策划项目。迭代型生命周期的特征是重复进行和不完全交付。每次迭代周期的产出可能并不是完整的产品，但会根据前一次的反馈进行改进和优化，使之逐步接近最终产品。

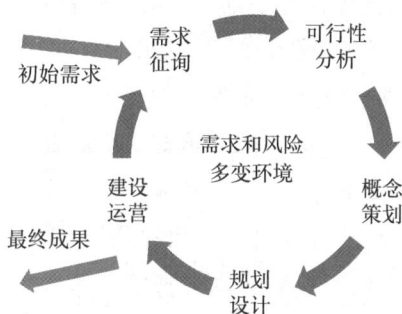

图1-5　迭代型生命周期

螺旋模型是迭代型生命周期中较常见的模型。螺旋模型结合了瀑布模型和迭代型生命周期的优点，由多个迭代周期组成，每个周期都包括识别需求、风险分析、执行和试运营、项目评估4个主要活动。与瀑布模型和V模型相比，螺旋模型具有更高的灵活性和适应性，能够更好地应对需求变化和项目风险，特别适用于大型、复杂和高风险的项目。

（三）增量型生命周期

增量型生命周期强调逐步交付项目的功能模块，每次交付一个可使用的产品增量。这些增量在项目周期内逐步积累，直到最终形成一个完整的、功能齐全的产品。在增量型生命周期中，产品在每次增量交付时都可被部分使用，使得用户能够提前体验部分功能（见图1-6）。

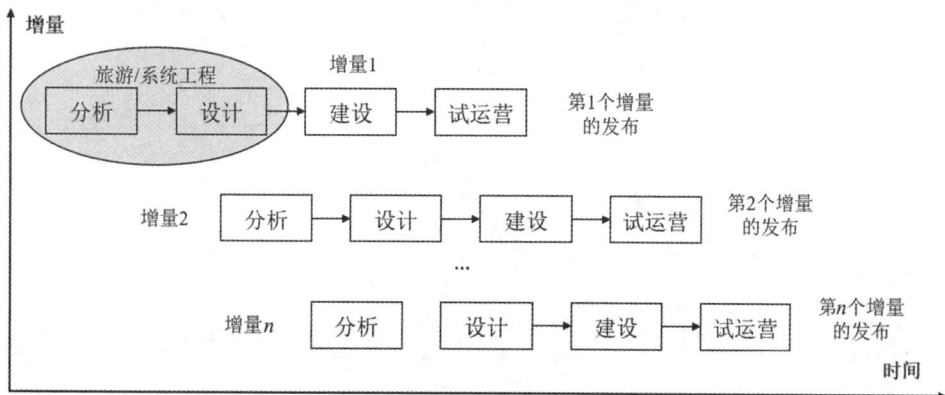

图1-6　增量型生命周期

虽然迭代型和增量型生命周期都使用逐步开发的方式,但它们的侧重点有所不同。迭代型生命周期注重在每次迭代中通过反馈不断改进整个产品,早期交付的产品是不完整的。而在增量型生命周期中,每次交付的产品增量是功能齐全、可以使用的部分。增量型生命周期适合需分阶段交付功能模块的项目,如大型文化节活动。

（四）敏捷型生命周期

敏捷型生命周期是一种适应型生命周期,能够在整个项目期间应对诸多变化。由于在项目开始时无法确定全部范围,项目通常会在一段时间内先交付一部分功能,再进行持续迭代(见图1-7)。每个团队的精力和资源有限,因此,每个周期(通常为1—2周)需要优先实现最重要的需求。同时,客户在此过程中提出新需求,不断放入需求池。团队在每个阶段根据需求池中各项需求的重要性,有选择地进行满足。敏捷型生命周期适用于需应对快速变化的环境、需求和范围难以事先确定的项目,或者能够以有利于干系人的方式定义较小的增量改进的项目。

图1-7　敏捷模型

（五）混合型生命周期

旅游项目的混合型生命周期主要是预测型生命周期和敏捷型生命周期的组合。在项目进展的不同阶段,生命周期波动有所不同。在充分了解或有确定需求的时候,项目遵循预测型生命周期,而在项目的探索和试验阶段则遵循敏捷型生命周期。混合型生命周期结合了预测型生命周期的计划、控制优势,以及敏捷型生命周期的灵活和快速响应优势。

综上所述,由于每种生命周期模式都有其独特的优点和适用场景,项目管理者需要根据项目的具体情况选择最合适的生命周期模式(见图1-8和表1-1)。

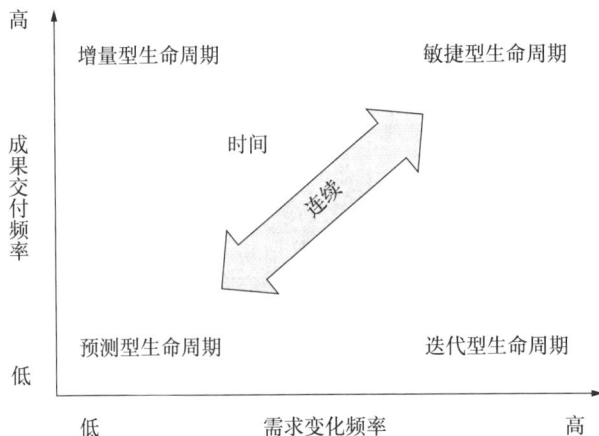

图1-8　不同类型生命周期选择的比较

表1-1　项目生命周期模式及其适用性

预测型	迭代型	增量型	敏捷型	混合型
需求明确、环境稳定的项目,如旅游建筑工程项目	需求不明确、需要不断改进的项目,如景区总体策划项目	可分解为多个独立的项目,如综合度假区开发项目	需求变化频繁、需要快速响应的项目,如旅游互联网项目	需求复杂多变、周期较长的项目,如旅游目的地开发项目

三、项目的阶段关系

旅游项目采用阶段结构,将项目划分成合乎逻辑的子集,有助于项目的管理、规划和控制。阶段划分的数量及每个阶段的控制程度,取决于项目的规模、复杂程度和潜在影响。一般来说,项目规模越大、复杂程度越高,阶段划分就会越细。项目各阶段有不同的工作重点,通常涉及不同的组织,需要不同的技能,并具有不同的持续时间。在实践中,特定项目领域倾向于使用相似的阶段划分。

各个阶段之间可以有不同的关系。大多数旅游项目的阶段之间是顺序关系,只在特定的情况下,各阶段之间会有所重叠。按顺序排列时,阶段的结束以作为阶段性可交付成果的工作产品的转移或移交为标志。阶段结束点是对项目进行重新评估,并在必要时变更或终止项目的一个关键时点。这些时点也可称为阶段出口、里程碑、阶段关卡、时段关卡或关键决策点。旅游项目通常都将项目的可行性研究作为项目的前置工作阶段,在一些大型的项目中,项目的可行性研究甚至被列为一个子项目。

旅游项目的各个阶段之间通常存在3种关系:

(1)顺序关系。一个阶段只能在前一阶段完成后开始,这是旅游项目最常见的阶段关系,也是最容易管控、风险最低的阶段关系,但不能通过阶段调整缩短总体进度。

(2)交叠关系。一个阶段在前一阶段完成前就开始下一阶段,同步推进多项活动,压缩进度,但要及时把控好前一阶段的信息,迅速调整交叠阶段的工作,避免返工。

(3)迭代关系。下一阶段的工作取决于前一阶段的工作的进展情况,前一阶段对后一阶段具有决定性影响,迭代关系适用于不确定或快速变化的环境。

大多数旅游项目中会存在不止一种阶段与阶段的关系,混合阶段关系的项目较为常见。

第三节　小型旅游项目

旅游项目以小型项目为主。管理大型项目和管理小型项目是有明显差别的,这不仅体现在时间管理、资金投入、质量把控上,还体现在流程和管理工具的差异上。一般来说,大多数项目管理从业者刚开始接手的都是小型项目。因此,做好小型旅游项目对于从业者来说至关重要,这可为其未来管理大型项目做好准备。

一、小型旅游项目

小型旅游项目是根据成本来界定的,一般指成本低于500万元的项目。在实际操作中,可参考以下标准界定小型旅游项目:

(1)项目周期不超过6个月;

(2)项目成员不超过10个人,且大多数成员都是兼职参与;

(3)任务简单,涉及的专业技术比较少;

(4)决策简单,一般只涉及单一团队或部门;

(5)目标单一且易于达成的常规项目;

(6)交付成果明确,关联交付物较少。

若项目成本在500万元以下,但涉及多个部门、多个专业技术,且交付物复杂多样,则该项目不能当作小型项目管理。若项目成本稍微超过500万元,但符合上述小型项目大多数特征,则可当作小型项目管理。多数小型项目是大型项目的一部分,项目经理为便于管理和发挥基层项目团队的能动性,会将大型项目分解为小型项目进行管理。小型旅游项目的例子包括:编制区县旅游发展总体规划、开展度假区可行性研究、策划音乐会等。

二、小型旅游项目的特点

小型旅游项目的特点决定了小型项目管理的程序和方式。

(1)需求变化快,范围调整较大:项目规模小,需紧跟市场需求变化;甲方的项目需求经常变化,导致项目的范围调整比较大。

(2)项目流程和交付物易变:小型项目不完全遵循完整的项目管理流程,管理流程可根据甲方需求调整;项目交付物也随着甲方需求的变化而变化。因此,敏捷项目管理模式比较适合小型旅游项目管理。

(3)项目资金少,资源少:小型项目的资金投入比较少,所能调用的资源也较少,可能没有试错的机会,因此,项目经理在资金和资源的使用上通常比较谨慎。同时,由于小型项目的资源比较少,项目经理往往会最大限度地激励团队成员。

(4)项目时间紧,任务急:小型项目规模小,常被认为"简单",往往无法获得足够的时间制订详细计划,因此大多数情况下是先启动后计划。

(5)项目优先级低,重视程度低:小型项目通常不是企业优先处理的事务,企业对其重视程度也不高。小型项目经理可能同时负责多个项目,从而导致其不得不经常评估项目间的优先级。优先级低的项目可能耗时很长,甚至可能被搁置。

(6)团队成员经验少:小型项目团队很少配备精干成员,通常由个别骨干带领一群没有太多项目经验的成员完成,且小型项目往往被作为新入职员工练手的任务。

(7)项目经理多角色:小型项目团队成员少,成员缺乏经验,项目经理需同时承担多种角色,胜任多个岗位。在大型项目公司中,小型项目经理可能还兼任部门经理或其他项目经理。在理想情况下,小型项目应该配备一位经验丰富的项目经理。

小型项目是旅游项目的主体,因此,整个旅游项目行业生态呈现出小型项目的特点。很多旅游项目公司组织结构松散、规模小、人员流动性大,有经验的项目经理很容易带走资源发展新公司。整个行业的进入门槛比较低。项目经理和团队的个人口碑、声誉和业务关系网络成为旅游项目公司业绩的关键。小型旅游项目公司的组织结构往往很扁平化,一般没有项目管理办公室,内部沟通渠道比较简单、直接。小型旅游项目往往资金池比较小,对资金使用比较谨慎。对很多小型旅游项目公司而言,一个项目的失败就可能引发公司财务危机,因此在项目推进过程中,公司高层对项目的直接干预比较多。

第四节　旅游项目资源与环境

一、旅游项目的资源条件

旅游项目管理是需要一定的资源和条件的。所谓资源,就是一切能够服务于项目管理的现有和潜在的东西。分为自然资源和人造资源、内部资源和外部资源、有形资源和无形资源。对大多数旅游项目而言,主要的项目资源条件是人才和人力资源、信息和数据资源、市场和客户资源、物质和材料资源、设施和设备资源、技术和文化资源、资金资源。一些特定的旅游项目,还需要网络关系资源、政治资源、国际资源。旅游项目经理需有良好的资源意识,具备资源挖掘、整合和利用的能力。

二、旅游项目的环境因素

旅游项目环境因素是影响项目成败的关键。对于耗时长的大型项目,外部环境因素的影响很大,它会对项目过程中的成本、时间、人力和质量要求产生直接影响。项目的环境因素包括但不限于:旅游市场条件,组织文化和结构,政府、行业、企业的标准和规范,法律法规,交通基础设施和旅游设施,地方人力资源(规模、层次、受教育水平),地方人才政策和福利,团队的授权模式,干系人(主要是甲方)的能力和条件,国际关系和地缘政治,自然灾害和社会风险,旅游大数据,项目管理工具箱,等等。

思考题

(1)区域旅游总体规划包括哪些类型?请举例说明。

(2)根据项目性质、内容、规模,会展项目可以分为哪些类型?请举例说明。

(3)迭代型生命周期适用于哪些旅游项目?有什么优缺点?

(4)请列举一些小型旅游项目,并结合案例分析其特点。

(5)旅游市场因素的变化有哪些?会对旅游项目产生什么影响?

第二章 →

旅游项目管理基础

学习目标

(1) 掌握项目管理定义和特点。

(2) 熟悉项目管理、项目集管理、项目组合管理的相互关系。

(3) 了解旅游项目干系人的类型。

(4) 熟悉项目经理的角色和项目管理办公室的职责。

(5) 了解项目管理知识体系与职业认证内容。

(6) 熟悉项目管理的过程和要点。

第一节   旅游项目管理基本概念

一、旅游项目管理

旅游项目管理指在有限的资金、土地、旅游吸引物等资源约束下,运用系统的观点、方法和理论,对旅游项目涉及的全部临时性工作进行有效管理。项目管理者需从项目的投资决策开始到项目结束的全过程进行计划、组织、指挥、协调、控制和评价,以实现项目目标。旅游项目包括投建一个新旅游企业、开发一种新旅游产品、设计一套景区运营管理系统的软件、策划一次会展、设计一个酒店、规划一个景区等。为实现创造独特的文化和旅游产品、服务或成果的目标,项目管理者需要将知识、技能、工具与技术应用在旅游项目活动中,以满足项目的要求。旅游项目管理包括五大过程组。

(1) 启动过程组:在现有资源条件限制下选择项目,评估项目效益,准备项目许可证,任命项目经理,收集干系人需求。

（2）规划过程组:确认项目需求、质量与数量、具体所需资源及时间计划。

（3）执行过程组:招募项目成员,组建团队,指导和监督项目计划执行,增强沟通和协同,管理参与方。

（4）监控过程组:多方位跟踪项目全过程,对比实际产出与计划产出,实施偏差及其影响分析,调整计划并执行。

（5）收尾过程组:确认所有工作任务已完成,确认合同完成,确认项目的最终支出,完成文书备案工作,以及复盘项目。

旅游项目管理过程知识体系示意图如图2-1所示。

对于旅游项目,管理应遵循3个关键步骤:①识别项目需求,进行招投标、合同管理、融资与论证评估;②妥善处理干系人需求;③在范围、质量、进度、预算、资源和风险间寻求平衡。旅游项目因其地域特性,具有独特限制,要求项目经理给予更多关注。有效的项目管理实践对于实现业务目标、提高项目成功率、解决争议和优化资源配置至关重要;反之,管理失误可能导致项目延期、费用超支、质量不达标,以及损害组织声誉。

旅游项目管理与产品管理的对比如表2-1所示。

标准化的方法和完善的操作流程是成熟的项目管理的标志。卓越的项目管理则更进一步,不仅关注流程和方法,还强调营造有利于成功的环境。在衡量项目管理的成熟度时,通常会考察其对标准化流程和工具的应用程度。随着项目管理实践的不断进步,当项目管理达到卓越的水平时,原本标准化的流程将变得更加灵活,以适应不断变化的项目需求。灵活性允许项目团队采用更具创新性、更高效的管理方法和工具,减少浪费,简化工作流程,提高项目管理的整体效率和效果。

波士顿矩阵(Boston Consulting Group Matrix)能够帮助项目经理识别、辨析不同类型的项目,并选择最合适的项目管理方式(见图2-2)。

（1）明星项目:公司的明日之星,可投入增量资源为其赋能。

（2）金牛项目:公司的现金流支柱,可选取踏实稳重的团队保障项目成功。

（3）问题项目:需安排有创新精神和闯劲的团队执行,可进行一定的资源倾斜。

（4）瘦狗项目:可安排闲置资源维持,必要时放弃项目,将资源转移到其他项目。

十大知识领域	五大过程组				
	启动过程组	规划过程组	执行过程组	监控过程组	收尾过程组
旅游项目投标招标与合同管理		旅游项目采购组织	旅游项目采购管理过程 旅游项目采购方式 旅游项目合同管理		
旅游项目融资管理	政府主导的旅游项目融资 中小企业主导的旅游项目融资 政府与社会资本合作融资				
旅游项目论证评估	旅游项目机会研究 旅游项目建议书 旅游项目可行性研究 旅游项目评估				
旅游项目范围管理		收集需求 定义范围 创建工作分解结构		核实范围 控制范围	
旅游项目时间管理		规划进度管理 定义活动 排列活动顺序 估算活动资源和持续时间 制订进度计划	计划实施 网络进度计划技术	控制进度	
旅游项目成本管理		规划成本管理 估算成本 制定预算		控制成本	
旅游项目质量管理		规划质量管理	质量管理实施与保证	质量控制	
旅游项目团队管理	项目经理的任命	项目组织形式和结构 项目团队的获得与配备 项目团队的建设	管理项目团队		
旅游项目沟通管理		项目沟通计划的制定	项目沟通计划的实施 项目沟通的障碍与解决策略 项目谈判策略与技巧		
旅游项目风险与收尾管理		旅游项目风险识别 旅游项目风险评估	旅游项目风险应对	旅游项目风险监控	旅游项目验收 旅游项目审计 旅游项目后评价

图2-1 旅游项目管理过程知识体系示意图

表 2-1　旅游项目管理与产品管理的对比

对比项	旅游项目管理	旅游产品管理
工作范围	专注特定旅游项目的完成,如节日庆典、旅游基础设施建设等,项目结束后,项目经理的工作通常也随之结束	关注整个旅游产品生命周期,从提出概念到投放市场,再到产品退市
工作重点	侧重旅游项目规划、执行、监控和交付,确保项目按时、按预算完成,并达到预期的旅游体验标准	侧重旅游产品战略、市场需求、游客满意度和旅游产品定位
决策特征	侧重操作性决策,如旅游资源分配、时间管理、团队协调,以及应对旅游季节性和不可预测性带来的挑战	侧重战略决策,如旅游产品方向、旅游市场定位和旅游产品特性
绩效成果	完成旅游项目,满足既定的旅游体验目标和标准,如干系人满意度、项目参与度等	旅游市场上的成功产品,包括市场占有率和盈利能力
持续性	通常有明确的开始和结束时间,项目完成后,持续性的工作较少,项目团队可能会解散或转向新的旅游项目	通常涉及长期规划和持续的产品迭代,是一个持续的过程,需要不断评估市场反馈,进行产品迭代
经理定位	项目经理负责确保旅游项目按计划执行,但最终的成功可能取决于多种因素,包括旅游产品管理决策和市场变化	旅游产品经理通常对产品的成功负最终责任

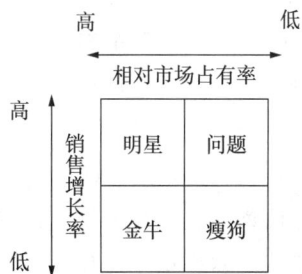

高　　　　　　低

相对市场占有率

高　　　　　　　　　　　　　　

明星	问题
金牛	瘦狗

销售增长率

低

图 2-2　基于波士顿矩阵评估项目

二、项目管理、项目集管理与项目组合管理

在项目管理中,各个项目往往不是单独运作的,可能因逻辑上的联系构建项目集或项目组合的复杂网络。根据不同的具体需求,项目可独立存在,也可作为项目集或项目组合的一部分,项目管理、项目集管理和项目组合管理3种管理模式各有不同的特点和要求。旅游项目、旅游项目集、旅游项目组合的关系如图2-3所示。

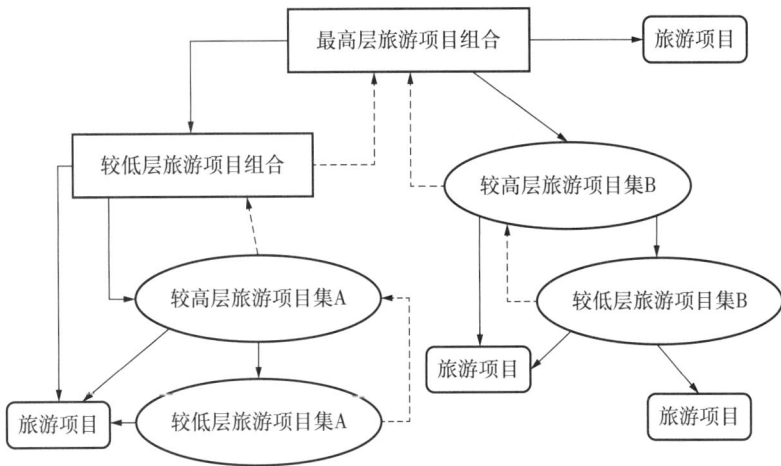

图2-3 旅游项目、旅游项目集、旅游项目组合的关系

项目集由多个相互联系且统一协调管理的项目构成,可能覆盖单个项目范围之外的相关工作。各个项目通过共同产生的结果或协同产生的整体能力相互连接。若项目之间的联系仅基于共享的客户、供应商、技术或资源,则其更适宜被视为项目组合的一部分,而非项目集。项目集管理要求对项目间的依赖关系和互动进行细致的规划和管理,在满足项目集战略目标的同时确保项目集的整体效益最大化。

项目组合由组织中不同项目、项目集及其他工作组成,项目被策略性地聚集在一起,项目或项目集之间可能不存在直接的依赖或联系。项目组合管理的核心是集中管理一个或多个项目组合,涵盖从项目的识别、评估、优先级排序、授权,直至执行、监控和控制的全过程。项目组合管理特别强调对项目和项目集进行细致审查,以确立资源分配的优先级,确保资源得到最有效的利用。此外,项目组合管理还需保证所有管理活动与组织的总体战略保持一致,从而使项目组合的成果能够支持并推动组织战略的实现。在项目组合管理中,决策过程是关键,涉及对不同项目和项目集的评估,以及如何平衡它们之间的关系,确保它们能够共同为实现组织目标做出贡献。

在旅游领域,民宿开发是一个项目,具体包括设计和建造民宿的设施,安排资金和资源,确保项目按时、按预算和按质量完成等内容。旅游综合体开发是一个项目集,可能包括多个子项目,如住宅开发、商业中心建设、高尔夫球场建设、水上乐园建设、民宿开发等,民宿开发只是综合体项目的一部分。这些子项目虽然可以独立管理,但它们共同构成了一个更大的旅游综合体。项目集管理的目的是确保这些子项目能够协调一致地推进,以实现整体目标。同样是旅游综合体,不同地区的多个综合体项目以及与之相关的运营工作形成一个项目组合。例如,一个大型旅游企业集团可能同时在不同省市开发多个旅游综合体项目,每个项目都有其独特的目标和需求。项目组合管理的重点在于从组织层面进行宏观管理,包括投资决策、资源分配、优先级排序和风险管理,以确保这些项目与公司的长期战略保持一致,并通过集中管理提高资源的使用效率。

项目集管理与项目组合管理在生命周期、活动内容、目标设定、工作重点及效益实现等方面,均与单一项目管理存在差异。项目集往往由一系列相互联系的项目构成,这些项目齐心协力,共同追求一个宏伟目标或成果,其规模一般大于单个项目,但小于整个组织内所有项目和项目集的总和。项目集管理的焦点在于实现项目间的协调与整合,以达成一项通常由多个项目共同完成的、具有战略意义的成果或目标。项目组合则囊括了组织内所有正在进行的项目和项目集,其规模和范围广泛,覆盖了组织的所有项目活动。项目组合管理侧重于从宏观角度对组织的项目和项目集进行管理,包括项目的筛选、优先级排序和资源配置,旨在使资源利用效率最大化,并确保项目成果与组织长期战略目标的一致性。相较于项目集管理,项目组合管理的复杂性更高,它要求管理者进行更广泛的战略规划和资源分配。在实际操作中,组织可能会利用项目组合来有效管理多个同时进行的项目集和项目。在进行项目管理时,应综合考虑风险、资金等关键因素,对项目组合进行优先级排序,以促进项目组合、项目集和项目的有效实施和协调,这有助于更高效地分配资源,实现预期的绩效和效益。项目组合管理的目的包括但不限于:

(1)指导组织进行投资决策;

(2)调整项目集与项目的最佳组合方式,以实现战略目标;

(3)增强决策透明度;

(4)明确团队和实物资源分配的优先级;

(5)提高实现预期投资回报的概率;

(6)集中管理所有组成部分的综合风险。

旅游项目、旅游项目集与旅游项目组合管理的比较如表2-2所示。

表2-2 旅游项目、旅游项目集与旅游项目组合管理的比较

比较项	旅游项目	旅游项目集	旅游项目组合
定义	独立完整的临时性工作	一组相互关联且被协调管理的项目或子项目集	组织战略和管理决定的系列项目、项目集或子项目组合
目标	具有明确的目标,并在项目生命周期中逐步细化	涵盖所有部分并通过协调各部分来优化	随组织战略目标变化而动态调整
变更	由旅游项目经理负责预测和控制变更	根据各部分的成果适时接受和适应变更	根据内外部环境变化和组织战略调整而变更

续表

比较项	旅游项目	旅游项目集	旅游项目组合
规划	在项目生命周期中逐步细化规划,将高层级信息转化为具体的行动计划	依赖高层级规划,监控各部分间的依赖关系和进展,确保项目集目标实现	建立和维护关键过程和沟通机制,支持旅游战略的实施
管理	经理负责领导项目团队,实现项目目标,确保活动顺利	经理负责协调项目集内各部分活动,确保实现项目集的整体效益	经理直接对各管理人员进行管理、协调和沟通
监督	经理监督项目的产品生产、服务提供或成果实现	经理监督项目集各部分的进展,确保目标、进度、预算和效益均能实现	经理监督战略方向的变化,以及资源分配、绩效成果和项目组合风险
结果	对产品和项目的质量、时间表、预算的依从性以及干系人满意度进行衡量	对项目集向组织交付预期效益的能力,以及项目集交付该效益的效率和效果进行衡量	对项目组合总体投资效果和实现的效益进行衡量

三、项目的多重目标

时间、成本和质量是项目管理最重要的约束因素与要求,被称为项目管理的"金三角"(见图2-4),它是一种对项目多重目标的形象化表达。不同的项目,不同的项目阶段,不同的干系人,对于三要素的要求存在差异,项目管理者需对此进行灵活的监管与调控。

项目旨在生产出能创造商业价值的可交付成果,组织应当根据项目可交付成果的规模、类型和范围,任命合适的项目经理。可交付成果是指在项目结束时或项目生命周期某一阶段结束时的产出。一般来说,项目的可交付成果是可感知、可度量的,可能是有形的,如搭建

图2-4 项目管理的"金三角"

一个展台、完成一个景区的建设,也可能是无形的,如完成一次旅游团的接待服务。站在项目经理的角度,一旦可交付成果被创造出来且被项目所有者接受,项目就结束了。对项目管理而言,项目成果必须满足客户、管理层和供应商在时间、成本和质量上的不同要求。三者具有相互制衡的关系,项目经理需要进行一定取舍,对制约因素进行优先级排序。

对旅游项目而言,除了时间、成本和质量这三个传统约束因素,还应该考虑第四个关键因素——建立和维护良好的客户关系。客户可能是旅游企业,也可能是具体的负责人。对于建设周期长的旅游项目,维护好与客户的长期关系至关重要。在某些情况下,项目的成功交付并不一定能保证未来商业机会的连续性。一次项目合作的结束,可能标志着与客户关系的终结,从而影响到未来的业务机会。为了给企业带来持续的业务增长机会,企业高层管理者需深入理解不同客户的具体需求,选择最合适的项目经理。项目经理不仅要在技术和

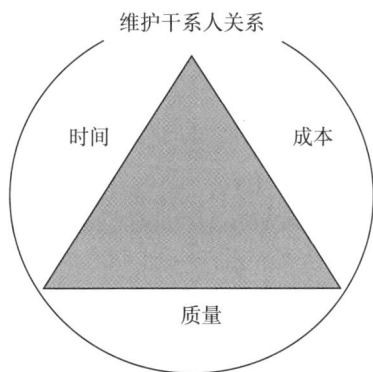

管理上具备专业能力,还需要具备优秀的人际交往和沟通能力,能够理解和满足客户需求,建立信任和尊重,从而构建稳固的客户关系。在这种情况下,项目管理不仅是成功完成一个项目,还是建立长期商业伙伴关系的过程。

虽然项目管理关注的是可交付成果,但对实际企业运营来说,可交付成果的价值才是关键所在。项目管理的成功在一定程度上体现为能够连续取得不同项目的成功。这是因为任何单一的项目如果在正式授权以及强大行政干预的情况下,都有可能满足"金三角"的要求,但这种项目成功对企业而言可能并不具有良好的可持续性,甚至可能会对企业管理产生不良影响。而要连续获得项目上的成功,则需要企业高层对项目管理理念的坚定认可。

四、项目化管理

项目化管理是一种管理理念和实践,它将项目管理的技术和方法选择性地应用于日常业务活动。项目化管理突破传统的管理框架,将项目观念融入企业运营的每一个层面,其核心在于将各种任务视为项目,强调以项目为中心,要求高层管理者从战略层面出发,对一定范围内的所有项目进行统一的管理和协调。通过项目化管理,企业能够更有效地利用资源,提高运营效率,加快响应市场变化的速度,并最终提升整体的竞争力。项目化管理与项目管理的对比如图2-5所示。

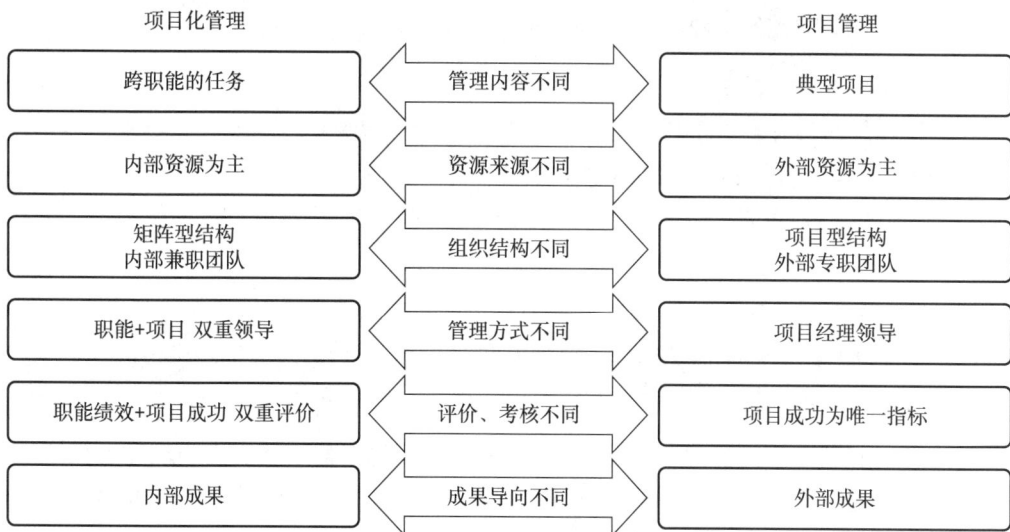

项目化管理		项目管理
跨职能的任务	管理内容不同	典型项目
内部资源为主	资源来源不同	外部资源为主
矩阵型结构 内部兼职团队	组织结构不同	项目型结构 外部专职团队
职能+项目 双重领导	管理方式不同	项目经理领导
职能绩效+项目成功 双重评价	评价、考核不同	项目成功为唯一指标
内部成果	成果导向不同	外部成果

图2-5 项目化管理与项目管理的对比

旅游项目化管理要求从高层到基层的全员参与,以确保任务的顺利实施并取得成功。通过合理分类和分级工作任务,以及建立有效的审批和传达机制,旅游企业可以利用项目化管理提升服务质量和市场竞争力,实现可持续发展。

(1)造势与支持:项目化管理的成功依赖于高层领导的支持和参与。领导层的明确支持能够激发员工的工作热情和效率。

（2）分类与评估：不是所有工作都适合项目化管理。项目委员会应对各项工作进行分类和评估，将具有明确目标和资源限制的一次性任务纳入项目管理范畴。

（3）审批与传达：项目任务的审批和传达是关键。任务须经高层审批通过后，由项目经理组织团队执行。

第二节　旅游项目管理组织

一、旅游项目经理

项目经理通常被委以实现特定项目目标的重任，因此需要扮演多重角色。相比之下，职能经理通常只将精力集中于组织内的一个特定职能领域，确保该领域的顺畅运作和管理；运营经理则关注核心业务的日常运行，追求效率和效果的优化。这不仅体现了对项目经理综合素质的高要求，也彰显了这一职位的独特价值。

在项目管理的实践中，项目经理对企业整体运作的了解往往比许多高层管理者更深入。项目经理的职能不仅是达成项目目标，还包括领导团队、协调资源、与干系人沟通以及应对项目过程中的各种挑战。通过这些经历，项目经理能够积累宝贵的经验，为将来担任更高层次的管理角色打下坚实的基础。

1. 项目经理的角色定位

项目经理往往具有多重角色定位。

（1）旅游体验者：体验旅游项目的产品。

（2）项目规划者：负责项目定位规划，把控整体工程，控制成本。

（3）团队领导者：组织、管理和监督项目成员。

（4）沟通协调者：保持与项目地政府职能部门的良好沟通，维护已建立的渠道。

（5）决策制定者：进行独立决策，对项目负责。

2. 项目经理需掌握的技能

项目经理肩负着将资源有效转化为高品质产品与服务，并最终实现利润的重任。这要求他们不仅要在专业领域内具备一系列"硬技能"，还需精通一系列"软技能"，具体可以归纳为以下4点。

（1）技术项目管理能力：掌握旅游市场供需规律、项目管理基本体系知识等，灵活把控与管理项目中各项关键技术要素，谨慎合理地排定优先级。

（2）战略和商务管理能力：结合旅游情境，纵览组织概况并有效协商、执行有利于组织战略调整与创新的决策及行动的能力，以实现项目价值最大化。

（3）项目管理领导力：融会贯通工作指导、组织激励与团队引领的能力，同时具备协商、沟通、抗压、谈判、批判性思考和人际关系处理等基本能力。

（4）旅游综合协调力：综合考虑政府、上下游企业、旅游者及社区的诉求。

3.项目经理整合职责的管理内容

旅游项目经理的角色复杂，不仅要关注项目任务，还要确保项目目标与组织目标一致。项目经理的整合责任主要包括管理以下关系：

（1）项目内部关系。

（2）与职能部门的关系。

（3）与高层管理人员的关系。

（4）与客户的关系。

（5）与干系人的关系。

4.项目经理执行项目整合的层面

执行项目整合时，项目经理承担双重责任。一方面项目经理需要与项目发起人保持密切沟通以正确理解战略目标，并确保目标、成果与项目组合、项目集、项目领域的业务一致性；另一方面，项目经理需要指导项目团队处理重要事务，并协同工作。具体而言，可从以下3个层面整合。

（1）过程层面：强调项目管理活动的连续性和动态性。例如，一场文化节庆活动的筹备，从项目启动到结束，会经历多次的需求变更和调整，项目经理必须及时响应这些变化，确保项目目标的实现不受负面影响。

（2）认知层面：旅游项目中往往涉及创意和文化元素的融合，项目经理不仅要有技术专长，还要有一定的艺术鉴赏能力和市场洞察能力。

（3）背景层面：旅游项目经理必须意识到技术进步、全球化、社交媒体的兴起以及多元文化的交融对项目的影响并进行适应性管理。

二、旅游项目干系人

项目干系人指具有影响项目决策、结果能力的个人、群体或者组织，其利益会因项目决策、活动或者结果而受到积极或消极的影响。旅游项目干系人的类型和数量尤为多样。内部干系人可能包括组织的职能经理、运营经理或普通员工，他们通过提供专业技能或资源为项目贡献力量。外部干系人可能包括政府机构、投资者、社区居民等，他们对项目的看法和行动对项目能否顺利进行具有重大影响。项目的成功在很大程度上取决于能否满足主要干系人的需求和期望。旅游项目经理的一项关键任务就是识别项目内外部的所有干系人，并对他们进行有效的管理和控制。

1.项目干系人的特征

通常，项目干系人具有以下特征：

（1）切身利益会因项目的成败而产生直接影响的人或组织。

（2）为项目提供资金、资源的人或组织。

（3）项目工作过程中的合作伙伴。

（4）受项目过程输出及结果影响的人或组织。

（5）在项目责任链上,需承担特定责任的人或组织。

2.旅游项目干系人

一般项目的干系人可划分为客户、被委托人、供应商、分包商等。旅游项目由于政策要素的影响以及旅游市场的重要性,政府与社会公众(包括社区居民)往往占据更为独特,甚至可能是相对主导的地位。

旅游项目外部干系人主要包括:

（1）客户(投资方、委托人);

（2）被委托人(承约商、承建商);

（3）供应商;

（4）分包商;

（5）政府、社区居民及其他利益相关者。

旅游项目内部干系人主要包括:

（1）项目发起人;

（2）项目组合经理;

（3）项目组合评审委员会;

（4）项目集经理;

（5）项目管理办公室;

（6）项目经理;

（7）项目团队成员;

（8）职能经理;

（9）运营经理;

（10）卖方/业务伙伴。

3.项目干系人的关键要素

项目经理不仅要识别和分析与项目相关的各方人员、团体或组织,还要制定并执行细致的管理策略,以确保干系人的期望和影响力得到恰当的引导和平衡。通过加强与干系人的沟通和协调,项目经理能够促进项目的高效治理,同时识别并强化那些对项目成功至关重要的因素,提高干系人的满意度。项目经理需掌握以下4个关键要素。

（1）干系人是谁:项目干系人可能存在于组织内任何一个部门或层级,项目经理不仅要从组织层面识别干系人,还应确保掌握项目干系人的基本信息,并在项目进程中与他们保持沟通和联络。

（2）具体干系的性质(与项目的关联度):项目的过程与结果对干系人意味着什么?项目成功了,他们会获得什么,获得多少?项目失败了,他们会失去什么,失去多少?这对于识别干系人对项目的详细需求而言,尤为关键。

（3）干系人与项目经理的互相期望:澄清与干系人之间的相互期待是实际的项目工作

中最有价值但常被忽略的活动。项目经理应在必要的时机采取必要的交流,维持良好的商业关系。

(4)干系人对项目多重目标的优先级:项目成功与项目控制涉及时间、成本、质量等多重因素,项目经理需识别对于关键干系人而言最重要的因素,理解关键干系人的选择。

项目经理在面对不同干系人时需采取差异化的管理策略。对于那些对项目走向有重大影响和深厚利益关系的干系人,项目经理应给予高度重视,并主动建立密切的沟通与合作关系。对于利益关系不大但可能在关键时刻提供帮助的干系人,项目经理应通过适当的信息共享和沟通来增强信任,确保他们在需要时能提供支持。对于目前与项目利益关联不紧密且对项目影响有限的干系人,项目经理可采取观望态度,同时保持适度的关注,以便及时捕捉他们的需求或影响力变化的信号。对于那些与项目利益紧密相连但缺乏直接影响能力的干系人,项目经理应通过定期的信息更新和通报来维护关系,增强他们的参与感。通过这种分层的、有策略的管理方法,项目经理能够更有效地协调各方利益,推动项目顺利进行。

三、项目管理办公室

在专业分工日益细化的背景下,跨职能项目在企业中变得越来越常见,如何在这些跨职能项目之间进行有效的资源优化配置、风险管理、进度控制,变得尤为关键。为妥善解决资源分配中的冲突、借鉴项目成功经验,并规范企业项目管理的标准,项目管理办公室(Project Management Office,PMO)应运而生。

PMO是企业中一个关键的职能机构,也被称为项目管理部、项目办公室或项目管理中心。随着环境的变化和客户需求的多样化,组织结构的重组变得日益频繁,PMO在其中扮演着至关重要的角色。在项目驱动型企业中,PMO已被广泛认为是企业运营不可或缺的一部分。非项目驱动型企业也逐渐认识到PMO的重要性并开始设立PMO。

通常而言,PMO并不是一个正式独立的部门,更像是由企业内各部门人员组成的非正式委员会。它的组织形式取决于企业的规模,项目管理人员可为全职或兼职,工作时间则根据项目特点而定。PMO通常拥有自己的章程,其职责包括但不限于以下内容。

(1)方法论创新:开发并持续更新项目管理的方法体系,以适应灵活的项目管理需求。

(2)战略规划指南:提供项目管理战略规划的实施指南,帮助项目与企业战略对齐。

(3)角色与责任界定:明确项目管理中的角色和责任,确保团队成员了解各自的职责。

(4)资源规划:建立企业资源使用计划,优化资源配置,提高资源利用效率。

(5)组合管理支持:支持组合管理活动,提供全面的项目管理协助。

(6)问题解决支持:开通项目管理问题解决热线,为项目团队提供及时的支持。

(7)人力资源规划:提供人力资源规划建议,明确工作描述和职能范围。

(8)培训与发展:在项目管理培训中充当协助者和培训者的角色,提升团队专业技能。

(9)知识管理:编制和完善经验总结性文件,确保所有项目经理都能访问和使用。

(10)经验教训提炼:通过知识提炼和标杆更新,帮助组织从过去的项目中学习和进步。

(11)最佳实践确认:确认并推广项目管理的最佳实践,促进组织内部的学习和改进。

（12）知识转移：通过教练制和师徒制等方式，实施知识转移，促进团队能力的提升。

（13）模板和方法推荐：推荐高效的项目管理模板和方法，以支持项目团队的工作。

（14）标准化流程：制定标准化流程，确立项目执行标准，为项目质量提供基准。

（15）风险评估：评估项目风险并制订应急计划，提高项目风险管理能力。

（16）方法体系审查：定期审查项目管理方法体系的使用情况，确保其有效性和适应性。

（17）最佳实践审查：审查最佳实践的使用情况，确保项目管理活动质量持续提升。

随着PMO作用的增强，企业会根据业务需求定制PMO，每个PMO都有自己的任务、目标和项目管理方法，它们既可以独立运作，也可以共享信息。典型的PMO类型如表2-3所示。

表2-3　典型的PMO类型

PMO类型	主要特征
传统项目和运营型项目的PMO	对组织管理项目的传统方式进行持续的改进和优化；维护标准的项目管理流程，定期更新相关的表单、指导方针、模板等；可能负责与行业内的最佳实践进行基准比较，确保项目管理方法的先进性
职能部门内部项目的PMO	为特定职能部门内部的项目提供管理支持，对部门资源和决策有更大的控制权，可更有效地管理与该部门密切相关的项目
组合类项目的PMO	管理单个组合中的项目（通常是组织战略的关键部分），确保高优先级的战略项目得到有效的跟踪和监控
企业级PMO	在组织内扮演着更高层次的协调角色，负责协调和管理企业内所有其他类型的PMO
客户驱动的PMO	为满足特定客户的需求而设立，帮助组织与客户的需求和商业模式保持一致

第三节　旅游项目管理过程

一、项目管理过程组及相互作用

项目管理过程组构成项目成功的基础框架。在项目管理实践中，不论是哪个行业、哪种类型的项目，都包含启动、规划、执行、监控和收尾这5个过程组（见图2-6）。它们相互联系并相互依赖，确保了项目管理的全面性和系统性。各个过程组在整个项目生命周期中不是孤立或一次性的，而是以动态和迭代的方式存在，通过不断地执行和调整以适应项目进展中出现的新情况和需求。在项目结束之前，项目团队需反复实施各个过程组中的过程，确保项目目标的实现和项目成果的质量。过程组内部以及它们之间的相互作用，会依据不同项目的特点和需求呈现出不同的模式。

项目过程组的活动在项目生命周期的任何阶段都可能涉及,以连续和重叠的方式进行,每个过程组的结果为后续过程组提供输入,并可能是项目整体或特定阶段的可交付成果。图2-7为项目边界示意图,由图可知,过程组之间相互连接,形成连续工作流,确保了项目从启动到收尾的每个阶段都能得到适当管理,提高了项目成功的可能性。

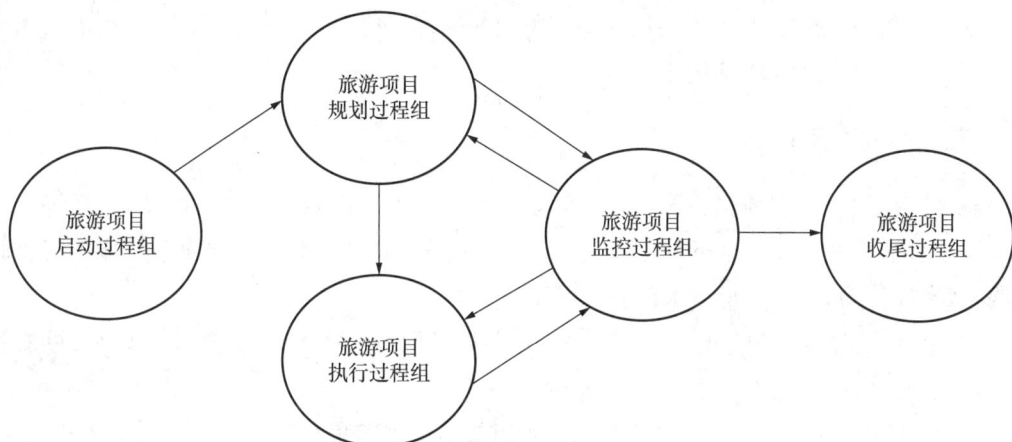

图2-6 项目管理过程组示意图

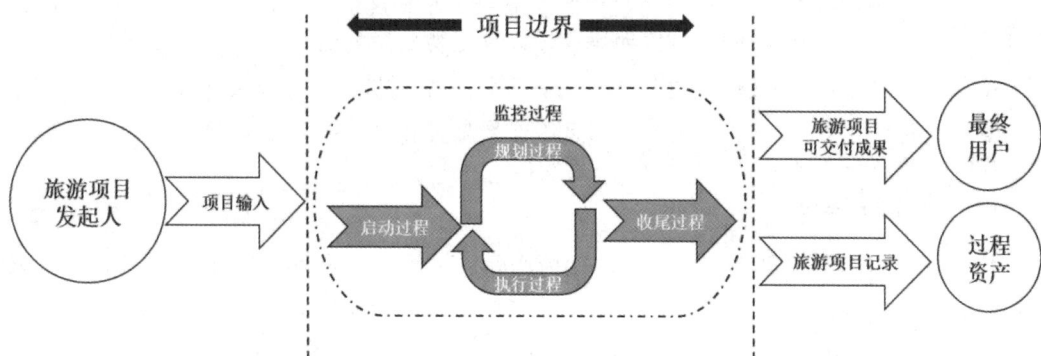

图2-7 项目边界示意图

二、启动过程组

在旅游项目管理中,启动过程组是确立项目基础和明确项目方向的关键步骤。

(1)定义项目和阶段:定义新项目或现有项目的新阶段,正式授权项目的开始,明确初步的项目范围和财务资源,识别内外部干系人。

(2)选定项目经理:项目经理需具备行业知识、领导力和协调能力。

(3)制定项目章程:项目章程记录项目初步范围、目的、资源和干系人信息,为项目的正式批准提供依据。

(4)确保干系人期望与项目目的的一致性:启动过程组致力于确保干系人的期望与项目目的的一致性。

（5）组织层面的启动：启动过程组不局限于项目，还涉及组织、项目集或项目组合。

（6）授权项目经理使用资源：赋予项目经理使用组织资源的权力，以便开展后续的项目活动。

启动过程组还涉及组织层面的战略整合，确定高层需求，评估方案可行性，确保新项目的适宜性。项目经理在项目正式启动后获得授权，开始动用资源，包括预算分配、团队动员和物资设备获取，为项目顺利进行打下基础。

三、规划过程组

规划过程组是确保项目目标明确和行动方案制定的关键。由于项目的复杂性，规划可能需要多次迭代和反馈来进行细化和优化。规划过程组的主要作用是确定项目成功完成的战略、战术和行动方案，获得干系人的认可和参与。

（1）"渐进明细"在项目规划中的应用：随着项目信息的增加，规划需相应调整，可能触发重新规划，体现了"渐进明细"的持续活动。

（2）项目管理计划和项目文件：规划过程组的输出包括项目管理计划和项目文件，它们详细规定了项目的各个方面，如范围、时间、成本等。

（3）干系人参与和规划结束：项目团队应征求干系人意见并鼓励参与。组织需考虑项目性质、边界、监控活动及环境，制定明确程序以规定初始规划的结束。

（4）规划过程组内关系：各过程之间的关系取决于项目性质。反复规划的结果应记录为计划或文件的更新，以确保项目文档可反映最新信息和决策。

四、执行过程组

执行过程组是项目管理中将计划转化为实际成果的关键阶段，涉及将规划蓝图变为具体行动。有效执行对于实现项目目标、提高干系人满意度和取得项目成功至关重要。

（1）协调人员和资源：按项目管理计划协调，包括任务分配、物资设备安排等。

（2）管理干系人期望：定期沟通，更新干系人信息，解决关切问题。

（3）整合并实施项目活动：监督工作，确保活动和任务遵循既定流程和标准。

（4）应对变更：分析执行过程中的偏差，制定应对措施，处理变更请求。

（5）管理项目预算：严格管理项目资金，确保支出符合预算，及时调整预算偏差。

（6）过程监控与反馈：监控项目进度，评估成果，收集反馈并提升执行效果。

五、监控过程组

监控过程组在项目管理中负责跟踪、审查和调整项目进展与绩效，确保项目按计划推进并灵活应对变化。

（1）跟踪与审查项目绩效：持续跟踪项目绩效，使用工具监控质量、成本和资源，确保目标、时间表和预算符合计划。

（2）调整与变更管理：通过识别偏差及时采取调整措施，可能涉及更新项目管理计划或修改范围、时间表、预算。必要时可启动变更管理，对变更进行控制和批准。

（3）监督项目活动与整体变更控制：监督项目活动与计划的一致性，确保只有批准的变更才能执行，维护整体变更控制，识别需关注领域，及时采取行动以确保目标实现。

（4）协调多阶段项目：对于多阶段的旅游项目，要协调各阶段工作，确保连贯性和一致性，运用异常管理程序控制管理费用，及时采取纠正或预防措施。

六、收尾过程组

收尾过程组是项目管理生命周期的最后阶段，负责正式结束项目或阶段，确保所有工作完成，合理释放资源。有效收尾不仅能为旅游项目留下正面影响，还能为组织积累经验和知识，为未来项目成功奠定基础。

（1）项目或阶段的正式结束：客户或发起人验收，提交最终交付物，进行演示或审查，获得正式确认。必要时可安排交接手续，确保项目顺利过渡。

（2）项目后评价与文件归档：进行全面审查，包括成果、问题和改进机会。归档项目文件，保持记录完整性，为未来提供参考。

（3）组织过程资产更新：更新项目模板、指南、政策和程序，收集工作流程和方法。记录经验教训，促进知识共享和持续改进。

（4）团队成员评估与资源释放：评估团队成员表现和贡献，释放项目资源，包括人员、设备和材料。

第四节　旅游项目组织过程资产

一、项目的流程与程序

在旅游项目管理中，组织过程资产是确保项目成功的关键资源，包括正式和非正式的计划、政策、程序和指南，以及组织的知识库，如经验教训和历史信息。

（1）标准流程：包括旅游项目的安全与健康政策、旅游伦理政策、项目管理政策、设施质量政策与程序，以及旅游项目生命周期标准。

（2）标准化指南：提供一系列标准化的工作指示和建议书评价准则，以及绩效测量标准，帮助项目团队在规划和执行旅游项目时保持一致性和专业性。

（3）模板：包括风险评估模板、工作分解结构（WBS）模板、项目进度网络图模板和合同模板，确保所有关键活动和里程碑都被充分考虑和记录。

（4）沟通规定：明确项目沟通的技术、媒介、记录保存政策和安全要求，确保项目信息在团队成员、干系人和游客之间有效传递。

（5）项目收尾指南：包括项目终期审计、项目评价、产品确认和验收标准，帮助项目团队

确保旅游项目的成功交付,并从中吸取经验教训。

(6)财务控制程序:涉及定期财务报告、费用审查、会计编码和标准合同条款,有助于项目团队有效管理旅游项目的预算和财务。

(7)问题与缺陷管理程序:定义了问题和缺陷的识别、控制、处理流程,以及相关行动的跟踪,确保旅游项目中出现的问题能够得到及时解决。

(8)变更控制程序:包括修改公司标准、政策、计划和程序的步骤,以及变更批准和确认流程,帮助项目团队在必要时对旅游项目进行调整。

(9)风险控制程序:涉及风险类别、概率定义、后果评估和概率影响矩阵,帮助项目团队识别和管理旅游项目中的潜在风险。

(10)项目排序与授权程序:包括项目排序、批准和签发工作授权的流程,确保旅游项目的各个阶段都能得到适当的关注和资源分配。

二、共同经验与知识库

除项目的流程与程序外,共同经验与知识库也是旅游项目的重要过程资产。共同经验与知识库不仅能确保项目高效、有序地进行,还能为组织的学习和成长提供丰富的资源。

(1)过程测量数据库:用于记录和分析关键绩效指标,如游客满意度、项目完成时间、成本效益比。这些指标是旅游管理的量化基石,为持续改进提供数据支持。

(2)旅游项目档案:用于详尽记录旅游项目的各个方面,包括项目范围、预算、时间表、质量标准、绩效评估基准、风险评估和应对策略等。

(3)历史信息与经验教训知识库:包含以往旅游项目的详尽记录和文件(如项目总结报告、收尾文件),以及风险管理的深入见解,能为未来的项目提供参考依据。

(4)问题与缺陷管理数据库:用于跟进旅游项目中出现的问题和缺陷,记录其状态、控制措施、解决方案和行动结果,以确保及时响应和有效解决,提升项目质量。

(5)配置管理知识库:涵盖旅游项目的标准、政策、程序和文件的版本信息,以确保项目团队能够获取最新、最准确的信息,维持项目执行的一致性。

(6)财务数据库:用于详细记录旅游项目的财务信息,包括工时、实际成本、预算跟踪和成本超支分析,帮助项目经理进行精确的财务规划和控制。

第五节　旅游项目管理的知识体系

一、旅游项目管理知识体系

1965年,以欧洲国家为主的一些国家成立了国际项目管理协会(International Project Management Association,IPMA),其成员是各国的项目管理协会。1969年,美国成立了项目管理协会(Project Management Institute,PMI),其成员包括企业、大学、研究机构的专家学者。PMI推出的项目管理专业人士(Project Management Professional,PMP)认证受到了广泛认可。PMI于1976年首先提出了制定项目管理标准的设想,在1987年正式推出了《项目管理知识体系指南》(*Project Management Body of Knowledge*),简称PMBOK。PMBOK分别在1996年和2000年进行了两次修订,逐渐趋于完整和成熟。20世纪80年代以前称为"传统的项目管理"阶段,80年代以后称为"新的项目管理"阶段,项目管理知识体系的诞生与发展标志着项目管理的专业化与系统化。

旅游项目管理知识体系示意图如图2-8所示。

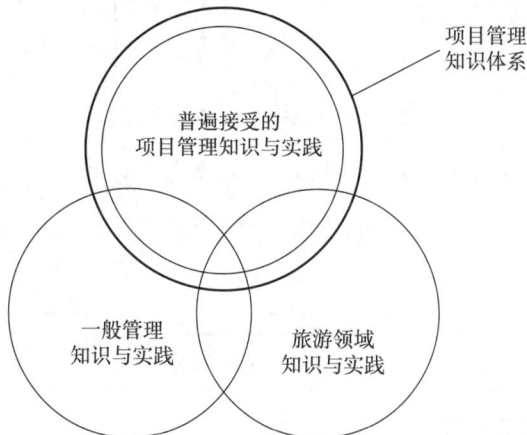

图2-8　旅游项目管理知识体系示意图

PMBOK知识体系分为启动、规划、执行、监控和收尾5个部分(见图2-9)。体系之下涵盖10个知识领域——范围管理、时间管理、成本管理、质量管理、人力资源管理、沟通管理、风险管理、采购管理、干系人管理和整合管理,以保障过程的有效开展。根据重要程度,PMBOK又把项目管理过程分为核心过程和辅助过程两类。核心过程是大多数项目都必须具有的项目管理过程,它们之间具有明显的依赖性,在项目中的执行顺序也基本相同。辅助过程是项目根据实际情况可取舍的项目管理过程。项目计划的完备性是PMBOK知识体系的关键,对此,PMBOK知识体系推出了一系列的工具与方法。计划一旦完成,应尽量减少修改,若确需修改,则必须遵循严格的变更流程并获得授权。

除了PMBOK知识体系,PRINCE2也是项目管理知识体系中非常重要且常用的知识体系。20世纪60年代出现软件危机后,人们发现许多项目在开发过程中以及开发之后会出现先前预料不到的问题和困难,而处理这些新问题需要额外的时间和资源,这使得人力、物力、时间的实际使用情况与计划相距甚远,原有的相对线性的PMBOK知识体系无法高效满足实际需求。

在这种背景下,英国商务部(OGC)于1996年开始推广PRINCE2知识体系。PRINCE2知识体系描述了如何以一种有逻辑的、有组织的方法,按照明确的步骤对项目进行管理。PRINCE2知识体系中包含筹备、指导、启动、阶段内控制、交付物管理、阶段边界管理、收尾7

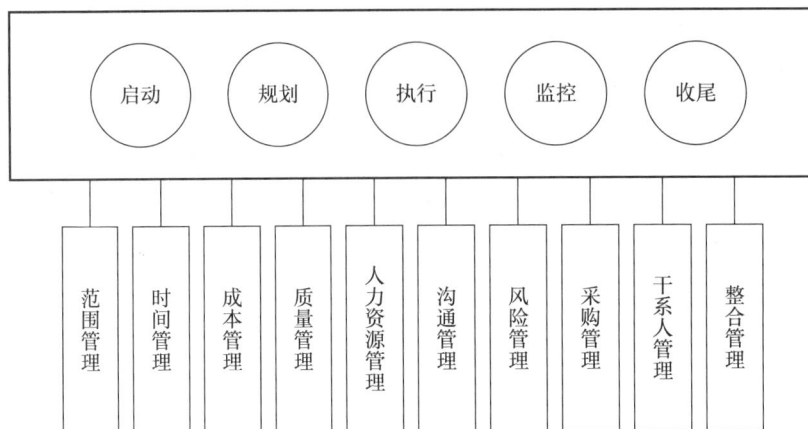

图 2-9　PMBOK 知识体系示意图

个过程,下设 7 个要素,包括项目论证、组织、品质、计划、风险、变更、过程监控(见图 2-10)。
PRINCE2 中的计划和过程监控并非独立的过程,而是作为一个要素贯穿于整个项目过程
链中。

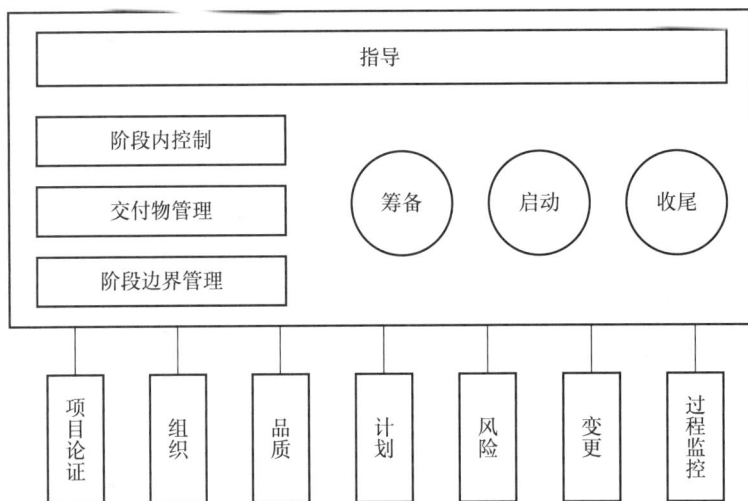

图 2-10　PRINCE2 知识体系

　　两种知识体系既有区别,又有共同之处,PMBOK 倾向于以静态视角看待项目,能够全
面把握细节,而 PRINCE2 倾向于以动态视角看待项目,能够灵活地掌控全局(黎亮、肖庆钊、
宋瑾,2023)。PMBOK 详细阐述了"如何做"项目,而 PRINCE2 很少回答"如何做"的问题。
PMBOK 提供了很好的具体工具和技术,而 PRINCE2 则站在宏观的高度来提供管理方法。
PRINCE2 并不直接去定义工作,而是强调角色。PRINCE2 更强调项目立项及建设的原因,
以及项目各个阶段可能需要完成的任务,如果存在与项目环境不符的内容,管理团队可将其
舍弃。PMBOK 与 PRINCE2 的主要对比如表 2-4 所示。

表 2-4 PMBOK 与 PRINCE2 的主要对比

对比项	PMBOK	PRINCE2
目标	满足决策者的需求,贯彻决策者意志	满足多方的需求,反映多方的意志
特点	强调对资源的绝对把控	可通过对利益的分享程度来调控对资源的掌控
	全局调整优化	全局和局部配合调整优化
	为保障计划实施,屏蔽外部一切干扰,内部思想高度统一	为保障目标的实现,动态协调内外部,多角度思考问题
	微观管理	宏观管理
优势	谋效率(解决"好不好"的问题),类似"油门"	谋功能(解决"有没有"的问题),类似"方向盘"
缺点	缺乏灵活性	管理难度大

PMBOK 与 PRINCE2 的主要区别在于以下两点。

第一,PMBOK 强调全面,而 PRINCE2 则强调重点,根据重要程度来划分阶段,根据项目具体情况来调整管理模式。

第二,PMBOK 为用户需求驱动,而 PRINCE2 则为组织价值驱动。PMBOK 中发起人和重要的干系人是决定项目的关键,而 PRINCE2 中公司组织高层是决定项目的关键。

由于两大体系的取向不同,具体采用的应对方法和适用的项目类型也有所不同。对于技术成熟、资源绝对可掌握的项目,采用 PMBOK 能带来更高的效率;而对于技术成熟、资源没有完全掌握的项目,则应该采用 PRINCE2 的组织架构来分阶段逐步探索。在实际项目管理过程中,开发方式可能会发生变化,因此可根据实际需求考虑混合模式,如在项目探索期采取 PRINCE2 模式,而后转变为 PMBOK 模式的情况并不少见。

二、旅游项目管理学科关系

旅游项目管理学包含 3 个特征。

第一,是管理学、旅游学衍生的综合性管理学科。旅游项目管理学属于工商管理范畴,但融入了旅游情境内容,包含各种旅游管理过程中的特殊矛盾与规律,涉及旅游景区开发项目、旅游节庆活动项目、旅游酒店项目、旅游基础交通设施项目、旅游咨询项目等,综合性强。

第二,强调实用性,具有广泛的应用前景。旅游项目管理学旨在揭示旅游项目在管理领域中所发生的矛盾运动及其规律,以提高项目运行的效率和效益。旅游项目管理学是研究旅游项目发展规律以及管理原理和方法的应用科学,具有鲜明的实用性特征。

第三,是跨领域的交叉学科。旅游项目管理是随旅游产业实践需要,逐渐形成的一门相对独立的学科,与工商管理学、旅游管理学、旅游经济学、旅游工程学具有紧密关联,同时延伸出社会学、政治学、营销学、心理学、建筑学等多元关联学科(梁增贤、董观志,2024)。

旅游项目管理的总任务是协调解决旅游项目中各种关系(尤其与关键干系人的关系),

充分调动多方积极性,有效利用项目资源,从而实现项目的可持续发展,推动旅游产业的全面发展,具体包括以下基本任务。

(1)以项目管理的思想理念解决旅游管理的认识问题。

旅游管理作为一种对特殊生活方式的管理,兼具广泛性与发展性。一方面,旅游管理以满足人们日益增长的多样化需求为出发点;另一方面,旅游管理作为非惯常环境下的非日常活动,天然具有"项目基因",需要借助项目管理的思维,将旅游业各种人、物、地等要素科学组织起来,探索高效的指导思想,从而完善旅游管理体系。

(2)明确旅游项目管理知识体系的原则与目标。

以创建科学的管理体系为目标,将旅游项目管理理论、技术、方法和旅游企业战略管理思想理论相融合,为我国旅游企业项目管理提供实践指南。依循"战略主导,政府协调,企业担纲,市场运作,项目赋能"的基本思路,因地制宜,构建旅游产业与其他产业、旅游管理部门与其他管理部门之间的有机协作模式,为旅游项目管理谋求更广阔的发展空间。

(3)维护干系人的合法权益并提高旅游产业的综合效益。

旅游业涉及各级政府、多元产业、各类企业、社区居民、旅游者等主体,涵盖复杂的关系网络。切实保障干系人的合法权益,需不断提高项目管理水平,提升项目服务质量,以提高旅游终端的满意度,从而提升旅游项目(地)的知名度与吸引力,最终促使旅游业实现规模经营与持续发展,维护旅游产业的综合效益与整体形象。

旅游项目管理逻辑系统如图2-11所示。

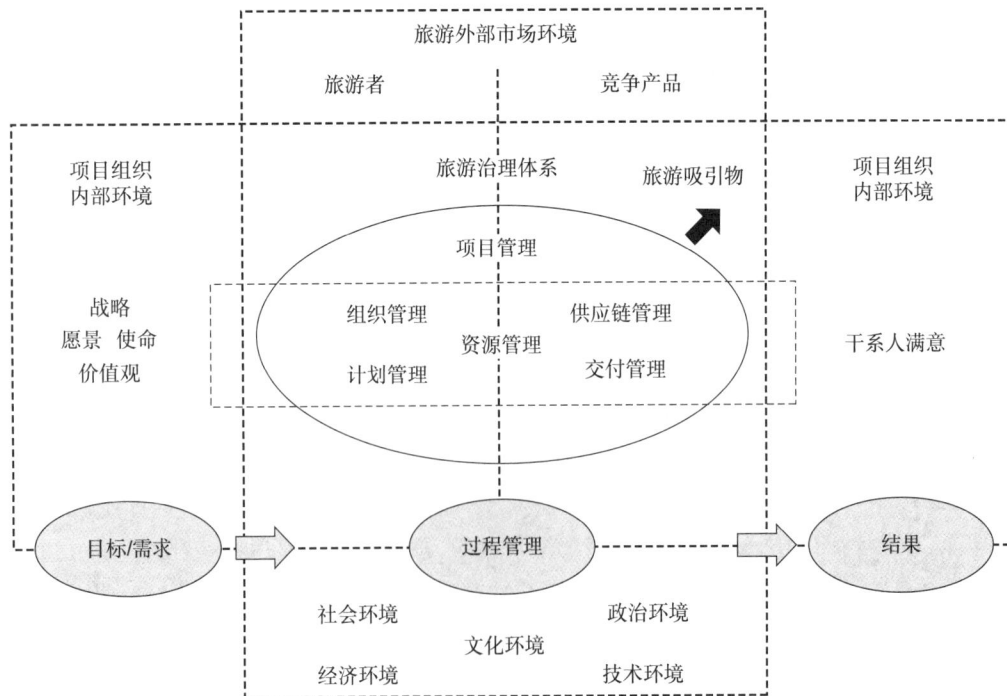

图2-11 旅游项目管理逻辑系统

三、旅游项目管理职业认证

项目管理职业认证体系是评估项目管理专业人士技能和知识的重要依据,能为项目管理人员提供清晰的职业发展路径,并帮助他们提高项目管理实践的专业水平。在项目管理领域,有两大国际认证体系——PMP认证和IPMP认证,它们为项目管理从业者提供了全面的资质评估和认证。

美国项目管理协会(PMI)设立的项目管理专业人士认证(PMP认证)以《项目管理知识体系指南》为基准,要求申请者通过项目管理经历审查和笔试考核,确保其具备专业的项目管理理论知识和实践经验。PMP认证需通过两种形式的考核:项目管理经历的审查和笔试考核。

国际项目管理协会(IPMA)推广的国际项目管理专业资质认证(IPMP认证)考试形式包括笔试、口试和案例分析等。IPMP认证将资质认证细分为A、B、C、D四个级别,以适配不同经验和专业水平的项目管理专业人士,每个级别都有其特定的教育和经验要求。中国项目管理研究委员会(PMRC)作为IPMA的成员,根据国际标准建立了C-NCB标准,得到了广泛认可。获得IPMP认证后,持证人需定期参加继续教育和专业发展活动,包括参加项目管理相关的培训、会议、志愿活动等,以维持认证的有效性。

总体上,PMP认证更侧重于项目管理知识的掌握,而IPMP认证更侧重于项目管理能力的综合评估。两者都能为项目管理专业人士的职业生涯增添价值。

中国项目管理师作为一种国家职业资格认证,也具有广泛的认可度和专业权威性,代表了我国政府对项目管理专业从业人员资格认证的最高水平。中国项目管理师(China Project Management Professional,CPMP)是中华人民共和国人力资源和社会保障部(原劳动和社会保障部)在全国范围内推行的项目管理专业人员资质认证体系的总称,分为四个等级:项目管理员(职业资格四级)、助理项目管理师(职业资格三级)、项目管理师(职业资格二级)、高级项目管理师(职业资格一级),每个等级分别对应不同级别的证书。

思考题

(1)结合旅游案例,分析项目管理、项目集管理和项目组合管理的关系。

(2)何种类型的旅游项目更重视项目管理"金三角"中的质量管理?

(3)为什么说社区居民是旅游目的地规划中重要的干系人?他们对项目有何影响?

(4)项目管理过程组包含哪些过程,每个过程具体包括哪些内容?

第三章 →

旅游项目招投标与合同管理

学习目标

(1) 了解旅游项目采购的概念、分类、组织结构。

(2) 掌握旅游项目的采购方式,能针对不同需求选择恰当的采购方式。

(3) 熟悉旅游项目合同管理的流程。

(4) 熟悉合同的要点和订立合同的法律规定。

(5) 熟悉采购合同的类型。

第一节 旅游项目采购概述

每一个旅游项目都需要采购特定的货物或服务。采购过程通常以合同为纽带,通过双方签订并履行合同条款来实现。旅游项目采购管理包含3个至关重要的问题:一是,旅游项目所需采购的货物或服务具体是什么? 这可能包括但不限于旅游目的地的交通安排、住宿设施、餐饮服务、导游服务及各类旅游活动等。二是,如何确定合适的供应商并签订相应的合同? 这可能需要通过市场调研、供应商评估、招标或谈判等流程选择出能够提供高质量服务、价格合理且信誉良好的合作伙伴。三是,合同有效期内如何有效地履行合同条款和妥善处理合同当事人之间的关系? 这可能包括但不限于合同执行的监控、纠纷的解决及合同变更的处理等,以确保双方权益得到保障,旅游项目能够按照预先计划顺利进行。

一、旅游项目采购的概念

采购指通过签订合同的方式,从项目执行组织外部获取所需的货物或服务,以满足项目实现既定目标的需要,包括有形货物和无形服务的采购,如咨询服务、技术支持等。项目通过采购整合外部资源,优化资源配置,以实现价值最大化。

旅游项目采购管理主要围绕合同展开,通常涵盖4个关键阶段:编制采购计划、实施采购、执行合同并监控执行情况、采购收尾。前面2个阶段的核心在于合同的订立,后面2个阶段聚焦于合同的执行与结束。

在旅游项目管理中,采购的作用表现在多个方面:

(1)成本优化与效率提升。通过外包服务,供应商利用其规模经济优势,为旅游企业提供所需的商品和服务,降低旅游企业在员工雇佣、解雇或派遣方面的成本。

(2)聚焦核心业务,增强竞争力。通过外包非核心业务,旅游企业能够集中精力提升其核心业务能力和竞争力,确保在激烈的市场竞争中脱颖而出。

(3)获取技能与技术,增强旅游项目实力。旅游项目往往涉及多个领域和专业技能。通过采购,旅游企业可从外部获取自身不具备的技能和技术,增强旅游项目的实力,提高旅游项目的成功率和游客满意度。

(4)灵活应对市场变化,强化责任管理。在旅游项目的高峰期,采购能够为企业提供及时的员工支持,使旅游企业能够更快速地适应市场变化。

二、外购与自制的区别与选择

旅游项目团队需细致权衡自制与外购的利弊。例如,大型主题公园项目在规划之初面临自行研发还是采购游乐设备的抉择。从成本效益的角度出发,若从外部采购游乐设备在成本上较内部研发制造更为节省,则选择外购是更为合理的决策。在权衡自制与外购的过程中,不仅要考虑直接采购成本,还需考虑外购设备的维护成本、长期合作等未来成本。考虑自制也需要全面考量自制所需的研发成本、制造成本、人力成本,以及可能产生的失败风险成本等。此外,旅游项目团队还需注意外购可能带来的非财务性优势,如时间效率的提升、技术创新的引入等。目前,许多旅游项目开始尝试采购智能管理系统,帮助旅游项目实现资源的高效共享和管理流程优化。

在实际操作中,选择外购而非自制的理由往往多样且复杂,可能包括以下几点:

(1)当旅游项目方在专业人才、技术或物资方面存在明显不足时,如主题公园需要的大型游乐设备,通常会选择从专业设备供应商处采购。

(2)当旅游项目方在某些领域不具备足够的专业性和经验时,可选择外包给专业公司以确保旅游项目的顺利进行。

(3)即便旅游项目方在某项业务上擅长,但受资源限制,如时间、人力等,也可能将部分业务外包出去,以集中力量完成更为核心和关键的任务。

(4)从长远的战略视角出发,旅游项目方可能出于培育长期合作伙伴关系的考虑,选择将部分业务外包给外部组织,以建立稳定的合作关系和实现资源共享。

(5)受相关法律法规的约束。例如,在政府采购领域,相关法律法规可能规定了某些货物或服务必须从指定的外部机构采购。

总之,在选择外购或自制时,旅游项目需综合考虑成本、效率、专业性、资源限制、长期战略及法律法规等多方面的因素,以实现项目资源的最优配置和项目效益最大化。

三、旅游项目采购管理的基本理念

采购管理需坚持以下基本理念。

（1）"采"与"购"分离：采购团队收集市场信息和供应商资料，决策层基于信息做出购买决策，确保决策基于全面的信息和专业的判断。

（2）增加备选供应商的数量：鉴于旅游行业的多变性和不确定性，增加备选供应商的数量能确保在突发情况下迅速调整计划。

（3）提高议价和数据分析能力：通过比较不同供应商的价格和服务质量，分析历史数据和市场趋势，预测未来的需求和价格变动，为采购决策提供有力支持。

（4）合理分配不同类型供应商的订单量：根据供应商的能力、服务质量和价格，合理分配订单量，确保旅游项目的顺利进行。

（5）定期考核采购人员：对采购人员进行定期的绩效考核，考核内容应包括供应商管理、成本控制、谈判技巧等。

（6）避免让步接收：让步接收可能导致项目质量下降和成本增加，必须建立严格的验收标准，加强供应商管理和沟通，对不符合要求的产品或服务坚决予以拒绝。

（7）SQE（供应商质量工程师）驻厂严控供应商质量：SQE负责监督供应商的生产、采购、质量检测等环节，确保供应商提供的产品或服务符合旅游项目要求。

（8）多部门配合考核：其他部门（如运营、财务）也应参与采购人员的考核过程，全面评估采购人员的绩效和贡献，促进部门之间的沟通和协作。

四、旅游项目采购涉及的主要干系人

旅游项目采购管理往往涉及多个利益主体，主要可分为以下4类。

（1）项目业主：项目的发起人，也是最终的买主和所有者，会对项目的规划设计、服务质量等方面提出具体要求。

（2）项目实施组织：负责项目开发建设的承包商或项目团队，是项目业主的代理人，负责按照业主的要求，整合各类资源，完成项目的设计、施工、运营等工作。

（3）供应商：为项目组织提供所需的建筑材料、设备、服务等商品和劳务，可直接与项目业主进行交易，也可与项目实施组织建立合作关系。

（4）项目分包商和各类专家：可能是专门提供景观设计、酒店管理等服务的专业企业、机构或独立工作者，可为项目实施组织或业主提供服务。

旅游项目业主与项目实施组织之间、项目实施组织与分包商和供应商之间、项目业主与分包商和供应商之间，都存在着委托和代理的关系。同时，项目实施组织与供应商直接进行商品和劳务的交易。旅游项目采购管理的主要任务之一，就是协调这些关系，确保旅游项目资源的合理配置和有效利用。

五、旅游项目采购的分类

根据不同的划分标准,旅游项目采购可以细分为多种类型,常见的分类方式如下:

(一)按采购主体分类

根据采购主体的不同,旅游项目采购可以明确地划分为政府采购与非政府采购两大类。

政府采购,也称公共采购,是各级国家机关、事业单位和团体组织为履行其行政和社会管理职能、提供公共服务和实现公共利益等目的,使用财政性资金或公共资金进行采购的行为。在旅游项目政府采购中,主要执行者通常是各级文化和旅游行政部门。政府采购具有以下特点。

(1)资金来源的公共性:支出资金主要源于国家财政拨款,属于公共资金的范畴。

(2)非营利性:政府采购不以营利为主要目标,而是旨在实现公共利益。

(3)公开透明:整个采购过程都在公开、透明的环境下进行,确保公平竞争。

(4)程序严格:政府采购遵循严格的法律和管理条例,确保采购活动合法、规范。

(5)政策导向性:政府采购属于国家宏观经济政策,需扶持中小企业、鼓励企业创新。

非政府采购的主体主要是旅游企业。企业采购更多地受市场规则和企业自身需求的影响。与政府采购相比,企业采购的限制因素相对较少,企业可根据自身需求和市场情况灵活选择供应商和采购方式。

(二)按采购对象分类

按照采购对象的不同,旅游项目采购可划分为以下3类。

(1)货物采购:通过招标或其他方式购买旅游项目所需投入物的活动,具体采购内容包括机器、设备、建筑材料等,以及与之相关的运输、安装、测试、维修等服务。

(2)工程采购:通过招标或其他方式选择合格的承包单位,以及与之相关的人员培训和维修等服务。

(3)咨询服务采购:通过招标或其他方式聘请咨询公司或咨询专家完成项目所需的各项服务,包括旅游项目的可行性研究、旅游项目规划与设计等。

(三)按采购复杂性分类

根据采购的复杂性,旅游项目采购可大致划分为以下3类。

1.高复杂度的定制化采购

这是一种技术复杂、规模宏大、需求独特、涉及多方因素且周期较长的采购。以大型主题公园的建筑设计为例,这类采购需依据旅游项目的独特需求,量身定制专业的设计方案,因此在技术、质量、成本和进度等方面存在较高的风险。为降低这些风险,采购主体需从旅游项目的长远利益出发,进行周密的规划和布局,并成立专门的小组进行管理和执行。

2.低复杂度的常规性采购

采购的产品通常已存在且符合旅游项目的技术规范要求,可直接从供应方处购买。例如,国内主题公园引进国际知名玩偶IP进驻园区,只需与IP所有者协商购买即可。对于这类采购,采购主体需迅速识别并安排采购时间,确保采购的及时性和经济性。

3.日常性消耗品采购

日常性消耗品采购指旅游项目日常需要的,且不属于上述两类的采购,如日常办公用品的采购等,一般不会给旅游项目带来太大风险。采购主体只需坚持基本的采购原则,避免与供应方建立过于复杂的合同关系。同时,也需提前识别和安排这类采购,确保旅游项目的顺利进行。

(四)按采购涉及的管理层级分类

采购活动往往涉及复杂的合作问题,根据所涉及管理层级的不同,旅游项目采购可细分为两大类:

1.高管理层级的战略性合作采购

此类采购要求双方严格按照合同要求执行合作事宜,且通常由两家企业的高层管理者共同批准并推动,涉及企业的重要财产、设施和人力资源,合作双方在旅游项目采购中共担风险、共享利益。战略性合作采购协议通常涉及巨大的资金投入,协议详细规定了旅游项目采购的各个环节,并将其拆分为两个或多个独立的部分,每个部分由指定的企业负责完成,以确保旅游项目的顺利进行。

2.低管理层级的部门间合作采购

此类采购主要发生在企业内部,由企业内部的各个单位或部门合作完成。此类采购通常不涉及复杂的外部合作,只需在企业内部协调好各部门的分工和责任。为确保采购的顺利进行,企业高层管理者通常负责统筹整个采购工作,明确各部门的职责和配合人员,并在必要时召开跨部门协调会议解决合作中遇到的问题,确保旅游项目的资源供应不受影响。这种领导方式有助于提高采购效率,避免部门之间的推诿扯皮,确保旅游项目的顺利实施。

第二节　旅游项目采购组织与管理过程

旅游项目中采购组织的设置应当遵循部门架构,需与企业自身的性质与规模匹配,需紧密贴合企业的采购目标和方针,以及与企业的整体管理水平相协调。

采购组织在不同企业组织架构中的定位有所差异。对于规模较小、产品结构相对单一的企业,设置一个直接向总经理汇报工作的独立采购部门,有助于简化决策流程,提高响应速度。对于部门众多、采购需求差异显著的大型企业,可在各职能部门下设立专门的采购小组,隶属于相应的职能部门,由职能部门的副经理负责向总经理汇报采购工作的进展与成效。以国内某大型旅游企业为例,如图3-1所示,其成本采购部是独立于其他职能部门的存在,专门负责企业的招投标等采购工作,能够方便且高效、独立又统一地推进公司的采购工作。

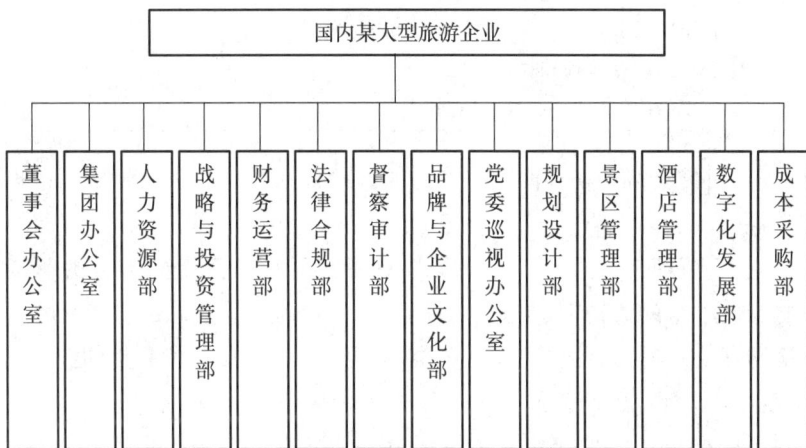

图3-1　国内某大型旅游企业的组织架构

一、外部组织结构

从旅游项目采购组织的外部结构出发,采购组织可分为分散型和集中型两种模式。

分散型采购组织指各预算单位自行开展采购活动。大型旅游集团通常拥有多个地理位置分散的子公司或业务部门,如度假酒店、旅行社、景区等,这些单位的产品和服务种类繁多,需求差异性大,因此更适合采用分散采购的模式。例如,某国际旅游集团旗下的度假酒店可能根据各自的地域特色、客户需求和当地供应商情况,独立采购特色食材、装饰材料和旅游活动用品,以满足其独特的经营需求。

集中型采购组织指由一个部门统一负责本系统的采购活动,通常适用于下属经营单位所需购买的产品相同或类似的情况,如统一的制服、办公用品、旅游纪念品等。如表3-1所示,两种模式各有优劣,并无明显的好坏之分。旅游企业在选择采购组织模式时,应根据自身的业务特点、组织结构及市场环境等因素进行综合考虑,以实现采购活动的最优化。

表3-1　分散型和集中型模式的优缺点对比

采购组织	优点	缺点
分散型	①具有自主性、灵活性、多样性; ②可在本地采购,受当地欢迎; ③有利于部门间形成良性竞争	①造成供应商分散和混乱; ②技术人员短缺,成本上升; ③分支间缺乏沟通,可能会重复采购; ④缺乏财务控制; ⑤产生过量的地方采购

续表

采购组织	优点	缺点
集中型	①形成规模效应； ②实现标准化,节省人力成本,减轻工作量； ③有利于财务管理； ④便于全面库存管理和材料利用； ⑤避免因供应短缺而引起部门间的竞争	①引发上下级纠纷； ②对系统的反抗； ③管理费用过高； ④对市场的反应较慢

一般而言,采用集中型还是分散型需考虑的因素包括:采购需求通用性、地理位置、供应市场结构、专门技术、价格波动、客户需求等。

在旅游企业中,一种新颖的采购组织形式——跨部门采购职能小组正在逐渐崭露头角。在跨部门采购职能小组的架构下,企业总部设立集中管理的采购总部,以确保公司层面的采购战略和政策得到统一贯彻,各旅游经营单位(如分社、门店或在线平台)也设立了独立的采购部门,以紧跟市场需求、提高运营效率。

在跨部门采购职能小组的组织架构下(见图3-2),各经营单位的采购经理扮演双重角色:负责本部门的日常采购工作,定期向本部门的主管汇报工作进展和成果,与采购总部保持紧密联系,定期向企业的首席采购总监(CPO)汇报,确保本部门的采购活动与公司整休的采购战略和政策相协调、相适应。跨部门采购职能小组体现了高度的灵活性。各经营单位可根据当地的市场情况和客户需求进行快速响应,灵活调整采购策略和方案,实现公司整体利益的最大化。

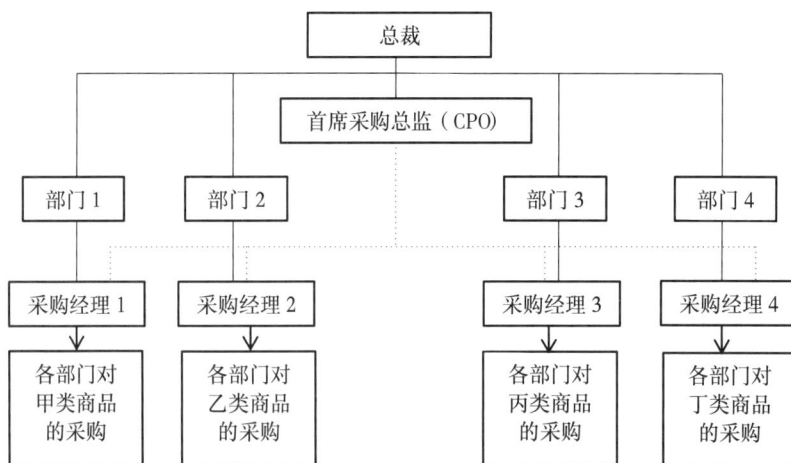

图3-2 跨部门采购职能小组结构

当企业自身的采购并不足以提供旅游项目所需要的竞争优势,或现有的采购组织结构不能应对迅速的变化并使得采购战略高效运行时,企业就需要将采购活动外包给更先进的、在战略上更具主动性的组织,从而为项目获取竞争优势。外包指企业将旅游项目的非核心业务委托给外部的专业公司。采购是将外部组织的货物或服务直接买进来,采购外包是将采购工作委托给外部组织,其本质都是为项目提供所需的货物或服务,满足项目运行的需要。比较常见的旅游采购外包就是差旅管理项目。许多大型企业集团会把年度内企业各类人员的出差和考察票务及保险业务整体外包给专业的差旅管理公司或票务公司。

部分组织将整个采购流程拆成多个功能单元,并将这些功能单元安排到其他部门,原有的采购流程依旧照常进行,但执行者已不是一个独立的采购部门,而是由各个部门中的执行小组组成,此时就形成了一个虚拟的采购组织。虚拟组织没有具体的实体,只有一个个的职能,是由若干个外包作业构成的。虚拟组织往往具有中心紧密、外围松散的结构特征,能够提高企业经营层面上的集中度和灵活性。其中心是由采购专家组成的紧密核心,外围则是流动的企业经营方面的专家。核心层负责制定采购流程、采购战略,以及采购过程中的员工招聘、培训和职业发展规划。

二、作业方式和内部组织结构

在旅游项目管理的实践中,采购组织的作业方式至关重要,直接关系到项目的成本、效率以及最终的成果质量。旅游项目采购组织的作业方式有两种主流模式:一贯式和分段式。

一贯式作业指旅游项目的采购过程由一位采购人员进行统一管理。一贯式作业能够迅速响应项目需求的变化,减少因信息传递不畅或多人决策导致的延误和浪费。同时,首席采购员对整个采购流程有深入的了解,能够更好地进行成本控制和供应商管理。

分段式作业指将采购过程划分为多个阶段并进行分别管理。分段式作业使每个子项目的采购都能得到专业化管理,确保采购物品的质量并符合项目的文化定位。同时,各采购小组之间保持密切的沟通与合作,确保整个项目的采购工作能够协调一致、高效推进。

一贯式和分段式的作业方式各有优缺点(见表3-2),具体选择哪种方式应根据项目的实际情况和需求确定。

表3-2　一贯式作业与分段式作业的优点缺点对比

作业方式	优点	缺点
一贯式作业	①一位采购人员负责全部采购过程,权责分明; ②符合规模经济原则; ③易与供应商建立良好关系; ④拥有选择供应商的权利,有利于提升管理效能	①一位采购人员负责全过程的各项作业,工作繁复,无法专精; ②采购流程完全由单一人员负责,可能导致采购人员拥有过度集中的决策权,增加产生不当行为的风险
分段式作业	①每位采购员只负责采购过程中的一部分,熟能生巧,有利于降低犯错风险; ②通过分工合作和内部牵制,避免内部人员勾结; ③采购过程每阶段均由专业人员负责,有利于提升采购品质	①采购过程由不同人员分段处理,发收转接手续繁多,效率较低; ②参与人员过多,缺乏统一管理,责任归属不明确,沟通协调困难; ③采购人员对采购案件无完整的决定权,工作满意度较低

作业方式决定组织结构。在不同的旅游项目中,采购组织的职位设置不同。为确保采购职能的实现,在设计采购组织的内部结构时,须充分考虑和分析采购需求、生产经营的规模与发展规划、内外部环境、管理水平、供应市场结构、物资价格弹性、产品技术及客户需求等方面的影响,确保采购组织的高效性、灵活性。

采购组织内部结构的设计主要有按项目规模设计、按职能设计、按专业分工设计、按采购物资类别设计、按采购地区设计和按采购渠道设计6种方式,其中比较常用的是根据采购过程中的物资类别进行采购组织结构设计,如图3-3所示。

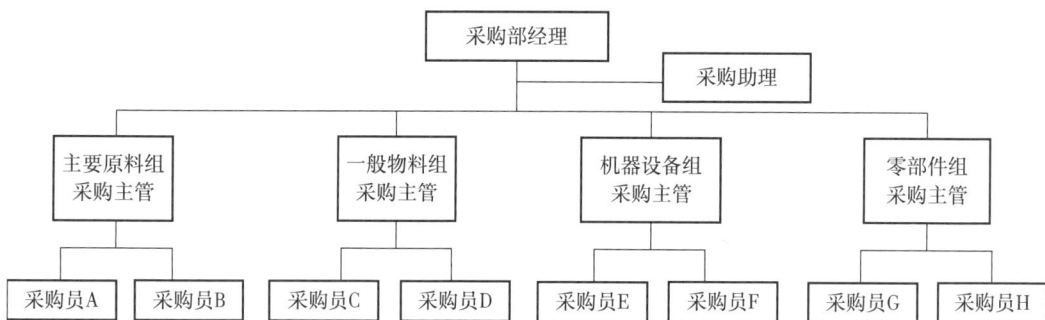

图3-3　按采购物资类别设计的采购组织结构图示例

三、旅游项目采购组织的职责

旅游项目采购组织的职责从整体到部门再到采购人员,需要层层细分。职责的厘清和明确,对于提高采购效率、优化资源配置、加强沟通与协作、降低风险、促进职业发展、提高采购质量,以及便于审计与监督等方面都具有重要意义。

总体而言,采购组织的职责可分为对外和对内两个部分。对外,采购组织需审慎选择和管理供应商,并与供应商保持良好的关系;对内,采购组织需要控制采购流程,保证采购质量和交货周期,确保采购的产品可以满足企业生产和市场的需要。

不同层级的旅游项目采购组织有不同的职责,采购总部的职责往往具有统领性,包括:评估与选择供应商,协调各分采购部门的采购工作,与企业其他部门沟通并制订采购计划,将重要的采购计划报上级批准,制定采购制度,设计合理的采购流程,控制采购风险,负责采购人员的培训和组织的调整,进行共同商品的订货和结算处理。

下级采购部门的职责则是在采购总部的指挥下,细化具体采购事项,包括:执行采购总部制订的采购计划,组织具体的采购活动,针对特有物品寻找合适的供应商,与供应商进行谈判,核对请购单所购物料的技术规范与技术标准,收集市场信息,调查并分析价格变化。

在采购组织内部,不同职位的采购人员往往有不同的职责,具体而言,采购经理的职责主要包括:拟订采购部门工作方针与目标,负责主要原料或物料采购,编制年度采购计划与预算,签核订购单与合约,建立并完善采购制度,撰写部门周报或月报,主持采购人员教育培训,建立并维护与供应商的良好关系,督导采购部门的全盘业务及人员考核,主持或参与采购相关业务的会议,做好部门间的协调工作。

采购员的职责主要包括:经办一般性物料采购,查访厂商,与供应商协商价格、付款方式、交货日期等,处理一般索赔案件,处理退货事宜,收集价格信息及替代品资料。

为更好地履行以上职责,采购人员应当不断地提升自我,学习包括知识产权法律概念、采购谈判、竞标与评价、客户关系管理、有效采购技术、供应商的差异管理等在内的多样化知识,以适应自身的工作需要。

四、旅游项目采购的管理过程

为圆满执行旅游项目并达成目标,企业或机构会授予旅游项目采购组织4种决策权:选择供应商、决定交易价格及条件、确认采购规范、接触潜在供应商。旅游项目采购管理分为6个过程:采购计划制订、询价计划制订、询价、供应商选择、合同管理、合同收尾。其中,询价计划制订、询价和供应商选择3个过程在实际操作中紧密相连,无论是招标采购还是非招标采购,它们在实际操作中往往都合为一个程序进行,共同构成了旅游项目采购计划的实施过程。

旅游项目在采购前需要明确需求的6个核心要素。

(1)标的物明确性:旅游项目所需的标的物必须合法、清晰界定,并具备实际可获取性,以确保合同顺利执行,避免任何潜在的法律风险或合同违约。

(2)时间规划:根据旅游项目的整体时间表和标的物的具体使用时间及采购周期,合理安排采购时间,确保在需要时标的物能够准时到位。

(3)采购策略:根据市场状况、标的物特性及采购政策,制定合适的采购策略,如竞争性谈判、招标等,以适应不同标的物和供应商的需求。

(4)数量规划:明确旅游项目所需标的物的总量,并根据项目进度计划,合理规划分批采购或交付的批量,确保资源供应与旅游项目需求匹配。

(5)供应商选择:应根据采购政策,通过规定的程序选择合格的供应商。不同旅游项目或不同标的物的采购程序可能有所不同,但均应符合相关法规和标准。

(6)价格管理:包括项目业主根据经验和市场价格设定的预算价格、采购合同中的合同价格以及最终结算价格。合理的价格管理有助于控制项目成本,提高经济效益。

在明确旅游项目需求后,需进一步评估这些需求是否可以通过采购方式从外部获得满足。即使旅游项目组织内部具备相应能力,也可能因资源紧张或进度要求而从外部采购。确定采购需求后,需结合进度计划、用料清单和库存控制卡,精确计算采购数量和时间。通过科学的运筹学方法,确定经济订货量或经济批量,以降低储存和运输的总成本,确保旅游项目的顺利进行。

采购需求解决是否采购和采购多少的问题,采购分析则进一步思考如何采购,是采购计划的前期准备工作之一。 市场调研法和专家判断法是旅游项目管理中两种常见的采购内容分析方法。市场调研旨在考察行业情况和潜在供应商的能力。

采购专家指具备深厚专业知识或经过系统专业培训的个人或团体,可能来自执行组织

的内部其他部门,也可能是组织外部的咨询公司、专业和技术协会、行业团体等。采购专家不仅能够对技术细节进行精准把握,还能够根据市场动态和行业发展趋势,为采购决策提供有针对性的建议。采购专家通过运用自己的专业知识和技能,帮助项目团队更好地理解和分析不确定性因素,制订更加合理、有效的采购计划。常见的专家判断法包括专家会议法、德尔菲法、头脑风暴法和层次分析法等。

采购分析结束后,需根据分析结果确定旅游项目什么时候需要采购什么产品和通过什么途径采购这些产品,并编制详细的、可行的旅游项目采购计划。采购计划通常包括以下内容。

(1)采购管理计划:详细阐述整个采购过程如何被有效管理,是整体项目计划不可或缺的组成部分,包括合同类型的选择、独立预算的编制、旅游项目管理团队与采购或发包部门的协作、标准采购文件的制定、供应商管理、旅游项目采购与其他工作的协调、制约因素和假设条件的管理、提前订货期的处理与协调、合同风险的管理、合同工作分解结构的指导、合同工作说明书的格式与形式、优选卖方的资格预审、采购衡量指标的管理与评估。

(2)采购工作说明书:基于项目范围说明书、工作分解结构和工作分解结构词汇表,为每次采购制定的详细说明。采购工作说明书应当对需要采购的旅游项目进行详尽阐述,确保潜在供应商能够准确判断自身是否有能力参与该项目。某些旅游项目对工作说明书的内容和格式可能已有行业内的具体规定,此时需要依规制定。虽然每个采购项目都需有专门的采购工作说明书,但也可以将多个相关的服务或产品整合到一个采购项目中,体现在一份工作说明书里。

(3)采购文件:用来征集潜在供应商的建议书。若采购决策主要基于价格,通常会使用标书、投标或报价等术语;若更看重供应商的技术能力或其他非价格因素,则可能会使用建议书等术语。文件中应包含回应的格式要求、相关的采购工作说明书以及必要的合同条款,确保供应商提供一致且适当的回应。

旅游项目采购计划的实施包括询价计划制订、询价和供应商选择3个过程。询价计划制订应根据旅游项目采购计划和其他相关计划编制采购文件,确定选择供应商的评价标准。询价指向供应商获取满足旅游项目要求的信息。在完成询价计划制订后,对于每一项要采购的资源,一旦要求文件准备好,就会通知相应的潜在供应商,让他们提交回复文件。在询价过程中,应获得潜在供应商的报价、投标或者建议书。供应商选择指根据询价过程获得的供应商报价等相关信息,按照询价计划确定的评价标准,从所有的候选供应商中选择一个或多个进行项目采购合同洽谈,最终签订合同。

在询价过程中,许多企业或个人常常陷入对采购成本认识的误区。首先,他们认为成本等于价格,认为只要价格越低,采购成本就越低。实际上,成本并不仅仅等同于价格,而涵盖了更多方面的因素,如质量、交货期、售后服务等。其次,有些人认为采购的成本管理就是谈判和压价,但成本管理的范围远不止于此,而是涉及对供应商的全面评估、采购策略的制定、采购合同的执行以及后续的成本控制等多个方面。再次,许多人认为永远无法完全了解供应商的成本。供应商的成本结构是其商业秘密,虽然可能无法完全掌握,但是可通过市场调研、与供应商建立长期合作关系等方式,尽可能地了解供应商的成本情况,从而做出更合理的采购决策。最后,传统采购成本的控制方法往往侧重于尽可能压低供应商的利润以降低采购价格,但这种做法可能会损害供应商的利益,导致供应商在质量、交货期等方面出现问题,最终影响企业的整体利益。因此,我们应该从更广泛的角度来考虑成本控制问题,如优化采购流程、提高采购效率、降低库存成本等。

更为有效的、双赢的采购成本管理是买卖双方通过协商降低采购成本。买卖双方在采购的过程中,应协商考虑如何在成本中降低采购方面的成本,而不是将采购成本作为需用利润去弥补的一部分,如图3-4所示。在旅游业中,一个典型的例子是酒店与本地食材供应商的合作。位于风景区的某度假酒店希望在降低餐饮成本的同时保持菜品的质量和多样性,吸引游客。因此,酒店采购部门与当地的农场和食品生产商进行了深入沟通,从节省成本的角度出发,直接采购当地季节性食材。如此,酒店不仅获得了新鲜且价格合理的原材料,还降低了中间环节的成本。同时,供应商因为获得了稳定的订单量,也愿意提供更具竞争力的价格。双方还共同制定了食材的标准化验收流程和储存方法,减少了食材损耗,进一步降低了成本。在这个过程中,酒店并没有通过压低供应商的利润来降低采购成本,而是通过优化采购流程、提高采购效率以及利用当地资源等方式,实现成本节约。这种合作模式不仅有助于酒店保持竞争力,还能为当地经济发展做出贡献,实现双赢。

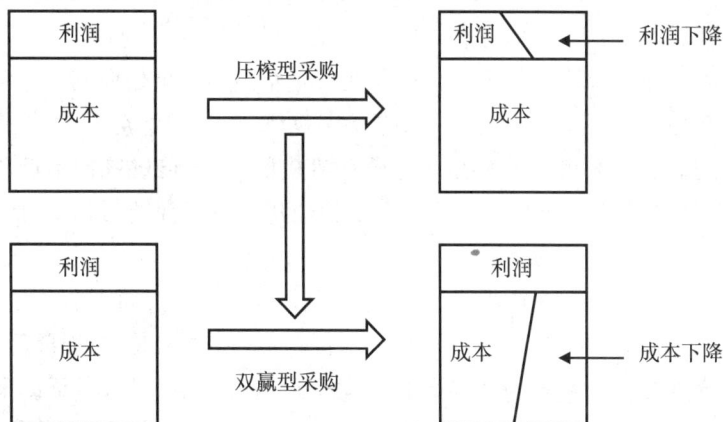

图3-4 传统与双赢的采购成本管理之对比

项目采购经理需要进行项目成本分析,项目成本主要包括以下费用:

一是直接材料费。不单是直接参考卖方在询价过程中提供的材料价格,还需自行收集材料信息,如价格行情与历史记录、同类产品合格率。同时,还需考虑设备使用过程中产生的费用情况(设备费率),通过确定设备原始购入价值、确定设备使用寿命、确定设备折旧方法、了解设备生产效率及设备产能利用率等信息,并计算设备产生的设备费率:

$$设备费率 = \frac{设备取得成本 \times (1 + 利率) \times 折旧率}{每年设备可用时间}$$

二是直接人工费。当地平均工资收入水平是不可忽视的基准,直接反映了该地区劳动

力市场的整体价值水平,为评估人工费用提供了基本依据。同时,还需从人力资源部门获取相关的劳动力成本信息,如不同职位的薪资标准、福利待遇、绩效奖金等,这些信息共同构成了人工费用的全面视图。

三是管理费用。它主要包括旅游项目运行的事务费用(如办公费等),销售管理费用(如广告促销费、业务费等),售后服务费用(如客户服务费、维护费、备品费等)。常用的管理费用计算公式如下:

$$管理费用 = (材料费 + 加工费) \times 管理费率$$

在进行主要的采购成本分析后,旅游项目方可采用以下方法降低采购成本:

(1)价值工程法(Value Engineering,VE)。此法又称为价值分析(Value Analysis,VA),指通过集体智慧和有组织的活动对产品或服务进行功能分析,以最低的总成本实现产品或服务的必要功能。价值工程法的操作程序一般包括:选定对象、收集情报资料、进行功能分析、提出改进方案、分析和评价方案、实施方案、评价活动成果。

(2)谈判。谈判指买卖双方为了各自目标,达成彼此认可的协议的过程,并非仅围绕价格展开,也适用于某些特定需求。通过谈判的方式,买方通常期望采购价格的降幅为3%—5%。若希望实现更大的降幅,需运用价格与成本分析等方法。

(3)早期供应商参与(Early supplier involvement,ESI)。早期供应商参与指在产品设计初期,选择为伙伴关系的供应商参与新产品开发,让新产品开发小组依据供应商提出的性能规格要求及早调整战略,降低成本。

(4)杠杆采购。杠杆采购可避免各自采购造成组织内不同单位向同一供应商采购相同零件却价格不同的情形。采用此方时应集中扩大采购量,增加议价空间。

(5)联合采购。联合采购主要应用于非营利机构的采购,通过统计和汇总不同采购组织的需求量,以获得较优惠的价格。联合采购也被应用于一般商业活动中,如第三方采购,专门为需求量不大的企业提供服务。

(6)自制与外购的策略。在产品的设计阶段,利用协办厂的标准与技术,以及使用工业标准零件,既能方便材料的取得,又能大大减少自制所需的技术支持,从而降低生产成本。

(7)价格与成本分析。价格与成本分析是专业采购的基本工具,了解成本结构的基本要素对采购者非常重要。若采购前不了解所买物品的成本结构,就无法判断所买的物品的价格是否公平合理,同时也会失去许多降低采购成本的机会。

(8)标准化采购。标准化采购要求实施规格的标准化,即不同的产品项目或零件采用通用的设计、规格,或减少定制项目的数量,凭借规模经济效益达到降低制造成本的目的。

最后,在询价过程中根据各项采购成本分析,选择合适的供应商后,旅游项目方需与供应商签订采购合同。合同管理在旅游项目管理中具有至关重要的作用。

综上,旅游项目采购管理的工作内容和过程虽然基本按照上述顺序进行,但不同阶段或工作之间往往存在相互作用和相互依存的关系。买方需依照采购合同条款,逐条、逐项、逐步地进行项目的采购管理,并在必要时寻求专家意见以确保项目的顺利进行。对于大型旅游项目,采购管理的要求往往更高且复杂。买方需制订详细的采购计划和管理流程,确保各环节的顺利衔接和高效运行。小型旅游项目虽然管理过程相对简单,但也需要保持足够的警惕性和严谨性。

第三节　旅游项目采购方式

旅游项目采购方式指旅游项目方从外部购买工程、货物和服务的方式。常见的采购方式分为招标采购方式和非招标采购方式两大类。其中,招标采购方式包括公开招标和邀请招标;非招标采购方式包括询价采购、直接采购、竞争性谈判和竞争性磋商等,如图3-5所示。

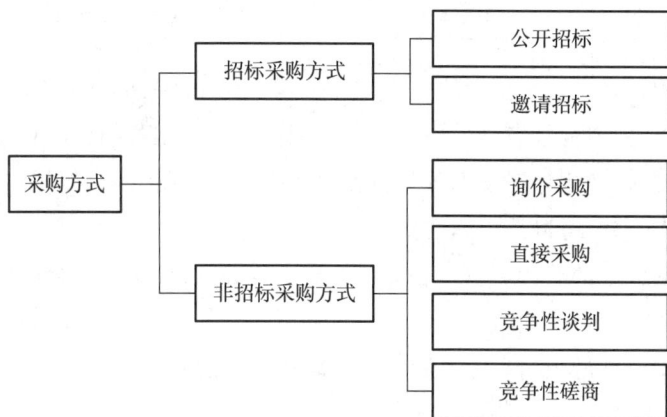

图3-5　旅游项目采购方式

我国已建立起以投标人、招标人为主体,招标代理机构为辅助,并由行政部门进行监督和管理的招投标体系,包括公开招标和邀请招标。

公开招标是旅游项目采购中最常用的方式,不对投标人设定任何限制,只要投标人具备完成招标任务的资质并符合相关要求,均可参与竞争。招标公告通常会在各大媒体和官方网站上发布,详细说明项目的需求、预期目标、投标人资格要求等。绝大多数国际金融组织,如世界银行、亚洲开发银行等,在贷款项目的采购上倾向于采用公开招标的方式。与国内招标相比,国际招标的采购时间往往较长,因为需考虑各方的语言差异、法律条款的复杂性及技术标准的统一性等问题。而国内招标则能较快地编写招标文件,无需考虑翻译问题,且在国内法律条款和技术标准方面也更为简化和统一。

邀请招标作为一种特定的招标方式,指招标人通过发送投标邀请书的形式,专门邀请特定的法人或其他组织参与投标过程。仅接收到投标邀请书的法人或组织有资格参与投标,其他潜在的投标人不被纳入此次投标竞争的范畴。这种方式的竞争程度较公开招标有限,因此,透明度和竞争性相对较低。在实施邀请招标时,招标人必须向3个及以上具备潜在投标能力的法人或其他组织发出邀请。被邀请的实体通常需要具备承担招标项目的能力。例如,许多旅游规划项目都要求被邀请的企业具有同类项目的咨询经验。

47

公开招标和邀请招标的对比如表3-3所示。

表3-3　旅游项目招标采购方式优缺点

旅游项目的招标采购方式	优点	缺点
公开招标	①有效防止腐败； ②达到经济效益最优； ③提供均等机会	①依赖书面材料； ②成本较高； ③周期长
邀请招标	①针对性强； ②降低风险； ③减少成本； ④提高效率	①竞争不足； ②透明度较低； ③存在信息泄露风险； ④可能导致歧视

旅游项目采购常采用公开招标的方式,但出现以下情况时,也可采用邀请招标的方式:

一是技术要求高、专业性较强的旅游项目。当能够完成这类招标项目的承包商较少,且对专业性有一定要求,招标人对潜在的投标人都较为了解,新进入该领域的单位也很难较快拥有较高的技术水平时,可以采用邀请招标的方式。

二是合同金额较小的旅游项目。公开招标成本较高,若旅游项目合同金额较小,采用邀请招标更为经济。

三是工期紧张的旅游项目。公开招标周期较长,若旅游项目的时间压力较大,邀请招标会更合适。

一、旅游项目招标采购

招标采购是指旅游项目方明确招标条件和合同要求,通过邀请多个供应商同时投标报价,形成竞争态势,确保旅游项目方能够选择到价格更为合理、条件更为优越的供应商进行采购(周峰、魏汝岩、陈曦,2023),如图3-6所示。招标不仅是国际通行的采购方式,更是一种经济活动过程,涉及招标人和投标人之间的邀请、响应和择优选定,最终形成具有法律约束力的协议和合同关系(康路晨、胡立朋,2016)。

（一）成立招标工作小组或办理招标委托手续

招标方的首要任务是构建一个专业的招标工作小组。若招标方内部拥有经验丰富的采购专家和精准的评标能力,可自主策划和执行整个招标工作;若内部资源不足以支撑这一重任,则需寻求专业的招标代理机构协助,确保双方的委托手续得到妥善处理。成功建立招标工作小组或委托专业机构后,需组织专业的评标委员会,确保后续评审工作能公正、专业地进行。

（二）申请招标

招标项目必须经历审批环节,并获得相应的批准。招标人必须确保旅游项目资金或资

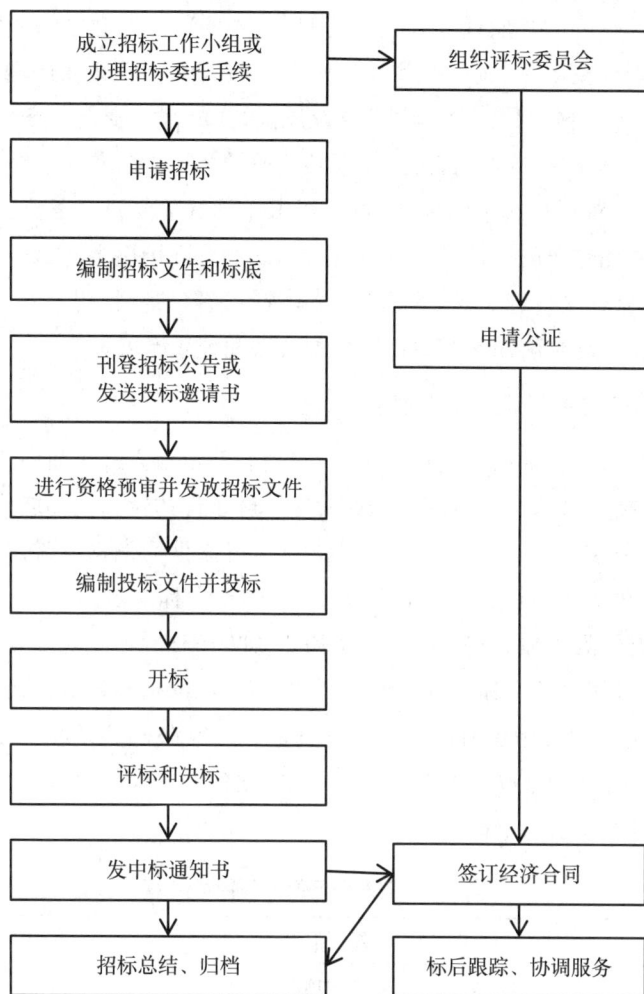

图 3-6 招标采购的基本程序

金来源已经得到妥善安排,并在招标文件中如实、详尽地披露这些信息。一旦审批流程完成,招标人需向负责旅游项目管理的主管部门递交招标申请,并依照规定办理招标备案手续。备案文件需详尽列出招标范围、招标方式、预计的项目工期及投标人的资质要求等重要信息。招标人须在获得主管部门对备案文件的批准之后,才可正式开启招标程序。

(三)编制招标文件和标底

招标文件由招标人或专业咨询单位精心编撰,不仅是招标活动的核心指导文件,更是确保招投标双方权益的法律保障。招标文件的内容应详尽、准确,旨在全面展现旅游项目的具体需求。首先,招标文件应详细包含旅游项目的技术规格、投标人的资格评估标准、投标报价细则、评审准则及合同的主要条款,为投标人提供清晰指导。其次,招标文件需明确投标文件的编写和提交规范,减少因信息不明导致的投标障碍,确保每位符合资格的投标人均能公平参与竞争。再次,招标文件中还应详细列出对投标人的资质要求及投标文件的评审标

准和方法,提高招标流程的透明度和公正性,为投标人创造公平竞争的环境。最后,关于合同的主要条款,特别是商务性条款,招标文件中需有明确的表述,以确保投标人清楚了解中标后合同的主要内容,明确双方的权利、义务及风险,为未来的合作奠定坚实基础。若国家对旅游项目的技术或标准有特殊规定,招标人必须遵循并在招标文件中予以明确。

标底作为招标人对项目成本的预估,对评标工作具有重要的参考价值。标底可由招标人自行编制,也可委托专业的设计机构或咨询公司编制。在国际上,无标底招标是一种常见的做法,但在我国,有标底招标是基于国情和市场现状采取的一种特色方式。在有标底招标的情况下,标底的保密性对确保整个招标过程的公平和公正至关重要。

（四）发布招标公告或发送投标邀请书

招标公告是招标人(包括招标代理机构)为采用公开招标方式而面向所有潜在投标人发布的广泛通知。招标公告的核心目的是确保所有符合条件的投标人都能获得平等参与竞标的机会,营造公平、公正、公开的竞争环境。以政府公开采购为例,政府机关单位发布的公开招标公告均可在中国政府采购网上进行便捷查询,包括招标人名称、地址、对投标人的资质条件要求、项目实施的具体地点和时间等关键信息,如表3-4所示。

当招标人选择采用邀请招标的方式时,无需发布广泛的招标公告。此时,招标人只需要向预先选定的,具备承担招标项目能力且良好资信的特定法人寄送投标邀请书。被邀请的投标人数量须在3人及以上,以确保充分竞争。投标邀请书的内容与招标公告相似,同样需包含旅游项目相关的关键信息和要求。

表3-4 政府公开招标公告示例

公告信息	
采购项目名称	××美术馆安保服务采购项目
品目	
采购单位	××美术馆
行政区域	市辖区
公告时间	2024年5月14日17:45
获取招标文件时间	2024年5月14日至2024年6月4日
招标文件售价	0元
获取招标文件的地点	在线下载(https://www.zycg.gov.cn)
开标时间	2024年6月5日9:00
开标地点	项目通过网上开标大厅进行开标,请在开标当日登录国e采系统点击"网上开标"进入网上开标大厅,在规定时间内等待解密和唱标
预算金额	1100.000000万元

（来源:中国政府采购网）

（五）进行资格预审并发放招标文件

为提升评标效率、优化资源配置，同时避免不必要的资源浪费，招标人会在特定情况下预先对投标人的资质进行筛选。此筛选过程能确保具备足够实力的投标人进入正式的竞标环节。筛选并非固定流程，也可依据旅游项目特点，将其融入评标过程中。若设置了资质筛选环节，招标人则需在前期公告中注明。

对于已通过初步资质筛选的投标人，招标人需及时通知他们招标文件的获取时间与地点，确保每位投标人都能顺利获取所需文件。若某个投标人无法独立完成整个旅游项目的运营任务，招标人允许其与其他一个或多个投标人组成联合体共同竞标。联合体在提交合作协议后，招标人将补发资质合格通知。对于联合体投标，除合作协议外，还需指定一家企业作为代表，负责与招标方沟通协作。

投标人获取招标文件后，若对文件内容存疑，招标人需提供及时、详尽的解答，并将所有疑问及解答同步通知所有投标人。为提升效率，招标人可视情况组织答疑会议，集中解答疑问，并将会议内容形成正式纪要。无论采用何种方式，答疑材料都将成为招标文件的补充，具有同等法律效力。

（六）编制投标文件并投标

从获取招标文件起至投标截止日，投标人均需自行准备并提交完整的投标文件。该时间周期的长短应依据招标项目的实际规模与技术复杂程度进行合理安排，招标方应确保给予投标方足够的文件编制时间，避免时间过于紧迫。

投标文件通常涵盖商务文件、技术文件和价格文件3个部分。商务文件主要用于证明投标人的合法性和商业资信，包括投标保函、授权书、联合协议（如适用）及资信证明等；技术文件主要用于评估投标人的技术实力和经验，需按招标文件要求详细撰写；价格文件必须严格遵循招标文件规定的格式编制，不得有任何改动，漏项将被视为已包含在其他报价中。

投标方须在招标文件规定的截止时间前，将投标文件送到指定地点。招标方收到文件后应妥善签收并保存，不得在开标前开启。若投标人数量少于3个，将导致招标失败（即"流标"），需重新招标。

（七）开标

招标人将按照预定的时间和地点，举行开标仪式，确保所有投标人的参与和见证。投标人提交的投标文件将被当众开封，并由招标人公开宣读其中的关键信息。相关信息均经过投标人的签字确认，确保了过程的真实性和有效性。开标仪式结束后会进入评标阶段，此时，投标文件将不再接受任何形式的修改。若在开标过程中发现投标文件存在以下任一情况，将被视为无效投标，并排除在评标范围之外：

（1）投标文件未按招标文件规定的格式进行密封处理；

（2）投标文件中的投标函缺少投标人或法定代表人的有效印章，或法定代表人委托代理人未持有合法有效的委托书（原件）及个人印章；

（3）投标文件中的关键内容因字迹模糊难以辨识；

（4）投标人未按照招标文件要求提供有效的投标保证金或投标保函；

（5）联合体投标的,投标文件未附上联合体各方共同签署的投标协议。

（八）评标和决标

评标并非简单的评分过程,而是综合考量投标方整体实力的系统流程。评标专家团队将严格按照招标文件中设定的标准和要求,利用专业的评审技巧和方法,对投标文件进行深入剖析与细致比较,并进行客观公正的评分和排序。在评标过程中,若评标专家对投标文件的某些内容存在疑问,有权要求投标方进行澄清,但澄清的内容必须不改变投标文件核心内容。

评标专家团队将整合所有的评审结果,撰写一份详尽的评标报告。在报告中,评标专家团队根据投标文件的综合表现,推荐最合适的中标候选人。招标方在收到报告后,将依据其中的建议进行决策,最终确定中标方。这样的流程不仅确保了评标的公正性和透明度,也保证了旅游项目的招标方能选择最合适的合作伙伴。

（九）发中标通知书并签订经济合同

招标方发出中标通知书,同时向未中标的投标方传达该消息,并退还他们此前提交的投标保证金或投标保函。中标通知书不仅是项目推进的重要里程碑,更是双方共同遵守的法律承诺。任何一方若违反承诺,如招标方擅自更改中标结果或中标方拒绝签署合同,都将面临法律的制裁。

中标通知书发布后的30天内,双方将基于招标文件和投标文件的详细内容,签署正式书面合同。合同将严格遵循原有规定,不允许任何实质性的变动,确保项目的顺利进行。招标方将秉持公平、公正的原则,不向中标方提出任何不合理的合同前提条件。同时,双方也将恪守诚信原则,不私下达成与合同核心内容相悖的协议。

中标结果确定后的15天内,招标方还需积极履行职责,向相关行政监督部门提交详尽的招投标书面报告,确保旅游项目的透明度和合规性。在合同正式签署后的14天内(或从中标通知书收到之日起的14天内),中标方需按合同规定的金额,向招标方提供履约担保。若中标方未能按时提交履约担保,招标方有权取消中标方中标资格,并保留投标保证金。此外,若中标方的违约行为给招标方带来的损失超过投标担保的数额,中标方还需对超出部分进行赔偿。

（十）招标总结、归档

为确保流程的完整性及可追溯性,对招标过程进行全面的梳理和总结显得尤为关键。总结需详尽回顾招标活动的每个重要阶段,从招标文件的公开发布,到投标文件的精心收集,再到公正的开标过程,以及严谨的评标结果和中标通知的发布。归档工作更需细致入微,将每个环节的文件、记录及资料妥善保存,以便日后能轻松查阅和接受审计。通过总结和归档,旅游项目的招标方能够深刻反思整个流程,吸取宝贵经验。

二、旅游项目非招标采购

非招标采购是一种更为灵活的采购方式,通常用于紧急采购、小额采购或特定供应商采购等情况。常见的非招标采购有询价采购、直接采购、竞争性谈判、竞争性磋商。

(一)询价采购

询价采购是一种精选型的非招标采购策略,购货方会审慎地挑选数家国内外供应商(通常不少于3家),向他们发送询价单,获取报价。例如,某一旅游项目需采购观光车、导览设备等。为确保采购到性价比高的产品,旅游项目团队决定进行询价采购。他们首先明确了采购需求,包括产品的规格、数量及预算范围。随后,他们向多家供应商发出了询价函,并要求其提供详细的报价单和产品介绍。经过对比各供应商的报价、产品质量、售后服务等因素,团队最终选择了报价合理、品质上乘、服务优质的供应商。询价采购不仅为旅游项目节省了成本,还确保能采购到符合需求的高质量产品,为旅游项目的顺利进行提供了有力保障。

尽管询价采购的范围并未广泛开放给全社会,但挑选出的供应商都具备明显的优势,大大降低了采购过程中的风险。由于询价采购聚焦于少数精选的供应商,其沟通与采购流程更为高效便捷,从而缩短了采购周期、降低了成本、提升了整体采购的效率和效益。此外,询价采购是通过向特定供应商发送询价单来收集报价,而非召集大量供应商进行烦琐的面对面谈判,这不仅简化了流程,还避免了因直接竞争导致的价格虚高或质量下滑的问题。

询价采购因其高效性和明显优势,已经成为政府采购活动中的一种重要方式。然而,询价采购的局限性也不可忽视,即有限的供应商选择范围可能导致错失潜在的优质供应商。

依据《中华人民共和国政府采购法》第三十二条,对于那些货物规格、标准统一,现货货源充足且价格变化幅度小的政府采购项目,完全可以通过询价方式来完成采购。因此,当旅游项目所需货物为数量有限、价值相对较低的标准规格现货时,询价采购方式显得尤为合适。同时,若投标文件的审核流程冗长、供应商准备投标材料的费用高昂,或供应商资格审核流程复杂,而旅游项目所需货物又属于急需采购的范畴,询价采购也是一种更经济且高效的解决方案。

询价采购一般包括以下步骤,具体流程如图3-7所示。

第一步,确定供应商的选择范围:筛选优质供应商,确保数量适中,是询价采购的关键。

第二步,编制询价函:尽量简化,明确采购要求、交货条件及报价细节。

第三步,发送询价函:向至少3家供应商发出询价函,以避免直接竞争导致的价格扭曲。

第四步,供应商报价:供应商按要求密封报价单并递交。

第五步,评审报价:项目方组织评审小组对报价进行评审,必要时可进行磋商或谈判。

第六步,确定成交供应商:确定成交供应商后,签订合同并交纳履约保证金,质量达标后退还。

在询价采购过程中,若邀请到的供应商不足3家,或3家报价均高于控制价格,则应根据

具体情况进行二次询价或者改变采购方式来确定供应商。

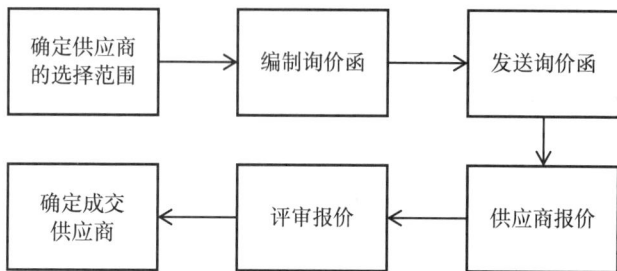

```
┌──────────────┐     ┌──────────────┐     ┌──────────────┐
│ 确定供应商   │────▶│ 编制询价函   │────▶│ 发送询价函   │
│ 的选择范围   │     │              │     │              │
└──────────────┘     └──────────────┘     └──────────────┘
                                                  │
                                                  ▼
┌──────────────┐     ┌──────────────┐     ┌──────────────┐
│ 确定成交     │◀────│ 评审报价     │◀────│ 供应商报价   │
│ 供应商       │     │              │     │              │
└──────────────┘     └──────────────┘     └──────────────┘
```

图 3-7　询价采购一般步骤

当采用询价采购时,旅游项目方需防范发生以下问题:

(1)信息透明度不足。询价信息应广泛发布,避免信息局限,避免"暗箱操作"。

(2)超范围应用。不应滥用询价采购,确保符合法律规定。

(3)价格依赖过重。避免仅以低价为唯一标准,忽视产品质量和售后服务。

(4)供应商选择主观。确保询价对象的选择公正、合理,避免主观随意性。

(5)文件不完整性。询价文件应详细、完整,包括关键条款和内容,确保询价公正。

(6)小组组建不规范。确保询价小组符合法定要求,提高采购的专业性。

(7)后续工作薄弱。加强询价采购的后续管理,确保采购的规范性和公正性。

（二）直接采购

直接采购,即单一来源采购,指旅游项目方在特定情境下,选择仅与一位供应商进行建议征集或报价协商的采购方式。这种方式本质上缺乏市场竞争,但在供应商与采购方已建立深厚信任或长期合作关系的背景下,可作为一种高效便捷的采购策略。与询价采购类似,直接采购简化了流程、提高了采购效率。例如,某度假酒店与佛山某家具工艺品厂已深入合作20年,酒店重新装修时,决定直接从该厂采购装饰品,于是双方迅速达成采购协议。通过直接采购,酒店不仅确保了装饰品的品质和风格统一,还大大缩短了采购周期、降低了采购成本。

然而,由于直接采购仅与一家供应商签约,从竞争视角来看,采购方处于较为被动的地位,这可能会无形中增加采购成本。此外,因谈判环节缺乏多方监督,直接采购更容易出现不正当的索贿受贿现象。因此,国内及国际社会均对直接采购设定了严格的适用条件。

《中华人民共和国政府采购法》第三十一条明确规定,符合下列情形之一的货物或者服务,可以依照本法采用单一来源方式采购:只能从唯一供应商处采购的;发生了不可预见的紧急情况不能从其他供应商处采购的;必须保证原有采购项目一致性或者服务配套的要求,需要继续从原供应商处添购,且添购资金总额不超过原合同采购金额百分之十的。

在国际惯例中,直接采购的适用条件包括以下几点。

(1)招标失败:在公开或限制招标过程中,因无人投标、串通投标或投标人不符合条件而导致招标失败,且原招标合同条款未做重大变更。

（2）采购标的来源单一：基于技术、工艺或专利权保护的原因，产品、工程或服务只能由特定供应商提供，且无其他合理选择。

（3）紧急采购时效需求：因不可预见事件导致的紧急需求，无法按常规程序进行招标。

（4）连续性的重复购买：为确保与现有设备配套的设备或备件的标准化，需从原供应商处增购，且原合同是通过竞争邀请程序授予的。

（5）涉及国防或政策性采购：涉及国防、国家安全，或基于经济发展、就业、国内优惠等政策考量的采购。

（6）工艺技术要求：负责工艺设计的承包商指定从特定供应商采购关键部件，以此作为性能保证的条件。

（7）特定市场条件：在商品市场上或在短时间内出现的，条件极为有利的采购。

在直接采购中，供应商处于垄断的地位，因此要求旅游项目方在谈判之前做好充分的准备，如成本核算、质量检验等。

直接采购的实施步骤如图3-8所示。

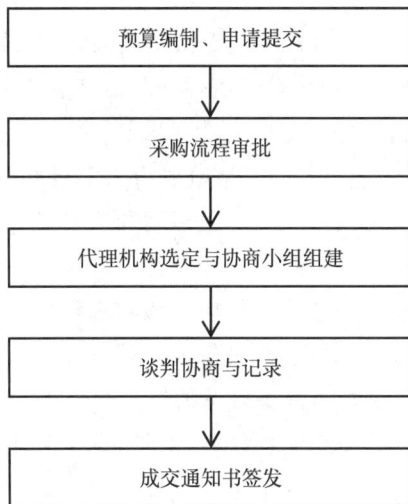

预算编制、申请提交

↓

采购流程审批

↓

代理机构选定与协商小组组建

↓

谈判协商与记录

↓

成交通知书签发

图3-8　直接采购的实施步骤

55

（三）竞争性谈判

竞争性谈判是指在采购过程中，旅游项目方与多个潜在供应商直接进行谈判，通过综合评估后选择最符合需求的供应商。这种方式特别适用于紧急情况下的快速采购需求，以及那些特殊、定制化程度高或高科技产品的采购。例如，某旅游企业计划开发设计一条新的高端旅游线路，该线路将涵盖一些独特的景点和体验，因此需要定制化的旅游车辆来确保游客的舒适度和安全性。因为这些车辆需要具备特殊的设计和配置，市场上的标准化旅游车辆并不能满足需求，所以可采用竞争性谈判的方式进行采购。在某些原计划采用招标采购的项目中，如果遇到不可预见的紧急情况或灾难性事件，传统的招标程序或其他采购方式可能会因耗时过长而延误时机。此时，只要市场上存在3个及以上的合格供应商，便可启动竞争性谈判，确保采购活动的及时性和有效性。

与招标采购相比，竞争性谈判所涉及的货物或服务往往具有独特的设计要求、在市场上缺乏直接的价格比较基础或难以形成竞争等特点。因此，在买卖双方对货物的制造、移交和服务的成本存在不同估价时，竞争性谈判便成为一个不可或缺的选项。通过谈判，双方能就价格、质量、交货期等关键要素进行充分沟通，最终达成双方都能接受的采购协议。

竞争性谈判适用于多种情形，包括：①依法制定的集中采购目录以内，且未达到公开招标数额标准的货物、服务；②依法制定的集中采购目录以外、采购限额标准以上，且未达到公开招标数额标准的货物、服务；③达到公开招标数额标准、经批准采用非公开招标方式的货物、服务；④招标后没有供应商投标或者没有合格标的或者重新招标未能成立的；⑤技术复

杂或者性质特殊,不能确定详细规格或者具体要求的;⑥采用招标所需时间不能满足用户紧急需要的;⑦不能事先计算出价格总额的。

竞争性谈判的步骤如图3-9所示。

（四）竞争性磋商

竞争性磋商指旅游项目采购方、政府采购代理机构通过组建竞争性磋商小组（以下简称磋商小组）与符合条件的供应商就采购货物、工程和服务事宜进行磋商,供应商按磋商文件的要求提交相应文件和报价,采购人从磋商小组评审后提交的候选供应商名单中确定成交供应商。例如,某市政府为了发展古城内的文化旅游,需采购相关的旅游发展规划方案。由于古城内的一些特色活动和服务难以通过公开招标确定具体的规格和要求,政府方决定采用竞争性磋商的方式来进行采购。在磋商过程中,政府邀请了多家具有丰富古城文化开发经验的旅游服务供应商参与。供应商们在多轮磋商中提出各自的创意和方案,如特色文化表演、古城夜游、民俗体验等,政府项目方根据供应商的提案质量、服务内容和价格等因素,最终选择一家最合适的供应商合作,共同打造这一文化体验游项目。

磋商小组由旅游项目采购方代表和评审专家共3人以上单数组成,其中评审专家人数不得少于磋商小组成员总数的2/3。采购方代表不得以评审专家身份参与本部门或本单位采购项目的评审。采购代理机构人员不得参与本机构代理的采购项目的评审。

竞争性磋商适用于多种情形,包括:①政府购买服务项目;②技术复杂或者性质特殊,不能确定详细规格或者具体要求的;③因艺术品采购、专利、专有技术或者服务的时间、数量事先不能确定等原因不能事先计算出价格总额的;④市场竞争不充分的科研项目,以及需要扶持的科技成果转化项目;⑤按照招标投标法及其实施条例必须进行招标的工程建设项目以外的工程建设项目。

竞争性磋商的步骤如图3-10所示。

竞争性谈判与竞争性磋商存在明显区别。前者是在谈判的基础上确定成交,而后者是在磋商的基础上确定成交。首先,两者确定中标供应商的方式不同。竞争性谈判是谈判小组与符合资格条件的供应商就采购货物、工程和服务事宜进行谈判,以最终报价从低到高排序,报价最低者为成交候选人。竞争性磋商是竞争性磋商小组与符合条件的供应商就采购和服务事宜进行磋商,磋商小组按照磋商文件要求对供应商进行综合评分,以得分从高到低排序,得分最高者为成交候选人。其次,两者提交响应文件的时间不同。竞争性谈判从谈判文件发出之日起至供应商提交首次响应文件截止之日止不得少于3个工作日。竞争性磋商从磋商文件发出之日起至供应商提交首次响应文件截止之日止不得少于10日。最后,两者澄清或者修改的时间不同。竞争性谈判的澄清或者修改应当在提交首次响应文件截止之日3个工作日前,以书面形式通知所有接收谈判文件的供应商,不足3个工作日的,应当顺延提交首次响应文件截止之日。竞争性磋商的澄清或者修改应当在提交首次响应文件截止时间至少5日前,以书面形式通知所有获取磋商文件的供应商;不足5日的,采购人、采购代理机构应当顺延提交首次响应文件截止时间。

预算编制、申请提交
↓
成立磋商小组
↓
制定磋商文件
↓
确定邀请参加磋商的供应商名单
↓
磋商
↓
确定成交供应商
↓
发出成交通知书、公布结果
↓
与成交供应商签订合同

预算编制、申请提交
↓
代理机构选定与谈判小组成立
↓
谈判文件制定
↓
供应商邀请与确定
↓
谈判过程执行
↓
成交供应商确定
↓
谈判结果公示与通知书发放

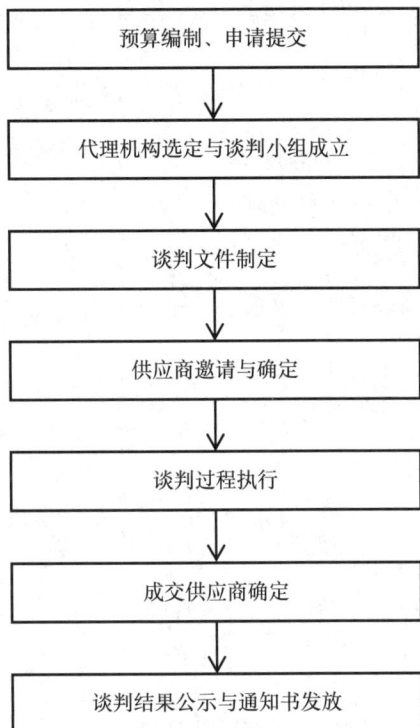

图 3-9　竞争性谈判的步骤　　　　图 3-10　竞争性磋商的步骤

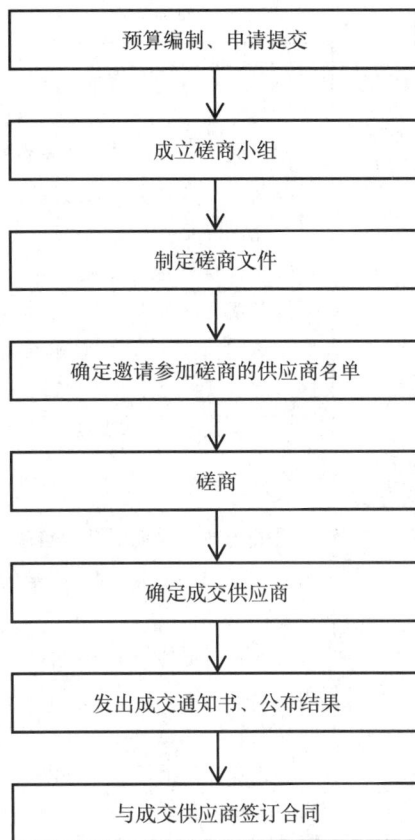

综上,本节总结了旅游项目采购常见的几种采购方式,为了便于读者更好地理解,表3-5汇总了以上采购方式的对比。

表 3-5　旅游项目采购方式对比

采购方式	适用范围	邀请供应商的方式	是否政府采购管理部门批准
公开招标	最主要的采购方式	以招标公告的方式邀请非特定供应商	默认的采购方式,不需批准
邀请招标	①具有特殊性,只能从有限范围的供应商采购的项目; ②采用公开招标方式的费用占采购项目总价值的比例过大的项目	以投标邀请函的方式邀请特定供应商	需经政府采购管理部门批准

采购方式	适用范围	邀请供应商的方式	是否政府采购管理部门批准
直接采购	①只能从唯一供应商处采购的项目； ②发生了不可预见的紧急情况不能从其他供应商处采购的项目； ③必须保证原有采购项目一致性或者服务配套的要求，需要继续从原供应商处添购，且添购资金总额不超过原合同采购金额百分之十的项目	特定供应商	
询价采购	采购的货物规格和标准统一、现货货源充足且价格变化幅度小的项目	采购人、采购代理机构通过发布公告，从省级以上财政部门建立的供应商库中随机抽取，或采购人和评审专家分别书面推荐的方式，邀请不少于3家符合相应资格条件的供应商参与询价采购、竞争性谈判、竞争性磋商	需经政府采购管理部门批准
竞争性谈判	①依法制定的集中采购目录以内，且未达到公开招标数额标准的货物、服务； ②依法制定的集中采购目录以外、采购限额标准以上，且未达到公开招标数额标准的货物、服务； ③达到公开招标数额标准、经批准采用非公开招标方式的货物、服务； ④招标后没有供应商投标或者没有合格标的或者重新招标未能成立的； ⑤技术复杂或者性质特殊，不能确定详细规格或具体要求的； ⑥采用招标所需时间不能满足用户紧急需要的； ⑦不能事先计算出价格总额的		
竞争性磋商	①政府购买服务项目； ②技术复杂或者性质特殊，不能确定详细规格或者具体要求的； ③因艺术品采购、专利、专有技术或者服务的时间、数量事先不能确定等原因不能事先计算出价格总额的； ④市场竞争不充分的科研项目，以及需要扶持的科技成果转化项目； ⑤按照招标投标法及其实施条例必须进行招标的工程建设项目以外的工程建设项目		

第四节　旅游项目合同管理

一、合同定义和分类

合同是平等主体间设立、变更、终止民事法律关系的协议。广义上,合同涵盖民法、行政法、劳动法等多个领域;狭义上,特指民法典调整下的财产流转合同(汪小金,2020)。合同是平等主体间达成的协议,是双方或多方的法律行为,合同内容界定了当事人的权利义务关系。依法成立的合同具有法律约束力,违约将承担相应责任(张晓远,2008)。

根据分类标准的不同,合同有以下几种常见的分类方式。

(1)双务合同与单务合同:取决于双方是否互有义务。双务合同如买卖合同、保险合同、工程施工合同等,双方互有义务;单务合同如赠与合同、借用合同等,仅一方有义务。

(2)有偿合同与无偿合同:基于当事人获得权益是否付出代价。有偿合同如买卖合同、租赁合同、工程施工合同等,需偿付代价;无偿合同如赠与合同、借用合同等,无需偿付代价。部分合同如委托合同、保管合同、运输合同等,有偿或无偿取决于约定。

(3)有名合同与无名合同:基于法律是否赋予特定名称。有名合同如买卖合同、保管合同、运输合同等,由法律明确;无名合同的名称非法律所定,由当事人选定。有名合同多由无名合同发展而来。

(4)诺成合同与实践合同:基于是否以标的物交付为成立标准。诺成合同如买卖合同、建设合同、租赁合同等,只需当事人各方的意愿一致即可;实践合同,亦称要物合同,如借用合同、保管合同等,其要求在保持当事人各方意愿一致时还需交付标的物。

(5)要式合同与不要式合同:基于是否采用法律要求的形式。要式合同如融资租赁合同、建设工程合同等,需特定形式;不要式合同如买卖合同、赠与合同等,无需特定形式。

(6)主合同与从合同:基于主从关系。主合同能独立存在,从合同需依赖主合同。如担保借款合同中,借款合同为主,担保合同为从。

(7)束己合同与涉他合同:基于是否涉及第三人。束己合同仅为合同当事人自己设定权利义务,涉他合同为第三人设定了权利义务。例如,投保人向保险公司投保订立的保险合同中约定受益人获得保险赔偿金,运输合同的托运人与承运人订立的货物运输合同中指定第三人为收货人等。

《中华人民共和国民法典》自2021年1月1日起施行后,原《中华人民共和国合同法》中所调整的平等主体的自然人、法人、其他组织之间设立、变更、终止民事权利义务关系的协议将由《中华人民共和国民法典》中的合同编进行调整。

二、旅游项目采购合同类型

旅游项目的采购合同主要可分为总价合同、成本补偿合同和工料合同3类。

（一）总价合同

总价合同指甲方与乙方在合同中约定，以固定总价为结算依据的合同类型。根据合同规定的工程施工内容和有关条件，甲方应付给乙方的款额是一个规定的金额，即明确的总价。总价合同也称作总价包干合同，包括固定总价合同和变动总价合同两种。

1. 固定总价合同

固定总价合同是为供应商提供完成任务的固定价格的合同。履行合同的供应商必须承担完成工作的责任，不论完成工作的成本是多少。在固定总价合同中，价格保持不变，除非采购双方均同意更改。固定总价合同是旅游项目中最常用的合同形式，于旅游项目团队而言也是低风险的，因为不管旅游项目实际耗费了供应商（包括分包商）多少成本，旅游项目团队都不必承担多于固定价格的部分。相反，于供应商而言，固定总价合同是高风险的，若完成旅游项目的成本高于原计划成本，供应商将只能获得比预计更低的利润，甚至亏损。

固定总价合同适合以下类型旅游项目：

（1）合同履行周期短的小型旅游项目。

（2）项目范围相对明确，验收标准和程序清晰的旅游项目。

（3）项目价格有法律或行业规范指导，总价能够确定的项目。

（4）甲乙双方都无需使用价格激励的旅游项目。

2. 变动总价合同

变动总价合同又称可调总价合同，合同价格以图纸及规定、规范为基础，按照时价进行计算，得到包括全部工程任务和内容的暂定合同价格。变动总价合同确定的是相对固定的价格，在合同执行中，由于通货膨胀等原因，所使用的工料成本增加时，可按照合同约定对合同总价进行相应调整。一般由于设计变更、工程量变化和其他工程条件变化引起的费用变化也可进行调整。

变动总价合同可分为总价加激励费用合同和总价加经济价格调整合同。总价加激励费用合同是为供应商设定一个完成任务的固定价格，并附加预先确定的酬金用于工作奖励的合同。固定价格在一般情况下不会发生变化，因此，供应商有动力去控制成本以获得更多利润。完成项目后的奖励费用是供应商愿意付出更大努力使项目获得成功的另一动力。

在进行总价加激励费用合同的计算前，需明确以下几个概念：

（1）目标成本，即双方协商后的预期成本。

（2）目标利润，即假定成本符合目标的情况下，给卖方的奖励（利润）。

（3）目标价格，即目标利润加目标成本。

（4）最高限价，即买方最多能给的价格。

（5）分成比率，即成本节约时奖励或超支时惩罚的分配比率。

在计算总价加激励费用合同最终敲定的合同总价时，需比较实际成本与最高限价，若实际成本大于或等于最高限价，实际利润为负数或零（即没有利润），此时合同总价就是最高限

价。若实际成本小于最高限价,则需按以下公式计算:

$$利润＝目标利润＋(目标成本－实际成本)×卖方分担的比例$$

将计算出的利润与最高限价减去实际成本之差进行比较,若利润大于或等于最高限价减去实际成本,则合同总价为最高限价,实际利润为最高限价减去实际成本。若利润小于最高限价减去实际成本,则实际利润就等于净利润,合同总价为实际成本加上实际利润。

举例:一个旅游项目的总价加激励费用合同的目标成本是130000元,目标利润是15000元,目标价格是145000元,最高限价是160000元,分担比率是8∶2。如果项目的实际成本是150000元,那么卖方获得的利润是多少?

在这里,我们需要关注几个值:目标成本、目标利润、最高限价、分担比率和实际成本。为了得出卖方实际利润,需要先计算实际合同总价减去实际成本。这里的目标价格是一个干扰项,故代入上述计算公式可得:

$$实际合同总价＝150000＋(130000－150000)×0.2＋15000＝161000(元)$$

由于这个价格已经超过了最高限价,支付给卖方的价格只能为160000元。因为实际成本是150000元,所以:

$$利润＝160000－150000＝10000(元)$$

总价加经济价格调整合同允许根据条件变化(如通货膨胀、某些特殊商品的成本增加或降低),以事先确定的方式对合同价格进行最终调整,适用于卖方履约要跨越相当长的周期或买卖双方之间要维持多种长期关系的情况。

（二）成本补偿合同

成本补偿合同指项目方向供应商支付为完成工作而发生的全部合法实际成本,并按事先约定额外支付一笔费用作为供应商的利润的合同类型。成本补偿合同适用于工作范围在开始时无法确定,需要在后续工作中进行调整的项目,或工作存在较高风险的项目。使用成本补偿合同,有利于提高项目的灵活性,便于重新安排供应商的工作。成本补偿合同包括成本加固定费用合同、成本加激励费用合同和成本加奖励费用合同。

1. 成本加固定费用合同

成本加固定费用合同指项目方为供应商报销履行合同工作发生的一切可列支成本,并向供应商支付一笔固定费用的合同类型。固定费用以旅游项目初始成本估算的某一百分比来计算。固定费用只针对已完成的工作支付,且不因供应商的绩效而变化,除非旅游项目范围发生变更,否则费用金额维持不变。

2. 成本加激励费用合同

成本加激励费用合同指项目方为供应商报销履行合同工作发生的一切可列支成本,并在供应商达到合同规定的绩效目标时,向供应商支付预先确定的激励费用的合同类型。在成本加激励费用合同中,若最终成本低于或高于原始估算成本,项目方和供应商需根据事先商定的成本分摊比例来分享节约部分或分担超出部分。例如,基于供应商的实际成本,按照

80:20的比例分担(或分享)实际成本超过(或低于)目标成本的部分。成本加激励费用合同与总价加激励费用合同都关注分摊省下的或超出的成本,但区别在于成本加激励费用合同没有价格上限(除非有特殊说明),且只关注供应商的成本绩效,而总价加激励费用合同有价格上限,且会关注供应商的成本、绩效、进度等多方面内容。

3. 成本加奖励费用合同

成本加奖励费用合同指项目方为供应商报销一切合法成本,但只在供应商满足合同规定的某些笼统主观的绩效标准的情况下,才向供应商支付大部分费用的合同类型。这种合同完全由项目方根据自己对供应商绩效的主观判断来决定奖励费用,通常不允许申诉。

(三)工料合同

工料合同是兼具成本补偿合同和总价合同某些特点的混合型合同,也称单价合同。在不能迅速编写出准确的工作说明书的情况下,人们会经常使用工料合同来增加人员、聘请专家和寻求其他外部支持。这类合同与成本补偿合同的相似之处在于,合同总价在合同签订时并不确定。因此,和成本补偿合同一样,工料合同的合同价值可以增加,很多组织要求在工料合同中规定最高价值和时间限制,防止成本无限增加。另外,工料合同与总价合同的相似之处在于,买卖双方就特定资源的价格(如旅游项目运营人才的小时费率等)达成一致意见时,买方和卖方也就预先设定了单位人力费率(包含卖方利润)。

工料合同的适用范围较广,在工料合同下,项目风险可以得到合理分摊,并能鼓励供应商通过提高效率等手段节约成本、提高利润。

(四)旅游项目合同类型的选择

总价合同、成本补偿合同和工料合同各有优缺点,如表3-6所示。在选择旅游项目合同类型时,合同双方需审慎考虑多重因素。通常涉及旅游项目潜在的风险、技术实施的挑战,以及采购产品定义的清晰度。在低技术挑战和明确产品定义的情况下,总价合同因旅游项目方风险较低而备受青睐;在高技术挑战和模糊产品定义的情况下,成本补偿合同成为首选,此时旅游项目方风险较高。当情况介于两者之间时,工料合同则成为一个折中的选择,如图3-11所示。

表3-6 不同合同类型的优缺点比较

合同类型	优点	缺点
总价合同	①买方管理工作量少; ②卖方会积极控制成本; ③买方在旅游项目开始时就了解总价格	①卖方可能低估成本,因此试图通过合同变更来获得利润; ②当开始亏损时,卖方可能不积极完成全部工作; ③买方需对采购工作说明书详细描述,当说明书不完整时,卖方会要求涨价以应对新增风险

续表

合同类型	优点	缺点
成本补偿合同	①采购工作说明书较简单； ②买方对范围的描述比总价合同要求少； ③卖方无需考虑风险因素	①买方需要审查卖方的发票； ②买方的管理工作量大； ③卖方控制成本的动力适中； ④合同总价未知
工料合同	①合同制作快捷； ②合同周期短； ③在买方需要新增人员时使用最方便	①卖方的利润包含在单价中； ②卖方没有控制成本的动机； ③只适用于小型项目； ④买方需要随时关注卖方

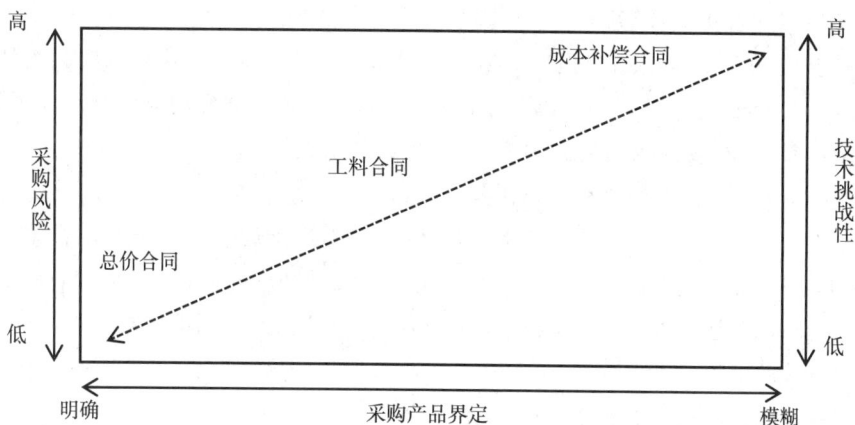

图 3-11　旅游项目合同选择的考虑维度

(何正文等,2022)

除上述考量,合同选择还需结合以下维度进行分析。

(1)旅游项目规模和工期:小规模和短期旅游项目由于风险较小,选择余地较大,三种合同都可选择。其中,总价合同因项目风险低而备受青睐。但大规模和长期旅游项目因风险高、不确定性大,供应商往往不愿意采用总价合同,此时总价合同可能不是最佳选项。

(2)竞争态势:在供应商或承包商众多的情况下,旅游项目方有更多的选择权,可以按照风险由低到高的顺序(总价合同、工料合同、成本补偿合同)进行挑选;而在供应商稀缺的情况下,旅游项目方需根据供应商的意愿来选择合同类型。

(3)复杂度:复杂度高的旅游项目因技术挑战大,供应商拥有更大的合同选择权,总价合同可能不是首选;复杂度低的旅游项目更利于项目方主导合同类型的选择。

(4)准备时长:总价合同需要较长的准备时间,而成本补偿合同所需的准备时间则相对较短。因此,对于紧急的旅游项目,成本补偿合同更为合适。

(5)外部环境:恶劣的外部环境(如政局不稳、经济波动等)会增加旅游项目的成本和风险,从而使供应商更倾向于选择成本补偿合同而非总价合同。

三、旅游项目合同的订立

旅游项目采购合同的管理是动态的过程,始于合同订立,终于任务完成,中间可能涉及合同的效力产生、变更转让、解除收尾等环节。合同的订立是合同生效并执行的基础,审慎、合法地订立合同有利于旅游项目的顺利进行,为经济效益的提升创造良好的条件。

合同的订立并非一蹴而就,需历经要约与承诺两个关键环节。要约是一方当事人以达成经济合同为目标,向另一方提出的明确且具体的合作意愿,这一意愿通常被称为发盘或报价。在要约中,发出合作意愿的当事人被称为要约人,接收方被称为被要约人。要约的特点在于:明确指向了订立经济合同的目标;对特定对象发出;内容详尽、清晰,无需被要约人添加任何额外条件,仅需表示同意即可形成具有法律约束力的合同;在有效期内,要约人对要约内容负有不可随意更改和撤销的责任,并需接受被要约人的承诺。

承诺是被要约人对于要约中提出的所有条件表示无条件接受,并愿意依此条件达成经济合同的行为。有效的承诺须满足以下条件:来自被要约人或被要约人的合法代理人;在要约的有效期内提出;被要约人对要约内容全面、无条件接受。

若被要约人对要约内容有所保留、添加或修改,将被视为"反要约",而非单纯的"承诺"。反要约与要约在性质上相似,只是出现的顺序不同。在商业谈判中,双方可能会多次交换要约与反要约,直至最终达成或未能达成协议。通常而言,除非另有特别规定,一旦一方发出要约,另一方要在规定时间内给予承诺,在要约方收到承诺时,合同即告成立,并不一定需要双方签署书面文件作为必要形式。

四、旅游项目合同效力

合同订立表明合同双方当事人就合同内容达成一致意见,但是否生效还需取决于合同是否符合法律规定。合同的生效标志着合同法律约束力的确立,法律约束力即合同效力。当合同生效后,各方当事人均受到合同的法律约束,必须按合同约定的内容行使权利、履行义务,这是合同的对内法律效力。当客观情况发生变化时,合同变更或解除需遵循法律规定或获得各方当事人的同意。合同生效还意味着任何外部单位或个人都不得侵犯合同当事人的权益,也不得非法干涉或阻挠当事人履行合同义务,这是合同的对外法律效力。若当事人违反合同约定,将依法承担相应的民事责任。合同生效须满足以下基本条件:

一是当事人资格。合同双方当事人须具备相应的民事权利能力和民事行为能力,即具备签订和履行合同的法定资格。

二是真实意愿表达。合同中的意思表示须是真实的,不存在欺诈、胁迫等情形,确保各方当事人的意愿得到真实体现。

三是合法性。合同内容不得违反国家法律法规或社会公共利益,要确保合同在合法范围内生效并受到法律保护。

若合同不满足上述条件,合同效力将处于待定、无效、可变更或可撤销的状态。

无效合同指自始不具备法律约束力和履行效力的合同。一个合同在依法成立后,即具有法律上的约束力,但若该合同违反了法律的强制性规定,或损害了公共利益,即便已成立也无法产生法律上的约束力,即不存在合同效力。根据《中华人民共和国民法典》,有下列情形之一的,合同无效:

(1)主体不适格签订的合同。主体不适格指不能辨认自己行为的八周岁以上未成年人、成年人和不满八周岁的无民事行为能力人。

(2)意思表示不真实的合同。

(3)签订违法违规的合同。

(4)违背公序良俗的合同。

(5)恶意串通损害他人利益的合同。

(6)格式条款无效的情形,包括提供格式条款一方不合理地免除或者减轻自身责任、加重对方责任、限制对方主要权利和提供格式条款一方排除对方主要权利等。

(7)免责条款无效的情形,包括造成对方人身损害的情形和因故意或者重大过失造成对方财产损失的情形。

可撤销合同指合同在成立后,因存在法定事由导致合同一方或双方当事人依法行使撤销权,使合同自始不发生法律效力。合同被撤销后,当事人间的权利义务关系将恢复至合同订立前的状态,已履行的部分应通过返还财产、赔偿损失等方式进行处理。撤销权的行使须在法律规定的期限内完成,否则将丧失撤销权。合同可撤销的情形主要包括以下3种:一是基于重大误解的合同;二是显失公平的合同;三是基于欺诈、胁迫的合同。

可撤销合同与无效合同虽然在某些方面存在相似之处,比如它们在被正式确认无效或被撤销后,都将失去自始以来的法律效力,但两者实则是截然不同的法律概念。可撤销合同主要是意思表示不真实的合同,即合同当事人在签订时可能由于误解、胁迫或欺诈等因素而未能真实表达其意愿;而无效合同主要是违反了法律的强制性规定或损害了社会公共利益的合同。

在效力上,可撤销合同在未被正式撤销之前是具备法律效力的,当事人可以基于合同内容进行交易或行使相关权利;而无效合同即使在被正式确认为无效之前,也不具备任何法律效力。在撤销或确认的时效上,可撤销合同中的撤销权受法律规定的时间限制,当事人必须在法定期限内行使这一权利。而无效合同的确认没有时间限制,任何时候只要发现合同存在无效情形,都可以进行确认。

最后,在合同处理上,可撤销合同的撤销权人拥有选择权,可根据实际情况选择是否行使撤销权,甚至可选择变更合同内容而非直接撤销;而无效合同一旦被确认为无效便自始无效,当事人无法对合同的有效性进行任何选择或更改。

五、旅游项目合同的变更与转让

(一)旅游项目合同的变更

广义的合同变更涵盖合同主体和合同内容的变动。其中,合同主体的变更特指新的法

律实体取代原合同中的主体,即原有的债权人和债务人被新的债权人和债务人替代,但合同的具体内容维持不变。然而,在《中华人民共和国民法典》中,合同主体的变更被归类在合同转让的范畴。狭义的合同变更专指合同在成立后,尚未履行或尚未完全履行之际,由合同各方经协商对合同内容进行修改和补充。通常说的合同变更实际指的是合同内容的变更,即狭义的合同变更。合同变更成立的前提是原先存在合同关系,且存在当事人的变更协议,双方在遵守法律规定的形式下变更。

合同变更主要包括内容变更、情势变更和合同缺陷变更。

1. 内容变更

内容变更,指对合同中具体事项的修改,涵盖标的替换、标的物数量的增减、品质的提升或降低、价款或酬金的调整、履行期限的延展或缩短、履行地点的变动、履行方式的革新、结算方式的更改、附加条件的增删、单纯债权的多样化选择、担保的设立或撤销、违约金的调整、利息的变动等多种情形。

2. 情势变更

情势变更,指在合同订立后,基于非当事人所能控制的原因,合同赖以存在的基础情况发生了非预见性的重大变化,若继续维持原合同的法律效力,将违背公平诚信原则,因此需对合同进行适当调整。在应用情势变更原则时,须明确区分商业风险与情势变更。商业风险是商业活动中固有的不确定性,是合同订立时双方都能预见的正常变化。而情势变更是合同订立时双方均无法预见的异常变动,超出正常商业风险的范畴。对于商业风险,供应商通常能够预见并采取相应措施,但对于情势变更,供应商无法预见也无法采取相应措施。

3. 合同缺陷变更

合同缺陷变更,指为纠正合同中的不足或缺陷而进行的调整。处理这类变更时,应在合同解释原则的指导下,综合考虑双方的权利和义务。变更合同可能产生额外成本,导致工期延长,还可能对旅游项目其他工作产生的连锁影响,因此应予以充分考虑。若变更导致工作难度增加,则应相应提高价格。若变更影响旅游项目的其他工作,导致原价不再合理,则应调整这些价格。合同变更的处理需双方协商一致,若无法达成一致,则可能引发索赔或争议。

合同一旦经过变更,被调整的部分将不再具备原有的法律效力,而变更的部分将产生新的债权和债务关系。合同的变更仅对尚未履行的部分产生效力,对已履行的部分,除非合同当事人另有约定,否则不因合同的变更而失效。换言之,合同的变更不具有追溯力,已履行的部分依然保持其法律效力,合同当事人不能因合同的变更而要求已履行部分无效。合同变更以原合同关系的存在为前提,变更部分不得超出原合同关系。原合同关系有对价关系的,仍保有同时履行抗辩权;原合同债权所有的利益与瑕疵仍继续存在,只是在增加债务人负担的情况下,未经保证人或物上担保人同意,保证不发生效力;物的担保不及于扩张的债权价值额。合同的变更并不影响当事人要求损害赔偿的权利。例如,在合同变更前,如果一方因自身原因给对方造成损害,另一方仍有权要求责任方进行赔偿,这种权利不因合同的变更而受影响。若变更协议已对受害人的损害进行处理,则另当别论。同时,若合同的变更本身给一方当事人造成损害,另一方也应当对此承担赔偿责任,不得以合同变更系双方协商一致为由而拒绝承担。

(二)旅游项目合同的转让

合同的转让指在不改变合同内容的前提下实现旅游项目合同主体的更替,即原有的债权人和债务人被新的债权人和债务人替代。合同转让涵盖3种主要情形:合同权利的转让、合同义务的转移、合同权利和义务的同时转让。

1.合同权利的转让

合同权利的转让,也称为债权让与,指债权人在不改变合同权利内容的前提下,将其权利全部或部分转移给第三人。若合同权利被全部转让,原合同关系将终止,同时形成新的合同关系,此时受让人将取代原债权人成为新的债权人。而在合同权利部分转让的情况下,受让人将作为新的合同方加入原合同关系,与原债权人共同享有合同权利。

2.合同义务的转移

合同义务的转移,通常被称为债务承担,指债务人在得到债权人认可后,将合同中的全部或部分义务转交给第三方履行。合同义务转移分两种情况:①当合同义务完全转移时,新的债务人将全面取代原债务人,承担合同中的所有义务;②当合同义务部分转移时,新的债务人将加入原合同,与原债务人共同向债权人履行义务。因为新债务人的履约能力、商业信誉等因素对债权人权益的实现具有显著影响,所以无论是全部还是部分转移合同义务,均需要债权人的明确同意。

3.合同权利和义务的同时转让

合同权利和义务的同时转让,又称概括转让或概括承受,指合同的一方当事人通过法律受段或双方协议,将其在合同中所享有的全部权利和义务一并转移给第三方,第三方全面接手这些权利和义务。这种整体转让的情况主要出现在双务合同中,可以根据不同的法律基础分为意定概括转让和法定概括转让两种形式。意定概括转让是合同双方当事人基于相互协议,将原合同中的权利和义务转让给第三方的法律行为。这种转让需要得到原合同另一方当事人的明确同意,以确保合同关系的稳定性和连续性。法定概括转让是基于法律的直接规定而产生的合同权利义务概括承受,这种情况常见于企业合并和分立等情形。在企业合并或分立后,原企业的债权、债务将依法转给新的企业或组织,这种转让仅需依法履行通知或公告等义务,无需原合同另一方当事人的同意。

六、旅游项目合同的违约与索赔

(一)旅游项目合同的违约

当一方当事人不履行合同义务或履行合同义务不符合双方约定的,应当承担继续履行、采取补救措施或者赔偿损失等违约责任。

从违约行为发生的时间来看,可分为实际违约和预期违约两大类。实际违约通常包含不履行和不适当履行两种形式。不履行指的是在合同规定的履行期限到来时,旅游项目当事人未能履行合同所规定的义务。而不适当履行指虽然债务人履行了合同义务,但未能达到合同所要求的标准,如数量、质量、地点、方法或时间等不符合要求。

预期违约指合同一方在履行期限到来之前,无正当理由地明确表示或以其行为表明将不履行合同义务。预期违约又可分为明示毁约和默示毁约。前者是合同一方在履行期限届满前明确表示将不履行合同义务;后者则是通过行为暗示将不履行合同义务。由于预期违约发生在合同履行期限之前,另一方当事人有权在履行期届满前要求预期违约方承担违约责任。预期违约的构成要件包括:违约行为发生在合同成立至履行期限届满前,违约行为必须涉及合同的根本性义务,以及违约方不履行合同义务无正当理由。

我国民事责任的归责原则依据行为人主观过错的有无,主要分为两大类别:过错责任原则和严格责任原则。过错责任原则的核心在于将行为人主观上的过错作为判定其是否承担责任的基准;而严格责任原则是指不论行为人主观上是否存在过错,均应承担相应的民事责任。

在现行法律框架下,侵权责任主要遵循过错责任原则,而违约责任主要遵循严格责任原则。这意味着,当旅游项目一方当事人出现违约行为时,无论是否存在主观上的故意或过失,对方均有权要求其承担违约责任,除非存在法定的或合同约定的免责事由。

免责事由,包括法定的和约定的,是当事人对违约行为免于承担责任的特定条件。约定的免责事由,通常表现为合同中的免责条款,这些条款是当事人在合同中预先约定的,用于免除或限制未来可能发生的违约行为的责任。然而,若免责条款违反法律规定或损害国家、集体、第三人利益,则条款无效。法定的免责事由,则是由法律明确规定的,主要包括不可抗力和受害人的过错。不可抗力是指无法预见、避免和克服的客观情况。若因不可抗力导致违约,违约方通常可以免责,但法律另有规定的除外。此外,当一方因不可抗力无法履行合同时,应及时通知对方,并在必要时提供不可抗力的证明。

承担违约责任的方式主要包括以下几种:

(1)继续履行。继续履行也称为实际履行,指在旅游项目合同一方未能履行合同义务或履行不符合约定时,另一方有权要求违约方继续按合同规定完成其义务。

(2)采取补救措施。当旅游项目合同一方履行义务不符合约定时,另一方可根据法律或合同约定,要求违约方采取相应措施,如修理、更换、重做等。通常在质量不符合约定的情况下采取补救措施。

(3)赔偿损失。当旅游项目合同一方因未履行或履行不符合约定而导致对方损失时,应依法承担赔偿对方所受损失的责任。若在履行义务或采取补救措施后,违约行为还导致其他损失,仍需赔偿。赔偿损失的责任构成包括:违约行为、损失后果及两者之间的因果关系。若无实际损失,则无法要求赔偿。

(4)支付违约金。这是违约责任中的常见形式,指一方违约时,根据合同或法律规定,向对方支付一定数额的违约金。当事人可以约定违约金的数额或损失赔偿额的计算方法。

违约金分为法定违约金和约定违约金,前者由法律规定,后者由当事人通过合同约定。

(5)适用定金罚则。定金指合同一方为担保合同订立、履行等,预先支付给另一方的一定数额的货币。定金既可以作为担保方式,也可作为违约责任的一种形式。给付定金的一方不履行债务的,无权要求返还定金;收受定金的一方不履行债务的,应当双倍返还定金。

(二)旅游项目合同的索赔

索赔,即要求赔偿,指在交易中一方未能履行或未正确履行合同义务导致对方遭受损失时,受损方向过错方索要经济补偿。在旅游项目中,合同当事人因非自身因素或对方违约行为而蒙受经济损失或权益受损时,他们将通过规定的程序向对方提出经济或时间上的补偿请求。索赔行为在旅游项目进行的各个阶段均有可能发生,特别是在实施阶段。

索赔按性质可分为以下几类:

(1)延期索赔。若旅游项目方未能依约提供工作条件,如设计图纸等,或因项目方指令导致项目暂停,又或因不可抗力事件造成工期延误,供应商有权提出索赔;反之,若工期延误由供应商造成,项目方可向供应商索赔。同样,若非分包人自身原因导致工期延误,其可向供应商提出索赔。

(2)变更索赔。当旅游项目方要求增加或减少工作量,修改设计或变更施工顺序导致工期延长或费用增加时,供应商有权提出索赔。分包人亦可根据此类变更向供应商提出索赔。

(3)终止索赔。若因旅游项目方违约或不可抗力事件导致合同终止,供应商有权就经济损失提出索赔;反之,若因供应商或分包人造成旅游项目终止,或合同无法继续履行,旅游项目方有权提出索赔。

(4)赶工索赔。当旅游项目方要求供应商加快施工进度,缩短工期,导致供应商在人力、物力、财力上产生额外支出和工作效率下降时,供应商有权提出索赔。

(5)意外风险与不可预见因素索赔。在旅游项目实施过程中,因自然灾害、特殊风险等导致的损失,供应商有权提出索赔。

(6)其他索赔。具体包括因货币贬值、汇率变化、物价上涨、工资调整、政策法令变化等引起的索赔。

此类分类有助于明确索赔的根源,便于旅游项目方进行审核分析。

(三)索赔与违约的区别

索赔与违约在性质上存在显著区别。索赔是合同一方针对自身已完成工作所产生的损失提出的权利主张;而违约是合同另一方未能遵守合同条款的行为。具体而言,索赔事件的触发不一定需要在合同文件中进行规定;项目合同中的违约责任必然是合同中明确约定的。索赔事件既可以由特定行为(包括作为和不作为)引发,也可以由不可抗力事件导致;而追究违约责任必须存在合同未能履行或未能完全履行的违约事实,并且不可抗力通常可以免除当事人的违约责任。索赔事件可能由合同中的一方当事人引起,或由任何第三方行为引发;而违约行为源于合同一方或双方的过错。索赔的提出必须基于实际发生的损失,因此,索赔

具有补偿性质;而违约不一定需要实际损失作为结果,因为违约行为(如违约金)本身就带有惩罚性质。索赔的损失结果与被索赔人的行为在法律上可能并不存在直接的因果关系,例如,对于旅游项目方指定的分包人导致的供应商损失,供应商可以向项目方提出索赔;而违约行为与违约事实之间必然存在法律上的因果关系。

七、旅游项目合同收尾

项目合同收尾工作包括对旅游项目采购合同的结算和决算,以及各种产权和所有权的交接过程,发生在旅游项目采购合同全部履行完毕或因故中断或终止后。在实践中,必须针对每个合同逐一开展收尾工作,以确保合同正式完成,同时需全面总结采购管理的得失。对于顺利完成的旅游项目合同,应在合同正常终止时及时开展收尾工作。对于因各种缘由提前终止的合同,也需在合同非正常终止时立刻启动收尾工作。非正常提前终止的原因可能包括一方严重违约、单方为便利而提前解约,或因环境变动导致合同无需继续履行。合同收尾工作主要包括检查已完成的工作、结算合同价款、解除担保、复盘过程。

思考题

(1)为什么有的景区选择采购游乐设备,有的景区选择自研设备? 需要考虑哪些因素?

(2)公开招标与非公开招标的区别是什么? 公开招标为何是旅游项目首选的采购方式?

(3)旅游项目采购合同有哪几种类型? 如何选择最合适的旅游项目合同类型?

(4)竞争性磋商和竞争性谈判分别适用于哪些类型的旅游项目?

(5)总价加激励费用合同和总价加经济价格调整合同的区别是什么?

(6)如何最大限度地避免采购腐败?

第四章 →

旅游项目融资管理

学习目标

（1）掌握项目融资的主体、功能、基本特征，辨析项目融资与一般融资的差异。

（2）了解政府主导的旅游项目融资的类型、逻辑，以及不同类型融资方式的差异。

（3）了解中小企业主导的旅游项目融资的常见类型、操作流程与优势。

（4）掌握PPP模式、BOT模式、ABS模式的主要特征和操作流程。

第一节　旅游项目融资概述

一、项目融资的主体与功能

旅游项目融资除具有一般项目融资的特点外，因其自身的产业特征，在政府主导、中小企业主导、政府与社会资本合作三个维度上具有鲜明特色。广义上，项目融资包括为新项目建设、现有项目收购或债务重组进行的融资活动。狭义上，项目融资专指具有无追索权或有限追索权特征的融资（陈关聚，2021）。项目融资依赖项目本身的预期现金流和收益，将项目资产作为偿还贷款的担保，贷款方主要评估项目的财务可行性和经济强度，而不是项目发起人的一般信用。同时，项目融资通常限制了贷款方对项目发起人其他资产的追索权，贷款的偿还仅限于项目本身的现金流和资产价值。

例如，某省旅行社股份有限公司现有A、B两个市级层面的子旅行社，为满足日趋增长的旅游市场需要，决定增设C旅行社。增设C旅行社的资金筹集方式有两种：

一种是将借来的资金用于增设C旅行社，而偿还的资金则来源于A、B、C三个旅行社的收益。若C旅行社亏损，该公司把原来的A、B旅行社的收益作为偿债的

担保。贷款方对该公司拥有完全追索权,即贷款人在借款人未按期偿还债务时,要求借款人用除抵押资产外的资产偿还债务。

另一种是将借来的资金用于增设C旅行社,而偿还的资金仅来源于C旅行社的利润。如果C旅行社亏损,贷款方只能通过清理其资产收回一部分借款,且贷款方不能要求该公司用别的资金(包括A、B旅行社的收入)偿还贷款,这时称贷款方对旅行社无追索权(或在签订协议时,只要求旅行社把特定的一部分资产作为贷款担保,这时称贷款方对公司具有有限追索权)。

在上述旅行社的两种融资方式中,第二种方式被称为项目融资。项目融资,亦称无追索或有限追索贷款,其核心是将还贷来源严格限定于项目本身的收益和资产。在无追索权项目融资中,贷款方只能依赖项目收益偿还债务,无法对项目发起人的其他资产进行追索。这种融资方式的特点包括:贷款方对项目现金流的依赖性强,对信用担保的需求高,同时对稳定的政治经济环境的依赖程度也高。有限追索权的项目融资要求项目发起人承担有限的债务责任,通常通过单一目的的项目公司进行,贷款方仅能在项目公司层面进行追索。与传统融资相比,项目融资具有以下优势:

(1)筹资能力强。项目融资能有效满足大型旅游项目的资本需求,如土地开发等,这些项目通常需要巨额投资,风险较高,传统融资方式难以满足其需求。

(2)灵活性高。项目融资方式多样,能够减轻政府财政压力,适应不同国家的经济发展需求。政府可以通过提供特许权、市场保障等优惠条件支持项目,不必直接出资。

(3)可降低风险。项目融资通过多方参与分散风险,并明确责任分担。项目发起人可以利用债务屏蔽功能实现表外融资,从而降低财务风险;投资人可以通过项目融资担保降低贷款风险。

二、旅游项目融资的基本特征

项目融资作为一种现代融资策略,在融资主体、融资基础、追索程度、风险分担、债务比例、会计处理以及融资成本等多个方面与其他融资方式存在差异。

(1)融资主体:公司融资以企业为融资主体,依赖公司的信用和资产;项目融资以项目为融资主体,依赖项目的未来收益,追索也仅限于项目的未来收益和项目建成后的资产。不同于一般项目,旅游项目的融资主体主要为政府与中小企业。

(2)融资基础:项目融资基于项目的经济实力,贷款决策侧重于项目期内的现金流量,而非发起人的资信。贷款人关注项目的经济实力,必然要密切关注项目的建设和运营状况,对项目的谈判、建设、运营等进行全过程的监控。

(3)追索程度:项目融资通常是有限追索或无追索,贷款人只能在规定范围内对项目借款人追索。追索程度不同是项目融资与传统融资最主要的区别。

(4)风险分担:项目融资涉及多方利益相关者,可以通过合同将风险合理分担,而传统融资风险集中。

(5)债务比例:项目融资允许更高比例的负债,与传统融资相比,对股本投入要求较低。

一般而言,股权出资占项目总投资的30%即可,具体的债务比例根据项目的经济强度、融资规模等因素发生变化,结构严谨的项目融资可以达到90%以上的负债比例。

(6)会计处理:项目融资实现表外融资,即债务不出现在投资者的资产负债表上,有助于投资者分散风险。投资者能以有限的财力从事更多的投资,同时将投资风险分散和限制在更多的项目之中,避免将融资表现为资产负债表上的债务。

(7)融资成本:项目融资的前期费用和利息成本较高,这与其有限追索性质和复杂的前期工作相对应。融资的前期费用包括融资顾问费、成本费、贷款的建立费、承诺费,以及法律费用等,一般占贷款总额的0.5%—2%;项目融资的利息成本一般要高出同等条件企业贷款的0.3%—1.5%。

项目融资的独特优势使其成为传统融资方式的有力补充。然而,项目融资的实施过程往往耗时较长,通常需要半年或更久的时间来完成融资计划,这导致相关的成本较高。同时,由于项目融资涉及众多参与方,实现风险的有效分担变得复杂,一旦遇到重大风险,可能需要重新进行谈判和融资。

三、旅游项目融资成功的基本条件

因项目融资内在的复杂性,它相较于传统的融资模式具有更高的要求。项目融资的成功不仅依赖于投资者的积极主观条件,也在很大程度上受制于外部环境因素,特别是项目所在地的投资环境,包括宏观和微观两个层面。当涉及国外资本时,东道国的宏观经济、法律、政治环境尤为关键。

为实现项目成功融资,项目投资者需达到以下要求:首先,能够深刻理解项目融资的核心理念和运作机制;其次,能够掌握扎实的法律和金融知识;最后,具备高效的谈判能力。在融资的整个周期中,重要的是能够科学地评估项目潜力,精确地分析相关风险,并建立一个严格的法律框架,同时明确项目的主要投资者。

(1)项目评估与风险分析:项目评估和风险分析是相互关联的过程。评估中的可行性研究包含风险分析,而风险分析更侧重于识别与项目融资相关的风险因素,并评估这些因素对融资结构的影响。项目风险包括完工风险、信用风险、金融风险、政治风险、市场风险和环境风险等。有效的风险管理是项目融资成功的关键,因此需要对风险因素进行准确的定性分析和定量分析,以确定项目的融资能力并设计风险分担结构。

(2)确定严谨的项目融资法律结构:项目融资需要一个健全的法律体系来保障。融资结构、参与者的地位、权利、责任和义务都需要通过一系列法律文件来明确。这些文件的和严谨性是项目融资成功的关键。投资者和贷款银行对法律文件的关注点不同,投资者更关注知识产权、贸易公平和环境保护,而贷款银行则更关注担保履行和接管权利的法律保护。

(3)明确主要投资者:项目融资通常涉及与多个投资者或信用保证方的合作。明确主要投资者的角色对于项目管理至关重要,缺乏明确的领导可能会导致决策困难、战略规划不连贯和管理经验不足。因此,项目融资需要明确主要投资者,并确保他们有足够的动力和资源来承担管理责任,建立一个经验丰富的管理团队。

第二节　政府主导的旅游项目融资

一、政府融资平台

在旅游项目的开发中,政府融资平台扮演着至关重要的角色,它们的核心任务是为城市基础设施的建设提供资金支持。政府融资平台是政府与市场间的有效纽带,平台的融资活动融合了财政资金的"无偿分配"和金融资本的"有偿借贷"特性(刘键,2022)。旅游项目的建设通常会获得政府的财政补贴,这种非营利性质的投资和地方政府对某些风险的"隐性担保"体现了财政资金的"无偿"特征。同时,项目的某些资金来源是有偿的,需要通过未来的运营收入逐步偿还。

政府融资平台是中国经济发展特定阶段的产物,是财政与金融、宏观调控与微观操作、行政干预与市场机制之间巧妙结合的体现,解决了商业贷款主体在资金投入与经济发展需求之间的对接难题。政府融资平台的运作机制是,地方政府将土地收益、税收、无形资产、债券、股权及专项建设资金等资源注入平台公司,并将自己定位为间接投资者和规划协调者。平台根据政府的授权,对资金来源和项目建设进行监管。通过与中介机构的合作,利用专业的审计、会计和财务报告,对项目进行可行性分析。最后,根据与建设单位签订的合同类型,负责项目的建设和维护。

（一）平台公司融资模式

此模式受法规限制,地方政府无法直接举债,因此通过成立各类政府投资公司(旅游项目中往往是旅投公司)规避法律限制,解决融资难题,向金融机构申请贷款或在资本市场发行债券筹集所需资金。虽然旅投公司为地方旅游产业发展提供了资金支持,但其运作过程缺乏完善的法律框架和规范性,透明度不高,导致产生了大量政府债务。此外,一些旅投公司融资通常依赖财政收入或补贴作为还款保障,这可能导致责任主体不明确,增加财政风险。

（二）捆绑贷款模式

捆绑贷款模式指以国有独资或控股的城市或旅游投资公司为主体,财政提供还款承诺为担保,向银行或其他金融机构申请一个区域内多个基础设施项目打包的整体项目贷款。捆绑贷款通常面临贷款风险难以控制的问题。捆绑贷款一般基于政府与银行之间的协议,由银行一次性向某地区投放大量贷款,而这笔贷款可能用于多个项目。大型国有商业银行通过长期大额贷款支持地方政府的基础设施建设,形成了以土地收益、财政资金和其他收益为偿贷资金的融资体系,为地方政府提供了关键的基础设施建设资金来源。

（三）财政担保还款模式

财政担保还款模式指地方政府向银行提供各类担保，包括地方人大、政府出具的还贷支持性文件及地方财政出具的还本付息承诺函。但政府财政担保只是防范贷款风险的一种手段，政府是否真的进行担保取决于地方领导层的态度和新阶段的发展战略重点。

二、政府债券

为刺激国内消费，国家通过发行国债支持地方基础设施的建设，其中包括旅游相关的项目。国债由财政部分配给省级政府，用于推动地方经济和社会发展。地方政府债券的发行经历了3个阶段——"代发代还""自发代还"和"自发自还"（刘键，2022）。文旅产业专项债随之成为地方推动文旅产业发展的重要手段。2000年，国家发展计划委员会（现国家发展改革委）首次将旅游列入国债项目，使用国债资金加强旅游基础设施建设，重点支持资源品位较高、发展潜力较大、所依托的主要交通干线建设已基本完成的国家级或省级旅游景区的项目。纳入国债资金范畴的旅游基础设施建设资金的使用方向主要是景区与干路间的道路建设和景区内的道路建设，公共供水、供电、垃圾污水处理系统及安全保障设施建设。

除旅游国债外，还包含地方政府一般债券、地方政府专项债券（旅游专项债券），以及新增债券、置换债券和再融资债券等。

（一）地方政府一般债券

地方政府债券的发行遵循限额管理和预算管理原则。限额管理通过逐级下达的方式实施。中央政府确定地方政府债务的总限额，财政部再将总限额分配给各省、自治区和直辖市政府。随后，省级财政部门根据财政部的分配，将限额进一步分配至市县级政府。财政部要求地方政府将所有债务纳入预算管理之中。一般债务，包括一般债券和非债券形式的债务，纳入一般公共预算管理，并以一般公共预算收入进行偿还。专项债务，即以专项债券形式存在的债务，则纳入政府性基金预算管理。地方政府债券主要在银行间债券市场和交易所市场发行，主要投资者包括银行等金融机构。自2019年起，中央政府在部分地区试行柜台发行债券，允许个人和中小机构投资者参与。

（二）地方政府专项债券（旅游专项债券）

2017年，财政部携手国土资源部（现自然资源部）和交通运输部，分别在土地储备和政府收费公路领域启动了试点项目，并颁布了《地方政府土地储备专项债券管理办法（试行）》（财预〔2017〕62号）和《地方政府收费公路专项债券管理办法（试行）》（财预〔2017〕97号），确立了土地储备专项债券和收费公路专项债券两种类型。2020年4月3日，财政部进一步明确，地方政府专项债券资金的投向将继续聚焦于国务院常务会议确定的重大基础设施项目建设，涵盖交通基础设施、能源项目、农林水利、生态环保项目、民生服务、冷链物流设施、市政和产业园区基础设施等领域，相比2019年新增了农林水利和冷链物流设施两个领域。其中，专项债券不得用于以下范围：偿还债务、非公益性项目、非资本性支出、经常性支出、工资

和补贴、无收益或收益不足以覆盖债券还本付息的项目、企业投资的产业项目。

旅游专项债券指地方政府为筹集资金建设旅游基础设施和公共服务项目而发行的债券，是地方政府专项债券的重要组成部分。旅游专项债券的发行必须基于有一定收益的项目，包括旅游相关的基础设施建设、文化类建设项目、生态文化旅游、乡村休闲旅游、红色旅游等。例如，江苏省大运河文化带建设专项债券、四川省成都市锦江绿道专项债券、江西省宜春市赣西经济转型（宜春旅游）专项债券等。旅游专项债券主要支持的项目类型包括但不限于：

（1）服务国家重大区域发展战略的项目。

（2）国家文化公园建设相关项目。

（3）旅游公共服务保障设施建设。

（4）重点景区基础设施建设。

（5）博物馆等文化类建设项目。

（6）生态文化旅游、乡村休闲旅游、红色旅游等专项债项目。

（7）旅游扶贫开发建设。

（8）旅游基础设施建设。

专项债券与一般债券的主要区别在于专项债券需要与收益相匹配。专项债券的首要功能是为能够产生一定收益的公益项目提供资金支持。这些项目主要包括土地储备、棚户区改造和收费公路等类别，以及后来扩展的基础设施相关项目。

（三）新增债券、置换债券和再融资债券

新增债券、置换债券和再融资债券在支持地方经济发展中扮演着不同的角色。

1. 新增债券

新增债券是省级政府为增加地方政府债务而发行的债券。根据限额管理原则，新增债券的规模不得超过中央政府设定的限额。新增债券的发行受政府债务率和整体资金需求的影响，通常用于公益资本支出。为提高使用效率，中央政府可授权提前下达下一年度的新增债务限额，以便尽早发挥作用。

2. 置换债券

置换债券由省级政府发行，目的是替换2014年12月31日前非政府债券形式的存量政府债务。置换债券的发行有助于规范地方政府融资，防止债务余额增加和赤字扩大。在我国，置换债券的发行是规范地方政府债务管理、防范化解存量政府债务风险的重要举措，是坚决打好防范化解重大风险攻坚战的重要内容之一。

3. 再融资债券

再融资债券是省级政府为偿还到期的地方政府债券而发行的债券，本质上是"借新还旧"。2018年，再融资债券首次在财政部的文件中披露，并且与置换债券额度合并计算。再融资债券不能直接用于项目建设，但有助于减轻地方政府的偿债压力。

三、政府投资基金

设立政府投资基金旨在通过引导社会资本投资关键产业和薄弱环节,实现政府投资方式的多元化。具体包括政府引导基金、科技型中小企业创业投资引导基金、国家科技成果转化引导基金、创业投资引导基金和政府出资产业投资基金等(刘键,2022)。2015年,财政部发布的《政府投资基金暂行管理办法》(财预〔2015〕210号)明确了政府投资基金的定义,即政府通过预算安排,单独或与社会资本共同出资,采用市场化股权投资方式,推动经济社会发展。政府投资基金主要通过一般公共预算、政府性基金预算和国有资本经营预算等渠道出资,采用股权投资等方式运作。根据投资方向和行业重点的差异,政府投资基金可分为天使投资基金、风险投资基金、产业引导投资基金。

政府投资基金的组织形式多样,包括公司制、有限合伙制和契约制。其中,有限合伙制因其灵活性而最为常见,公司制次之,契约型较为少见。有限合伙制的优势在于所有权与经营权分离、合伙人权利义务明确、出资时机灵活、项目退出清算方便,而公司制在资金管理、项目投资退出方面相对复杂,契约型在资金权利上则较为薄弱。政府投资基金通过以上形式,有效地促进了社会资本向关键产业和领域流动,为经济发展提供了新的动力。

政府投资基金的运作机制涵盖4个关键环节。

(1) 投资模式确定:政府投资基金的规模庞大,直接投资可能面临资金管理和项目选择的挑战。实践中,通常采用基金中的基金(FOF)模式,即先设立母基金,再通过子基金将投资分散于不同行业。

(2) 资金募集:政府投资基金的资金来源包括财政资金和社会资本。政府资金通常占基金总额的20%,主要来源于中央和地方政府,而社会资本来源于金融机构、私人投资者、机构投资者和民间资本等广泛的投资群体。

(3) 资金管理:政府投资基金可自主进行管理,也可委托给专业机构。自主管理需具备投资决策能力,而委托管理则要求有严格、规范的基金管理机构选择条件和程序。政府投资基金的闲置部分主要用于投资安全性和流动性较高的固定收益类资产。

(4) 退出机制:政府投资基金的退出方式包括上市交易、股权转让、企业回购或破产清算。基金存续期限通常不少于7年。为防止资金闲置,政府投资基金在特定情况下可以提前退出,例如基金设立后超过1年未完成设立手续,或政府出资拨付至基金账户1年以上未开展投资业务时,可强制提前退出。

财政部规定政府投资基金必须具备"市场化"和"引导性"两个特征。引导性指政府投资基金并非纯粹的市场基金,而是具备特定的属性和功能。市场化指政府投资基金的运作必须遵循市场化原则。政府出资产业投资基金应坚持市场化运作、专业化管理原则,政府出资人不得参与基金日常管理。

四、资产证券化模式

资产证券化(Asset Backed Securitization,ABS)是一种基于项目资产的证券化融资手

段。资产证券化依托于项目资产及其预期收益,通过信用增级、发行债券来筹集资金。资产证券化的核心优势在于其可使信用等级不高的项目通过提高信用等级进入高信用等级的证券市场,利用该市场债券的高安全性、高流动性和低利率显著降低融资成本(刘键,2022)。

资产证券化本质上是一种基于项目收益的融资方式,核心是将原始权益人(卖方)的非流动资产或未来可预见的收入转化为资本市场上的可交易金融产品,将资产的未来现金流收益权转让给投资者。资产证券化指将不流动但能产生稳定现金流的资产,通过结构化安排,对资产的风险与收益进行分离和重组,最终将其转化为可在金融市场上交易的证券的过程。

中国旅游土地开发受到严格管控,国有旅游企业通常只能在土地使用方面获得政府的支持和优惠,国家常通过政策引导和激励,鼓励国有企业参与旅游产业的高质量发展。在回报率普遍较低的旅游产业中获得更多低成本的资金支持,为旅游项目的建设和运营提供有力的资金保障,成为国有旅游企业的重要比较优势。此外,提高旅游交通公共服务设施建设和管理水平,增强公共文化场所的旅游吸引力,都需要国有企业发挥主导作用。在某种程度上,国内大型旅游项目常由大型国有企业推动,往往伴随着政府的引导与支持。《国家发展改革委关于全面推动基础设施领域不动产投资信托基金(REITs)项目常态化发行的通知》(发改投资〔2024〕1014号)进一步扩大了文化旅游领域基础设施的范围,包括自然文化遗产、国家5A级和4A级旅游景区项目。在景区规划范围内,产权归属于同一发起人(原始权益人)的配套旅游酒店,可纳入项目底层资产。大多数可进行资产证券化的旅游项目的背后发起人常常是政府机构、城投或旅投公司等。

(一)ABS模式的基本构成要素

1. 标准化合约

审慎制定合约,确保所有参与方对担保品的存在形式和法律行为有明确共识。

2. 资产价值评估

在信贷资产证券化业务中,通过银行的尽职调查,向各方提供关于该项目风险性质的描述和恰当的价值评估。

3. 历史统计数据库

提供拟证券化资产的历史表现数据,帮助确定资产支持证券的风险程度。

4. 法律标准化

证券化融资需要以标准的法律为前提,确保证券化融资符合适用的法定投资标准。

5. 确定中介机构

选择稳定的中介机构,保护投资者免受中介破产或服务权转让的影响。

6. 信用增级措施

通过信用增级发行高等级债券,降低融资成本。

7.计算机模型

运用计算机模型跟踪现金流和交易数据,以推动证券化交易。

(二)ABS模式的合约主体

1.发起人/原始权益人

发起人/原始权益人指拥有证券化资产的原始所有者,通常也是资金的最终使用者。在项目收益资产证券化中,这个角色由项目公司担任,负责资产的出售、开发和日常管理。发起人的职责包括:接收贷款申请、评估借款人资格、组织贷款发放、收取还款,并将这些款项转交给证券投资者。

2.服务人

服务人通常由发起人或指定银行担任。服务人负责管理到期现金流和追讨逾期款项,同时代表发行人向投资者或受托人支付证券本息。服务内容涵盖收集还款、保护投资者权益等。服务人的信用直接影响资产支持证券的交易,因为服务人管理着分配给投资者的资金。

3.特设机构

特设机构即发行人,是资产证券化中的关键角色,通常称为特殊目的公司。资产不是直接从原始权益人转移到投资者,而是先转移到SPV,实现破产隔离。SPV是为发行ABS专门设立的独立法人实体,需要满足独立性、限制性债务、独立董事等条件,以保护投资者利益。

4.发行人

发行人可以是中介公司、发起人的关联企业或投资银行。在某些情况下,受托管理人也承担发行人的角色,负责购买资产和发行证券。

5.证券商

证券商负责ABS的承销,可直接向公众销售证券,或作为代理人承销证券,即证券商从发行人处购买证券后转售给公众,或作为发行人的代理人提供发行服务。

6.信用增级机构

信用增级是ABS关键环节,主要由信用增级机构完成。所谓信用增级,即信用等级的提高,经信用保证而得以提高等级的证券,将不再按照原发行人的等级或原贷款抵押资产等级进行交易,而是按照担保机构的信用等级进行交易。信用增级一般分为内部信用增级(如发行人提供的信用增级)和外部信用增级(如第三方提供的信用增级)两种。

7.信用评级机构

信用评级机构负责评定ABS的信用等级,评估信用风险和再融资风险。主要评级机构如穆迪、标准普尔等,为投资者提供关键的信用评估。

8. 受托管理人

在 ABS 交易中,受托管理人是服务人、信用强化机构与投资者之间的桥梁。受托管理人的职责包括代表发行人发行证券、管理现金流和再投资、确认并转发服务人报告,必要时取代服务人角色。

（三）ABS 模式的运作程序

ABS 通过在资本市场发行债券筹集资金。按照规范化的证券市场运作方式,在证券市场发行债券,必须对发债主体进行信用评级,以确定债券的投资风险和信用水平。ABS 运作的独到之处在于通过信用增级计划,使没有获得信用等级或信用等级较低的机构进入高档投资机构市场,通过资产的证券化筹集资金。

1. 组建 SPV

组建一个特殊目的机构（SPV）,它可以是信托公司或其他独立法人实体。SPV 的目标是获得高信用评级（如 AAA 级或 AA 级）,高信用评级是成功进行 ABS 融资的关键。

2. SPV 与项目结合

SPV 需寻找适合进行资产证券化融资的项目。任何能够在未来产生现金收入的资产,如信用卡应收款、租金收入、运营收入、贸易收入、设施使用费、税收等,都可成为 ABS 融资的对象。拥有这些未来现金流的企业或项目公司即原始权益人。具有下列特征的资产比较容易实现证券化:稳定的现金流;良好的信用历史;标准化合同;易于变现的抵押物;分散的债务人;低违约率和损失率;数据的可获取性。

3. 信用增级

为达到预期的信用等级,SPV 需通过财务结构调整和信用增级手段,如信用证、现金担保账户或金融担保,提升资产的信用等级。然后,由资信评估机构对 ABS 进行评级。

4. SPV 发行债券

SPV 可在资本市场发行债券,或通过信用担保由其他机构代为发行。SPV 通常具有较高的信用评级,其发行的债券也具有相应的信用等级,因此能够在投资级证券市场以较低成本筹集资金。

5. 支付资产购买价款

SPV 在支付相关中介费用后,根据合同约定向原始权益人支付购买基础资产的价款。

6. 资产管理服务与收益回收

完成资产证券化后,SPV 负责监督和管理基础资产,通常委托第三方服务机构或原始权益人执行。若债务人违约,服务商需采取补救措施。

7. SPV 偿债

SPV 利用项目资产的未来现金收入偿还在证券市场发行债券的本息,通常委托受托银行进行资金管理和偿付。

旅游项目ABS的运作程序如图4-1所示。

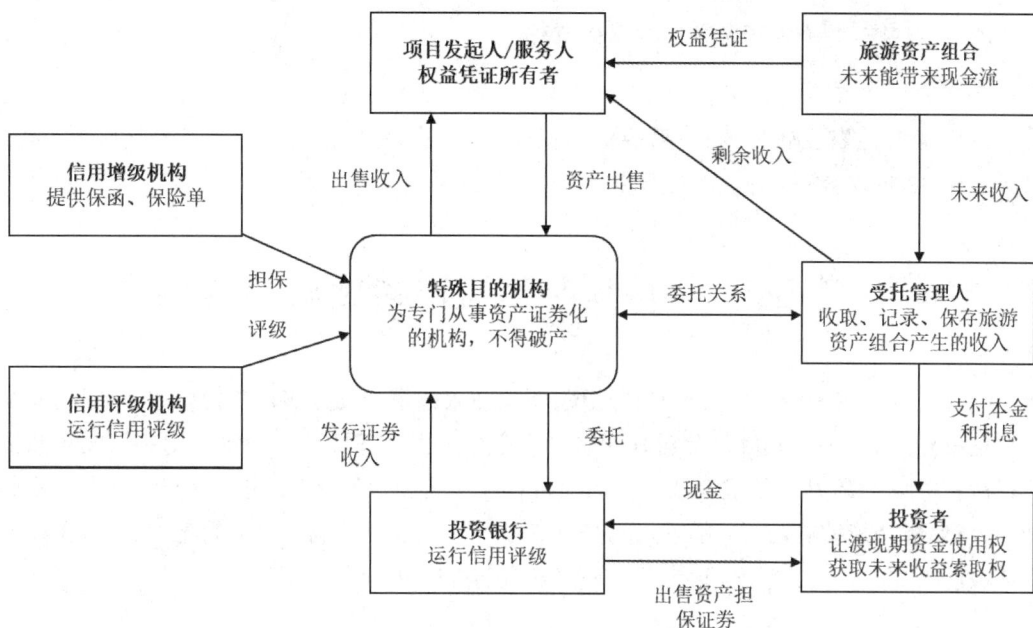

图4-1 旅游项目ABS的运作程序

(四)ABS模式的特点

1.证券市场筹资

ABS通过在证券市场发行债券筹集资金,与传统的产品支付、融资租赁或BOT模式不同,后者不涉及证券化融资。ABS代表了项目融资的现代趋势。

2.风险隔离

ABS能够隔离原始权益人的风险与项目资产的未来现金流风险,债券的偿还仅与项目资产的未来现金流相关。结构化融资方式和在投资级证券市场发行的债券由众多投资者持有,有助于分散投资风险。

3.资产负债表外融资

ABS发行的债券不会体现在原始权益人的资产负债表上,不受原始权益人资产质量的限制。

4.信用担保与流动性

ABS通常由SPV提供信用担保,这类证券属于高档投资级证券,可以在二级市场流通,具有较强的变现能力和较低的投资风险,对投资者具有较大吸引力,便于发行和销售。与BOT模式相比,ABS模式涉及的环节更少,有助于减少中间费用,降低融资成本。

5. 关注国际金融市场动态

ABS通过在国际高档投资证券市场上发行债券筹集资金,因此需要密切关注国际金融市场的最新动态,并遵循国际规范的操作流程。

6. 低成本筹资

ABS通常能享受较低的利率,降低筹资成本。国际高档投资证券市场容量庞大、资金来源多样,因此,ABS特别适合大规模的资金筹集。

第三节　中小企业主导的旅游项目融资

中小企业在旅游行业中占据重要地位,不仅为旅游市场提供多样化的服务和产品,而且在促进就业、激发创新和增加旅游地经济活力方面发挥着关键作用。虽然中小企业在旅游项目融资方面与政府主导或政企合作的项目存在一定相似性,但中小企业面临更多的限制和挑战,如资金规模有限、信用记录不足、缺乏抵押物以及对市场波动的敏感性等,需要以更灵活和创新的融资方式满足其特定的需求(杨宜、张峰,2022)。

一、债权融资

中小企业在面临资金短缺时,需进行融资活动以确保经营目标的实现。对追求低风险、低成本的企业来说,银行贷款是最佳选择。在全球范围内,银行贷款在企业融资中占据主导地位,即便在股权和债券市场发达的美国,其规模也远超其他融资方式。因此,中小企业应充分利用银行贷款来解决资金问题,促使经营成功。

（一）投资者直接融资

投资者直接负责项目融资并承担相应的责任,是最基础的融资结构,适合财务结构简单的投资者,有助于税务规划。对于信誉良好的投资者,直接融资成本较低,常见于非公司型合资结构,主要包括共同贷款银行融资和市场销售模式、独立融资和市场销售模式。

1. 共同贷款银行融资和市场销售模式

投资者根据合作协议建立非公司型合资结构,按投资比例成立项目管理机构,负责项目建设和运营。投资者按比例投入自有资金,统一融资,并与银行签订协议。项目管理机构与工程公司签订建设合同,监督建设,并支付费用。生产期间,项目管理机构负责管理及代理销售产品。销售收入进入银行监控账户,用于支付生产费用、再投资和偿还债务,按协议返还盈利。

2. 独立融资和市场销售模式

投资者建立非公司型合资结构,自行组织产品销售和偿还债务,融资安排更灵活。项目管理机构负责建设和生产管理。投资者按比例支付建设费用和生产费用,自行融资。项目管理机构代表投资者安排建设和生产,组织原材料供应,按比例分配产品。投资者按协议价格购买产品,销售收入进入银行监控账户,按资金使用顺序分配。

（二）项目公司融资

投资者共同出资成立项目公司,以项目公司的名义拥有、经营和安排融资。项目公司融资适用于经济前景良好的项目,并且可以安排成无追索权的形式,属于中小型旅游企业主导的常用项目融资模式,具体过程详见图4-2。

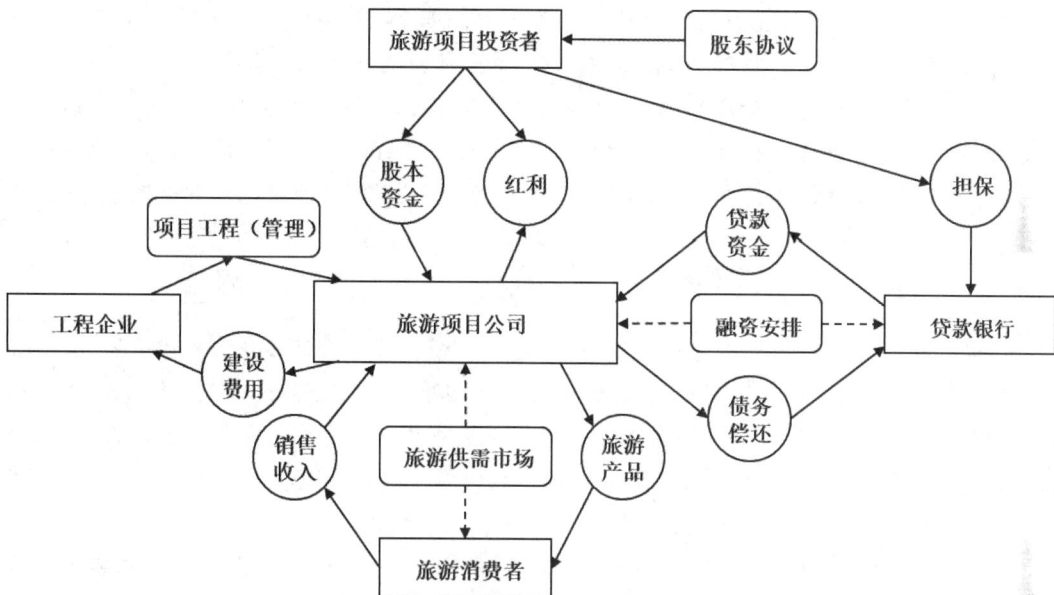

图4-2 旅游项目公司融资的过程

其一,项目投资者根据股东协议注册成立项目公司,并注入一定的股本资金。其二,作为独立法人,项目公司负责签署所有与项目建设、生产和销售相关的合同,安排项目融资,建设和经营项目。在项目建设期间,项目融资通常为有限追索权,投资者需为贷款银行提供完工担保。项目投入运营后,如果生产经营状况和现金流量达到预期标准,那么项目融资可以调整为无追索权贷款。

项目公司融资的优点包括:便于银行取得项目资产的抵押权、担保权,以及对项目现金流量的控制;便于项目公司在条件许可时进入资本市场,通过股票上市和发行债券等形式筹集资金;项目资产所有权相对集中,股东之间投资转让灵活。其缺点在于投资者缺乏对现金流量的直接控制,税务结构灵活性差,无法利用项目亏损冲抵其他项目的利润。

（三）信用担保融资

信用担保作为一种银行与企业间的中介服务,融合了信用证明和资产责任保证。担保机构通过提供担保服务,不仅提升了企业的信用评级,还可能成为债权人和资产所有者,获得监督甚至参与企业经营活动的权利。这种介入将原本的银企双边债权债务关系扩展为包

括担保公司的三方关系,有效分散了银行的贷款风险,增强了银行对中小企业贷款的信心,为中小企业提供了更畅通的融资渠道。

信用担保机构的基本功能包括节约和配置两方面。节约功能主要体现在降低金融交易中的交易费用,尤其是内生交易费用。配置功能涉及引导社会资金和商品的流向和流量,在社会经济资源配置中发挥调节作用。信用担保模式多样,涵盖政府性融资担保、联合担保、互助担保和商业担保等。其中,政府性融资担保通常不以营利为目的,而商业担保以营利为主要目的,同时兼营其他业务。

在实践中,信用担保能有效低中小企业的融资成本,减少银行的管理成本和经营风险,同时具有经济杠杆作用,成为政府调控中小企业发展的重要工具。此外,信用担保体系的建立有助于信用信息的资源共享,促进信用评价机构的发展和评价水平的提高。信用担保业务的操作规程包括企业申请、担保受理、项目初审、项目评审、签订合同、抵押登记、担保收费、发放贷款、保后管理、代偿和追偿,以及担保终结等步骤,确保了担保业务的规范化、制度化和程序化,有效防范和控制了担保风险,为担保业务的健康发展提供了保障。

（四）产品支付项目融资

产品支付项目融资是一种特殊的项目贷款偿还方式,其中借款方在项目投产后,直接以项目经营期间的产品为载体,通过产品所有权转移及处置实现还本付息。此方式在旅游项目中相对少见,但在乡村"三产"融合的农文旅领域具有较好的应用前景。一方面,乡村旅游项目融资需求强烈;另一方面,大批量特色农产品可作为融资的基础。在贷款完全偿还前,贷款方保留对项目部分或全部产品的所有权。具体操作流程如下:

（1）成立金融公司。贷款银行设立一个特别目的的金融公司,通常由信托基金机构构成,负责购买项目公司一定比例的资源性产品作为融资的基础。

（2）注入资金。贷款银行将资金借贷给金融公司,金融公司依据产品协议将资金注入项目公司。金融公司从项目公司购买一定量的产品,项目公司同意将产品出售给金融公司,产品定价需在市场价格的基础上考虑利息因素。

（3）提供还款保证。金融公司将产品的所有权及购买合同作为向贷款银行还款的保证。

（4）开发建设项目。项目公司从金融公司获得购货款后,组织并开发建设项目。

（5）销售产品、偿还贷款。金融公司直接销售产品或委托项目公司代理销售,销售收入归金融公司所有,用于偿还银行贷款。贷款银行的权益仅限于通过其所拥有的项目产品来实现。若产品销售收入不足以偿还贷款,贷款人无权要求额外补偿。

产品支付项目融资模式为项目公司提供了一种灵活的融资方式,同时为贷款银行提供了相对稳定的还款来源,降低了融资风险。

（五）融资租赁

融资租赁分为直接租赁和杠杆租赁两种形式。直接租赁中,出租人承担全部设备购置成本;杠杆租赁由出租人承担小部分成本,其余由金融机构贷款补足。杠杆租赁利用税收减免、加速折旧和低息贷款等优势,为出租方、承租方和贷款方带来额外利益。租赁对象可以是机械设备、资本品甚至整个项目,出租人可以是专业租赁公司、银行、财务公司或设备制造商。

对项目发起人和项目公司而言,融资租赁可在不失去项目控制权的情况下满足资金需求,拥有资产的使用、维护和维修权。此外,融资租赁可以实现全额融资,无需额外投入股本资金,融资成本通常低于银行贷款,租金可作为费用直接计入项目成本,享受税收优惠。其操作流程如下:

首先,项目公司与金融租赁公司签订资产购置与建造合同,将所有权转移给金融租赁公司,然后转租回来。随后,由多个租赁公司、银行和其他金融机构组成合伙制金融租赁公司,筹集资金。合伙制金融租赁公司向银行筹集资金,通常无追索权,将租赁协议和资产抵押给贷款银行。在此基础上,金融租赁公司购买设备后,出租给项目公司,项目公司提供完工担保、市场销售保证等。在项目开发阶段,项目公司根据租赁协议获得设备使用权,支付租金。在生产经营阶段,项目公司出售产品,补交未付清的租金,租赁公司支付银行贷款本息。其中,租赁公司监督项目公司现金流,确保费用、资本开支、管理费、银行利息和投资收益的分配。租赁公司收回成本并获得回报后,项目公司只需支付少量租金。租赁期满,项目公司可按约定价格回购资产或由租赁公司代销,销售收入大部分返还给项目公司。

(六) 债券融资

在我国,发行债券通常是实力雄厚的大中型企业的融资方式之一。企业通过发行债券筹集长期资金,且资金使用灵活,有助于缓解资金压力。中小企业若想发行债券需满足特定资格条件。根据《企业债券管理条例》,企业发行债券需满足以下条件:企业规模达到国家规定的要求;企业财务会计制度符合国家规定;具有偿债能力;企业经济效益良好,发行企业债券前连续3年盈利;所筹资金用途符合国家产业政策。

我国实行"统一管理,分级审批"的企业债券发行制度。企业发行债券必须控制在国家计划的年度发行规模内,并需经过审批。企业债券发行规模由国务院规定,国务院证券管理部门负责审批,不得超过国务院确定的规模,企业发行债券受国家规定的限制。

企业发行债券需经过配额审核和发行审核。获得配额后,企业需向国务院证券管理部门提交申请文件。审核时,证券管理部门会考虑发行人资格、发行条件、禁止发行事由及债券募集方法。审核通过后,企业方可发行。

在申请发行企业债券前,企业必须完成一系列准备工作,包括财务审计、确定发行条件和信用评级、准备发行文件。根据《公司债券发行与交易管理办法》,发行人公开发行公司债券,应当按照中国证监会有关规定制作注册申请文件,由发行人向证券交易所申报。

公开发行公司债券,可以申请一次注册,分期发行。中国证监会同意注册的决定自作出之日起2年内有效,发行人应当在注册决定有效期内发行公司债券,并自主选择发行时点。公开发行公司债券的募集说明书自最后签署之日起6个月内有效。发行人应当及时更新债券募集说明书等公司债券发行文件,并在每期发行前报证券交易所备案。

二、权益融资

权益融资指企业通过出售部分所有权给其他投资者来筹集资金,涉及合伙人、所有者与投资者之间对公司的经营和管理责任的共同分担(杨宜、张峰,2022)。与债务融资不同,权益融资不需偿还,投资者通过利润分配获得回报,是企业的部分所有者。通过权益融资,企业创始人不以现金形式偿还投资者,而是与之共享利润,共同承担企业的经营和管理责任。为优化经营或扩大规模,初创企业可融合多种权益融资方式筹集资本。

投资者通常期望在3至5年的投资周期内,通过股利或股票的买卖来实现资本的回收和增值。由于权益投资本身带有风险,并且大多旅游项目投资回报周期较长,投资者在选择投资旅游项目时会非常严格。他们倾向于选择具有独特商业机会、高增长潜力、明确市场定位及稳定管理团队的项目。不满足这些条件的旅游项目未能获得投资的原因并非商业计划不佳,而是未达到权益投资者的严格标准。因此,了解权益投资者的标准对于创业者来说至关重要。

(一)股权众筹

股权众筹指通过互联网平台向公众募集资金,允许项目发起人以公司股份作为回报,吸引投资者支持项目。众筹融资不仅能筹集资金,还能聚集人脉、智力和社会资源,分为线下和线上两种形式。线下众筹通常涉及不超过200名股东共同投资一个项目,比如众筹民宿项目,股东们通过平台聚集并提供各自的社会资源,以获取额外价值。线上众筹根据回报类型,可分为股权众筹、产品众筹、公益众筹和经营权众筹。

(1)股权众筹:投资者以资金换取公司股份,可能是现有公司的股份或未来设立公司的预期股份。

(2)产品众筹:投资者获得项目发起人提供的产品作为回报,有助于锁定早期消费者、进行市场宣传、筹集生产资金和测试产品市场价值。

(3)公益众筹:公益组织通过网络平台筹集资金,支持者获得精神鼓励而非经济回报,提高了资金使用的透明度,满足捐赠者的意愿,同时降低了管理成本。

(4)经营权众筹:投资者获得项目经营权作为回报。

股权众筹帮助创业者发现潜在的投资者,同时为投资者提供丰富的项目信息。互联网众筹平台有效解决了信息不对称问题,降低了寻找项目和投资的成本,使天使投资变得更为普及,拓宽了投融资渠道,提高了资金匹配效率,成为解决创业企业资金问题的新方式。

股权众筹特别适合创业初期的项目,初创项目尚未注册,不确定性大,难以吸引投资机构的关注,融资困难。众多小额投资者的参与有助于分散风险。若一个有潜力的创意或创业计划能通过股权众筹启动,将极大地推动创业热潮。随着公司成立和产品进入研发或初步运营阶段,第一轮融资通常寻求天使投资人。而中后期项目,由于估值较高、融资额度较大,更适合进行B轮融资,寻找战略投资者。

（二）天使投资

天使投资（Angel Investment）是一种资本运作方式，由具备一定资金实力的合格投资者，包括个人或机构，对具有巨大发展潜力的初创旅游企业进行权益性资本投资。天使投资者或投资机构通常拥有丰富的管理经验、商业联系和人脉资源，能够为所投资的项目提供开发和运营上的帮助。

天使投资的特点包括：投资早，通常在项目的概念阶段或开发初期进行，投资对象往往刚成立，尚未具备完整的团队和原型产品，风险高；投资额度相对较小，从几十万元到几百万元不等，主要针对小型旅游项目，项目的考察、判断和决策过程较为简单；天使投资人倾向于集体投资以分散风险；投资成本较低，因介入时间早而有机会获得企业更多的股份，同时，由于资金来源于投资者自身，管理成本也相对较低。此外，一些天使投资人还会为项目提供指导和帮助。

天使投资的目标并非长期经营企业，而是获取投资回报。成功的退出机制包括项目公司上市、财务性并购、战略性并购或管理层回购等。而失败的退出方式可能是企业破产清算。最困难的情况是企业业绩平平，导致天使投资人陷入进退两难的境地。对于资金不足的智慧旅游型项目而言，寻求天使投资是一个不错的选择。天使投资人倾向于投资具有独特技术或成本优势、能够创造新市场、快速占领市场、具有良好财务指标、预期财务状况稳定、有望获得5至10倍回报的项目，且拥有优秀的创业团队及明确的资金退出策略。

（三）风险投资

风险投资（Venture Capital，VC）是投资于高新技术及其产品研发的资本运作模式，旨在推动科技成果的快速商品化和产业化，以期获得高额回报。风险投资的运作模式是，由投资中介向有潜力的高新技术企业注入风险资本，并协调风险投资人、技术专家和投资者之间的关系，实现利益共享和风险共担。

风险投资根据企业的发展阶段可分为种子资本、导入资本、发展资本和风险并购资本4种类型。当企业开发出较为成熟的产品或已有销售业绩，且前期天使投资已耗尽时，寻求风险投资成为理想选择。风险投资的规模通常较大，从数百万元到数亿元不等。风险投资的目的并非控制企业，而是通过资金支持和增值服务推动企业快速增长，并通过上市或并购等方式退出，实现资本的高回报。风险投资倾向于投资有上市潜力的项目。

在旅游领域，风险投资的应用也日益增多。例如，红杉资本等知名投资机构在OTA领域、酒店住宿领域的投资，都表明了风险投资对旅游行业的关注。此外，风险投资在旅游项目上的投资还涉及康养休闲、旅游民宿、滨海旅游等方面，这些项目通常依托区域资源优势，如武夷山的康养基地项目和福建省的海洋旅游项目。

风险投资的项目运作过程大致分为四个阶段：融资阶段、投资阶段、管理阶段和退出阶段。在融资阶段，风险资本的来源多样，包括保险公司、商业银行、投资银行等；投资阶段，主要涉及项目筛选、估值、谈判等程序；在管理阶段，风险投资机构通过监管和服务帮助企业增值；在退出阶段，风险投资机构通过IPO（首次公开募股）、股权转让等方式实现收益。

对于旅游行业的初创企业,风险投资不仅提供了资金支持,还带来了管理经验和市场资源,有助于企业快速成长和扩张。风险投资的介入,使得旅游行业的创新项目能够获得更多的关注和支持,进而推动旅游行业的多元化和高质量发展。

（四）私募基金

私募基金是一种面向特定群体私下募集的资本形式。这类基金通常在企业的成长后期介入,此时企业已具备较大规模,为迅速扩张市场份额,需要大量资金投入。私募基金可以提供从数千万元到数亿元不等的资金支持,以换取企业一定比例（通常不会超过20%）的股份。私募股权投资是私募基金的一种常见方式,涉及通过非公开发行的方式向特定投资者出售股份,包括在公司成立初期的股权筹资和后续的增资扩股。此外,私募基金在投资时会考虑未来的退出机制,如通过上市、并购或管理层回购等方式实现投资退出。

私募基金特别适合具有较大上市潜力的公司。与风险投资不同,私募基金更倾向于投资成熟期的企业。私募基金的融资方式包括股权融资和债务融资,其中,股权融资允许投资者通过持有公司的股份来分享企业的增长和利润。

在旅游领域,私募基金可以为旅游项目提供资金支持,这些项目包括度假村、主题公园、豪华酒店和旅游基础设施等。这些项目通常需要巨额资金投入,并且一旦建立起来,可以产生稳定的现金流和较高的回报。私募基金可以帮助旅游项目快速启动和扩张,同时也为投资者带来可观的投资回报。

私募基金在投资决策时会考虑多方面因素,包括企业的财务状况、市场潜力、管理团队的能力、项目的可行性和退出策略等。

三、扶持基金

中小企业政策性融资是政府为中小企业量身定制的融资服务,不仅是政府调控经济的重要手段,也是现代金融体系的重要组成部分。政策性融资在发展中国家和发达国家都得到了广泛应用,涵盖了政策性贷款、担保、财政贴息、专项扶持基金和政策性投资等多种方式（杨宜、张峰,2022）。政策性融资遵循国家政策,以政府信用为担保,由政策性银行或其他金融机构为特定项目提供支持。中小企业政策性融资由政府出资、参股或提供担保,目的是执行政府的经济政策,促进中小企业的发展,提高运营效率,并在国民经济中占据更重要的地位。这类融资活动为中小企业提供直接或间接的资金或信用支持,适用于具有行业优势、技术含量高、拥有自主知识产权或符合国家产业政策的项目,通常要求企业运营状况良好,达到一定规模,并具备完善的基础管理。

中小企业在任何发展阶段,只要符合国家和地方的产业政策,都可以申请并获得中央或地方财政资金的支持。我国中小企业扶持资金体系主要包括财政直接支持资金,如中小企业发展专项资金、国家重点新产品计划、国家高技术研究发展计划（863计划）等,以及政府引导基金,包括国家中小企业发展基金、国家新兴产业创业投资引导基金、地方性创业投资引导基金等。在旅游领域,中小企业发展专项基金和政府引导基金是主要的两项扶持基金。

（一）中小企业发展专项基金

2004年10月,财政部与国家发展改革委发布了《中小企业发展专项资金管理暂行办法》(财企〔2004〕185号)[①],规定专项资金主要用于支持中小企业专业化发展、与大企业协作配套、技术创新、新产品开发、新技术推广等方面。自2004年中小企业专项资金设立以来,一直到2014年对多项中小企业专项资金进行整合,专项资金主要采取的支持方式为无偿资助和贷款贴息。例如,以自有资金为主投资的固定资产建设项目,一般采取无偿资助方式;以金融机构贷款为主投资的固定资产建设项目,一般采取贷款贴息方式;中小企业信用担保体系建设项目,一般采取无偿资助方式,特殊情况可采取资本金注入方式。

经多轮修订,2021年6月,财政部印发了《中小企业发展专项资金管理办法》(财建〔2021〕148号),规定专项资金采取财政补助、以奖代补、政府购买服务等支持方式,主要用于引导地方政府、社会资本等支持中小企业高质量发展,且专项资金不得用于平衡本级财政预算及偿还债务,不得用于行政事业单位人员经费、机构运转经费等。此外,该管理办法还规定专项资金分配可以采取因素法、项目法、因素法和项目法相结合等方式。采取因素法分配的,主要依据专项资金有关预算额度、被支持对象有关工作基础、目标设定及完成情况等因素测算分配资金。采取项目法分配的,一般由财政部、有关中央主管部门发布申报通知,由有关中央主管部门牵头组织专家评审或公开招标等工作,并依据评审或招标结果,经公示后确定拟支持对象。采取因素法和项目法相结合分配的,资金分配方法依据专项资金有关支持政策文件执行。另外,小微企业融资担保业务降费奖补政策涉及的因素法补助资金,以专项资金有关预算额度、上一年度新增小微企业年化担保额、区域补助系数为分配因素。

（二）政府引导基金

政府引导基金,通常指由政府主导出资设立的政策性母基金,以股权投资的方式与社会资本共同设立子基金。政府引导基金通常不以营利为目的,而是通过子基金的市场化运作,发挥财政资金的杠杆放大效应,强调扶持创新型企业发展,推动产业转型升级和经济结构调整。不以营利为目的的特点也决定了政府引导基金与传统私募基金相比,在设立目标、资金来源、资金投向、备案及监管机制等方面有诸多不同。

从发起主体来看,政府引导基金必须由政府发起,且相关法律对政府层级没有限制,从中央政府到市县级政府均可设立政府引导基金。如有需要,各级政府引导基金还可以互相投资,主要有两种模式:参股投资模式和跟进投资模式。

2015年制定的《政府投资基金暂行管理办法》(财预〔2015〕210号)对政府投资基金的投资领域做了明确要求,即引导社会各类资本投资经济社会发展的重点领域和薄弱环节,具体

---

① 该暂行办法现已废止。

可归纳为以下几类:创新创业、中小企业发展、产业转型升级和发展、基础设施和公共服务领域。不同的旅游项目融资可对应特定类型,以获得政府的支持。

第四节　政府与社会资本合作融资

一、PPP模式

(一) PPP模式的定义和特点

公私合作伙伴关系(Public-Private Partnership,PPP)是全球范围内提供公共产品和服务的流行方式,涉及政府与私营部门合作,共同参与基础设施和公共服务项目的融资、建设和运营(戴大双、石磊,2018)。在中国,PPP通常指政府与社会资本之间的合作,"社会资本"不仅包括私人企业,也包括国有企业和融资平台公司。国家或地方政府部门与通过公开招标选定的社会资本方共同建立项目公司,负责项目从融资、建造、运营到维护的全周期管理,政府根据项目运营效果向项目公司支付相应的补贴。PPP模式下,政府与社会资本方共同出资,根据出资比例共同拥有项目公司的决策权(戴大双、石磊,2018)。PPP模式具有以下特点:

一是强调公私伙伴关系。PPP模式强调政府与社会资本之间的合作伙伴关系,这种关系建立在共同的目标、信任、风险共担和透明化解决问题的基础之上。

二是广泛应用于多行业。PPP模式适用于与社会稳定和经济发展紧密相关、投资规模大、周期长的行业,如能源、交通、水利、环保、农业和文化等行业。

三是形式多样化。PPP模式包含多种合作形式,如建设-运营-移交模式、建设-拥有-运营-移交模式、设计-建设-融资-运营模式、移交-运营-移交模式和改建-运营-移交模式等,同时具有多种出资和付费机制,如政府付费、可行性缺口补助和使用者付费。

四是能够减轻财政负担。在PPP模式下,项目融资责任转移至社会资本方或项目公司,使政府能够将有限的财政资源用于其他重要领域,同时有助于减少政府的直接财政支出和借款负债。

五是能够提高效率。在PPP模式下,社会资本方的收益与项目运营绩效挂钩,激励社会资本方优化全生命周期管理,提高设计、建设和运营效率。

六是能够分担风险。政府和社会资本方合理分担风险,根据各自的风险管理能力承担相应责任。

在PPP模式中,政府引入社会资本以实现社会利益最大化,同时确保社会资本方获得合理且稳定的投资回报。在社会资本方获得超额利润时,政府需采取措施调整回报,实现双方的利益共享。在旅游领域,PPP模式尤其适用于旅游基础设施建设相关的项目,如景区开发、旅游交通网络构建和旅游小城镇建设等。PPP模式可以有效地整合政府的政策支持与社会资本的运营效率,共同推动旅游项目的可持续发展。

（二）PPP模式的具体形式

PPP模式的具体形式可分为两种:新建项目的PPP运作形式、存量项目的PPP运作形式。

1. 新建项目的PPP运作形式

（1）建设-运营-移交（Build-Operate-Transfer,BOT）模式:私营企业或项目公司负责项目的融资、设计、建设、运营、维护以及客户服务,在合同约定的运营期结束后,将项目的资产和相关权益完整地移交给政府。

（2）私人主动融资（Private Finance Initiative,PFI）:政府部门基于社会基础设施需求,通过公开招标选定私营部门合作伙伴,由私营部门负责项目的资金筹集、建设和运营。在特许经营期满时,私营部门需将项目以良好状态、无债务负担的形式归还政府,并通过政府支付或服务使用方支付来回收投资成本的融资模式。

（3）其他形式:设计-建设-融资-运营（DBFO）模式下私营机构对从设计到经营的全过程负责,仅拥有项目经营权;融资-建设-拥有-运营-移交（FBOOT）模式要求私营机构先融资,再建设、拥有、运营,最终将项目移交给政府;设计-建设-运营-维护（DBOM）模式要求项目公司持续负责项目的运营和维护;设计-建设-运营-移交（DBOT）模式规定特许期结束后,项目需移交给政府,确保其处于良好状态。

2. 存量项目的PPP运作形式

（1）运营与维护（Operations & Maintenance,O & M）:政府将现有公共资产的日常运营和维护工作委托给私营企业或项目公司,政府保留资产的所有权,仅向运营方支付运营费用,合同期限通常较短。

（2）管理合同（Management Contract,MC）:政府将公共资产的运营、维护和用户服务等管理职责授权给私营企业或项目公司,政府保留资产所有权,并向管理方支付管理费用。管理合同通常作为长期移交运营前的过渡安排,合同期限一般不超过3年。

（3）移交-运营-移交（Transfer-Operate-Transfer,TOT）模式:政府将现有资产的所有权暂时转让给私营企业或项目公司,由其负责资产的运营、维护和用户服务,并在合同期满后将资产及其所有权归还政府,合同期限通常为20—30年。

（4）改建-运营-移交（Rehabilitate-Operate-Transfer,ROT）模式:在TOT的基础上增加了资产的改扩建内容,允许私营企业或项目公司在运营期间对资产进行必要的改造和扩建,合同期限一般为20—30年。

（5）移交-建设-运营-移交（Transfer-Build-Operate-Transfer,TBOT）模式:在移交现有资产的同时加入新建或扩建项目。

（6）修复-运营-拥有（Rehabilitate-Operate-Own,ROO）模式:私营企业或项目公司修复

现有资产后,拥有一定期限的运营权。

(7)转让-拥有-运营(Transfer-Own-Operate,TOO)模式:私营企业或项目公司在购买现有资产后,拥有所有权并负责运营。

(三)PPP项目的组织结构

PPP项目涉及多方主体,包括政府、社会资本方、项目公司、融资方、承包商、产品或服务购买方、保险公司以及专业机构等。各主体间通过签订合同和协议明确权利和义务,涵盖项目的立项、准备、招标采购、合同谈判及签订、执行和移交等各个阶段(戴大双、石磊,2018)。PPP项目组织结构搭建的总体原则为,使众多参与方责权利平衡,实现"风险分担、利益共享、激励相容、建运一体"。

(1)政府:作为PPP项目合作方和监管者,负责项目的整体准备、采购、监管和移交。

(2)社会资本方:通常指有法人资格的企业,包括民营、国有、外资企业,是项目的实际投资者。

(3)项目公司:由社会资本方成立,负责项目的具体融资、建设和运营。

(4)融资方:提供资金支持,包括银行、金融机构、基金等。

(5)承包商:负责项目的设计、采购、施工等实施工作。

(6)产品或服务购买方:保障项目公司通过运营收入回收成本并获得利润。

(7)保险公司:提供保险服务,帮助分散和转移项目风险。

(8)专业机构:提供必要的专业服务,如法律、财务、技术等,支持项目的顺利实施。

旅游PPP项目的组织结构如图4-3所示。

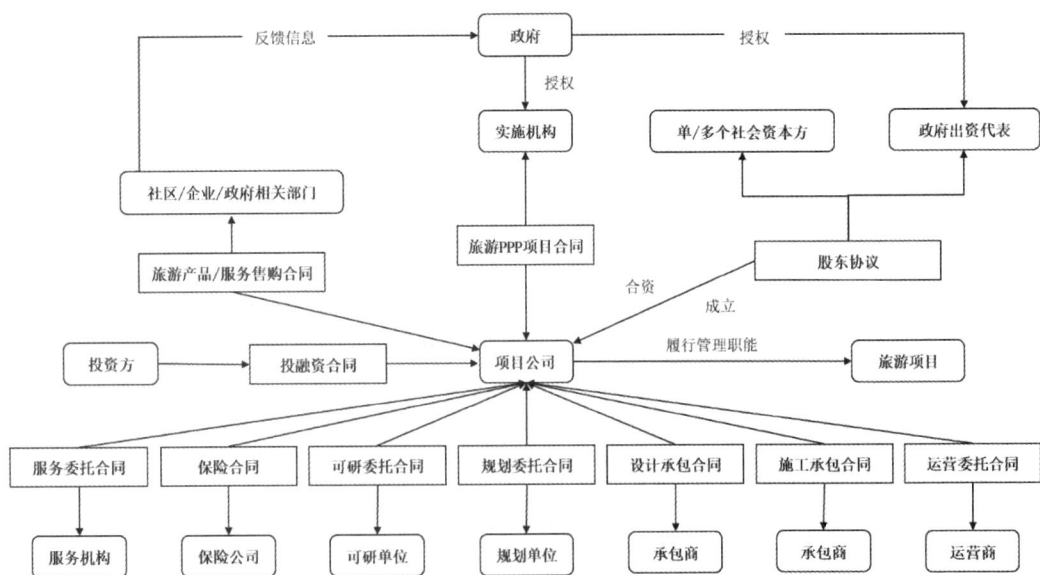

图4-3 旅游PPP项目的组织结构

（四）PPP项目的操作流程

PPP项目无论新建还是存量，普遍需要经历立项、准备、招标、合同签订、执行和移交等阶段。依据国家相关政策和案例经验，新建PPP项目的操作流程大致分为三个阶段：前期、实施和移交（戴大双、石磊，2018）。

1. 前期阶段

前期阶段一般包含4个环节：①政府审批，包括项目立项、可行性研究、物有所值评价、财政承受能力论证等；②选择社会资本方，通过资格预审和招标确定合作伙伴；③成立项目公司，流程为签署合作协议，经政府批准后成立；④签订合同，即与融资方和各参与方签订必要合同，准备开工。2013年后，我国PPP项目的前期工作重点在于"两评一案"，即物有所值评价、财政承受能力评估和实施方案，以此确保项目和财政的双重可行性。下面对物有所值评价和财政承受能力评估进行详述。

（1）物有所值评价。

物有所值评价是实施PPP项目的先决条件，用于衡量组织利用其资源所能获得的最大长期利益。物有所值评价可以用"3E"原则概括，即经济（Economy）、效率（Efficiency）和效能（Effectiveness），它涵盖了成本、效益、时间和生产力等多个维度。

2015年，财政部发布了《PPP物有所值评价指引（试行）》（财金〔2015〕167号），为PPP项目的前期决策提供政策指导。物有所值评价包括定性评价和定量评价两种。定性评价是项目全生命周期内数据收集、成本测算和风险分配的重要手段，为项目决策和绩效评估提供重要的参考依据。其中，定性评价有以下4个要点：

① 评价指标。定性评价通常包括全生命周期整合程度、风险识别与分配、绩效导向与鼓励创新、潜在竞争程度、政府机构能力、可融资性6个基本指标。

② 专家小组构成。专家小组通常由财政、资产评估、会计、金融等经济方面的专家，以及行业、工程技术、项目管理和法律方面的专家等组成。

③ 专家小组会议。专家小组会议由项目本级财政部门（或PPP中心）与行业主管部门共同组织。

④ 定性评价结论。根据专家小组的意见，项目本级财政部门（或PPP中心）与行业主管部门共同做出定性评价结论。通常，评分结果在60分及以上视为通过定性评价。

定量评价基于PPP模式与传统政府投资方式的产出绩效相同的假设，通过比较PPP项目全生命周期内政府方净成本的现值（PPP值）与公共部门比较值（PSC值），判断PPP模式是否能降低项目全生命周期的成本。PSC值代表政府在PPP项目全生命周期内采用传统采购模式提供公共产品和服务的全部成本现值。PSC值的计算公式为"PSC值＝建设和运营维护净成本＋竞争性中立调整值＋项目全部风险成本"。PPP值代表PPP项目全寿命周期内政府净成本的现值，涵盖股权投资、运营补贴、风险承担和配套投入等各项财政支出责任的现值。PPP值的计算公式为"PPP值＝股权投资支出责任测算值＋运营补贴支出责任测算值＋风险承担支出责任测算值＋配套投入支出责任测算值"。

通过比较 PSC 值与 PPP 值,二者之间的差值即为物有所值(VFM),如图4-4所示。如果 PPP 值小于或等于 PSC 值,则认为政府采用 PPP 模式通过了物有所值定量评价;反之,则认为未通过物有所值定量评价。然而,在某些情况下,即使 PPP 值略高于 PSC 值,考虑到可以将部分风险转移给社会资本,政府仍可能倾向于选择 PPP 模式。

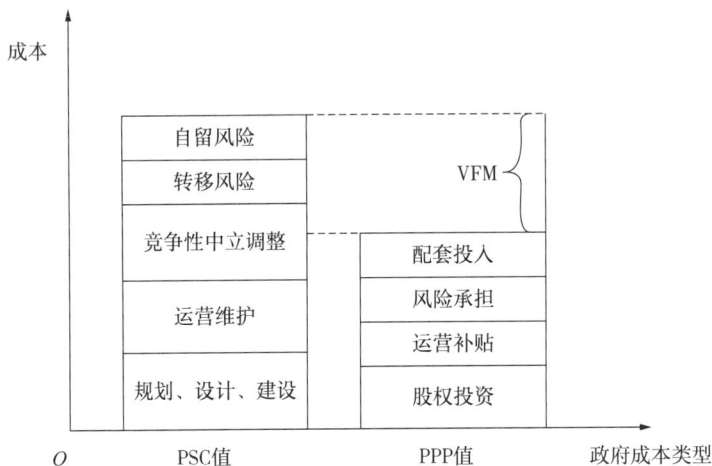

图4-4　VFM示意图

(2)财政承受能力评估。

PPP 项目通常具有公益性,与政府的职能和责任紧密相关,也是政府公共财政的重要组成部分。在实际操作中,许多 PPP 项目依赖政府购买服务或财政补贴,因此,政府的财政支持是推动 PPP 项目的关键。为了将政府债务维持在可控范围内,必须评估政府的财政支出是否在其财政承受能力之内。2015年,财政部发布了《政府和社会资本合作项目财政承受能力论证指引》(财金〔2015〕21号),为 PPP 项目的财政承受能力提供了政策指导。对于通过财政承受能力论证的 PPP 项目,需将其财政支出纳入财政预算,确保政府支出的可靠性,同时防止 PPP 项目在实施过程中增加政府债务。

在确定单个 PPP 项目的财政支出责任后,财政部门或政府和社会资本合作中心将进一步汇总所有已实施和拟实施的 PPP 项目,进行全面的财政承受能力评估。这一评估涵盖两个主要方面:财政支出能力评估、行业和领域均衡性评估。

①财政支出能力评估。

财政支出能力评估指根据 PPP 项目的预算支出责任,评估项目对当前和未来财政支出的影响。根据《政府和社会资本合作项目财政承受能力论证指引》(财金〔2015〕21号),所有 PPP 项目每一年度从预算中安排的支出责任总和,不得超过一般公共预算支出的10%。这一比例是评估单个项目是否适宜采用 PPP 模式,以及多个 PPP 项目整体是否具有财政承受能力的关键指标。

②行业和领域均衡性评估。

行业和领域均衡性评估的目的是确保 PPP 项目在不同行业和领域中的均衡分布,防止某一特定行业或领域的PPP项目过于集中。社会资本倾向于参与收益较高、风险较小的项目,这些项目通常集中在少数几个领域。然而,非经营性项目和无稳定收益来源的项目较多,且公众对基础设施和公共服务的需求是多方面的,因此,社会资本的参与不应局限于特定领域。通过行业和领域均衡性评估,PPP项目能更全面、公平、公正地满足社会公众的服务需求,避免资源浪费和供需不平衡。

2.实施阶段

实施阶段涵盖了PPP项目的建设和运营维护两个主要阶段。

(1)建设阶段。

在建设阶段,关键任务包括设计、采购物资设备及施工。项目公司负责委托专业的设计单位、物资设备供应商和施工单位,并安排进度计划和资金管理,以控制项目的质量与成本。同时,项目公司还需监督各承包商的工作,确保按计划投入资金。项目应按预算、预定的时间进度及相关标准完成,并准备投入运营。对于具备相应资质的社会资本方,也可依法自行承担建设工作。

(2)运营维护阶段。

在运营维护阶段,项目公司的责任是提供满足质量要求的基础设施和公共服务,尽快实现运营并产生收益。项目公司需重点关注提高运营效率、保障公共利益、规避运营风险、合理安排现金流,确保按时偿还贷款并获取合理利润。运营期间,项目公司应根据计划和实际需要对设施进行维护和保养,确保项目高效运营和满足最终移交条件。在这一阶段,为保障公共利益和项目公司的合理回报,政府应监督项目质量、绩效,并根据合同和实际情况调整价格与补贴,审计项目公司的收益。

3.移交阶段

移交阶段指PPP项目合作期结束时,项目公司将项目移交给当地政府的过程。BOT、BOOT、DBFOT、TOT、ROT等模式的PPP项目都包括这一阶段,而BOO、BTO等模式的项目可视为进入收尾阶段。移交过程涵盖资产评估、性能测试、资产交割和绩效考核支付等环节,通常由专门的工作组执行。鉴于目前完整经历过PPP项目全过程的案例还不多,移交阶段的经验仍需进一步积累和总结。

(五)PPP项目的风险分担

PPP项目的风险分担是吸引社会资本参与的关键因素。由于公共基础设施项目通常伴随多重风险,政府必须承担部分风险,以确保社会资本的投资动力。政府之所以愿意分担风险,是因为PPP项目能为社会带来超出投资者收益的广泛利益,增加公众的福利。一般而言,风险分担流程涵盖风险识别、评估和协议制定。通过共同商定风险分配方案,进行合理的风险分配,PPP项目能够充分发挥双方优势,实现共赢,同时确保社会资本方的积极参与和项目的有效运作。

旅游PPP项目风险分担示意图如图4-5所示。

95

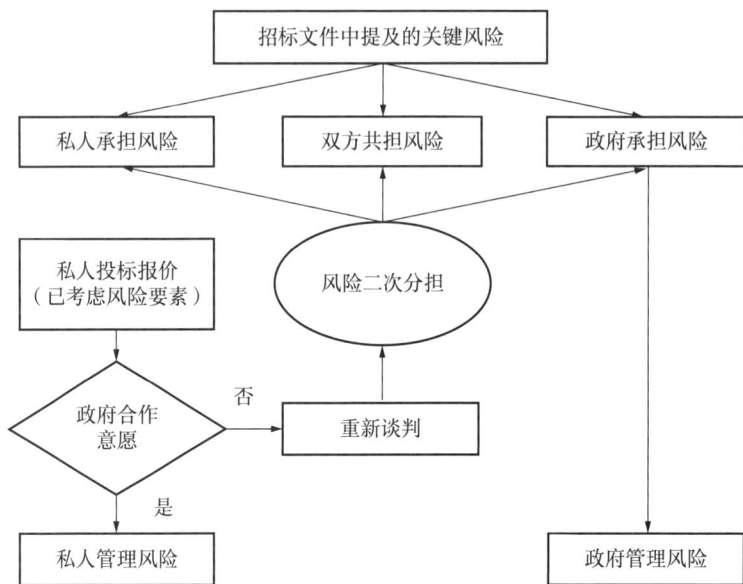

图 4-5 旅游 PPP 项目风险分担示意图

二、BOT 模式

（一）BOT 模式的定义和特点

建设-运营-移交（Build-Operate-Transfer，BOT）模式指利用外资和私人资本建设基础设施。特许经营协议是 BOT 模式的关键，因此，在中国，这种模式也被称作特许经营方式，指政府通过特许权协议，授权外商投资企业或本国其他经济实体组建的项目公司进行公共基础设施的融资、建设、运营和维护（戴大双、石磊，2018）。在特许期限内，项目公司享有建设和运营基础设施的权利，并且可向使用者收费，以回收成本、获得利润。特许期结束后，项目公司将设施无偿移交给政府。

广州某历史文化街区项目采用 BOT 模式，不仅提高了项目效率，还保障了政府在项目结束后回收资产，实现了政府、企业和居民的三方共赢，为历史街区的保护和发展提供了宝贵经验。该项目始于 2006 年，地方政府负责征收拆迁并引入某地产集团作为社会资本，同时建立协商平台，以保障公共利益和主导改建方向。某地产集团在 2015 年中标，负责改造和运营，以及入驻企业的招商、管理和活动策划等，享有 15 年的运营权，到期后将物业返还政府。改造采用"微改造"策略，保留并修复历史建筑，延续岭南建筑特色。政府投入 18 亿元完成拆迁，拥有除 12 户外的所有房屋和土地所有权。地产集团的改造方案包括保护修复历史建筑、整理线路、消除隐患和修建公共设施等内容。

BOT 模式结合了债权和股权，具有复杂的产权结构，项目公司通常负责整个项目的设计、咨询、供货和施工。与传统承包模式相比，BOT 模式的特点主要体现在以下几方面：

（1）采用 BOT 模式的项目通常是基础设施开发项目，涉及土地、交通、水利和环保等方面。在特许期内,项目可能向国有单位销售产品或直接向用户收费。

（2）因为项目的融资责任转移给了项目发起人,BOT模式可减轻政府的直接财政负担和借款负债。政府无需为项目借款提供担保,从而避免增加政府债务。

（3）政府将项目风险转移给项目发起人,通过将项目与发起人的投资收益挂钩,降低建设风险和运营风险。

（4）通过私营企业的参与,提高基础设施的运营效率。私营企业为降低风险和增加收益,会加强管理,提高设计、建设和运营效率。

（5）能够使政府暂时无力投资的项目得以实施,提前满足社会和公众对基础设施的需求。

（6）若外国企业参与BOT项目,可为本国带来先进的技术和管理经验,同时为本国承包商提供发展机会,促进国际经济融合。

（二）BOT及其衍生模式

世界银行在《1994年世界发展报告》中提出了BOT及其衍生模式,为政府和私营部门之间的合作提供了灵活的框架,可满足不同项目的独特需求和目标。不同模式在细节上有所不同,但都基于相似的原则:利用私营部门的资金、技术与管理优势建设和运营基础设施,最终实现公共利益。BOT模式,即政府授予项目公司特许经营权建设新项目,通常包括建设、运营及最终移交给政府。建设-拥有-运营-移交(Build-Own-Operate-Transfer,BOOT)模式,即私营部门在项目建成后的一定期限内拥有和运营该项目,到期后移交给政府。相比BOT模式,BOOT模式中私营部门拥有所有权,且特许经营期可能更长。建设-拥有-运营(Build-Own-Operate,BOO)模式,即私营部门根据政府赋予的特许权建设和运营基础设施,但没有向政府移交的期限。

BOT模式存在多种变体,如建设-租赁-移交(Build-Lease-Transfer,BLT)模式,即项目完工后出租一段时间,到期后移交政府;建设-移交-运营(Build-Transfer-Operate,BTO)模式,即项目完工后立即移交政府,由项目公司运营;建设-移交(Build-Transfer,BT)模式,即项目完工后直接移交政府,政府支付费用;建设-运营-租赁(Build-Operate-Lease,BOL)模式,即项目公司以租赁形式继续经营;投资-运营-移交(Investment-Operate-Transfer,IOT)模式,即私营部门收购和运营现有设施,到期后移交政府;移交-运营-移交(Transfer-Operate-Transfer,TOT)模式,即将已运营的项目移交给私营机构,换取资金建设新项目;建设-拥有-运营-补贴-移交(Build-Own-Operate-Subsidize-Transfer,BOOST)模式;建设-拥有-运营-出售(Build-Own-Operate-Sale,BOOS)模式;建设-运营-交付(Build-Operate-Deliver,BOD)模式;修复-运营-拥有(Rehabilitate-Operate-Own,ROOT)模式;建设-出租-移交(Build-Rent-Transfer,BRT)模式。

（三）BOT项目的核心利益相关者及重要角色

BOT项目涉及多个核心利益相关者,包括政府机构、获得特许权的私营企业(项目承办人)、投资者、贷款机构、保险和担保提供者、负责设计和建造的总承包商,以及负责项目后期

运营和管理的运营商。另外,项目的用户也可能因提供资金、贷款或担保而成为项目的利益相关者。各参与方之间的权利与义务一般通过一系列合同和协议明确,例如,政府与项目承办方签订的特许权协议、贷款方与项目公司之间的贷款协议等。

对于BOT项目,从项目的构思和确立、资金筹集、设计和建造到运营管理,每个阶段都需要精心规划和协调。BOT模式的核心在于确保各参与方的责任分工和风险承担是明确且合理的,通常风险由最能有效管理和控制该风险的一方承担。这种结构旨在优化风险管理,确保项目的顺利实施和长期成功。其中,以下3类角色尤为重要:

1. 项目发起人(项目的最终所有者)

项目发起人通常指项目所在地的政府或政府指定的企业。在政府层面,选择BOT模式的动因主要有两个:一方面,BOT模式能减轻政府在项目初期的资金压力。因为基础设施项目如水电站、高速公路、铁路等通常需要巨额且长期的投资,所以资金短缺是许多政府面临的共同挑战。另一方面,BOT模式有助于吸引外来资本,引入先进技术,提高项目管理水平。

与其他融资模式中的投资者角色不同,在项目融资和运营期间,项目发起人并不在法律上拥有或运营项目,而是通过提供特许经营权、附属贷款或贷款担保来支持项目的建设和融资。特许经营期结束后,项目发起人通常会无偿收回项目的所有权和运营权。

2. 项目经营者(项目的直接投资者和经营者)

项目经营者是项目实施的核心主体。项目经营者从项目所在地政府获得特许权,负责项目的建设、运营,并提供必要的股本资金和技术。此外,项目经营者还需安排融资、承担项目风险,最后从项目的运营中获得利润。项目经营者通常由专门成立的项目公司担任,该公司一般由具有相关技术能力的运营企业和工程承包企业组成,有时还包括项目产品或服务的买家及金融投资者。

3. 项目的贷款银行

在BOT模式中,贷款银行的构成是多元化的,不仅包括商业银行形成的银团,还可能包括政府的出口信贷机构和国际或区域性开发银行。BOT项目的贷款条件主要取决于项目的经济效益、项目经营者的运营能力和财务状况,但很大程度上依赖于项目发起人和政府提供的支持及特许经营协议的细节。

(四)BOT融资与执行结构组成

BOT融资与执行结构根据阶段划分,通常包括以下几个部分。

1. 项目公司的组建

项目运营商、工程公司、设备供应商和其他投资者共同组建项目公司,并与项目所在地政府签订特许经营协议,这是项目开发和融资的基础。特许经营协议一般包括建设和经营的批准、土地开发与使用权说明、政府以固定价格购买产品或提供最低收入保障的承诺、特许权结束时项目的移交或回购保证等内容。

2.融资安排与推进

项目公司以特许经营协议为基础进行融资。在发展中国家的BOT模式中,外国政府的出口信贷是重要的资金来源。为降低贷款风险,通常会要求项目公司将特许经营权作为抵押转让给贷款银行,并设立专门机构来监管项目的现金流。在某些情况下,贷款银行可能还会要求东道国政府提供额外的贷款支持和担保。

3.项目建设

工程承包商根据承包合同进行项目建设。承包合同在一定程度上类似于完工担保,有助于融资的安排。

4.项目运营

运营商根据运营协议负责项目的运行、维护和修理,确保偿还贷款本息,并为投资者带来利润。同时,还要确保在特许经营期结束时,将一个运营状况良好的项目移交给项目发起人。

旅游BOT项目融资结构如图4-6所示。

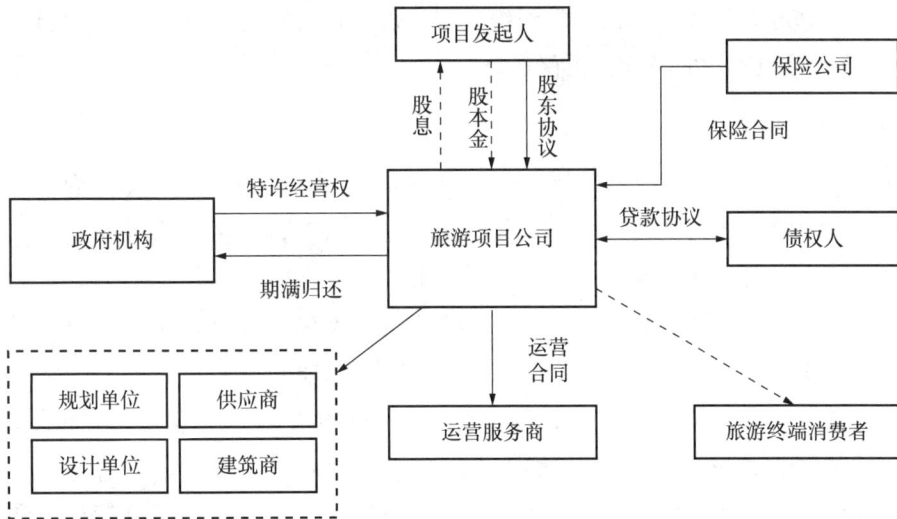

图4-6 旅游BOT项目融资结构

(五)BOT项目的操作流程

虽然BOT项目不尽相同,但一般而言,每个项目都经过项目确定、准备、招标、各种协议和合同的谈判与签订,以及建设、运营和移交等过程。BOT项目的操作流程大致可分为准备、实施和移交三个主要阶段。

1.准备阶段

首先,确定项目是否适合采用BOT模式,通过资格预审和招标程序,选出项目承办方。其次,承办方寻找合作伙伴并获取他们的支持意向,提交融资计划和项目方案文件,并与其

他参与方初步签订合作协议,申请成立项目公司。随后,政府根据申请审批项目公司的成立,并与项目公司签订特许经营协议,授予必要的权利。最后,项目公司成立,并与股东签订股东协议,与融资财团签订主要合同,与其他参与方(如建筑商、运营商)签订相关子合同,准备开工报告。

2. 实施阶段

实施阶段可分为建设和运营两个子阶段。在建设子阶段,项目公司与咨询机构合作,负责项目的设计和施工,制订详细的进度计划并做好资金安排,同时监督工程质量与成本,确保融资财团按时投资,保证项目按预算和时间表完成。在运营子阶段,项目公司负责监督运营公司,确保高效运营,尽快获得收益,需特别注意外汇风险和现金流管理,确保贷款按时偿还,并为股东创造利润。同时,项目公司还需关注项目的维护保养,提升运营效益,确保项目最终能够顺利移交。

3. 移交阶段

特许经营期届满时,项目公司将项目资产和运营权移交给政府。移交过程包括资产评估、利润分配、债务结算和可能出现的纠纷处理。由于目前完整经历过BOT项目全过程的案例相对较少,移交阶段的经验仍在积累中。

(六)特许经营协议

为明确项目参与各方的地位、权利、责任、义务和风险分担,需通过一系列合同或协议来相互联系,其中特许经营协议便是BOT项目最具代表性的文件,是BOT模式所有参与方权利和义务的基石。特许权通常指政府机构授予个人或企业从事特定活动的权力,如土地开发、景区经营等。由于基础设施项目对经济和公共利益至关重要,私营机构通常需通过签订特许经营协议获得政府的许可,以及在政治和法律风险方面的支持。特许经营协议是BOT项目的最高法律文件,是项目融资、建设和运营的基础和核心,也是整个项目框架的中心。从合同法的角度来看,它是主合同,其他所有合同都是从属合同。

特许经营协议的常见形式包含立法性文件(政府通过立法性文件确立授权关系)、合同或协议(政府或授权部门与项目主办人签订特许权合同),以及两者的结合(政府先公布立法性文件,然后签订特许权合同)。在我国,部分地区通过公开立法性文件来确立授权关系,有时也通过国有企业与旅游项目公司签订专营合同,更简便的做法是直接签订特许经营协议。

特许经营协议涵盖项目的各个方面,以此确保项目从建设到运营再到最终移交的顺利进行,其中主要的基本条款包含项目建设规定、土地征收和使用、项目融资方案、项目经营及维护、物资供应与支持、成本计划和收费计算、项目移交细则、双方一般义务、违约责任、协议转让程序、争议解决方案、不可抗力细节等内容。

思考题

（1）项目融资的常见主体、主要功能、基本特征是什么？它与一般融资有什么差异？

（2）政府主导的旅游项目融资有哪些主要类型？其融资逻辑是什么？

（3）中小企业主导的旅游项目融资包含哪些常见类型？大致流程是怎样的？

（4）阐述PPP模式、BOT模式、ABS模式的主要特征与操作流程。

（5）旅游目的地政府成立的旅游平台公司在旅游融资中的角色和作用是什么？

第五章 →

旅游项目论证评估

(1) 了解项目论证评估在旅游项目管理中的作用。

(2) 了解旅游项目机会研究、旅游项目建议书和旅游项目可行性研究的要点。

(3) 掌握旅游项目的市场需求分析,可独立完成旅游项目可行性评估。

(4) 熟悉项目经济效益和成本效益的分析方法。

(5) 掌握旅游项目可行性研究报告的撰写技能。

第一节　旅游项目论证概述

旅游项目论证指对拟建或拟发展的旅游项目进行科学分析与评价,旨在确保旅游项目在市场、经济及环境等多个方面的可行性和合理性,为投资者和项目决策者提供可靠的依据。在当前旅游行业竞争激烈和市场需求不断升级的背景下,项目论证的重要性更加突出,全面科学的论证可以提高旅游项目的成功率,获得可持续的社会经济效益。

一、旅游项目论证的作用

旅游项目论证重点围绕市场需求开展,主要包括:

(1) 市场是否可行? 相关旅游产品在市场上的供求情况如何? 同类项目的竞争情况如何?

(2) 经济上是否合理? 财务上是否有利可图? 对社会和环境是否有益?

(3) 需要多少物力、人力资源? 资源获取的可行性如何?

(4) 需要多少资金? 筹资渠道如何? 能否筹集到全部资金?

(5) 项目规模有多大? 需要多长时间才能建立起来? 选址是否合理?

旅游项目论证在整个项目规划过程中具有关键作用,能帮助确定项目是否具备市场吸引力,并确保资源得到合理配置。通过论证,能够全面评估项目对环境和社会的影响,确保项目的可持续性。此外,论证过程还可以识别潜在风险并制定相关的应对措施,降低项目实施过程中的不确定性。旅游项目论证能够为投资者、融资机构和政府决策者提供科学依据,确保项目具备长远的经济和社会效益。

旅游项目论证的作用如下:

一是评估市场可行性,即判断项目是否具备足够的市场需求和竞争力。

二是优化资源配置,即合理规划人力、物力和资金的使用,提高投资回报率。

三是开展环境与社会影响评估,即确保项目可持续发展,减少负面影响。

四是实施风险评估、制定应对策略,即识别潜在风险并制定应对策略,降低项目不确定性。

五是支持投资与融资决策,即为投资者和融资机构提供依据,帮助其做出科学的决策。

六是为政府决策提供依据,即评估项目对地方经济和就业的影响,协助政府制定政策。

二、旅游项目论证的原则

(一)市场导向原则

旅游项目应基于市场需求,充分考虑目标市场的特点、潜在需求及变化趋势,确保项目具备市场竞争力和吸引力。

(二)政策引导原则

旅游项目的规划和实施应符合国家和地方的发展战略,确保其符合长期规划,推动区域经济和社会的协调发展。

(三)技术、经济与环境的综合评估

旅游项目的评估不仅要从技术可行性、经济合理性等角度进行全方位的考量,还应结合环境保护的要求,确保资源的高效利用和可持续发展。

(四)定量与定性结合的动态分析

旅游项目的论证需综合运用定量分析和定性分析方法,对项目的潜在影响及可行性进行全面评估。

(五)近期效益与远期效益结合

项目论证应同时考虑项目的短期经济效益和长期可持续发展潜力,确保项目既能满足当前市场需求,又具备长期价值。

(六)客观性与公正性

旅游项目的论证必须以科学的事实和客观数据为基础,确保分析的公正性和科学性。论证过程应避免主观臆测或信息不完整产生的影响,以提供真实可靠的决策依据。

三、旅游项目论证的程序

旅游项目论证是一个连续的过程,包括提出问题、确定目标、制定方案、分析评价等环节,最后从多个可行的方案中选出最佳方案,为投资者决策提供依据。旅游项目论证一般分为以下7个主要步骤。

(1)确定项目目标与范围:明确项目建设的具体目标,如推动区域旅游发展或保护文化遗产等,并确定项目的适用范围,确保项目方向清晰,满足游客需求。

(2)信息收集与需求分析:收集市场、环境、文化及财务等多方面的信息,分析目标游客群体的偏好与需求,评估自然和文化资源的利用情况,以及当地旅游业的竞争格局,为项目的可行性提供数据支持。

(3)制定多种方案:针对项目的具体情况制定多个可行的实施方案,如不同的景区规划方案、游客体验活动设计方案等,以确保在不确定的条件下能够做出合理的选择。

(4)方案比较与评估:从旅游资源的有效利用、游客体验的优化、经济效益、社会影响和环境保护等角度,对不同方案进行全面比较与评估,明确各方案的优劣。

(5)选择最佳方案:基于方案的比较结果,确定最优方案,确保所选方案既能实现项目目标,又能为游客提供独特的体验,并具备经济可行性和社会接受度。

(6)详细论证与优化:对所选方案进行深入论证,进一步细化实施计划,如游客动线优化、设施布局优化、服务流程改进等,确保方案在实施过程中具备充分的可操作性。

(7)编制实施计划与资金预算:制定项目的具体实施步骤和资金预算,明确资金来源、分配与使用,确保项目实施过程中资金充足且高效利用。

以上步骤只是进行旅游项目论证的一般程序,不是唯一程序。实际论证可根据所研究问题的性质、条件、方法的差异采取其他必要程序。

四、旅游项目论证的阶段

旅游项目论证一般分为机会研究、初步可行性研究(项目建议书)、可行性研究3个阶段。各阶段的工作内容、要求,如表5-1所示。

表5-1 项目论证的三阶段及工作内容、要求

阶段	工作内容	费用	误差控制
机会研究	寻求投资机会,鉴别投资方向	占总投资的0.2%—1%	±30%
初步可行性研究(项目建议书)	初步判断项目是否有生命力、宏观必要性、建设条件、能否产生盈利	占总投资的0.25%—1.5%	±20%
可行性研究	进行详细的技术经济论证,在多方案比较的基础上选择最优方案	中小型项目:占总投资的1%—3% 大型项目:占总投资的0.2%—1%	±10%

(资料来源:白思俊《现代项目管理:升级版》(第2版)上册)

由于不同项目之间的复杂程度、工作的难易程度、论证人员的业务水平以及相互竞争程度有很大差异,误差控制的程度也会有所不同。例如,即使在可行性研究阶段,区域旅游规划项目的游客量预测也很难将误差控制在20%以内。

第二节　旅游项目机会研究

项目机会指有潜力为组织带来经济收益、提升地区价值或解决地方发展问题的项目。旅游项目机会研究主要包括一般机会研究和特定机会研究。机会研究的方法主要是依靠经验进行粗略估计,不进行详细分析和计算。

一、旅游项目一般机会研究

一般机会研究是研究项目机会选择的最初阶段,是项目投资者或经营者在收集大量信息后,经分析比较,从错综复杂的市场环境中鉴别发展机会,最终形成确切的项目发展方向或投资领域(或称项目意向)的过程。

旅游项目一般机会研究通常包括地区研究、业态研究和资源研究。

（一）地区研究

地区研究指通过分析地理位置、自然特征、人口、地区经济结构、经济发展状况等,选择投资或发展方向。对于旅游项目,地区研究的目的是通过分析特定地区的地理位置、自然特征、人口统计学特征以及经济结构,来确定该地区是否适合建设旅游项目。重点评估地区内基础设施的现状、旅游资源的丰富程度及经济对旅游业的依赖程度。同时,考察游客的来源地和消费行为,有助于判断旅游项目的市场潜力和可能的客源。

（二）业态研究

业态研究指对旅游业的各类业态进行全面分析,旨在明确不同业态在旅游业中的地位、特征和发展潜力,为项目的方向性选择提供依据。旅游业的业态主要包括山地旅游、遗产旅游、乡村旅游、都市观光、主题公园、研学旅游等,每个业态都有独特的市场定位和发展特性。深入了解这些业态的市场需求、增长潜力及未来的趋势,能够帮助经营者或投资者判断旅游项目是否具备发展前景。

（三）资源研究

资源研究指通过分析资源分布状况、资源储量、可利用程度、已利用状况、利用的限制条件等信息,寻找项目机会。例如,在温泉旅游项目中,资源研究的目的是评估温泉水资源的分布情况和可利用程度,涉及水质、水温、储量等方面。同时,需考虑资源利用的环境保护要求和社区居民接受度,确保项目开发的可持续性与经济效益。此外,还需考虑温泉旅游在当地经济中的作用及其市场增长潜力,为决策制定提供支持。

机会研究的任务是鉴别投资机会或项目设想,其成果通常为项目投资机会研究报告。通过一般机会研究,可全面识别具有投资潜力的项目机会,并为决策者提供关于项目发展方向或投资领域的详细信息。这种策略性的初步研究不仅能帮助决策者从宏观角度把握市场的总体走势和动态,还能为进一步开展特定机会研究奠定坚实的基础。

二、旅游项目特定机会研究

特定机会研究是在一般机会研究已确定项目发展方向或领域后,进一步开展的调查研究。与一般机会研究相比,特定机会研究会更深入、更具体地进行项目的投资机会研究。在旅游项目特定机会研究中,研究的重点不仅是确认项目的发展方向,还需深入挖掘旅游业特有的投资机会。特定机会研究能够进一步明确旅游项目的市场需求、竞争优势、外部环境和承办者的能力等,为吸引投资者提供更有力的依据。

特定机会研究主要包括市场研究、项目意向的外部环境分析、项目承办者优劣势分析。

(一)市场研究

针对旅游项目选址区域的市场需求进行分析和预测,了解潜在游客的需求偏好、消费能力及趋势,分析淡旺季的游客量波动(梁增贤、保继刚,2012)。市场调研需关注特定景区的文化吸引力、自然景观等旅游资源的独特性,以及区域内其他旅游项目的竞争情况,确保项目的市场定位符合目标游客群体的预期和需求。

(二)项目意向的外部环境分析

针对旅游业相关的外部环境因素进行分析,包括区域经济水平,旅游业相关的政策法规支持(如政府推出的旅游业发展计划或减税政策),区域的基础设施完善情况(如交通枢纽、住宿设施等),以及地方政府对旅游项目的鼓励政策和支持力度。此外,还需评估当地社会稳定性及环境保护要求对旅游项目可持续发展的影响(梁增贤、保继刚,2020)。

(三)项目承办者优劣势分析

详细分析旅游项目的承办者在运营和管理旅游项目方面的经验与优势,考察承办者是否具备丰富的景区运营经验,是否拥有与地方政府的良好合作关系及项目资源整合能力。评估承办者在项目推进过程中可能面对的管理、技术或市场挑战,以确保旅游项目的顺利推进及长期运营的成功。

特定机会研究最终为决策者提供具体项目建议或投资提案,同时提供粗略的比较优选和论证的依据,其成果通常以项目机会研究报告的形式展现。通过这种深入分析,项目承办者可以更全面地了解项目的实施背景和潜在挑战,从而制定出更符合实际、更能满足市场需求的项目提案。

因为旅游项目机会研究高度依赖于评估者的实践经验和知识积累,所以一般会聘请资历较深、经验丰富的专家或机构来进行研究。一些旅游项目的机会研究还需要评估者有一定的前期基础,例如对当地比较熟悉或对同类旅游资源有较深入的研究。

第三节　旅游项目建议书

项目建议书又称初步可行性研究,是推动项目立项的重要文件,主要用于为投资决策提供依据、协调各方利益,并作为融资和项目开展的基础。项目建议书按照一定格式和规范调整内容,就可以成为立项建议。旅游项目建议书旨在帮助主管部门和投资者评估旅游项目的可行性和经济效益,确保旅游项目具有合理性和可持续性。

一、旅游项目建议书概述

旅游项目建议书是对旅游项目建设方案做进一步市场、目标、效益的论证,是介于机会研究和详细可行性研究之间的阶段,对旅游项目的可行性进行初步判断。编制旅游项目建议书的目的如下:

(1)对市场需求、资源禀赋、财务状况等进行初步分析,判断项目是否具备市场可行性和实施基础。

(2)估算项目建设所需的资金、时间、人力等资源,确保项目能获得合理的资金和资源支持。

(3)提出项目的总体设计思路,包括项目选址、市场营销策略、运营模式等,为后续详细可行性研究和项目决策提供依据。

(4)对项目的投资收益、成本估算和风险因素进行初步分析,为项目的投资决策和后续实施奠定基础。

二、旅游项目建议书的主要内容

旅游项目建议书的内容与详细可行性研究的内容基本相同,但在深度和精度上要粗略许多。旅游项目建议书的主要内容如下:

(一)项目的必要性

除说明项目对区域旅游发展的重要性外,还应结合项目所在地区的经济发展情况、文化特色和现有基础设施,分析项目对提升地区整体旅游吸引力、增加就业机会和推动经济发展等方面的潜在影响。例如,通过引入特色文化旅游项目或生态旅游项目,吸引特定市场客群,实现区域旅游业的升级和多样化发展。

(二)市场需求分析

详细分析游客量的季节性波动、市场结构(如国内游客与国际游客的比例)、游客的消费

习惯等。此外,还应预测市场的增长潜力,包括未来几年旅游需求的变化趋势、地区竞争情况等,帮助决策者评估项目的市场吸引力和可持续发展前景。

（三）选址评估

除了分析景区的交通可达性和周边配套设施,还应考虑自然资源和环境因素的适应性,尤其是生态旅游项目中的环境保护和资源的可持续利用。此外,还可结合该地区的政策支持(如土地优惠、税收减免等)进行分析,确保项目选址的经济性和长远发展潜力。

（四）项目进度安排

项目的实施步骤应与市场情况、财务资源及项目的可行性研究相结合,设定合理的时间节点。例如,对于大型旅游项目,进度安排可能包括基础设施建设、市场推广、运营管理等多个阶段,需根据实际情况进行动态调整,确保项目按计划稳步推进。

（五）投资与成本估算

除了基本的投资估算和成本结构分析,还需要考虑融资方式和渠道,尤其是大规模旅游开发项目,可考虑通过多元化融资模式(如政府补贴、银行贷款、PPP模式等)解决资金问题。此外,可针对项目的不同阶段进行成本优化,确保项目的资本回报率达到预期。

旅游项目建议书对项目已有全面的描述、分析和论证,既可作为正式的义献提供决策参考,也可作为项目立项的依据。

三、旅游项目建议书批准后的主要工作

旅游项目建议书通过之后,意味着项目得到了批准,可进入正式实施阶段。以下是项目建议书通过后需进行的一些关键工作。

（1）成立项目公司:基于项目立项批准的用地范围和业务领域,成立项目公司。

（2）做好市场调研并编写可行性研究报告:详细的市场调研和分析应包括游客的需求偏好、季节性波动、竞争态势、文化和自然景观对游客吸引力的影响,最终形成可行性研究报告,为旅游项目的具体实施提供依据。

（3）做好项目组织和团队配置:建立项目的管理机构,选择合适的项目管理机构和专业团队,包括涉及旅游基础设施建设、服务运营、生态和文化保护的人员和技术专家,确保项目的顺利推进和长远发展。

（4）做好基础设施建设:选定项目建设地点,明确规划设计条件,并制定符合环境保护和可持续旅游发展的详细规划设计方案,包括游客中心、交通设施、休闲娱乐设施等。

（5）筹措资金:根据项目需求,制定旅游项目的资金筹措方案,确保项目所需的建设资金和运营资金充足,尤其要保障开发初期的投资和运营成本。

（6）完善市政设施配套:确保项目地点的基础设施建设都能按时完成,如景区内外的道路交通、供水供电、卫生设施、游客服务中心等,为游客旅游提供便利。

（7）制定环境保护和安全防护措施:执行严格的环境保护和安全防护措施,如节能措

施、消防安全措施、应急救援措施,减少项目在建设和运营期间对环境造成的不利影响,提升项目的安全性与可持续性。

第四节　旅游项目可行性研究

旅游项目可行性研究是项目前期工作的重要内容,旨在全面评估项目的市场需求、资源条件、技术和财务可行性等。通过系统的分析和对多个方案的比较,为项目从选址到建设的各个环节提供科学依据,最终判断项目是否具备实施条件,支持投资决策和项目的顺利立项。

一、旅游项目可行性研究的内涵及作用

旅游项目的详细可行性研究通常简称为"可行性研究",指项目决策前,对与项目有关的工程、技术、经济等各方面条件和情况进行详尽、系统、全面的调查、研究和分析,对各种可能的建设方案和技术方案进行详细的比较论证,并对项目建成后的经济效益和社会效益进行预测和评价的科学分析过程和方法,是进行项目评估和决策的依据。

旅游项目的可行性研究旨在全面评估项目的实施前景和潜在效益,确保项目的科学性和实际可行性。开展旅游项目可行性研究的主要作用,表现在以下4个方面。

（1）全面市场分析:可以对目标市场的现状、发展潜力进行详细的调查研究,确保项目具备足够的市场可行性。

（2）经济效益与社会效益预测:可以评估项目建成后可能带来的经济回报和产生的社会影响,包括直接经济利益和对社会、文化、环境的长远影响。

（3）提供决策支持:可以向决策者和投资者提供关于项目是否值得投资的科学依据,包括项目的盈利能力、风险评估和投资回收期。

（4）规避风险:可以对不同建设方案进行比较和优选,减少资源浪费和降低潜在风险,提高项目成功率。

二、旅游项目可行性研究的总则

第一,可行性研究应根据国家及地方政策和投资标准,确定研究的深度和内容,确保项目符合经济、社会及旅游产业的总体发展方向,提升投资效益和科学性。同时,需关注政府的补贴政策和支持力度,确保项目的整体可行性和可持续发展能力。

第二,可行性研究是项目前期工作的核心部分,对确保项目顺利进行至关重要。在项目正式启动前,必须进行详尽的可行性研究,以评估项目的市场可行性和潜在的经济效益。需编写一份全面的可行性研究报告,并提交给相关部门审批,确保项目的各项指标和预期目标符合既定要求和标准。

第三,可行性研究报告应由具有相关资质的设计单位或咨询单位编写,需依据国家或主

管部门的建设审批文件,并结合当前旅游政策,确保项目具备持续性和经济价值。报告还需包括对游客体验的调查与分析,确保项目能满足目标游客的需求。

第四,可行性研究报告中需在实事求是地比较不同方案的经济性、合理性与市场可行性后,选择最佳方案,确保项目在实施过程中具备市场吸引力和长远效益。同时,需对不同方案的环境影响进行分析,优先选择对环境友好的方案,确保项目的可持续发展。

第五,可行性研究报告必须内容完整、文字简练,涵盖必要的旅游市场需求、资源利用、社区影响及风险分析,确保对项目的论证符合国家和旅游业相关标准。此外,还需包含对淡旺季游客流量的预测和应对措施,确保项目能够在不同季节实现资源的高效利用。

第六,可行性研究必须具有科学性和独立性。报告编写单位应保持客观立场和公正性,不受外界干预,保证咨询服务的质量。同时,需杜绝通过行政手段干预研究结果,确保可行性研究能为项目的投资决策提供真实且科学的依据。

第七,可行性研究需通过财务评估计算项目的收益、成本及风险,确保项目在经济和市场上具备可行性,符合区域经济发展的目标。同时,需考虑贷款融资的可行性,确保资金来源稳定。此外,还应评估项目在不同市场环境下的财务表现,制定应对市场波动的风险管理策略,保障项目的长期经济效益。

第八,可行性研究报告的编写单位应与政府主管部门、社区和相关专家协同合作,确保项目符合旅游业的特殊要求,并按规定进行签字确认,保障项目科学推进。同时,需加强与社区的沟通,确保项目的规划和实施得到社区的理解和支持,减少可能的社会冲突。

三、旅游项目可行性研究的步骤

可行性研究包括组建项目小组、进行数据收集和调研、编制与优化方案、形成可行性研究报告、论证与修改5个步骤。

(一)组建项目小组

在可行性研究开始时,需组建跨专业的项目小组。项目小组应包括项目管理、市场分析、财务分析和法律法规等方面的专家。小组成员的专业背景和经验对于确保研究的全面性至关重要。需明确各个成员的职责和任务,制订详细的工作计划,以保障可行性研究顺利进行。

(二)进行数据收集和调研

收集旅游项目所在区域的市场需求、游客量、竞争对手、旅游设施与资源、环保法规、文化和社会影响等信息,为后续决策提供支撑。

(三)编制与优化方案

基于收集到的数据和调研结果编制多个可行的项目方案。每个方案应包含项目的技术路径、运营模式、成本预算、收益预测等内容。对各方案进行详细分析和比较,确定最优方案。同时,鉴于项目存在不确定性,可能需对方案进行多次调整和优化,以确保项目在技术上可行、经济上合理、环境上可持续。

（四）形成可行性研究报告

在优化后的方案基础上，编写详细的可行性研究报告。报告应包含项目背景、市场分析、技术方案、经济和财务分析、风险评估、环境影响评价等内容。每个部分都需提供充分的数据支持和分析结论，以体现项目的可行性和潜在效益。报告的形式、结构和内容应符合相关法规和标准的要求。

（五）论证与修改

完成可行性研究报告后，需进行论证与修改。这一阶段包括向项目利益相关者、专家组和政府部门等提交报告以供评审，听取各方意见。根据评审意见，对报告进行必要的修改和完善，确保项目在技术、经济、环境和社会等各方面的可行性。最终，形成一个全面、翔实且具有可操作性的可行性研究报告，为项目的决策和实施提供坚实基础。

四、旅游项目可行性研究报告

可行性研究报告是可行性研究的具体体现，可行性研究报告主要包括项目投资环境分析、行业发展前景分析、行业竞争格局分析、行业竞争财务指标参考分析、项目建设方案研究、组织实施方案分析、投资估算和资金筹措、项目经济可行性分析、项目不确定性及风险分析等方面。

（一）可行性研究报告的特点

1. 专业性

可行性研究报告涉及多专业，如基础建设、环境保护、市场预测、人员培训等。

2. 科学性

可行性研究报告内容应真实、完整、正确，研究目的应明确，研究过程应客观，得出明确结论。

3. 时效性

可行性研究报告聚焦于领域中某一急需认识的事物、急需解决的问题，因此，需及时、迅速地写出调查报告，这样才能实现其价值、发挥其作用。

（二）可行性研究报告分类及内容差异

1. 用于政府审批的可行性研究报告

根据《中华人民共和国行政许可法》等相关法律法规，旅游项目的可行性研究报告用于申请项目的立项审批，需确保符合国家旅游政策及区域发展战略，是立项的基础文件。

2. 用于企业融资与合作的可行性研究报告

此类报告通常会对旅游项目开展市场分析，并对投资方案进行合理性评估，包括游客需

求预测、竞争分析、经营计划和服务设计等内容,主要用于吸引投资者或合作伙伴。

3. 用于银行贷款的可行性研究报告

申请旅游项目的融资时,银行通常要求提交详细的可行性研究报告,其中包括项目的资金需求、市场前景、风险管理计划等内容。它主要用于评估项目的财务可行性和还款能力。

4. 用于环保审批的可行性研究报告

对于涉及自然资源利用的旅游项目,如山地旅游、乡村旅游等,需提交环保审批可行性研究报告,评估项目对环境的影响及应对措施,确保项目的实施不会对生态系统造成破坏。

5. 用于旅游品牌创建与营销策略的可行性研究报告

在打造旅游品牌或制定营销策略时,编写的可行性研究报告应评估市场潜力、竞争格局、目标游客群体的特点和需求,以及品牌建设对旅游项目的整体影响,确保品牌创建和营销策略的可行性和有效性。

6. 用于社区合作与社会责任的可行性研究报告

旅游项目在涉及社区合作或需要考虑社会责任时,需编写可行性研究报告,评估项目对社区的影响,以及就业机会的创造和社会文化的保护情况,确保项目在实施过程中能够获得社区的支持。

某旅游度假区可行性研究报告框架如表5-2所示。

表5-2　某旅游度假区可行性研究报告框架

章节	标题	主要内容
第一章	概述	项目背景、编制依据、研究思路、上位规划
第二章	资源环境分析	旅游资源评估、投资环境、政策条件、社区情况
第三章	市场分析与预测	区域人口分析、旅游市场分析、旅游市场预测
第四章	项目战略与必要性	发展定位、战略措施、分期分区设定、发展模式
第五章	项目建设方案	建设条件、开发规模、产品组合、用地条件
第六章	项目定位与产品策划	市场定位、产品定位、功能定位、产品策划
第七章	投资估算与融资方案	投资与成本费用估算、资金筹措方案、使用计划
第八章	财务效益分析	收益分析、财务指标、敏感性分析
第九章	国民经济和社会效益	经济效益、社会效益、环境效益
第十章	投资风险及应对措施	市场、资源、社区、资金和政策风险及应对预案
第十一章	结论与建议	可行性研究结论,近期工作计划和优化建议

（三）项目建议书和可行性研究报告

可行性研究报告的编写应尊重科学,尊重客观事实,从客观实际出发看问题,不带主观偏见,不迎合"长官意志",各种数据的推算和经济效益的分析要有科学依据。可行性研究报告应观点鲜明,对研究对象的"可行"或"不可行"做出明确判断,不能模棱两可。在评估投资效果和社会效益时应认真负责,尽可能具体客观、真实准确。在进行投资估算和产品成本核算时,应考虑各种不确定因素,留有余地。在具体写作时,应层次分明、条理清晰、文字简洁、表述恰当。

很多项目在立项时,条件已比较成熟,土地、规划、环评、专业咨询意见等已基本具备,特别是当项目资金完全由项目法人自筹、没有财政资金支持且不享受任何特殊政策时,通常会将项目建议书与可行性研究报告合并编制。

一般而言,一个项目要获得政府有关扶持,必须先有项目建议书,项目建议书通过筛选通过后,再进行项目的可行性研究,可行性研究报告经专家论证后,方可进行最终审定。这是较为常见的审批程序,也是将项目列入备选名单和制订建设前期工作计划的决策依据。

第五节　旅游项目评估

项目评估指在项目可行性研究的基础上,由第三方根据国家颁布的政策、法规、方法、参数和条例等,对拟建项目建设的必要性、建设条件、市场需求、经济效益和社会效益等进行全面评价、分析和论证,进而判断项目是否可行。项目评估是项目投资前进行决策管理的重要环节,目的是审查项目可行性研究的可靠性、真实性和客观性,为银行的贷款决策或行政主管部门的审批(核准)决策提供科学依据。

113

项目评估通过从正反两方面进行论证和评价,为决策者选择项目及实施方案提供多方面的参考意见。评估过程力求客观、准确,全面汇集和呈现与项目执行相关的文化资源、技术应用、市场需求、财务状况、经济效益和社会影响等方面的数据和实况。项目评估帮助决策者在有利的基础上,实事求是地做出正确、适宜的决策,同时为项目的成功实施和全面检查奠定坚实基础。

一、旅游项目评估的主要内容

旅游项目评估的主要内容如下:

（一）市场评估

市场评估主要通过市场调研分析游客需求、市场规模、竞争态势和目标市场定位,明确项目在市场中的地位及发展潜力。具体内容包括游客的消费能力和偏好、旅游市场的季节性特点、竞争对手的产品和价格分析,以及目标市场的长期趋势。此外,评估还应考察潜在的市场风险,如游客来源的变化、行业政策的影响等,以确保项目具备足够的市场吸引力和竞争优势。

（二）建设条件评估

建设条件评估涉及项目所在地自然和文化资源的可获取性及适用性,以此确保资源能

够为项目实施提供支持。评估应重点分析土地使用的可行性、项目选址的地理条件、基础设施(如交通、供水、供电等)的完备程度,以及地方政府的政策支持程度。此外,还需考虑项目建设过程中的环保问题,如对当地生态环境的影响、是否符合环境保护政策和可持续发展的要求。

(三)经济数据评估

经济数据评估需对项目投资进行全面的经济测算,明确预期的回报率、现金流量、收益周期等关键财务指标。评估应包括项目的资金使用计划、资金来源、投资回收期、净现值(NPV)、内部收益率(IRR)等数据分析,确保投资合理可行。此外,还应考查项目的财务风险和成本控制能力,确保项目在不同经济条件下都能实现预期的经济效益。

(四)财务评估

财务评估重点评估项目的融资结构、投资回报期及资金需求,确保资金分配合理,财务可行性强。具体内容应包括对自有资金与外部融资比例的分析、贷款的利率和偿还期安排等。此外,还需评估项目对企业整体财务状况的影响,分析企业是否具备足够的资金流动性和偿债能力,确保在不增加企业财务负担的前提下顺利完成项目。

(五)国民经济效益评价

国民经济效益评价主要分析项目对区域经济社会的贡献。具体可从项目带动的就业机会、增加的税收,以及对地方基础设施建设的促进等方面的考量,评估项目对区域经济的积极影响。此外,还需计算项目对相关产业链的拉动作用,如旅游业对餐饮、酒店、交通等行业的带动效应。社会效益方面则要考量项目对当地文化保护、社区发展的积极影响,以及对居民生活质量的提升作用。

(六)不确定性分析

不确定性分析主要评估外部因素对项目可行性和盈利能力的影响,如市场波动、政策变动、自然灾害等。通过敏感性分析,识别关键变量并评估其变化对项目的潜在影响。具体内容包括门票价格、游客量、运营成本等重要参数的变化如何影响项目的净现值、回报率等指标。通过此分析,项目管理者可以更好地了解项目可能面临的风险,并制定应对措施。

(七)总体评估

总体评估是在上述各方面评估与分析的基础上,对项目进行归纳与总结。通过各方面评估结果的整合,形成项目的总体论断,分析项目的可行性及长期的经济效益和社会效益。同时,提出项目实施中需注意的关键问题和风险,并针对项目的各个环节提供具体的改进建议,确保项目在实际运营中取得成功。

二、旅游项目评估的基本程序

项目评估的大致程序如下:

（一）组织安排

组织安排是项目评估工作的第一步,具体包括组织力量和制订计划两个方面。

（二）收集资料

为直接投资提供咨询服务的投资机构,首先,应收集相关资料数据,加以查证核实,并作进一步的分析研究;其次,应根据评估内容和分析要求,通过企业调查和项目调查,进一步收集必要的数据和资料;再次,对于查证过程中发现的问题和疑问,需进一步展开调查核实;最后,对收集的大量资料进行加工整理、汇总、归类,为评估过程中的审查分析,以及编制各种调查表和文字说明提供依据。

（三）审查分析

在完成必要资料的收集后,进入审查分析环节。审查分析主要分为基本情况审查和财务分析两个方面。具体内容包括:企业和项目概况审查、市场和规模分析、技术和设计分析、财务预测、财务效益分析及经济效益分析。

（四）编写报告

根据调查和分析结果编写报告。评估报告应对可行性研究中提出的多种方案加以比较评估,选择一种最优方案,并总结对投资项目的评估结论。评估报告完成后,应按规定程序送交企业最高投资决策机构审批。

三、旅游项目评估的分析评价

旅游项目评估的作用如下:

其一,能够评估项目的可行性与目标达成情况。

通过分析项目的运营情况、财务数据、游客反馈等信息,管理者可评估项目的执行是否符合初期设定的标准和目标。若未达成目标,评估将有助于识别问题根源并进行调整。

其二,能够识别潜在的风险与挑战。

在旅游项目的执行过程中,外部环境如政策变动、市场波动、自然灾害等都有可能影响项目的成功。定期的项目评估可以及时识别这些潜在风险,制定风险应对措施可以减轻项目的负面影响。评估过程还能揭示项目管理中的漏洞,帮助管理者提前做出调整。

其三,能够优化资源配置和控制成本。

旅游项目往往涉及多方面的资源投入,项目评估通过分析资源的使用效率,帮助项目方优化资源配置,避免浪费,确保各项资源被合理地分配和使用。评估还可帮助管理者发现可能的成本超支问题,及时调整预算或运营策略,确保项目的财务健康。

其四,能够提高项目管理与决策水平。

项目评估不仅是对项目运营情况的回顾,还是支持未来决策的一种工具。通过总结项目中的经验与教训,管理者可获得宝贵的反馈信息,这将有助于改进项目管理流程,提升管理者决策能力,避免在未来的项目中重蹈覆辙。

其五,能够确保旅游项目的可持续发展。

通过项目评估,可以衡量项目对当地社区、环境和经济的长期影响。特别是生态旅游项目,评估能够帮助管理者识别项目对自然环境的影响,确保旅游活动的可持续性和负责任的运营模式,确保项目的长期稳定发展。

其六,能够提升游客满意度与服务质量。

旅游项目评估能够帮助管理者了解游客的需求和反馈。通过对游客满意度调查的分析,项目方可发现服务和体验中的不足之处,进而采取改进措施,提高游客的满意度。这不仅能提高项目的声誉,还能增加回头客的比例,为项目带来长期效益。

在旅游项目的评估中,评价指标体系应包括风险指标和财务指标两大类。

风险指标应涵盖政府政策的支持或限制情况、旅游资源的可持续发展战略、管理团队对市场变化的应对能力、项目景区定位和市场调研数据等。此外,旅游项目的融资方式也是关键因素,如贷款或政府补贴等。

财务指标具体包括静态指标(如投资回报期、收益增长率)和动态指标(如旅游项目内部收益率、现金流、净现值等),有助于全面衡量项目的经济可行性(戚安邦,2018)。

旅游业高度依赖市场,受政策措施和同业竞争的影响较大,因此,在进行风险指标测算时需特别关注以下几个风险指标,以便项目方全面、深入地评估项目的风险,确保项目的成功和长远发展。

(1)市场需求与游客流量预测:旅游项目是否能吸引到充足的游客是其面临的核心风险之一。通过分析游客流量的预测、季节性波动、目标市场的需求等指标,可判断项目的市场潜力。例如,项目是否能满足高峰期的游客需求,淡季时如何保持稳定的收入来源,都是影响项目成败的关键因素。

(2)政策与法律风险:旅游业与地方政策和法规紧密相关。例如,地方政府可能会限制自然保护区的开发,或出台新的环保法规。对政策变化的敏感度是项目评估中的重要风险指标。此外,签证政策、税收优惠、旅游补贴等都可能直接影响项目的盈利能力。

(3)竞争对手分析:旅游项目需在竞争激烈的市场中生存。对竞争对手的分析包括评估其他旅游目的地、同类景区或娱乐设施的服务质量、价格策略、市场营销手段等。了解竞争对手的市场策略和经营情况,有助于项目方采取有效的竞争措施,降低市场份额被抢占的风险。

(4)基础设施建设与运营成本:基础设施的建设和维护是旅游项目中的重要成本风险。项目评估时需考虑基础设施(如交通工具、停车场、游客服务中心等)的建设成本、运营维护成本,以及项目是否具备承载大量游客的能力。若基础设施不足或运营成本超支,可能导致项目失败。

(5)环境与生态风险:旅游项目,尤其是生态旅游项目,通常面临环境风险,如极端天气、自然灾害、生态破坏等,这些都可能影响项目的长期可持续性。在项目评估中,需对潜在的环境风险进行全面分析,确保项目能在符合环保法规和可持续发展要求的前提下顺利推进。

（6）经济形势与宏观趋势：当地的宏观经济形势会直接影响旅游业的发展，包括失业率、通货膨胀率、货币汇率、整体消费水平等。若经济状况不佳，可能会降低游客的消费能力，进而影响项目的收益。同时，还需考虑全球和国内的旅游趋势变化的影响，如突发公共卫生事件等不可抗力因素。

财务指标分投资和自有资金两类进行计算，并分别对"后期业务收入递增和递减"两种情况进行投资回收分析。其中，投资使用6项指标进行分析，自有资金使用3项指标进行分析，各项指标及其解释如表5-3所示（戚安邦，2018）。

表5-3　财务指标及解释

类别	指标	解释
投资	财务静态投资回收期	项目投资回收所需的时间，不考虑资金的时间价值。即通过项目净现金流的累计，计算投资回收的时间长度
	投资利润率	投资项目在整个投资周期内产生的利润与总投资的比率，反映投资的盈利能力，通常用于衡量投资的经济效益
	投资利税率	投资项目所产生的利润和缴纳的税费与总投资的比率，反映项目对国家和社会的贡献度
	财务内部收益率	项目净现值为零的折现率，反映投资项目自身的盈利能力。若财务内部收益率大于资金成本率，则项目具有投资价值
	财务净现值	项目未来现金流入现值与现金流出现值的差额，折现到目前的总价值，反映投资的净收益。若净现值大于0，项目可行
	财务净现值比	财务净现值与初始投资的比值，用于评估投资项目的盈利能力
自有资金	财务静态投资回收期	不考虑资金时间价值，评估自有资金回收所需的时间
	财务内部收益率	对自有资金进行评估，计算投资的内部收益率，衡量自有资金的盈利能力
	财务净现值	对自有资金的投资进行净现值计算，评估投资回报的合理性

在旅游项目的审计分析过程中，除基本的财务和市场分析外，还需进行多维度的综合分析，确保项目在运营过程中应对不确定性、市场竞争和财务状况的能力得到充分评估和控制。以下几个方面的拓展分析，能帮助项目管理方更好地了解项目的抗风险能力、市场竞争力和战略优势。

一是不确定性分析。

对于旅游项目，市场需求、季节性变化和客流量的不确定性分析尤为重要。因此，应重点进行敏感性分析，包括市场需求波动、政策调整可能带来的影响，以及旅游淡旺季对收益的影响等，以确保项目在各种市场条件下的可持续性。

二是本地国民经济发展与投资效益的比较分析。

旅游项目往往与目的地的经济发展密切相关，特别是在发展中国家和欠发达地区。因

此,需要详细分析本地经济发展对项目的支撑力及项目对本地经济增长的贡献。

三是财务经营状况分析。

应详细分析旅游项目收入结构(包括门票收入、餐饮和住宿收入等)、成本构成(包括运营成本、固定资产折旧、劳动力成本等)及现金流量的稳定性。此外,还需根据市场情况和项目特性,制定合理的收益预估,以确保项目财务状况良好。

四是结合财务经营状况进行市场分析。

市场分析不仅要分析游客的来源、偏好和消费能力,还需要结合项目的财务状况,分析项目的建设能力和经营能力。与竞争对手在市场上的表现进行对比,确保项目在相同市场中的竞争力。

五是得出审计结论。

在整合各方面分析后,审计应得出项目的整体抗风险能力、市场竞争中的战略优势及未来发展潜力等结论。审计结论不仅为项目方提供当前项目运营的详细情况,也为未来可能的扩展或调整提供决策依据。

四、项目评分模型与投票模型

(一)评分模型

在决策者从一系列候选项目中进行项目选择的时候,相较于依靠一系列的评价标准,采用评分模型也是一种有效办法。决策者先根据每项标准对项目进行打分,通常是每项标准被分为若干固定的等级;然后将这些分数乘以相应的权重,得出代表项目绩效的综合得分。得分越高,意味着项目越有价值。

开发一个成功的评分模型的关键要素是识别出一组合适的评分标准。评分标准中相关项目的选择取决于项目的类型及其处境。表5-4中提供了一些在选择和开发项目时需要考虑的标准。

表5-4 旅游项目选择中需要考虑的标准

序号	标准类型	序号	标准类型
1	开发成本	6	预计总收入
2	市场需求规模	7	市场竞争状况
3	地理位置	8	政府和地方政策支持
4	战略目标协同	9	收益潜力与回报周期
5	需求人员的能力	10	设施合规性

为构建一个评分模型,首先必须了解并解决以下几个问题:

一是想要使用何种形式的模型;

二是想使用何种类别的标准;

三是如何确定标准的得分和重要性;

四是如何测量标准。

一个通用的评分模型有以下形式(马蒂内利、米洛舍维奇,2017):

$$\text{Score} = \frac{A(bB + cC + dD)(1 + eE)}{fF(1 + gG)}$$

其中,A、B、C、D、E、F、G代表项目各项标准的得分,通过对一个给定项目的每个标准进行赋值得到每项的得分。b、c、d、e、f、g代表赋予每个标准的权重。在模型中,分子代表有益的标准,而分母代表成本或其他不利因素标准。不同的项目标准的取值不同,通常每项标准的取值由项目团队提供。

这个模型会使用3个类别的标准:

(1)重要标准:这些因素对旅游项目的成功至关重要,如果评分为0,项目可能会完全失败。这些标准包括游客满意度、安全保障和景区可持续性等。

(2)可变换的标准:这些因素可以互相交换,若一个因素的得分增加到一定程度,可以适当减少另一个因素。例如,如果选择更耐用的设施或设备,虽会增加前期投入,但能降低后续的维护成本。

(3)可选择的标准:这些标准并非每个项目都必须符合,其适用性需根据项目的具体情况而定。可选择的标准可能包括项目的特色设施或活动,如果这些可选标准未能实现,可能会影响项目的附加吸引力,但不会影响项目的核心功能。例如,虽然提供高端餐饮体验能够提升游客满意度,但并非所有项目都需要这样的服务。

(二)投票模型

投票模型有利于通过不同的视角,让优先级别最高的项目形成一个清晰的认识,加深组织对每个项目的价值地位的认识,在整个组织内确立广泛的项目优先事项,并从大量项目中找到价值高的项目。开发投票模型的主要步骤如下(马蒂内利、米洛舍维奇,2017):

(1)确定干系人。成立一个在产出优先级上有既得利益,并能代表一个很好的跨功能视角的干系人团队,建议参加投票的干系人不超过15人。

(2)确定每个项目的开发价值。对于每个候选项目,需在投票活动中为干系人准备一个简短的价值说明会。价值说明会有时间的限制,一般为3—5分钟。若一个项目的潜在价值在3—5分钟的时间内不能充分展示,则后续该项目还需要额外的审批。

(3)制定优先标准和价值锚。对于投票模型,优先标准必须是有限的少数关键标准,其数量一般为3—5项。每项标准都需进行描述,并在投票活动中准备价值锚。表5-5给出了一个标准描述和价值锚的例子。

(4)创建投票模板。投票模型适用于项目工作会议,在会议中,所有关键的干系人聚集在一起,讨论和辩论各候选项目的价值。表5-6给出了一个投票模板,该模板可以是实物形式,也可以是电子格式。

119

表5-5　标准描述和价值锚示例

标准	A	B	C
货币价值	有清晰的资金来源，投资回报率（ROI）高	有清晰的资金来源，投资回报率（ROI）中等	没有清晰的资金来源或资金来源不明确
战略价值	预计年游客接待量超过100万人次，门票和附加收入显著，能在3至5年内收回成本	预计年游客接待量为50万至100万人次，门票收入一般，能在5至7年内收回成本	预计年游客接待量少于50万人次，门票收入不足，可能需要7年以上才能收回成本，甚至无法回本
	竞争程度激烈	竞争程度中等	竞争程度较低
	景区必须具备独特卖点，能够协调时间紧迫的工作	需要适度调整活动来提升项目的吸引力	没有明确的战略规划，项目吸引力不强
市场拉动	有较强的游客吸引力，能够有效满足游客需求，持续拉动游客流量	能满足部分游客需求，但拉动力一般，市场增长有限	没有显著的吸引力，缺乏市场拉动力，难以维持稳定的游客流量
复杂程度和风险	复杂度低，风险较低，管理简单，易于实施和维护	复杂度中等，风险可控，但需要额外的管理措施	复杂度高，存在较高的环境、政策或技术风险，难以有效管理
效果和成本	效果好，且成本较低，少于300万元	效果一般，成本为300万至900万元	效果较好，但成本较高，运营成本超过900万元

表5-6　投票模板

候选项目	项目优先级	大众选票	优先级标准				
			标准1	标准2	标准3	标准4	标准5

思考题

（1）如何保障旅游项目论证的公正性和客观性？

（2）举例说明旅游项目机会研究的要点。

（3）旅游项目建议书最关键的部分有哪些？

（4）如何构建合适的指标体系以进行旅游项目评估的分析评价？

（5）温泉旅游项目可行性研究的重点是什么？

第六章 →

旅游项目范围管理

学习目标

(1)掌握项目范围管理的定义和操作流程。

(2)熟悉干系人的分类和管理工具。

(3)掌握创建工作分解结构(WBS)的方法。

(4)熟悉如何进行偏差分析和需求变更。

(5)掌握干系人需求分类和应对策略。

第一节　旅游项目范围管理概述

项目范围管理是确保项目团队仅关注实现项目目标所必需的工作,确保一切按计划进行,避免资源浪费和目标偏移的关键管理活动。旅游项目的范围管理之所以重要,是因为旅游项目往往涉及众多干系人,需考虑的方面很多,产生的社会影响广泛。例如,历史文化遗产旅游开发项目的范围不仅包括实际的遗产保护和修复工作,还应考虑旅游发展与当地社区的利益等因素。旅游项目通常需协调政府部门、当地居民、游客以及文化保护团体等多方干系人的期望和需求,这对项目经理的协调能力是巨大的考验。

良好的范围管理不仅有助于明确项目目标和范围,还能够预防项目范围无计划扩展导致的预算超支和进度延误。项目范围管理在确保项目成功中发挥着核心作用。一方面,范围管理能帮助项目团队确定并记录项目必须产出的具体成果和执行的工作范围。明确定义的范围为项目的各个阶段提供清晰的指导,是项目规划的基础,使团队成员能够对照目标检查自己的工作进度,及时调整偏离原计划的行动。另一方面,有效的范围管理能提升项目适应性,使项目在面对外部变化时,如市场动态、政策调整或技术进步,能够在不影响项目整体目标的前提下,灵活调整执行策略。

项目范围是项目团队需完成的具体工作总和,明确了项目的边界、预期产出和成果,旨在确保项目能够满足既定的特性与功能需求。项目范围包含项目的最终成果和产生该成果所需做的工作,应既不缺失也不多余,不仅包括直接的任务和活动,还涵盖为达成直接成果所需的间接活动和过程。项目范围是制订项目计划的基础,其他相关子计划需在项目范围的基础上形成,并最终整合成完整的项目计划。

在旅游项目管理中,项目范围、产品范围和工作范围虽紧密相关但有明显的区别。

项目范围指为实现旅游项目目标所必须进行的全部活动。它关注为达成旅游项目目标所需完成的所有工作,既包括项目管理工作,也包括旅游项目的最终成果。

产品范围用于描述旅游产品、服务或结果的特性和功能,是更为具体的范围,重点关注旅游项目的输出质量和性能标准。

工作范围是项目范围的组成部分,明确了为实现旅游产品范围和项目范围所需的具体任务和活动。

在旅游项目中,产品范围可能是节日活动的内容和参与者体验(师守祥、耿庆汇、尹改双,2013);项目范围则更广泛,包括筹备活动、营销推广和后期评估;工作范围则具体到每个团队成员的具体任务,如场地布置、票务管理等。通过区分这3种范围,项目团队能更有效地计划和控制资源,确保项目按期完成并达到预期效果。项目范围管理过程包括6个主要阶段:项目启动、收集需求、定义范围、创建工作分解结构(WBS)、核实范围和控制范围,每个阶段都是确保项目成功的重要环节。

第二节 项目启动

项目启动阶段的核心任务是定义项目的主要目标、范围及相关的项目管理计划,并确保所有干系人对此有清晰的认知且达成共识。项目启动阶段开始于项目批准后的初期,通常包括制定初步的项目范围说明书,确定项目目标、关键成果及必要的资源配置。此阶段活动包括以下几点:

一是制定项目章程。项目章程是正式授权项目启动的文档,明确了项目的目的、目标、范围、关键干系人及其角色和职责,是后续项目计划制订和决策提出的依据。

二是识别干系人。早期对干系人进行识别和分析,了解其需求和期望,能够为项目的成功奠定关键基础。

三是定义初步范围。概述项目主要的可能成果和活动,为详细的范围定义做准备。

项目启动阶段的重要性不容忽视,因为它直接影响项目的方向和结构。明确项目的初步范围有助于预防项目范围蔓延,即项目中未计划的或无控制的变更,避免成本和时间的过度消耗。此外,有效的项目启动可以增强所有干系人的信心,确保他们对项目目标和计划的理解和支持,这对于资源的分配和后续的项目执行至关重要。

以文化遗产旅游开发项目为例,在项目启动阶段,项目团队需与地方政府、文旅部门、旅游企业、社区居民等干系人共同讨论和明确项目的主要目标,如提升旅游收入、保护文化遗产、促进社区发展等。在这些讨论中,通过制定项目章程来明确项目的预期成果,如恢复某个重要的历史建筑,开发相关的文化体验活动,或构建一个可持续发展的旅游模式。这个阶段还需要明确项目的初步范围,如确定哪些具体的文化遗产需要保护,哪些区域将开发为游客中心,或如何通过数字媒体推广这些遗产,以确保项目的每个方面都能获得干系人的支持,并为后续的需求收集、范围定义和WBS创建等工作奠定坚实的基础。

项目的成功在一定程度上取决于干系人管理。项目干系人指能够影响项目或受到项目影响的个人、群体或组织。识别干系人是项目启动的关键步骤,决定了项目管理过程中与谁沟通、如何沟通,以及如何满足干系人的期望。识别干系人主要包括3个步骤:

(1)识别全部潜在项目干系人及其相关信息。

项目团队需全面识别所有可能对项目产生影响或受项目影响的干系人。干系人包括个人、群体或组织,项目团队应充分了解其角色、部门、利益、知识水平、期望和影响力。在文化旅游项目中,可能涉及的干系人如下:

① 政府部门。政府部门主要指负责旅游开发审批的机构,如文化和旅游局。其期望是项目符合国家政策,能够推动地方经济发展。

② 社区居民。由于社区居民会因旅游开发而受到影响,他们期望旅游项目能够改善其生活环境,如完善基础设施或加强环境保护。

③ 项目投资人。其期望是获得投资回报,通常关注项目的盈利能力及风险控制。

④ 旅游服务供应商。如酒店、导游、旅游交通公司等,在项目运营期间提供服务。

⑤ 游客。作为最终的旅游产品使用者,游客通常关注旅游体验的质量。

(2)识别每个干系人可能产生的影响或提供的支持,并将其分类。

在明确所有潜在干系人后,需分析潜在干系人对项目可能产生的影响或提供的支持。在旅游项目中,不同干系人可能有不同的权力和利益相关度,例如政府部门通常具有较高的权力水平和较高的利益相关度。政府部门的审批权对项目而言至关重要,其支持可能推动项目顺利实施;反之,则可能阻碍项目。同时,旅游项目往往与当地的经济发展和旅游长期规划密切相关,政府部门作为主要的干系人需重点考虑。此外,旅游项目的投资人也属于高权力水平和高利益相关度的干系人。游客往往具有较高的利益相关度,但权力水平较低。

在识别干系人可能产生的影响或提供的支持时,可以参考Mendelow(1981)提出的干系人权力-利益矩阵(Power-Interest Matrix),如图6-1所示。

干系人权力-利益矩阵是用来分析项目

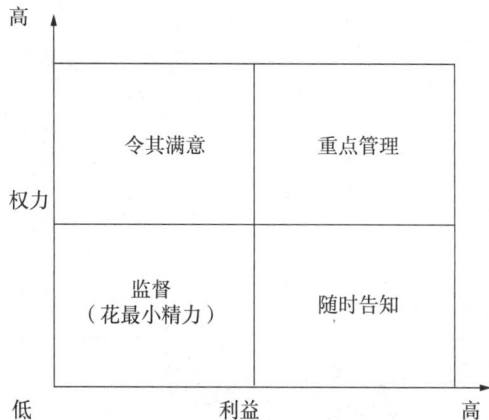

图6-1 干系人权力-利益矩阵

(Mendelow,1981)

123

干系人并对其进行分类的工具,能帮助项目经理从干系人的权力(Power)和利益(Interest)两个维度来决定如何管理干系人、如何与干系人互动。权力指干系人对项目施加影响的能力,体现在决策权、资源掌控力或对项目进展的直接影响上。利益指干系人对项目成果的关注程度,或对项目成功与否的在意程度。高利益的干系人通常希望积极参与项目,以确保项目的结果符合其期望。干系人权力-利益矩阵通过识别干系人的影响力和关注度,帮助项目团队确定哪些干系人需优先关注,哪些干系人可通过一般的沟通进行管理。

高权力-高利益的干系人:如旅游管理部门,既有审批权,又对项目的文化宣传和旅游发展有浓厚兴趣,需保持密切沟通,进行重点管理。

高权力-低利益的干系人:如地方政府的某些职能部门,对项目本身的关注度较低,但其政策决策可能间接影响项目,需确保他们对项目持满意态度。

低权力-高利益的干系人:如社区居民,关心项目对生活环境的影响,但影响力有限,需及时沟通和安抚。

低权力-低利益的干系人:如非关键的服务供应商,虽然在项目中担任一定角色,但不需重点关注,只需定期沟通项目基本信息即可。

通过干系人权力-利益矩阵,项目经理可以有效分配资源,制定针对不同干系人的沟通和管理策略,确保项目在各方支持下顺利推进。

分析和分类项目干系人还可参考 Mitchell、Agle 和 Wood 于 1997 年提出的凸显模型(Salience Model)。凸显模型是管理学领域的重要理论工具,用于识别和分析项目干系人的优先级。凸显模型通过权力(Power)、紧迫性(Urgency)和合法性(Legitimacy)这 3 个核心属性划分项目干系人,如图 6-2 所示。

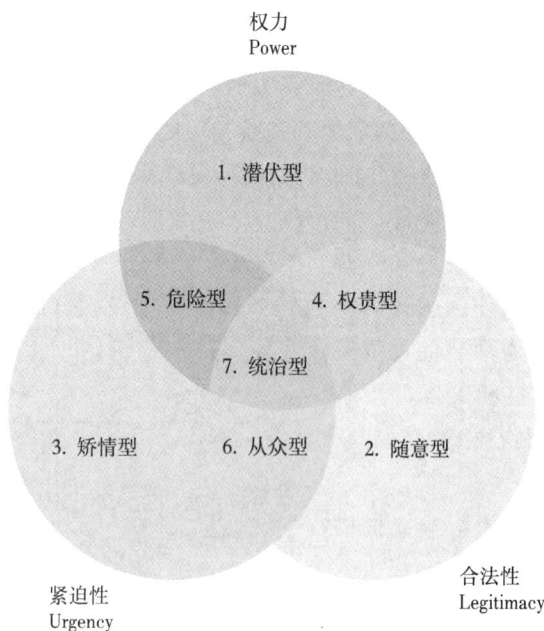

图 6-2 凸显模型

(Mitchell、Agle 和 Wood,1997)

权力指干系人对项目施加影响的能力。权力高的干系人能通过资源、决策权或其他方式直接影响项目进展。紧迫性指干系人对某个问题或需求的紧急程度,以及他们希望项目管理者立即采取行动的期望。紧迫性强的干系人通常对项目的时间进展有强烈的诉求,可能会施加压力要求加快项目进度。合法性指干系人与项目之间关系的合理性或正当性,例如,项目的客户或公司员工通常被认为具备合法性,因为他们与项目存在直接的利益关系。

凸显性模型的干系人类别如表6-1所示。

表6-1　凸显性模型的干系人类别

凸显性	相关方类型	权力	合法性	紧迫性	解释
低	潜伏型	高	低:授权	低:尝试	具备权力,缺乏紧迫性和合法性。有影响项目的潜力,但通常不干预项目,除非其决定使用自己的权力。例如,持有公司少量股份的投资人
	随意型	低:权益	高	低:表达	具备合法性,缺乏权力和紧迫性。有正当的利益,但对项目的影响力较小,通常不需过多关注。例如,当地社区可能会关心项目的环境影响,但干预能力有限
	矫情型	低:行动支持	低:机会	高	具备紧迫性,缺乏权力和合法性。可能希望项目迅速实施,但缺乏实际的影响力。他们的要求虽然紧急,但通常不会得到优先处理
中	权贵型	高	高	低:尝试	具备权力和合法性,紧迫性较低。与项目有合法的利益关系,且有能力影响项目决策,只需要保持定期沟通和管理。例如,项目的主要投资人
	危险型	高	低:授权	高	具备权力和紧迫性,缺乏合法性。可能对项目构成威胁,有能力在紧急情况下施加影响,但诉求不一定是正当的。例如,某个试图破坏项目的外部团体
	从众型	低:行动支持	高	高	具备紧迫性和合法性,缺乏权力。有正当需求,并希望能快速获得回应,但无法直接影响项目,通常依赖其他更有权力的干系人实现自己的目标。例如,项目中的小型供应商可能依赖大客户来表达自己的需求
高	统治型	高	高	高	具备权力、紧迫性和合法性。对项目的成功至关重要,需优先管理。拥有决策权,且希望迅速行动,是项目管理中需高度关注的对象。例如,项目的主要客户或高级管理层

① 潜伏型干系人:应保持观察,保持基本的沟通,确保其不会突然对项目产生影响。在旅游项目中,某些地方政府部门可能属于潜伏型干系人,虽然其有一定的审批权,但若对项目不关心,则不会对项目进展施加直接影响。

② 随意型干系人:应维持良好的关系,必要时提供信息和支持。例如,在旅游景区开发

过程中,当地居民可能关注项目对环境的影响,项目方可通过举办社区活动或提供公开信息,确保干系人获得足够的信息。

③ 矫情型干系人:应监控并适当回应,但不需投入过多资源。旅游项目中,一些环境保护组织可能属于这一类,其可能强烈反对旅游开发,但缺乏实质性影响力,通常只能通过呼吁公众或借助媒体施压。

④ 权贵型干系人:应保持满意度和定期沟通,确保其对项目的支持。虽然他们的紧迫性较低,但仍需保障他们对项目的知情权和利益。

⑤ 危险型干系人:应谨慎处理,尽量降低影响,避免正面冲突。例如,若一个开发旅游景区的项目引发了环境争议,项目团队需通过法律手段或谈判与干系人沟通,避免冲突升级。同时,也可通过透明的沟通和积极的环境保护措施来缓解他们的反对情绪。

⑥ 从众型干系人:应提供支持和帮助。在旅游项目中,当地的小企业和旅游服务提供商可能希望从项目中获益,但无法直接影响项目。项目团队可以通过与其建立合作关系,提供培训或资源支持,帮助其融入项目,增强其利益保障。

⑦ 统治型干系人:应高度关注,优先管理,保持密切联系。例如,需确保项目中的投资人能定期获得项目的财务报告、进度报告,并且能参与重大决策会议,以此充分保障其利益。

（3）评估关键干系人对不同情况可能做出的反应。

评估每个关键干系人在不同项目阶段或情况变化时可能做出的反应,有助于项目团队提前制定应对策略,增强干系人的支持力度或降低负面影响。以旅游项目为例:

① 政府部门:当遇到政策调整或项目审批问题时,项目团队可能需要通过积极沟通或对政策的解读来维系政府的支持,确保项目不会因政策变更而停滞。

② 社区居民:若社区居民对项目造成的环境影响表示担忧,项目团队可通过制定环保措施、定期举行社区会议等方式提高信息透明度,减少反对意见。

③ 项目投资人:当项目资金面临风险或进度延误时,投资人可能会质疑项目的可行性。项目团队应及时提供详细的风险分析报告和应对计划,使投资人保持信心。

④ 游客:若游客在项目运营期间对服务或设施不满意,可能会影响项目的口碑和长期收益。

第三节　收集需求

收集需求旨在识别并记录所有相关方的需求和期望,确保项目团队能够充分理解并满足这些需求和期望,进而达成项目的最终目标。收集需求的主要目标是全面、详细地收集与项目相关的所有信息,确保项目范围能够准确反映所有相关方的需求和期望,包括确定项目的具体目标、交付物、功能和性能要求等。通过收集需求,项目团队可以制定出更精确的项目范围说明书,并为后续的项目规划和执行奠定坚实的基础。

在旅游项目中,收集需求是一个系统且长期的过程,通过使用多种技术和工具,项目团队能够确保全面收集所有相关方的需求,从而为项目的成功实施提供有力保障。常用的需求收集技术和方法包括访谈、焦点小组、引导式研讨会、群体创新技术、群体决策技术、问卷调查、观察法、原型法、标杆对照、系统交互图、文件分析等。项目团队应根据项目的具体情况和需求,选择最合适的方法或组合使用多种方法,以确保全面、准确地收集到利益相关者的需求和期望。

一、需求的分类

收集到的需求,应采用科学的方式进行分类和识别。在旅游项目管理中,Stacey矩阵(见图6-3)可以帮助项目经理选择适当的管理方法,及时应对需求和技术的变化。Stacey矩阵是用于评估项目需求和技术的复杂性及不确定性的有效分析工具。

Stacey矩阵基于两个关键维度分析问题和需求的复杂性:

一是技术可行性,即解决问题或实现需求的技术是否确定。技术可行性高意味着项目中使用的技术、工具和流程都是已知的、可控的;技术可行性低意味着项目需要使用新技术或未被广泛采用的方法,存在较大的不确定性。

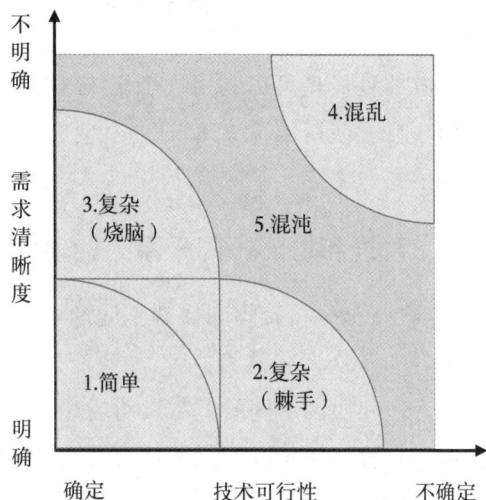

图6-3 Stacey矩阵
(Stacey,1996)

127

二是需求清晰度,即项目干系人对于项目需求是否达成一致。需求清晰度高表示干系人对于项目目标和需求有明确的共识;清晰度低意味着需求变化频繁,干系人对项目目标的理解存在较大差异。

Stacey矩阵具体分为5种类型:

(1)简单型:需求明确、技术确定,如常规景区维护或扩展计划项目的需求和技术都十分明确,项目管理所需的步骤和流程都是已知的、可控的。常见的项目管理方式是传统的预测型或瀑布式方法,应预先制订清晰的计划并按部就班地去执行,确保按时按预算完成任务。

(2)棘手型:需求明确、技术不确定,如在旅游项目中应用新技术。虽然项目的需求很明确,但所需技术可能需要一定的探索或创新,通常需要专家的支持来解决技术上的挑战。传统的瀑布式方法仍然适用,但需要额外的技术分析,应通过专家的判断和复杂的计划来确保项目技术问题得以解决。

(3)烧脑型:需求不明确、技术确定,如开发新景区。虽然技术已经成熟和稳定,但需求不明确,干系人可能对项目的需求存在分歧。项目经理需要花费时间和精力澄清需求,使各方达成共识。可以使用敏捷方法或混合管理方法,以便在项目的各个阶段进行需求调整。

同时,还应进行大量的需求调研和分析,确保所有干系人的目标一致。

(4)混乱型:需求不明确、技术不确定,即项目处于极端复杂和不确定的状态中,需求和技术都不确定。这种情况非常难以管理,几乎无法使用传统的项目管理方法,需通过试错和快速实验来探索解决方案,可能需要采用高度灵活的管理方式,如创新实验、快速迭代,甚至是组织变革管理。

(5)混沌型:需求不明确、技术不确定,如开发基于虚拟现实(VR)或增强现实(AR)技术的文化体验平台。混沌型适用于敏捷项目管理,需通过不断迭代和反馈找到最合适的解决方案。灵活性和适应性是关键。

旅游项目经理可以利用这个矩阵选择适合的管理方法,确保项目成功推进。无论是在稳定的项目中使用传统方法,还是在复杂项目中使用敏捷方法,Stacey矩阵都能为项目管理决策提供有力支持。

二、管理和协调不同干系人的期望

在项目管理中,管理和协调不同的干系人期望是确保项目成功的关键任务之一。由于旅游项目涉及众多利益相关者,如政府机构、社区居民、旅游企业、游客及文化保护组织等,这使得管理和协调不同的干系人期望这一任务尤为复杂。项目团队可以利用识别干系人的相关模型来管理和协调不同干系人的期望,例如根据凸显模型,项目经理可通过分析干系人的权力、合法性和紧迫性来有效管理和协调不同干系人的期望。这种方法能够帮助项目经理识别哪些干系人最需要关注,并根据不同干系人的属性制定有针对性的管理策略。需要注意的是,干系人的权力、合法性和紧迫性可能会随着项目的进展发生变化,项目经理应定期更新干系人分析,调整管理策略。

项目经理还可利用干系人登记册、关系图等工具来对干系人进行管理。早期对干系人进行识别和分析,有助于全面了解各方的关注点,并制定相应的沟通策略。有效的沟通是协调干系人期望的基础。项目团队应制订明确的沟通计划,规定沟通的频率、形式和内容,确保所有干系人能够及时获得项目进展信息。例如,定期的项目进展报告、会议纪要、新闻简报等都是有效的沟通手段。鼓励干系人积极参与项目决策和实施过程,通过协作解决问题和达成共识。可以组织定期的协调会议或专题研讨会,邀请各主要干系人参与讨论和决策。这种参与不仅能够增强干系人的支持和信任,还能使项目更符合各方的需求和期望。项目团队应在项目初期就与主要干系人明确项目的目标、范围和预期成果。通过签署项目章程或范围说明书,将这些内容正式记录下来,确保各方对项目有一致的理解和期望,这有助于预防和减少范围蔓延和需求变更带来的冲突。

在项目过程中,干系人之间的利益和期望可能会发生冲突。项目经理应具备灵活应对和解决冲突的能力,通过谈判、调解等手段,找到各方都能接受的解决方案。此外,建立一个有效的变更管理流程,确保所有的变更都经过充分评估和批准,也有助于减少冲突,详见本章第七节。项目团队应定期收集干系人的反馈,并根据反馈进行必要的调整。这可以通过问卷调查、访谈等方式进行。定期的反馈和调整能够确保项目始终符合干系人的期望,并在必要时做出及时改进。

三、收集需求的结果

收集需求的结果通常包括详细的需求文档和需求跟踪矩阵。需求文档记录了所有干系人的需求和期望,并将其转化为明确的项目要求。需求文档详细列出了每个需求的描述、优先级、验收标准等,以确保项目团队对需求有清晰的认知并达成共识。需求跟踪矩阵则将每个需求与相应的项目目标和交付物相连,确保需求在项目生命周期中得到有效管理和跟踪。这些结果为后续的项目规划、范围定义和执行工作提供了坚实的基础,有助于确保项目按期按质完成并满足所有相关方的期望。需求跟踪矩阵范例如表6-2所示。

表6-2 需求跟踪矩阵范例

需求ID	需求描述	需求来源	优先级	验收标准	项目目标	相关交付物
R001	游客信息管理系统	市场调研	高	系统能够存储和管理游客信息	提高游客管理效率	游客管理系统
R002	在线购票系统	游客反馈	中	系统支持在线支付	提升购票便捷性	购票平台
R003	多语言导览服务	政府要求	高	提供至少3种语言的导览服务	提升游客体验	导览设备和软件

第四节　定义范围

定义范围旨在详细描述项目和产品的边界、交付物及其特性和要求。定义范围通过明确项目要完成的具体工作和最终目标,为后续的项目规划和执行提供清晰的指导(Bentley,2012)。定义范围的主要方法包括专家判断法、数据分析法和产品分析法等。

专家判断法,即依赖具有旅游相关经验和专业知识的个人或团队的意见和建议来进行分析。

数据分析法,即通过分析历史数据、市场趋势和项目需求来预测项目的需求和挑战。

产品分析法,即通过分析项目产品的特性和功能来明确项目范围。常用的产品分析技术包括产品分解、系统分析、价值工程等。这些技术能帮助项目团队将高层次的产品需求分解为具体的、可交付的成果。

定义范围的主要方法及优劣势如表6-3所示。

表6-3 定义范围的主要方法及优劣势

方法	流程	优势	劣势
专家判断法	识别专家:确定在相关领域具有丰富经验和专业知识的个人或团队。 收集意见:通过访谈、问卷或工作坊等形式收集专家的意见和建议。 分析意见:对收集到的专家意见进行整理和分析,识别关键观点和建议。 应用建议:将专家的建议应用于项目范围定义和规划中	专业性强:专家的专业知识和经验可为项目提供深度的见解和建议。 决策支持:有助于识别潜在风险和机遇,增强决策的科学性。 灵活性高:可根据项目的具体需求,灵活调整咨询的范围和内容	成本较高:聘请外部专家或组建专家团队可能需要较高的费用。 主观性强:专家的个人观点和偏见可能影响判断的客观性。 依赖性强:过于依赖专家意见,可能忽视项目团队自身的创新和实践能力
数据分析法	数据收集:从内部和外部渠道收集相关数据。 数据清洗:对收集到的数据进行清洗和整理,确保数据的和完整性。 数据分析:使用统计和分析工具对数据进行处理和分析,提取有价值的信息。 结果解读:解读分析结果,形成有针对性的建议和结论。 应用结果:将分析结果应用于项目范围定义和规划中	客观性强:基于数据的分析结果通常具有较强的客观性和可靠性。 全面性:可以处理大量数据,提供全面的信息支持。 可重复性:数据分析过程可以标准化和重复,便于验证和跟踪	数据质量依赖:分析结果的高度依赖于数据的质量和完整性。 技术要求高:需具备一定的数据分析技术和工具使用能力。 时间成本高:数据收集和分析过程可能需较长时间,特别是在数据量大的情况下
产品分析法	需求识别:识别和收集项目产品的初步需求和功能要求。 产品分解:将产品需求分解为具体的功能模块和特性。 系统分析:分析各功能模块之间的相互关系和依赖性,优化产品结构。 价值工程:评估各功能模块的价值,优化资源配置和成本控制。 形成文档:整理分析结果,形成详细的产品需求文档和规格说明书	详细性:能够提供详细的产品功能和需求说明,便于后续开发和实施。 系统性强:通过系统分析和价值工程,优化产品设计和资源配置。 目标明确:明确各功能模块的具体要求,有助于实现项目目标	复杂性:产品分析过程较为复杂,特别是大型项目和复杂项目。 专业要求高:需具备一定的产品设计和系统分析能力。 时间成本高:分析和分解产品需求需较长时间,特别是在需求复杂的情况下

项目范围说明书是定义范围过程的重要输出文件,详细记录了项目的边界、目标和交付物。项目范围说明书通常包括以下几方面内容。

(1)项目范围描述:详细说明项目的范围,包括需要完成的具体工作和活动,明确项目的边界,确保项目团队和利益相关者对项目的预期达成一致。

(2)主要交付物:列出项目的关键成果和产品,包括每个交付物的特性和功能,帮助项目团队明确需要实现的具体目标,并作为验收标准的基础。

(3)验收标准:定义每个交付物必须满足的条件和标准,确保其符合预期的质量和要求,为项目的验收过程提供明确的依据。

(4)项目除外内容:明确指出哪些工作和活动不包含在项目范围内,防止项目范围蔓延,帮助管理干系人的期望,确保项目资源集中在最重要的任务上。

(5)约束条件:记录项目在范围、时间、成本和资源等方面的限制条件,项目团队在规划和执行过程中应考虑这些因素。

(6)假设条件:列出项目初期的假设,帮助项目团队识别潜在的风险和不确定性。

通过详细记录上述内容,项目范围说明书能够为项目的规划、执行和控制提供清晰的指导,有助于确保项目按预期目标和标准顺利完成。

项目范围说明书范例如表6-4所示。

表6-4 项目范围说明书范例

内容	具体说明
1.项目范围描述	本项目旨在开发一个综合性的旅游管理系统,该系统将包括游客信息管理、在线购票、景点导航和多语言服务等功能。项目团队将负责系统的设计、开发、测试和实施,并确保系统能够在预定的时间内投入使用
2.主要交付物	·游客信息管理模块:能够存储和管理游客的基本信息和历史记录。 ·在线购票系统:支持游客在线购买门票。 ·景点导航功能:提供实时的景点导览和导航服务。 ·多语言服务:系统支持至少3种语言,以满足不同游客的需求
3.验收标准	·游客信息管理模块:系统能够准确存储和检索游客信息,响应时间不超过2秒。 ·在线购票系统:支付功能稳定,成功率达到99%以上。 ·景点导航功能:导航信息准确,实时更新频率不低于1分钟。 ·多语言服务:翻译准确率达到95%以上,支持中文、英语和法语
4.项目除外内容	·线下门票销售管理。 ·非景点区域的导航服务。 ·系统硬件设备的采购和维护

续表

内容	具体说明
5.约束条件	· 项目预算:200万元。 · 项目时间:自项目启动起12个月内完成。 · 资源限制:项目团队由10名成员组成
6.假设条件	· 游客数量将保持稳定增长。 · 现有的旅游基础设施能够支持新系统的运行。 · 各相关部门能够按时提供所需的支持和资源

第五节　创建工作分解结构

工作分解结构(Work Breakdown Structure,WBS)是项目管理中的一种工具和方法,用于将项目的整体工作分解为更小、更易管理的部分。WBS将项目的最终交付物分解为若干层级,对各层级进行进一步细化,直到形成具体的任务和工作包。每个工作包代表一项独立的、可以分配和管理的工作单元。创建WBS有助于项目经理和团队成员清晰地了解项目的所有组成部分和各部分之间的关系,从而有效地计划、组织和控制项目。

项目团队通过WBS可以将复杂的项目结构化,明确每个活动的具体内容、负责人、所需资源和时间节点,从而提高项目的可控性和透明度。WBS还有助于资源的合理分配和使用。项目团队可以更准确地估算每项工作的资源需求,并进行合理分配,这不仅有助于避免资源的浪费,还能确保关键活动得到优先支持,从而提高项目的效率和效果。WBS可以显著提高项目的监控能力。项目经理可以更容易地跟踪各项工作的进展情况,及时发现和解决问题,防止项目偏离预定目标。此外,WBS还为项目的绩效评估提供了依据,使项目团队能够将实际完成情况与计划进行对比,评估项目的整体进展和各部分的绩效。

WBS的应用还具有文化和社会层面的重要性。例如,在一个文化节项目中,WBS可以帮助项目团队详细规划各类演出、展览和相关的配套设施,确保每个活动的文化内涵和表现形式都能得到充分体现和高质量的呈现。同时,通过明确各项活动的具体责任人和执行团队,WBS可以促进各相关方的有效协作,增强项目的凝聚力和整体性。

一、工作分解结构

(一)100%原则

100%原则是WBS的核心特点之一,对于确保项目范围的完整性和避免超出项目范围的工作至关重要。100%原则强调每一层次的WBS都必须包含项目范围中所有工作,且这些工作必须完全符合项目目标和可交付成果。具体而言:

1.包含全部工作

WBS必须包括项目范围内的所有工作内容和可交付成果,不仅是最终的可交付成果,还包括所有内部、外部及中间阶段需要完成的工作。例如,项目计划、风险管理、质量控制等管理性工作也应包含在内。

2.不超出范围

WBS的工作范围不能超出项目定义的范围,所有工作必须与项目目标保持一致,不得包含与项目无关的工作。

3.层级间的总和关系

WBS的每个子层级的工作总和必须完全等于其母层级的工作内容。这意味着,每个层级上子任务的工作量之和应100%等于上级任务的工作内容,确保项目的完整性和一致性。

(二)工作分解结构和产品分解结构的关系

工作分解结构和产品分解结构(Product Breakdown Structure,PBS)是项目管理中常用的两种工具,虽然它们都涉及项目的分解,但它们在目的、使用范围和侧重点上存在明显的联系和区别。PBS的主要目的是将项目的最终可交付成果(产品)分解为更小的组件或子产品,以便项目经理和团队能够清楚地了解项目最终会交付什么。PBS的关注点是产品结构,即项目要交付的所有产品或服务的组成部分。

WBS和PBS都是通过分解的方法,将复杂的项目细化为更小的、可管理的部分。在项目管理中,PBS常用于定义和描述项目的产品或可交付成果,WBS则在PBS的基础上进一步分解工作。PBS为WBS提供了基础,WBS确保了完成PBS中所有定义的可交付成果所需的全部工作内容,因此,PBS和WBS在某些项目中往往是结合使用的。

例如,在一个旅游景区建设项目中,PBS可以定义景区的最终可交付成果,如游客中心、展馆、步道等,而WBS则根据PBS的定义,进一步将其分解为各个工作任务,如设计、施工、测试和验收。因此,二者的特点可以总结为,WBS关注如何完成工作,PBS关注交付什么产品。

(三)工作分解结构与组织分解结构和成本分解结构的关系

组织分解结构(Organization Breakdown Structure,OBS)和成本分解结构(Cost Breakdown Structure,CBS)也是项目管理中常用的分解工具,它们通过不同的视角帮助项目经理有效地组织和管理项目的各个方面。WBS、OBS和CBS都遵循分解原则,旨在将复杂的项目任务、组织或成本分解成更小、更易管理的部分。

WBS、OBS和CBS在项目管理中相互关联,帮助项目经理从不同维度全面掌握项目进展。通常,WBS用于定义项目需要完成的工作,OBS用于确定由谁来执行这些工作,CBS则帮助跟踪每项工作的成本支出,三者共同构成了项目的完整管理框架。WBS、OBS、CBS

共同提供了费用估算的结构,构成费用控制立方体(Cost Control Cube),如图6-4所示。任何两个分解结构合在一起都可以形成一个矩阵:WBS与OBS形成的是责任图;OBS与CBS形成的是账户代码;WBS和CBS形成的是费用估算表。

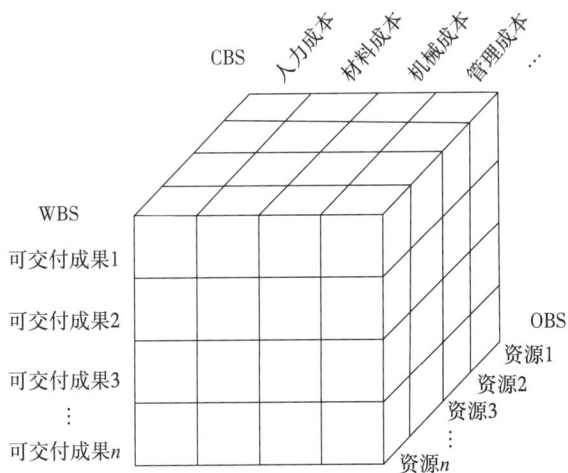

图6-4 费用控制立方体

在旅游项目中,WBS分解出所需完成的工作(如游客中心建设、景区宣传等),OBS指定负责这些工作的团队或个人(如施工队、市场团队等),CBS则跟踪这些工作的成本支出(如设计费、材料费、推广费等)。通过WBS,项目经理可以明确项目的工作范围;通过OBS,项目经理可以确定每个任务的责任人或团队;通过CBS,项目经理可以控制预算和成本。这些结构工具相互作用,帮助项目经理在项目执行中进行有效的规划、监控和控制。

二、创建工作分解结构的模式与方法

在项目筹划的初期阶段,通常会构建一个高层次的WBS。待项目定义和技术规范清晰后,会进一步对该WBS进行细化和完善。创建WBS有不同的模式,例如撰写一本书,可以按照完成顺序分解,也可以按照组成部分分解。按照完成顺序分解时,可以将撰写一本书的目标分解为写草稿、检查草稿、定稿等工作包。按组成部分进行分解时,可以将撰写一本书的目标分解为不同的章节。创建WBS的具体方法主要有自上而下法、自下而上法、滚动波计划法和基于模板的方法。

(一)自上而下法

在没有合适的WBS模板可用的情况下,从总的项目可交付成果出发,逐层深入并反复斟酌确定子元素,是构建WBS的有效途径。自上而下法不仅有助于逐步了解和编制WBS,还能促进与所有利害关系者的沟通,从而达成对项目的一致理解。它适用于项目经理和项目管理团队缺乏编制工作分解结构(WBS)的经验,项目产品或服务特性不明确,项目范围和性质不清晰,或是对项目生命周期特性不熟悉等情况。

在旅游项目中,比如建设一个新的文化旅游景区,可以使用自上而下法。首先,确定项目的总体目标是建设一个具备游客中心、文化展示区和基础设施的景区。然后,逐层将这些可交付成果进行分解:第一层——项目目标(建设文化旅游景区);第二层——可交付成果(游客中心、文化展示区、基础设施等);第三层——工作包(游客中心设计、文化展示馆施工、停车场建设等)。

(二)自下而上法

自下而上法从项目的具体任务或活动开始,逐步汇总和组合,最后形成整体的WBS。它适用于以下情况:①项目团队对项目产品或服务的特性有深入了解,团队可能已熟悉新项目所需的所有中间可交付成果,比如组织曾生产过类似产品或服务;②团队对项目生命周期的特性非常了解,且组织经常使用相同的生命周期,能准确识别生命周期的中间可交付成果,并从这些成果出发构建WBS;③组织有现成的相似项目WBS模板,可供参考和重复利用。

(三)滚动波计划法

滚动波计划法是一种动态的WBS创建方法,适用于项目初期范围不完全明确或在执行过程中需要逐步澄清细节的项目。在滚动波计划法中,项目的近期工作会被详细分解为工作包,而远期任务则保持较高层次,直到项目的后续阶段明确具体需求时再进行进一步的分解。

假设某个旅游开发项目涉及多阶段建设,例如,一个旅游度假区的开发分为三个阶段:第一阶段是基础设施建设,第二阶段是景区景点建设,第三阶段是商业配套设施的开发。使用滚动波计划法,项目团队可以先详细规划第一阶段的工作,如设计和施工,但对第二和第三阶段的任务只做高层次的规划,等到项目推进到这些阶段时再进行详细分解。

(四)基于模板的方法

使用现有的WBS模板或类似项目的经验快速构建WBS。模板可以来自过去的项目、行业标准或组织内已完成项目的经验。使用这种方法,可以提高效率,特别是在项目与以往的项目相似或标准化程度较高时。假设某个旅游项目是开发一个新的主题公园,而这个组织以前已经开发过类似的项目。此时,项目经理可以使用以前类似项目的WBS模板。模板可能包括标准的项目工作包,如设计、施工、设备安装、营销推广等。

三、创建WBS的步骤

(一)定义项目章程

项目章程是项目管理的基础文件,明确了项目的目标、范围和预期的成果。首先,正式发布项目章程。其次,定义项目范围说明书。范围说明书需要详细描述项目的目标、范围和所有预期的可交付成果,是WBS的核心依据,能帮助团队清晰了解项目的边界和工作要求。再次,项目经理和项目团队需就项目的最终产品、服务或结果达成共识,确保团队在项目的

不同方面具有相同的理解,使WBS中的每一部分都符合项目的整体目标。最后,应让未来负责具体工作的人员参与WBS的创建过程,因为他们对具体的工作内容最为了解,所以能够为WBS的实际操作性提供宝贵的输入,确保WBS合理且可执行。

（二）分解项目的组成部分

首先,需识别项目的组成部分,应从整体项目出发确定各关键领域或阶段,如主要的可交付成果或核心的工作包。组成部分应涵盖项目的全部范围,确保每个关键环节都被考虑到。其次,项目经理应确定组成部分之间的相互关系。不同部分之间的相互作用和协调对项目的成功至关重要,例如,在旅游项目中,游客中心的建设和景区的宣传推广就需密切协调,以实现整体项目目标的最大化。最后,按照逐级分解的方式分解高层次的可交付成果,将可交付成果进一步分解为具体的工作包,确保每一层次的工作都足够详细,并且能够切实执行。

（三）明确可交付成果和活动

首先,项目团队需定义所有可交付成果,不仅包括项目的最终可交付成果,还包括中间的可交付成果。应清晰界定项目各个阶段的产出,并确保这些阶段成果能够逐步推动项目目标的实现。其次,须明确各可交付成果与项目目标的关系。可交付成果应与项目的最终产品或服务紧密相关,并且清楚地界定其在实现项目目标中的具体作用,确保所有工作都朝着同一方向推进。此外,项目团队还需确定生成可交付成果的生产程序和质量要求,包括定义完成可交付成果所需的具体方法和流程,确保对质量标准和检查程序有明确的理解,以保证每个成果符合项目的预期要求。最后,必须明确所有相关的活动。这些活动不仅包括直接完成可交付成果的工作,还包括那些为其提供支持的工作,如项目管理、风险管理、沟通和资源管理等,确保每个环节都有相应的活动和资源支持。

（四）技术和资源支持的考虑

其一,通过获取行业专家的专业技术意见,确保建议在项目中得到充分的沟通与认同,避免在项目执行过程中产生技术误解或偏差。其二,必须识别外部资源需求。若项目需要使用任何外部资源,如设备、供应商或其他支持,应在WBS中明确列出这些需求,以确保外部资源得到有效管理和合理利用。

（五）风险管理

项目经理应识别所有与风险管理相关的工作,并将这些活动纳入WBS中,以确保项目的风险得到充分评估和管理。包括明确潜在的项目风险,并为这些风险制订应对计划和缓解措施,确保项目能够应对各种可能的挑战。

（六）确认WBS的完整性

首先,要检查商业目标的实现,确保WBS中的每个工作包和可交付成果都与项目的商业目标相符,明确每个组成部分如何在实现商业价值中发挥作用。其次,应确保遵循WBS

的100%原则,确认所有工作和可交付成果均已纳入WBS,避免遗漏工作或出现超出项目范围的工作。最后,通过验证WBS的层次,确保每个层级的工作逐步分解,工作包的总和完全等于上一层级的任务,保持WBS结构的一致性和完整性,使项目得到系统性管理和控制。

在编制工作分解结构(WBS)的过程中,无论选择哪种方法,都需不断反复地审视项目范围,包括项目的目的和目标、商务和技术功能、性能和设计标准、技术性能要求及其他相关技术规范。

四、工作分解结构的表示方式

WBS有多种表示方式,每种方式都为项目经理和团队提供了不同的视觉效果和组织形式,能帮助他们有效地管理项目。树状图是最常见的WBS表示方式,类似于组织结构图,呈树状分级,如图6-5所示。

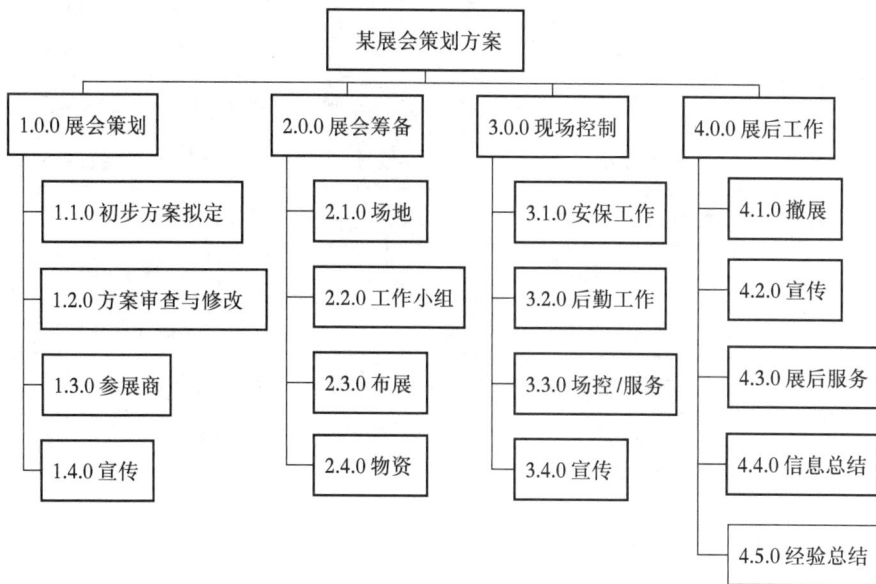

图6-5 某展会树状结构图WBS范例

项目的总目标位于顶部,其下每一层逐级分解为更小的任务或工作包。树状图的优点是直观、清晰,便于理解和展示各级任务之间的关系,适用于层次分明的项目。WBS还可以采用提纲式。提纲式也是一种非常普遍的WBS表示方式,通过逐层缩进的方式来表示WBS的各个层次,每个层次都有一个按字母顺序或数字顺序排列的编号。例如,某展会提纲式WBS如下:

1.0.0 展会策划

    1.1.0 初步方案拟定

        1.1.1 主题设计

        1.1.2 活动设计

        1.1.3 场地、时间策划

1.1.4 拟定参展商标准

1.2.0 方案审查与修改

1.2.1 方案审查

1.2.2 方案修改

1.3.0 参展商

……

此外,表格也是一种常用的方式,如表6-5所示。

表6-5　某展会表格形式WBS范例

WBS编号	工作包名称	工作包内容
1.0.0	展会策划	初拟展会内容,招商,宣传
1.1.0	初步方案拟定	展会大体设计规划
1.1.1	主题设计	确定展会定位、目的、主题等背景
1.1.2	活动设计	设计展会同期活动、会议,确定各活动细节
1.1.3	场地、时间策划	确定展会场地与时间
1.1.4	拟定参展商标准	确定参展商邀请名单与招募门槛
1.2.0	方案审查与修改	对上一环节依需求等细化调整
1.2.1	方案审查	审查初步方案,交由负责人确认
1.2.2	方案修改	形成最终方案
1.3.0	参展商	参展商招募
1.3.1	重要参展商邀请	邀请重要参展商
1.3.2	普通参展商招募	发布普通参展商招募信息并筛选
1.3.3	参展商沟通	交流双方信息与需求
1.4.0	宣传	展前宣传工作
1.4.1	展会预热宣传	制作宣传物料,线上预热
1.4.2	专业观众招募	发布并收集专业观众招募信息
2.0.0	展会筹备	筹展阶段,布展
2.1.0	场地	与场馆方沟通确认
2.1.1	租赁	与场馆方确认租赁
2.1.2	服务确认	与场馆方沟通确认可提供的服务

续表

WBS编号	工作包名称	工作包内容
2.2.0	工作小组	内外部人员统筹并建立相应小组
2.2.1	赞助、参展、采购商对接	确定名单、需求等,签订合同
2.2.2	工作人员/志愿者对接	分配工作岗位,成立工作小组,选出负责人
2.2.3	工作人员培训	志愿者以及工作人员培训
2.3.0	布展	展台设计、布置
2.3.1	展台设计、需求对接、搭建	进行展台设计、需求对接、搭建
2.3.2	配套基础设施保障	作为中介协助参展商使用
2.4.0	物资	采购管理、物资管理
2.4.1	采购	基础物资采购管理
3.0.0	现场控制	开展现场管理
3.1.0	安保工作	动态、静态等多种安保管理
3.2.0	后勤工作	开展期间后勤保障
3.2.1	物资材料运输	运输所需展品、厨具等
3.2.2	基础设施保障	作为技术支持随时待命,协助解决场馆问题
3.2.3	卫生	为展会提供良好的卫生环境
3.3.0	场控/服务	现场控制、配套服务
3.3.1	观众、采购商引导	对参展者进行场馆的介绍与引导
3.3.2	企业会议服务	提供合适的会议厅
3.3.3	咨询服务管理	综合信息,提供咨询服务
3.4.0	宣传	进行展中事实宣传,呈现良好风貌
4.0.0	展后工作	撤展、展后服务、自身总结
4.1.0	撤展	撤展
4.1.1	展台拆除	安全拆除各参展商的展位
4.1.2	物资整理	对展品等布展剩余物资进行处理
4.1.3	废料处理	垃圾清理、回收
4.1.4	撤展安保工作	安保消防工作

139

WBS编号	工作包名称	工作包内容
4.1.5	展品及展具的出馆控制工作	物品安保控制
4.2.0	宣传	展后宣传
4.2.1	总结性宣传	进行展会统计并总结宣传,展望未来
4.3.0	展后服务	参展协会、参展商展后服务
4.3.1	展后回访	展后与干系人进行相应的适当联系
4.3.2	促进贸易成交	保障后续交易完成,维系战略合作
4.3.3	付清款项	款项确认
4.4.0	信息总结	统计并总结汇报,以维持未来展出
4.4.1	展会客流	统计汇报
4.4.2	交易额	统计汇报,综合社会影响评估
4.5.0	经验总结	总结经验
4.5.1	发展和巩固客户关系	展会品牌管理,协助交易
4.5.2	更新客户数据库	对参展商更替情况进行总结汇报,构建客户画像

第六节 核实范围

核实范围指通过正式的审查和验收过程,确保交付物符合项目范围说明书的要求和标准,包括确认项目工作和成果完成情况及质量标准。项目干系人对范围给予正式认可,审查各阶段成果和最终产品,确保按计划完成且成果令人满意,并将验收结果记录在案。

核实的验收标准由团队与关键干系人在项目启动时共同制定,包括质量、功能和性能标准。项目干系人定期进行阶段性评审和验收,确保符合预定标准,及时发现并纠正问题。同时,关键干系人的参与能提高验收透明度和公正性。应使用标准化工具和方法,如验收检查表、测试用例、审计报告等,确保验收过程的系统性和一致性。此外,需详细记录验收结果和问题,利用项目管理软件生成详尽的验收报告。项目完成后进行正式验收并获得关键干系人签字,确保成果获得认可。最后,收集反馈并总结经验教训,不断优化验收策略,提高项目成功率和满意度。

项目范围核验表与项目工作分解结构的核验表如表6-6所示。

表6-6　项目范围核验表与项目工作分解结构的核验表

表格类型	具体内容
项目范围核验表	· 项目目标是否完整和准确； · 项目目标的衡量标准是否科学、合理和有效； · 项目的约束条件、限制条件是否真实并符合实际； · 项目的重要假设前提是否合理、不确定性较小； · 项目的风险是否可以接受； · 项目的范围界定是否能够保证上述目标的实现； · 是否有某一干系人只对一部分工作的状况和绩效感兴趣； · 对项目范围的理解是否彻底、清楚，是否令项目经理、项目团队成员和其他干系人，包括游客，都满意； · 项目范围能否回应市场的需求； · 项目范围界定是否需进一步进行辅助性研究
项目工作分解结构的核验表	· 项目目标的描述是否清楚明确； · 项目产出物的各项成果描述是否清楚明确； · 项目产出物的所有成果是否都为实现项目目标服务； · 项目的各项成果是否是工作分解的基础； · 项目工作分解结构中的工作包是否都为形成项目某项成果服务； · 项目目标层次的描述是否清楚； · 项目工作分解结构的层次划分是否与项目目标层次的划分和描述统一； · 项目工作、项目成果与项目目标之间的关系是否和谐统一； · 项目工作、项目成果、项目目标和项目总目标之间的逻辑是否正确、合理； · 项目目标的衡量标准是否为可度量的数量、质量或时间指标； · 项目工作分解结构中的工作是否有合理的数量、质量和时间度量指标； · 项目目标的指标值与项目工作绩效的度量标准是否匹配； · 项目工作分解结构的层次是否合理； · 项目工作分解结构中各个工作包的工作内容是否合理； · 项目工作分解结构中各个工作包之间的相互关系是否合理； · 项目工作分解结构中各项工作所需的资源是否明确与合理； · 项目工作分解结构中的各项工作的考核指标是否合理； · 项目工作分解结构总体协调工作是否合理

🏛 第七节 控制范围

控制范围旨在监控项目的实际工作与计划范围之间的一致性,确保项目按照既定的范围和目标进行。控制范围的核心是识别和管理范围变更,防止未经批准的工作导致项目范围蔓延。通过控制范围,项目团队能够及时发现并纠正偏差,确保所有项目活动都在既定的范围内进行(Kerzner,2013)。

在控制范围时,项目经理需持续跟踪和审查项目的进展情况,识别任何可能导致范围变化的因素,并采取相应措施进行调整。调整不仅包括定期的范围审查,还包括对变更请求的评估和审批,以确保每一个变更均经过仔细考虑和正式批准。

控制范围的最终目标是确保项目在规定的时间和预算内完成,同时满足所有既定的项目目标和交付物标准。控制范围的主要工具与技术为偏差分析。偏差分析通过比较项目的实际绩效与计划绩效,识别和分析偏差的原因,以便采取必要的纠正措施。偏差分析不仅能帮助项目团队了解当前的项目状况,还能提供有针对性的信息,指导团队有效控制范围,确保项目按照既定目标和范围进行。

一、偏差分析

在旅游项目中,项目规划、执行或控制不当常常会引起偏差。按照产生的原因,偏差可以分为进度偏差、成本偏差和范围偏差。

(一)进度偏差(Schedule Variance)

进度偏差指项目实际进度与计划进度之间的差异,进度偏差分析的计算方法详见第七章第六节。旅游项目中,产生进度偏差的常见原因有以下几点。

(1)天气或自然灾害:旅游项目通常涉及户外建设和施工,恶劣天气或自然灾害(如洪水、台风等)可能导致施工延误,从而产生进度偏差。

(2)资源不可用性:若项目中所需的材料、设备或人力资源没有按时到位,可能导致项目的部分工作无法按计划进行,影响进度。

(3)施工技术或设计问题:在旅游项目中,技术难题或设计变更可能导致施工进度放缓或停滞。

(4)审批和许可延误:旅游项目通常需经过政府部门的许可和审批,延迟的审批流程可能导致项目进度滞后。

(5)协调不当:项目中有多个团队的任务需要协调,若团队之间协调不力,可能导致进度偏差。

(6)需求变更:旅游项目中的干系人(如地方政府、社区居民、投资者等)可能在项目实施过程中提出新需求,从而影响项目的进度。

（二）成本偏差（Cost Variance）

成本偏差指项目实际成本与预算成本之间的差异。旅游项目中，产生成本偏差的常见原因有以下几点。

（1）材料或劳动力成本上涨：旅游项目中，建筑材料或人工成本的突然上涨，可能导致实际成本超出预算。

（2）项目范围变更：项目范围的变更（如增加新的旅游设施、改变设计风格）通常会增加成本，导致实际成本超出预算。

（3）低估成本：制定项目预算时，未能准确预估施工、设备和人工等成本，可能导致项目执行过程中出现资金短缺。

（4）资源浪费或效率低下：项目中的资源使用不当或低效（如设备故障、材料浪费、工人效率低下），会增加项目成本。

（5）合同管理不当：与供应商或承包商的合同管理不力，导致合同条款未能有效执行，可能产生额外费用。

（6）外部经济因素：通货膨胀或外部市场的波动（如汇率变化）可能影响旅游项目的预算，增加项目成本。

（三）范围偏差（Scope Variance）

范围偏差指项目实际交付物与计划范围之间的差异。旅游项目中，导致范围偏差的常见原因有以下几点。

（1）需求或期望不明确：项目初期对旅游景区的需求和期望不够明确，导致项目实施过程中出现误解或需求不一致等情况，最终造成范围偏差。

（2）需求变更管理不当：在项目执行过程中，若未对需求变更进行适当的管理和控制，可能导致项目范围扩大或缩小，造成范围偏差。

（3）干系人期望管理不足：旅游项目通常涉及多个干系人，若干系人的期望未能有效管理，则可能导致其对项目范围提出额外的要求，进而扩大项目范围。

（4）缺乏明确的验收标准：若旅游项目的可交付成果没有清晰的验收标准，可能导致团队对范围的理解不一致，最终影响交付物的质量和范围。

（5）供应链或技术问题：供应商无法按时交付定制化设备，项目可能被迫改变设计或减少设施，从而导致范围缩小。

进行偏差分析时，项目团队需从项目管理信息系统中收集实际进度、成本和绩效数据，通过对比实际数据和项目基线，识别出偏差。一旦识别出偏差，项目团队需深入分析偏差产生的原因。通过原因分析，项目团队可以理解偏差背后的根本问题。根据偏差分析的结果，项目团队需制定相应的纠正措施，可能包括调整项目计划、重新分配资源、修改项目范围或采取其他补救措施等。在制定纠正措施后，项目团队需立即实施这些措施，确保有效性。此外，在实施过程中，项目团队应持续监控和评估措施的效果，确保偏差得到有效控制和纠正。

偏差分析是一个持续的过程，项目团队应定期开展，持续跟踪项目的实际绩效与计划绩

效,确保任何新的偏差能够及时发现并处理。最后,项目团队应记录偏差分析的结果和经验教训,为未来的项目提供参考和改进依据。

二、需求变更

(一)变更管理

变更管理指在项目实施过程中,识别、评估、批准或拒绝变更请求,并有效地控制变更的过程。变更管理的目的是确保项目范围、时间、成本和质量等方面的变更得到适当的管理,防止出现不受控制的范围蔓延或项目失控情况。

(二)变更管理的流程和原则

变更管理通常包括变更的提出、记录、评估、批准、实施及跟踪。通过严格的变更管理,项目经理能够确保项目在面对需求变化时处在控制范围内,保证项目目标的实现。需求变更需遵循一系列流程、原则和策略,以确保项目的顺利完成。

变更管理的流程和原则如表6-7所示。

表6-7　变更管理的流程和原则

事项	原则	流程
提出变更请求	任何项目的相关方都有权提出变更请求,除非该相关方无实际影响力,否则不能直接拒绝其变更请求	在项目实施过程中,任何干系人,如客户、团队成员或供应商,都可以提出变更请求。无论是项目范围、进度、成本或其他方面的变更,项目经理应给予所有请求公平的考虑,不能直接忽略或拒绝
变更请求的提交方式	变更请求可通过书面或口头方式提出,但口头提出的变更请求应补充书面记录	项目干系人可通过正式的书面文件或口头表达提出变更。对于口头提出的变更,项目经理应记录变更内容,并及时将其补充成书面形式,确保所有变更请求都有正式的记录以供后续处理和参考
变更控制程序	所有变更请求都需通过变更控制程序处理	每个变更请求提出后,都需进入项目的正式变更控制程序。项目变更程序包括初步评估变更,详细分析变更对项目的影响(如时间、成本、质量等),以及对变更的风险评估。该流程的目标是确保所有变更都得到充分审查,避免对项目造成不可控影响
批准或否决变更	每个变更请求必须由相应的责任人进行批准或否决	项目经理或相关的变更控制委员会将对变更进行审查,并根据变更的性质决定批准或否决。责任人需要根据变更对项目范围、成本、进度的影响做出决策。若变更通过,项目计划、基准等需进行相应的调整

续表

事项	原则	流程
保存变更基准	当基准发生变更时,需保存之前的基准	当变更涉及项目基准(如范围基准、时间基准或成本基准)时,需保存之前的基准记录。此过程确保项目团队可在需要时参考原始计划,了解变更的具体影响,追溯历史记录
变更控制委员会和项目经理的处理	并非所有变更都需通过变更控制委员会审查,只有涉及基准变更的才需由变更控制委员会处理。一般的变更可由项目经理处理,涉及紧急或特殊情况下的基准变更,项目经理可直接处理,无需经过变更控制委员会审核	项目经理可处理日常的一般性变更,通常包括轻微的任务调整、资源分配变化等。涉及基准变更的重大请求则需交由变更控制委员会进行审查和批准。不过在特殊情况下,若变更非常紧急或对项目存在重大影响时,项目经理可直接处理基准变更,无需经过变更控制委员会审批,但需要在后续将变更记录提交给变更控制委员会并进行汇报

不同情况下变更申请的应对策略如图6-6所示。

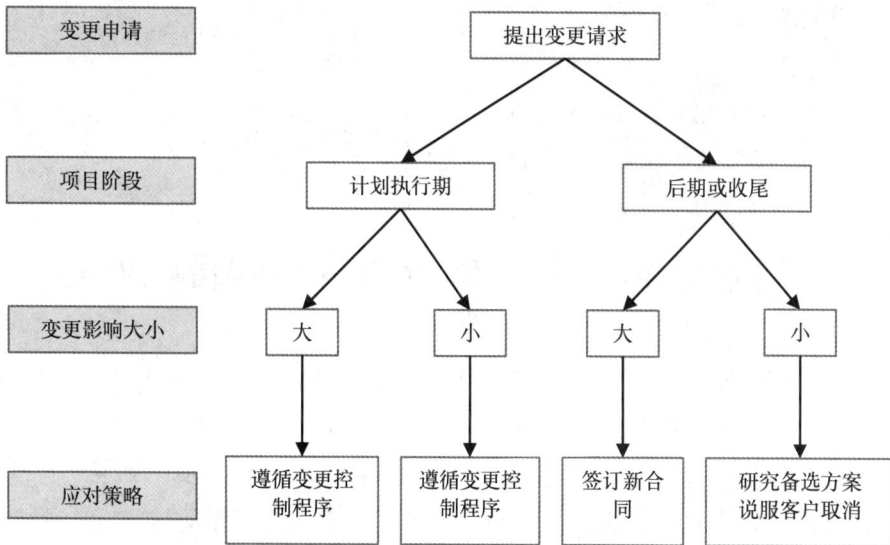

图6-6 不同情况下变更申请的应对策略

思考题

(1)举例说明项目范围、产品范围和工作范围的区别。

(2)简述访谈、焦点小组、问卷调查在收集需求过程的优缺点。

(3)在旅游项目管理中,如何应对潜伏型的干系人?

(4)如何处理旅游项目中的棘手型需求?

(5)在乡村旅游开发中,社区居民一般属于哪种类型的干系人?请举例说明。

第七章 →

旅游项目时间管理

学习目标

(1) 熟悉时间管理的定义和基本过程。

(2) 掌握甘特图、里程碑图、项目进度网络图等工具的使用。

(3) 了解活动资源和持续时间的估计。

(4) 掌握项目进度网络图的绘制和识别的方法。

(5) 熟悉关键路径法的使用。

(6) 了解进度偏差分析和进度压缩技术。

第一节　旅游项目时间管理概述

时间管理无处不在，不仅影响项目进度，还关系人们的日常生活。Leslie Perlow 在 1999 年提出的恶性循环时间使用理论，描述了一个常见的时间管理问题：当人们感到时间不足时，往往会采用一些应急措施来应对时间压力，但这些措施通常会导致更低的工作效率，进一步加剧时间压力，形成恶性循环，如图 7-1 所示。

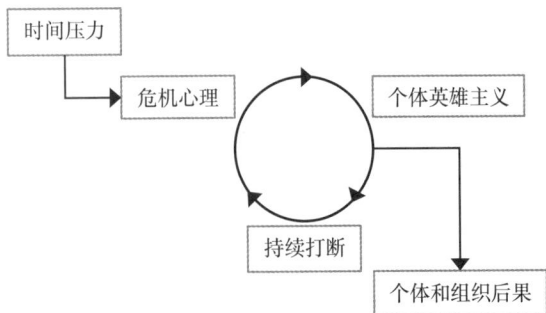

图 7-1　恶性循环时间使用图示

（Perlow，1999）

那么,如何避免时间管理的恶性循环呢?可以参考艾森豪威尔提出的时间管理矩阵,如图7-2所示。时间管理矩阵,也称为紧急-重要二维矩阵,是用于帮助人们优先处理任务的工具。它通过将任务分为4类,帮助管理者根据任务的紧急性和重要性合理规划时间和资源分配,提高工作效率。

	紧急	不紧急
重要	1 立刻去做	2 等下去做
不重要	3 委派授权	4 不要去做

图7-2　时间管理矩阵

第一类:任务既紧急又重要,必须立即处理,通常包括处理危机、解决紧急问题或完成最后期限的任务,例如紧急的客户投诉、即将到期的项目交付。

第二类:任务虽然重要,但没有紧迫性,例如项目规划、发展战略制定、健康管理和培训等。管理者应花费更多时间在此类任务上,以预防危机、提升能力和实现长期目标。

第三类:任务紧急,但对实现目标并不重要,通常是外界施加的干扰,例如会议、打断性的电话或邮件、他人临时的请求。管理者应通过委派授权或延后处理,尽量减少对这一象限任务的时间投入。

第四类:任务既不紧急也不重要,往往属于时间浪费,应该尽量避免,例如无目的的上网、娱乐、消磨时间的社交活动。管理者应减少甚至杜绝在这类任务上投入时间,确保将更多时间投入到价值更高的工作中。

项目的时间管理与日常生活的时间管理不同的,有更为规范的程序和更为有效的操作。项目时间管理指在规定时间内,使用适当的工具和技术,合理规划、安排和控制项目活动,确保项目按时完成。项目时间管理的步骤包括:

(1) 规划进度管理。制订适合项目的进度管理计划,确保所有项目活动有序进行。

(2) 定义活动和排列活动顺序。识别并记录项目所需的所有活动,确定活动之间的逻辑关系和执行顺序。

(3) 估算活动资源和持续时间。估算完成每个活动所需的资源并预测每个活动所需的时间。

(4) 制订进度计划。综合所有信息,制订详细的项目进度计划。

(5) 控制进度。监控项目进展,及时调整进度计划以应对变化。

有效的时间管理有助于在规定的时间内完成项目,减少延误,控制成本,提高项目成功率。旅游项目受市场变化的影响较大,通过灵活的时间管理,可快速响应需求,调整项目计划,提高项目效率,确保项目按时完成。

第二节 规划进度管理

规划进度管理不仅包括制订初步的进度计划,还涵盖进度的监控和调整,旨在为项目的各项活动制订详细的时间安排和进度计划,应对项目过程中可能出现的各种变化和挑战。通过规划进度管理,项目经理可确定项目的各项任务所需的时间,排列任务的顺序,分配必要的资源,并预测潜在的风险和障碍,确保项目在计划的时间范围内高效完成。

一、规划进度管理的基础文件

规划进度管理需一系列文件,为项目提供基础数据和参考依据,这些文件是制订、执行和控制项目进度计划的关键。

(1)范围管理计划:定义如何详细描述项目范围,例如WBS包括了所有细分的工作包。

(2)资源管理计划:提供关于项目资源的详细信息,包括资源的类型、数量、可用性及如何分配和管理资源,对于估算活动持续时间和安排资源日历至关重要。

(3)风险登记册:识别和评估项目中可能影响进度的风险。通过了解这些风险,项目团队可制定相应的应对策略,并在进度计划中增加必要的缓冲时间以降低风险对项目进度的影响。

(4)需求文档:详细描述项目中可能影响进度规划中优先级设置和资源配置的需求。需求文档有助于确保进度计划能够满足项目干系人的期望和要求。

旅游项目往往面临多变的环境,因此制订适合旅游项目的进度管理计划是一项复杂而系统的工作,这就要求项目经理和团队在充分理解项目背景、目标和资源的基础上,合理安排各项任务的完成时间和顺序,尤其要预留充分的时间以应对干系人和市场需求的变化。

二、规划进度管理的灵活性和应急计划

在规划进度管理过程中,尤其是在处理复杂且不确定性较高的项目时,灵活性和应急计划发挥着至关重要的作用。灵活性和应急计划的有效结合,可以帮助项目团队应对不可预见的挑战,确保项目能够按时完成并达到预期目标。旅游项目通常涉及多个干系人、复杂的任务以及外部因素的干扰,如天气状况的变化、政策法规的调整或者突发的市场需求。因此,项目进度计划不能过于僵化,而应具有足够的灵活性,以适应项目过程中可能出现的变化。灵活性不仅可以减少因计划变更而导致的延误,还可以提高项目团队的适应能力,使项目能够在不断变化的环境中顺利推进。此外,制定应急预案也甚为必要,能够最大限度地降低紧急情况下变更带来的成本。

三、制订进度计划的工具与技术

为制订合理而有效的进度计划,项目经理通常会使用多种工具与技术。

（一）专家判断法

专家判断法是规划进度管理中常用的一种技术。

（二）分析技术

分析技术是用于规划和优化项目进度的重要方法，可帮助项目团队在制订进度计划时做出明智的决策。常见的分析技术包括以下三种。

（1）关键路径法：关键路径上的任务没有浮动时间，任何延误都会直接影响整个项目的完成时间。通过分析关键路径，项目经理可以优先管理这些任务，确保项目按时完成。

（2）假设情景分析：通过模拟不同的情景和假设，项目团队可以评估各种可能的风险和变化对项目进度的影响。

（3）资源优化技术：它主要包括资源平衡和资源平滑，用于优化资源的使用，确保在可用资源范围内合理安排任务时间，避免资源过度分配或紧缺。

（三）会议

会议是规划进度管理过程中不可或缺的沟通工具，不同类型的会议在规划过程中具有不同的作用。

（1）启动会议：在项目启动阶段，团队成员和干系人共同明确项目的目标、范围、时间框架及进度管理的基本方针，有助于达成共识，并确保所有相关人员对进度计划有统一的了解。

（2）进度规划会议：用于讨论和制订进度计划。团队成员共同分析任务的顺序、依赖关系、资源需求等，并根据这些信息制定初步的进度表，就进度计划中的问题进行讨论并达成一致。

（3）风险评估会议：团队可召开专门的会议识别和评估项目中的潜在风险，并讨论应对这些风险的策略，有助于确保进度计划的可行性和稳健性。

第三节　定义活动和排列活动顺序

一、定义活动

定义活动是将项目的工作范围分解为具体的可单独管理的工作任务或活动的过程，通常基于项目的工作分解结构（WBS）。定义后的每一个活动都是独立的，可被准确描述、分配资源、估算时间并进行监控。定义活动的目的是明确项目需要完成的所有工作，将项目范围内的工作细化为具体的任务，以便更好地进行时间管理、资源分配和进度控制。在定义活动时，项目团队会识别并列出所有为实现项目目标而必须完成的具体任务，不仅要明确任务的具体内容，还要确定活动的边界和成果，避免遗漏关键任务。通过定义活动，项目团队能

够清晰地了解项目的工作要求,为每项任务分配适当的资源,并合理安排任务的先后顺序和时间。定义活动不仅提高了项目的透明度,还为后续的时间估算和进度监控奠定了基础,有助于项目的顺利进行和按时交付。

定义活动常用的工具和技术包括:

(1)分解。分解指将项目的工作包(通常来自WBS)进一步细化为更小的、可管理的活动。通过分解,项目团队能够更清晰地识别和描述各个活动,确保每项任务均有明确的开始和结束点,能够被单独管理和执行。

(2)滚动式规划。滚动式规划是一种逐步详细化的规划方法,尤其适用于在项目初期无法详细定义所有活动的情况。在滚动式规划中,近期的活动被详细定义,远期的活动则保持较为粗略的描述,随着项目的推进,远期的活动也逐步被详细定义。这种方法允许项目团队根据项目进展和环境变化来灵活调整和完善活动定义,是一种在不确定性较高的项目中非常有效的规划技术。

(3)模板。模板是基于历史项目的经验和最佳实践,预先制定的标准化工具。项目团队可根据当前项目的具体需求,修改和适应这些模板,从而快速、准确地定义项目活动。

(4)专家判断法。

(5)会议。

二、定义活动的输出文件

在定义活动的过程中,通常会通过识别和详细描述项目所需完成的具体活动而生成一系列关键的输出文件,具体如下:

(1)项目活动清单。该清单会详细列出为实现项目目标需完成的所有具体活动,是制订项目进度计划的基础,所有的时间估算、资源分配和任务安排都依赖于活动清单中的信息。项目活动清单对每个活动都进行了清晰描述,以确保项目团队理解每个活动的要求,并能够据此进行有效的资源配置和时间管理,如表7-1所示。项目活动清单的案例如表7-2所示。

(2)活动属性。它会为每个活动提供更详细的信息和特征,包括活动的逻辑关系、所需资源、时间限制、地点、责任人、活动类型等。活动属性通常包含在项目管理信息系统(PMIS)中,能帮助项目经理和团队更全面地了解每个活动的要求和约束条件,从而做出更精准的管理决策。

(3)里程碑清单。该清单会列出项目中的关键里程碑,包括每个里程碑的时间点和目标。里程碑是项目中的重要节点或事件,通常代表项目的主要进展点,如阶段结束、重要交付物的完成等。

(4)变更需求。在定义活动的过程中,可能会识别出与原有计划不一致的内容或发现需要调整的地方,由此产生变更需求。变更需求的应对策略详见第六章第七节。

表7-1 项目活动清单的主要内容

清单项目	主要内容
活动描述	对每个活动进行明确的描述,详细说明活动的内容、范围和目标。活动描述通常要具体到足以理解每个活动的要求,并能够据此进行资源分配、时间估算和责任划分
唯一标识	为便于管理和跟踪,每个活动在活动清单中仅有一个唯一的标识号或代码。唯一标识可以使项目团队轻松地引用和管理活动,特别是在大型项目中,活动数量可能非常庞大,唯一标识有助于避免混淆
活动依赖关系	项目活动清单通常还会注明每个活动的前置条件和后续条件,即哪些活动必须在它之前完成,哪些活动将在它完成后开始。依赖关系有助于项目团队确定各活动的顺序和进度安排
资源需求	尽管主要资源分配可能在其他项目文件中详细说明,活动清单有时也会简要提及每个活动所需的资源类型(如人力、设备、材料等),以便在制订进度计划时进行综合考虑
时间估算	虽然时间估算是后续的工作,但在某些情况下,活动清单中可能会初步注明每个活动的持续时间或时间要求,为规划进度提供参考

表7-2 某历史文化景区开发项目的活动清单

项目背景:

(1)项目名称:某历史文化景区开发项目。

(2)项目目标:开发一个融合历史文化展示与现代旅游服务的综合性景区。

151

项目活动	活动描述	前置条件	后续条件	预计持续时间	责任人
项目启动与规划	召开项目启动会议,明确项目目标、范围、时间计划和团队成员职责	无	项目总体设计规划	2周	项目经理
市场调研与需求分析	进行市场调研,了解游客需求,分析历史文化景区的市场定位与竞争优势	项目启动与规划	项目总体设计规划	3周	市场调研团队
项目总体设计规划	制定景区的总体设计规划,包括景区布局、功能分区、文化展示主题、建筑风格等	项目启动与规划、市场调研与需求分析	景区详细设计	4周	设计团队
文化内容策划	策划景区内的文化展示内容,包括展览内容、演出节目、文化体验活动等	市场调研与需求分析	景区详细设计	3周	文化策划团队
景区详细设计	进行详细的建筑设计、景观设计、基础设施设计,以及文化展示的具体设计	项目总体设计规划、文化内容策划	施工招标与准备	6周	建筑设计团队、景观设计团队

项目活动	活动描述	前置条件	后续条件	预计持续时间	责任人
施工招标与准备	编制施工招标文件,进行施工单位的招标及合同签订,完成施工准备工作	景区详细设计	基础设施建设	4周	采购与招标团队
基础设施建设	进行景区内的道路、水电、通信等基础设施建设	施工招标与准备	建筑与景观施工	12周	施工团队
建筑与景观施工	进行景区内的建筑物施工和景观建设,包括展览馆、演艺中心、游客服务中心等	基础设施建设	文化展示与体验设施建设	16周	施工团队
文化展示与体验设施建设	建设文化展示设施、互动体验设施,以及安装相关配套设备	建筑与景观施工	设备调试与验收	8周	施工团队、文化策划团队
设备调试与验收	对所有安装的设备进行调试,确保其正常运行,并进行项目整体验收	文化展示与体验设施建设	试运营	4周	施工团队、设备供应商
试运营	进行景区的试运营,收集游客反馈,完善运营细节	设备调试与验收	正式运营	4周	运营团队
正式运营	全面开放景区,正式投入运营	试运营	长期运营与维护	持续	运营团队

三、排列活动顺序

排列活动顺序指根据活动之间的逻辑关系,将所有定义好的项目活动按照合理的顺序排列起来,确保项目能够按计划有序进行。排列活动顺序的核心在于确定每个活动的前置条件和后续关系,以便形成一个清晰的活动执行路径。

活动顺序通常包括以下几种类型。

(1)从完成到开始(Finish to Start,FS):最常见的依赖关系,表示一个活动必须在前一个活动完成后才能开始,如图7-3(a)所示。

(2)从完成到完成(Finish to Finish,FF):一个活动必须在另一个活动完成之后才能完成,如图7-3(b)所示。

(3)从开始到开始(Start to Start,SS):一个活动必须在另一个活动开始后才能开始,如图7-3(c)所示。

(4)从开始到完成(Start to Finish,SF):这种依赖关系较为罕见,表示一个活动必须在另一个活动开始后才能完成,如图7-3(d)所示。

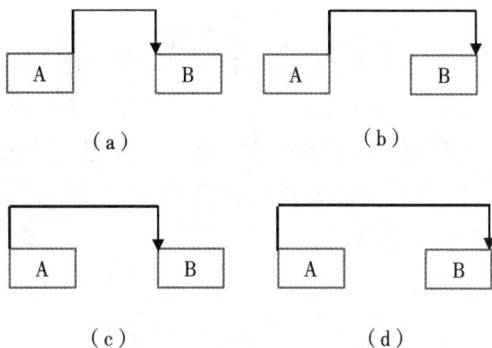

图7-3 活动间的依赖关系

项目一般通过构建项目进度网络图(如前导图法或箭线图法)实现排列活动顺序。

第四节 估算活动资源和持续时间

一、估算活动资源

估算活动资源指识别并量化人力、设备、材料、工具及其他相关资源的需求,以便在项目的执行阶段合理分配这些资源,确保每个活动都能按计划顺利进行。在估算活动资源时,项目团队会详细分析每个活动的要求,结合项目的范围、时间限制、预算和资源可用性,确定最佳的资源配置。在估算活动资源的过程中,历史数据法和专家判断法是两种常用且非常有效的工具与技术。

1. 历史数据法

历史数据指从过去类似项目中收集的资源使用信息,通常包括资源的类型、数量、使用时间、成本等方面的详细记录。历史数据可用于基于相似性估算、数据趋势分析和标杆比较。

(1)基于相似性估算:通过分析历史项目中类似活动的资源需求,项目团队可推断出当前项目活动的资源需求。

(2)数据趋势分析:使用历史数据识别资源使用的趋势和模式。例如,通过分析过去项目的资源使用效率,调整当前项目的资源配置策略。

(3)标杆比较:以历史数据为基准,将当前项目的资源需求与行业标准或其他类似项目进行比较,确保资源估算的合理性。

基于实际项目的经验,历史数据具有较高的客观性和可靠性,可以减少资源估算过程中的不确定性。但历史数据的适用性可能受项目环境、技术进步等因素的影响,在应用时需结

合当前项目的具体情况进行调整。

2.专家判断法

专家判断法指依赖具有丰富经验和专业知识的人员来估算资源需求。在实际项目中,历史数据法和专家判断法往往是结合使用的。项目团队可先依据历史数据进行初步估算,再在此基础上引入专家的判断进行验证和调整。通过综合应用历史数据的客观性与专家的经验智慧,项目团队能够更好地预测活动的资源需求,优化资源配置,从而提高项目的执行效率。

二、估算活动持续时间

估算活动持续时间指预测和确定完成每个具体项目活动所需的时间长度,涉及分析和评估活动所需的工作量、所用资源的效率,以及可能存在的风险和延误等因素。项目团队应为项目进度计划制定合理的时间安排。在这一过程中,项目团队通常会使用专家判断法、类比估算法、参数估算法和三点估算法等多种方法和工具,并结合历史数据和项目的具体情况,预测每项活动的持续时间。最终,对持续时间的估算结果将用于制订项目的详细进度计划,帮助项目按时完成并达到预期目标。

1.方法和工具介绍

(1)类比估算法。它指参考过去类似项目或活动的持续时间来预测当前项目活动的时间需求。

(2)参数估算法。它指通过数学模型或算法,将活动的关键参数(如工作量、资源数量)与时间持续量化关系联系起来,从而估算出活动的持续时间。常见的参数估算模型包括单位时间估算法、工作量定额等。

(3)三点估算法。它指通过考虑不确定性和风险估算活动持续时间,基于3个不同的时间估算值来计算加权平均值,分别是最乐观(Optimistic,O)时间——在最理想的情况下完成活动所需的最短时间;最可能(Most Likely,M)时间——在正常情况下完成活动所需的时间;最悲观(Pessimistic,P)时间——在最不利条件下完成活动所需的最长时间。

三点估算法有两个常用的分布公式:一是通过三角分布的公式估算活动的预期持续时间(TE),即 $TE=(O+M+P)/3$;二是通过贝塔分布的公式估算活动的预期持续时间(TE),即 $TE=(O+4M+P)/6$。在实际应用过程中,贝塔公式使用得更多。

此外,群体决策技术,如德尔菲法、头脑风暴法、名义小组技术等,以及储备分析(Reserve Analysis)也较为常见。

2.工具与技术的优缺点

这些工具与技术各具优劣。专家判断法适合在创新性强或缺乏历史数据的项目中使用,但主观性较强。类比估算法依赖历史数据,实施简单快捷,但精确度可能受项目差异的影响。参数估算法基于数学模型,精确度高且可重复性强,但依赖数据和模型的质量,且复杂度较高。三点估算法通过考虑不同情境下的持续时间,提供了更全面的时间估算,但依赖专家的判断。群体决策技术通过集体智慧提高估算的合理性和一致性,但可能耗时较长且组织复杂。储备分析通过为不确定性设置时间缓冲以增强项目的抗风险能力,但需准确的风险评估来支持。根据项目的具体情况和需求,项目团队可选择最合适的估算工具与技术,或结合多种方法以提高估算的和可靠性。

3. 工具与技术的应用

专家判断法在旅游项目中应用广泛。由于旅游领域常常缺乏标准化的数据,且项目活动具有高度的专业性和不确定性,依赖专家的知识和经验来估算时间非常重要。在会展活动项目中,类比估算法较为常用,项目团队可参考之前类似展会的时间数据估算新项目的活动持续时间。在一些创新性旅游项目中,由于没有可参照的先例,储备分析较为常用。项目团队通常会为关键活动预留时间储备,以应对潜在的风险,确保活动能够按计划进行。

第五节　制订进度计划

制订进度计划指在明确项目活动的基础上,根据活动之间的逻辑关系、资源可用性和时间约束条件,综合分析并确定项目的时间表。制订进度计划不仅包括安排各项任务的顺序,还涉及识别关键路径、调整时间表以平衡资源负载,为潜在的风险设置时间缓冲,最终制定详细的项目进度表,明确每项活动的时间安排和里程碑节点。为制定切实可行且有效的进度计划,项目团队通常使用多种工具和技术,如网络进度计划技术、项目进度网络图等。

一、网络进度计划技术

网络进度计划技术通过绘制项目活动的网络图,展示项目中各项任务的逻辑关系和相互依赖性。常见的网络进度计划技术包括关键路径法(CPM)和计划评审技术(PERT)。计划评审技术是一种常用的网络进度计划技术,主要用于处理项目中的不确定性,特别是在活动持续时间难以准确估计的情况下,可使用三点估算法对每个活动的持续时间进行估算(科兹纳,2023)。

二、项目进度网络图

项目进度网络图(Project Schedule Network Diagram)是以图形方式展示项目活动之间逻辑关系的图表。节点代表活动,箭线表示活动之间的依赖关系。常见的网络图包括前导图法(Precedence Diagramming Method, PDM)和箭线图法(Arrow Diagramming Method, ADM)等。项目进度网络图主要用于识别项目的关键路径和活动顺序,它的功能和应用如下:

(1)活动依赖关系管理。项目进度网络图能直观展示所有活动的逻辑依赖关系,帮助项目经理识别关键路径、计算项目的最短完成时间,以及识别可能存在的瓶颈和风险。

（2）关键路径分析。通过项目进度网络图,项目团队可进行关键路径分析,确定哪些活动对项目的总体工期至关重要,从而优先管理这些活动。

（3）活动调整优化。项目进度网络图提供了项目进度的整体视图,使项目团队能够进行活动调整和优化,如资源平衡、进度压缩等,从而提高项目的效率和灵活性。

（一）前导图法

前导图法,又称单代号网络图法、节点法、顺序图法,是常用的排列活动顺序的方法之一。图中以矩形或方框表示活动,以箭线表示活动之间的依赖关系。前导图法的优点是灵活性高,可以清晰地表示活动之间的各种关系,有助于项目团队全面理解任务的顺序和依赖性,广泛应用于关键路径法(CPM)中,如图7-4所示。

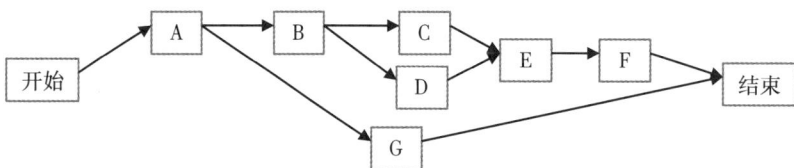

图7-4 前导图法示例

前导图法还可以表示为图7-5中的形式,假设设备采购是设计工作的紧后工作,图中左下角的数字代表活动序号,如设计工作的活动序号为1;而右下角的表示工期时间,如设计工作所需的时间为4周或4天。

图7-5 前导图网络计划

（二）箭线图法

箭线图法,又称双代号图法或活动箭线图法,是一种更为传统的方法。图中以箭线表示活动,以节点表示事件或里程碑。活动之间的逻辑关系通过节点连接来表示。箭线图法只有一种活动关系,即完成到开始(Finish to Start, FS)。这意味着一个活动必须完成后,另一个活动才能开始。与前导图法不同,双代号图不支持其他复杂的依赖关系,如开始到开始(SS)或完成到完成(FF)。

例如,A工作是B工作的紧前工作,或B是A的紧后工作,前导图法的表示方式如图7-6(a)所示,而箭线图法的表示方式如图7-6(b)所示。

箭线图具备以下一些优势:

（1）简单直观。箭线图通过箭线和节点展示项目活动的顺序,具有较强的直观性,易于了解和掌握活动的先后顺序。

156

（a）前导图法

（b）箭线图法

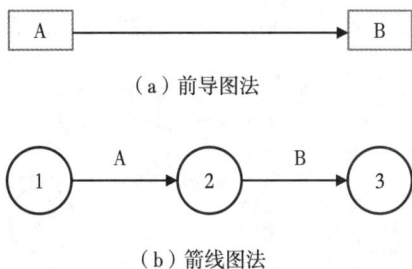

图7-6　前导图法和箭线图法的对比

（2）强调逻辑关系。箭线图强烈依赖于活动之间的逻辑关系,有助于项目经理清晰了解活动之间的依赖性,尤其适用于表示简单的项目流程。

（3）适用于关键路径法(CPM)。箭线图常用于关键路径法中,能帮助项目经理识别项目中关键活动的顺序,确保项目按时完成。

箭线图的绘制步骤如下:

第一步,列出所有活动。确定项目中的所有活动,并列出每个活动的名称、编号及持续时间。

第二步,识别活动的先后顺序。明确各个活动之间的依赖关系,哪些活动必须先完成,哪些活动可以同时进行。

第三步,绘制活动箭线和节点。根据活动的顺序,画出代表活动的箭线,并在适当的位置使用节点连接这些活动。

第四步,使用虚活动。如果某些活动之间有依赖关系,但没有直接工作内容,则使用虚活动来连接,确保图的逻辑正确。箭线图中的虚活动如图7-7所示,图中E就是虚活动。

图7-7　箭线图中的虚活动

第五步,标注活动时间。在箭线标注每个活动的预计持续时间,并通过图形计算活动的最早开始时间、最晚完成时间等。一般在箭头的上方表示活动,下方用数字表示时间。

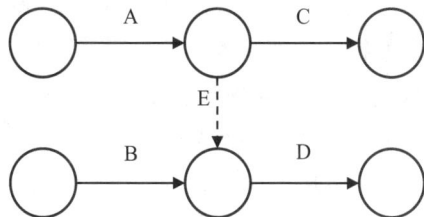

假设一个旅游项目的任务是建设一个文化展示馆,项目活动包括:

A——土地清理(持续时间为2周);

B——展示馆设计(持续时间为4周);

C——基础施工(持续时间为3周);

D——设备采购(持续时间为2周);

E——内部装修(持续时间为3周);

F——设备安装(持续时间为1周)。

如果活动A(土地清理)完成后,活动B(展示馆设计)和活动C(基础施工)可以同时进行。当设计完成后,活动D(设备采购)可以开始,基础施工完成后,活动E(内部装修)可以

开始。最终,设备采购和内部装修完成后,进行设备安装(活动F),完成整个项目。此流程以箭线图法表示,如图7-8所示。

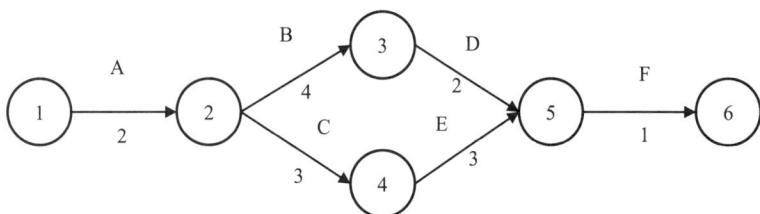

图7-8　箭线图法表示旅游项目的案例

（三）条件箭线图法

条件箭线图法（Conditional Diagramming Method,CDM）是一种更为复杂的项目活动排列方法,允许项目团队在活动之间引入条件性分支和循环。与传统的前导图法或箭线图法不同,条件箭线图法可以处理在项目过程中具有多种可能路径的情境,例如,当某些活动只有在特定条件下才会被执行,或者某些活动需要重复多次才能完成。CDM有两种方式绘制,一种是图示评审技术（Graphical Evaluation and Review Technique,GERT）,这是一种更为复杂的排列活动顺序的方法,它允许在活动之间设置概率分支和循环;另一种是系统动力学。

条件箭线图法具有以下几个特点:

（1）条件性分支。CDM允许在项目进度图中设置条件性分支,这意味着某些活动只有在满足特定条件时才会被执行。因此,CDM特别适合需根据实际情况动态调整活动顺序的项目。例如,在某些项目中,若检测结果不符合标准,则需重新执行测试活动,CDM能够很好地表示这种条件性逻辑。

（2）循环结构。CDM可以表示活动之间的循环关系。例如,在软件开发项目中,测试—修复—再测试的循环流程可通过CDM进行有效管理。

（3）非线性流程。与其他排列方法相比,CDM能够更好地处理非线性流程,即活动之间的关系不是简单的顺序关系,而是可能涉及多次回退或并行分支。因此,CDM在复杂项目中具有较大的优势,特别是需要多次迭代、反馈回路或并行处理的项目。

条件箭线图法主要用于以下几类项目:

一是复杂研发项目,如新产品开发、软件开发等,这类项目通常需要多次测试和迭代,且不同的条件可能导致不同的开发路径。

二是质量控制项目,这类项目需在质量不达标时反复进行检查、修正和重新测试,往往包含大量的条件性流程。

三是不确定性高的项目,这类项目在管理过程中存在多种可能的进展路径,并且可能需根据条件选择不同的路径。

CDM虽然功能强大,能够处理复杂的条件性逻辑和循环结构,但其实施难度也相对较高。CDM的图形结构较为复杂,需要项目团队具备一定的分析能力和项目管理经验。此外,随着项目的复杂性增加,使用CDM的项目管理图可能变得较难管理和维护。

三、关键路径法

关键路径法(Critical Path Method,CPM)是一种用于确定项目最早完成时间的分析技术。通过识别项目中所有活动的最早开始和最晚完成时间,关键路径法能够找出项目中不能出现任何延误的关键活动。所有的关键活动构成了项目的关键路径,任何关键路径上的延误都会直接导致项目的总体延误。CPM不仅可以帮助项目团队识别哪些活动必须优先考虑和重点监控,确保项目按时完成,还可以用于优化进度,通过调整关键路径上的活动压缩项目的总体时间。CPM提供了清晰的项目时间框架,有助于识别和管理关键活动,优化项目进度。

关键路径是项目中持续时间最长的一条路径,关键路径上的活动没有时间浮动(即无自由浮动和总浮动),任何延误都会直接导致整个项目的延误,因此,识别和管理关键路径上的活动是项目进度管理的核心。每个活动的持续时间是关键路径法的基础,通过对各个活动的时间估算,项目团队可以确定整个项目的最短完成时间。

早开始时间(Early Start,ES)指一个活动最早可以开始的时间,早完成时间(Early Finish,EF)指一个活动最早可以完成的时间。

晚开始时间(Late Start,LS)指一个活动最晚可以开始且不会延误项目工期的时间,晚完成时间(Late Finish,LF)指一个活动最晚可以完成的时间。

浮动时间(Float or Slack)指一个活动可以延迟但不影响项目总体完成的时间。关键路径上的活动通常没有浮动时间(即浮动时间为零),非关键路径上的活动可能具有一定的浮动时间。

关键路径由最早完成时间等于最晚完成时间的活动组成。关键路径上的所有活动浮动时间为零,意味着这些活动没有任何延迟余地。例如图7-9中,加粗线表示该项目的关键路径,即项目中持续时间最长的路径。

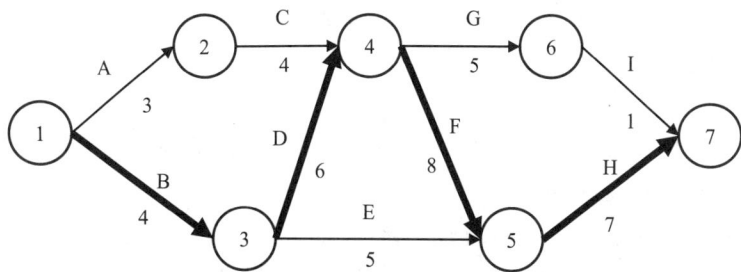

图7-9 关键路径法的识别

关键路径法是项目管理中的重要工具,通过识别和管理项目的关键路径,项目团队能够更好地规划和控制项目进度,确保项目按时完成。

四、甘特图

为有效地制定和监控项目进度,项目经理通常使用甘特图、里程碑图和项目进度网络图这3种常见的工具。每种工具各有其独特的功能和应用场景,能够帮助项目团队可视化项目的进度和任务安排。

甘特图是项目管理过程中广泛使用的工具之一,它是一种条形图,用于展示项目时间表和任务进度,如图7-10所示,横轴代表时间,纵轴代表项目的各项任务或活动。每个任务的开始时间、持续时间和结束时间都以条形表示在图中,以便查看项目的整体进度。甘特图的功能和应用如下:

(1)进度跟踪。甘特图允许项目团队实时跟踪每个任务的进展,并标示出任务是否按计划进行。若某个任务延误,甘特图能直观地显示其对后续任务和项目整体进度的影响。

(2)任务依赖关系展示。甘特图可以展示任务之间的依赖关系(如前置任务和后续任务),帮助项目经理了解任务之间的逻辑顺序。

(3)资源分配。甘特图还可结合资源分配信息,帮助项目团队管理资源使用情况,确保资源合理分配,避免资源过度使用或闲置。

甘特图简单直观、易于理解和操作,适用于项目进度的日常管理和跟踪。但对于大型复杂项目,甘特图可能显得过于冗长、难以管理和更新。此外,甘特图对任务之间的复杂依赖关系和并行任务处理不如其他工具(如项目进度网络图)有效。

	1	2	3	4	5	6	7	8	9	10
机房装修	■	■	■	■	■					
房面布置						■	■			
网络布线						■		■		
硬件安装							■		■	
软件调试										■

图7-10　甘特图示例

五、里程碑图

里程碑图是一种用于展示项目中关键节点或事件的图表,这些节点通常被称为“里程碑”。里程碑指项目中的重要进展点,标志着一个阶段的完成或某个关键成果的交付。里程碑图以时间线形式展示各个里程碑的发生时间,使项目团队和干系人能够清楚地看到项目的主要进展情况。里程碑图的功能和应用如下:

(1)关键进展监控。里程碑图能够帮助项目经理和干系人关注项目的关键进展节点,确保这些节点按时达成。

(2)项目沟通工具。里程碑图简洁明了,适合作为项目进展汇报的工具,尤其是在与高级管理层或外部干系人沟通时,能够直观展示项目的总体进度和重要事件。

(3)项目阶段划分。通过设置里程碑,项目可以被清晰地分为若干阶段,每个阶段都有明确的开始和结束点,有助于逐步推进项目并进行阶段性评估。

里程碑图简洁明了,能够有效突出项目的关键进展点,便于与非技术干系人沟通。里程碑图关注的是重大进展节点,而不是详细的任务计划,因此,它无法显示每个任务的具体进度或时间安排,适合与其他工具结合使用。某旅游规划项目的里程碑图如图7-11所示。

	一月	二月	三月	四月	五月	六月	七月	八月
签订规划合同			△					
开展现场调研				△				
完成调研报告					△			
形成初步规划						△		
完成最终规划							△	
生产计划完成								△

图 7-11 某旅游规划项目的里程碑图

第六节 计划实施和控制进度

计划实施和控制进度涉及将项目的进度计划付诸实施,并在执行过程中持续监控和调整,确保项目按时完成。这一过程不仅要求对项目的执行情况进行实时跟踪,还需在发现偏差时迅速采取纠正措施,保持项目的进度与计划一致。

计划实施指将项目进度计划转化为实际行动。在这一阶段,项目团队按照已制定的时间表和任务安排,逐步执行项目的各项活动。计划实施包括以下几项关键活动:

(1)资源分配与管理;

(2)任务执行;

(3)沟通与协作;

(4)进度跟踪。

进度控制指在项目实施过程中对进度进行持续监控和管理,目的是确保项目的实际进展与计划保持一致,或在必要时进行调整。进度控制包括以下几项关键活动:

一是进度监控。通过进度管理工具(如甘特图、项目管理软件等),项目团队可持续监控项目的进展情况。

二是偏差分析。当实际进度与计划发生偏差时,项目团队需分析偏差产生的原因,评估其对项目整体进度的影响,可能涉及识别瓶颈、资源短缺、任务依赖关系异常等。

三是调整措施。根据偏差分析的结果,项目团队可能需要采取如调整任务顺序、增加资

源投入、加快关键路径活动等措施,将项目进度重新拉回计划轨道。

四是变更控制。

五是进度报告。项目团队定期向项目干系人报告进度情况,确保所有相关方均了解项目的最新进展、潜在风险和应对措施。

常用的两种进度控制工具和技术是进度偏差分析和进度压缩技术。

一、进度偏差分析

进度偏差分析(Schedule Variance Analysis)用于衡量项目实际进度与计划进度之间的差异。通过分析进度偏差,项目团队可识别哪些活动超前或落后于计划,并采取相应的纠正措施。

进度偏差通常通过挣值管理(Earned Value Management,EVM)中的进度偏差(Schedule Variance,SV)指标来计算,其公式为 $SV=EV-PV$。其中,EV(Earned Value)为已完成工作量的挣值,PV(Planned Value)为计划工作量的预算值。若SV值为正数,表示项目超前于计划;若SV值为负数,表示项目落后于计划。项目团队通过分析SV值,识别进度偏差的根本原因。

二、进度压缩技术

进度压缩技术(Schedule Compression Techniques)指在不改变项目范围的前提下,通过调整活动安排和资源分配来缩短项目工期。常用的进度压缩技术包括赶工(Crashing)和快速跟进(Fast-Tracking)。

赶工指通过增加资源投入缩短关键路径上活动的持续时间。赶工通常涉及加班、增加人力或增加设备,可能会增加项目的成本。若某项关键活动(如景区核心建筑的施工)出现延误,项目团队可通过增加施工人员或延长工作时间进行赶工,确保项目不因该活动延误而影响整体工期。

快速跟进指通过并行执行本应按顺序进行的活动,以缩短项目工期。快速跟进可能会增加项目的风险和质量问题。例如,在设计尚未全部完成的情况下提前开始施工。

在项目管理过程中,尽管制订了详细的进度计划,不可预见的变化和延误仍然可能发生。这些变化可能来自外部因素,如市场变化、供应链中断、自然灾害等;也可能来自内部因素,如资源短缺、技术问题或人员变动等。为确保项目能够继续推进并最终成功,项目经理和团队需要具备灵活应对这些挑战的能力。

思考题

(1)单代号图和双代号图的区别在哪里?为什么说项目管理信息系统广泛应用后,单代号图更流行?

（2）当项目遭遇进度延误或需要提前完成时，进度压缩技术（如赶工和快速跟进）可以缩短工期，但也可能伴随风险和额外成本。请思考进度压缩技术可能带来的风险和成本。

（3）是否存在多条关键路径的情况？如果存在，关键路径越多，对项目而言意味着什么？

（4）有哪些方法可以估计活动的持续时间？这些方法各有何优劣？

第八章 →

旅游项目成本管理

学习目标

（1）熟悉资源计划矩阵、资源数据表、资源甘特图和资源负荷图等规划成本管理工具。

（2）熟悉对旅游项目所需资金进行估算的方法与技巧。

（3）掌握挣值分析法、预测总成本法和项目费用分析表法。

（4）了解旅游项目的成本监控以及成本基准变更的流程和方法。

第一节 规划成本管理

大型活动项目花销大、涉及面广，成本管理对确保项目成功至关重要。旅游项目的成本管理必须在初期规划阶段就做好精细化预算，并在项目推进过程中严格控制各类成本。

项目成本管理指对项目实施过程所需的全部费用进行合理的确定和有效的控制，确保项目在批准的预算内完工，即总费用不超过批准的预算。在项目生命周期中，不同阶段的项目成本各有不同。项目定义阶段的市场调查费、可行性研究费，以及项目规划阶段的策划费、设计费和招投标费，成本相对较低。投入资源及劳动力最为集中的是项目执行阶段，产生的建筑与施工费、设备与技术费、市场推广费、财务与法律咨询费等较多，成本相对较高，也更需要进行成本管理。项目成本管理既要关注项目活动所需资源的成本，又要考虑项目决策对使用成本、维护成本和支持成本的影响。例如，限制设计审查的次数虽能直接降低项目成本，但可能间接增加产品的运营成本。

任何项目的投资机会分析、可行性研究、规划设计、招投标、实施、竣工验收等环节都需投入资源、设备和人力等，其货币体现就是项目成本。规划成本管理是为规划、管理、花费和控制项目成本而制定政策、程序和文档的过程,旨在为如何管理项目成本提供指南和方向。项目应在规划阶段的早期对成本管理工作进行规划,建立各成本管理过程的基本框架,以确保各过程的有效性及各过程之间的协调性。

一、规划成本管理的指导原则

在初步进行成本管理规划时,需遵循以下原则:

(一)生命周期成本最低原则

旅游项目的生命周期成本涵盖从项目调研、开发、维护到产品终止的全部费用。例如,一个旅游景区开发项目的成本不仅包括建设费用,还需计算未来的运营和维护费用。项目管理者应考虑整体生命周期成本,而非仅追求短期的低建设费用。

(二)全面成本管理原则

旅游项目的成本受多个因素影响,如项目范围、质量、时间等。只有全面管理每个环节的成本,才能最大限度地控制预算并避免超支。

(三)成本责任制原则

将成本控制责任分配到具体的团队成员和任务中,有助于团队成员增强成本意识,确保项目的顺利实施并提高团队的协作效率。

(四)事前控制优先原则

项目经理应根据正常的资源使用情况进行时间和成本的估算,并建立灵活的应急基金,以应对不可预见的事件或物价上涨。此外,在实施过程中,应及时监测成本趋势并提前采取措施,避免项目成本失控。

二、资源计划

资源计划指识别、分配和管理项目所需资源,确保项目顺利实施并控制成本。资源计划涉及各种资源的有效规划与调度,包括具体工作包的资源需求安排,一般使用便于资源统计或说明的图表予以反映,主要包括以下几种:

(一)资源计划矩阵

资源计划矩阵是WBS的直接产品,根据WBS对项目资源进行分析、汇总,明确规定了每个工作包需要什么类型的资源及数量(孙裕君、朱其鳌,2010)。表8-1为某会展项目的资源计划矩阵示例。其中,P指人力资源,S指设备、材料等资源。

表8-1　某会展项目的资源计划矩阵示例

活动	资源需求							
	人力资源(P)	场地/设备(S)	市场广(P)	技术支持(P)	财务支持(P)	法律/行政(P)	风险管理(P)	供应商/物流(S)
识别需求	P		P	P	P	P	P	
确认需求	P		P	P	P	P	P	
制订计划	P	S	P	P	P	P	P	S
宣发统筹	P		P	P	P		P	
招商统筹	P		P	P	P		P	
报批统筹	P			P	P	P	P	
硬体搭建	P	S		P	P	P	P	S
展位统筹	P	S		P	P	P	P	S
票务管理	P	S	P	P	P		P	
后勤统筹	P	S		P	P		P	S
视觉设计	P			P	P		P	
财务管理	P				P		P	
现场管理	P	S		P	P	P	P	S

（二）资源数据表

资源数据表主要体现各个项目进度阶段中的资源使用和安排情况,如表8-2所示。表中的数值代表工作的人数。

表8-2　旅游项目的资源数据表示例

需求资源种类	项目进度阶段(周)													
	1	2	3	4	5	6	7	8	9	10	11	12	13	14
导游人员			2	3	3			3	3	4				
市场推广团队	3	3	4		5	4								
设备和设施			2	4	3			3						
财务支持	2	2	2	2								3	3	3
法律和行政	1	1												
技术支持		3	2	3	4									
客户服务团队						2	3		4	3	3	3		
风险管理团队		1		2			2							

（三）资源甘特图

资源甘特图是资源数据表更加直观的形式，显示资源在各个项目阶段被占用的情况。由于其简洁明了的特征，资源甘特图常被项目管理者使用。某会展项目的资源甘特图如图8-1所示。

时间（周）		1	2	3	4	5	6	7	8	9	10
展会规划与设计	需求分析	■									
	场地选择与租赁	■	■								
	项目预算制定		■								
参展商管理	参展商招募			■	■						
	展位分配与设计				■	■					
	展品运输与管理						■				
宣传与市场推广	宣传材料设计与制作			■	■						
	媒体合作与广告投放					■	■				
	社交媒体推广						■	■	■	■	
场地设计与搭建	展会布展设计							■			
	场地搭建与布局								■	■	
	技术设备安装与调试									■	
活动管理与执行	开幕仪式策划与执行										■
	VIP接待与管理										■
	问题处理与应急响应										■
后勤与支持	安保管理								■	■	■
	餐饮和场地服务									■	■
	场地清洁与维护									■	■
技术支持	网络设备安装与维护								■		
	电子签到与票务管理									■	■
	数据与信息安全保障									■	■
财务与合同管理	成本估算与预算控制	■	■								
	合同管理与供应商支付			■	■	■	■	■	■		
	赞助商管理与资金到位			■	■	■	■	■	■	■	
展会结束与评估	展会撤展与现场清理										■
	数据分析与总结报告										■
	展会总结与经验分享										■

图8-1　某会展项目的资源甘特图

（四）资源负荷图

资源负荷图用于反映随着项目进展，资金、劳动力、专用设备等资源被消耗或被利用的情况。每个资源负荷图对应一种特定资源，如图8-2、图8-3所示。

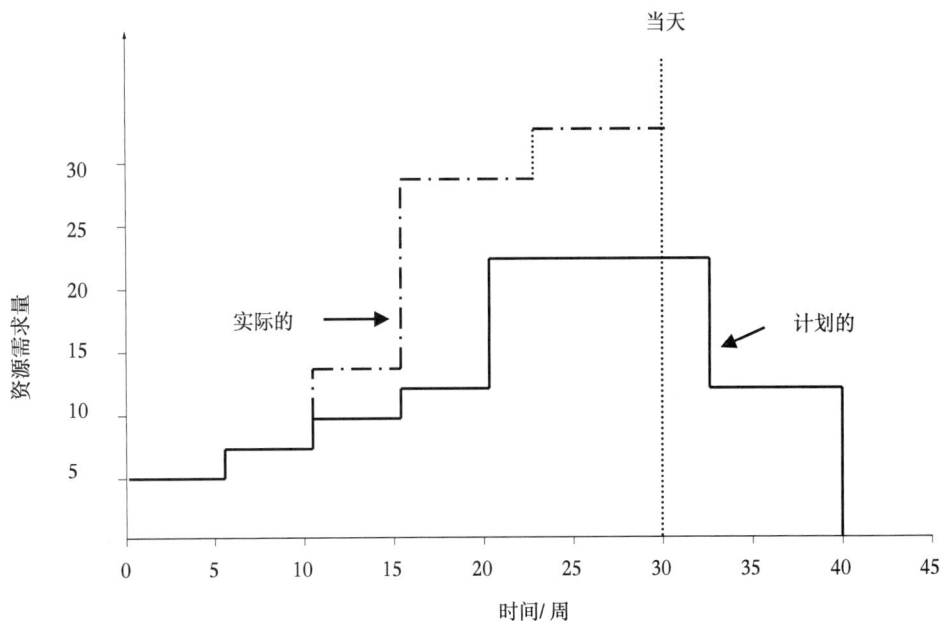

图8-2　资源负荷图示例

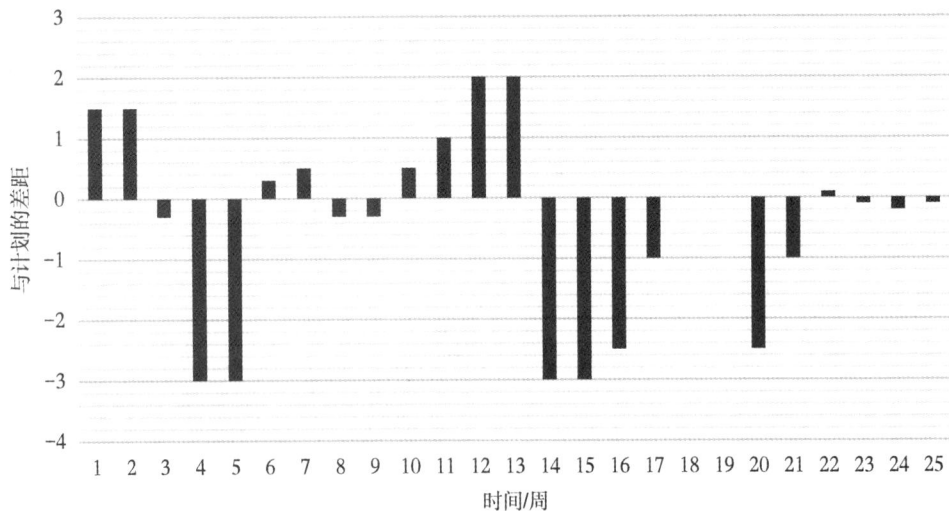

图8-3　人力资源负荷图的偏差变化示意图

三、项目成本构成

旅游项目成本包括直接成本和间接成本。

（一）直接成本

直接成本指在项目活动中为实现项目目标直接产生的费用，通常可归入具体的工作包中。直接成本具体包括以下几种：

（1）人工费，即支付给项目各类工作人员（如规划人员、导游、技术人员、工程师等）的报酬，包括工资、津贴和奖金。

（2）材料费，即购买项目建设和维护所需的各种物料（如建材、宣传材料等）的费用。

（3）设备费，即购买、租赁和维护用于景区开发的各类设备（如安保系统、通信设备、户外基础设施等）的费用。

（4）外包费，即将某些项目工作外包给具备特定专业技能的公司或团队时产生的费用。例如，景区建设中的水电工程、景观设计等可能需外包给专业的承包商。

（5）差旅费，即旅游项目开发过程中项目组成员的出差费用，尤其是在进行实地考察、与当地政府和社区协商、调研资源时产生的交通费、住宿费、餐饮费等。

在不同类型的旅游项目中，直接成本的构成比例会有所不同。例如，在生态旅游开发项目中，建筑设施和环保设施的设备与材料费用占比更大，而在文化旅游项目中，人工费可能占比较大。直接成本是真实的现金流出，在项目进行中必须及时支付。

（二）间接成本

间接成本指不直接作用于项目具体产出，但对项目整体运作而言必不可少的费用，具体包含以下几种：

（1）管理费用，包括旅游项目管理团队的管理人员工资、行政管理费用等，这些费用并不直接归属于某个具体工作包，而是贯穿项目全过程。

（2）运营成本，包括旅游项目运营期间的办公场所租赁费、公用设施费、项目所需保险费等。

（3）融资费用，涉及贷款利息、手续费用等，例如大型旅游开发项目初期往往需通过融资筹集资金。

（4）税费和许可费，是旅游项目中的固定开支，包括项目所在地方政府的税金、许可申请费用及环保合规费用等，与旅游项目的长期合法运营息息相关。

（5）项目启动费用，包括前期的市场调研、供应商选择和合同谈判等所产生的人力和物力成本等。

间接成本往往按照时间进度进行分摊，并且会随着项目的推进而逐步累积。虽然这些成本对项目的具体产出并没有直接贡献，但对项目的持续运作和顺利完成具有重要作用。对旅游项目经理来说，控制间接成本是成本管理中的一个重点。过高的间接成本不仅会增加整体预算，还可能影响景区建设项目的最终经济效益。

四、规划成本管理的主要依据

旅游项目成本管理的规划需考虑完成项目活动需要哪些资源,如人力、设备、材料、技术等,以及项目每一项工作的执行需要多少资源。规划成本管理主要涉及以下几项依据:

（一）项目管理计划

首先,工作分解结构（WBS）通过细化项目工作任务,有助于准确估算所需的资源种类和数量。其次,项目工作进度计划明确了项目任务的时间安排以及每项工作在何时需要何种资源,成本管理计划可围绕进度安排进行制订。最后,资源安排的描述和标准定额（包括人力、物力、资金消耗的标准）都应在资源和成本计划中予以体现。此外,与进度、风险和沟通决策等相关的其他信息同样是制订有效成本管理计划的依据。

（二）项目章程

作为项目启动的重要文件,项目章程由项目发起人或启动人发布,明确了项目的总体预算及成本框架,不仅授权项目经理组织资源开展工作,还提供了项目成本管理的初步依据。项目章程规定中的项目目的、预算及其他审批文件为项目成本的管理提供了方向。

（三）组织策略

企业的人员组织、设备获取方式（如设备租赁或购买）、外包与内部人员的使用策略等,都会对成本产生直接影响。企业的组织策略通常会受外部环境因素的制约,如市场条件、货币汇率和人力资源成本等,这些外部因素的变化可能会使成本估算产生波动。在旅游项目管理中,项目团队需根据事业环境因素,制定灵活的成本管理策略,尤其是在不同市场环境中运营的项目,需考虑全球及本地市场的供应条件、资源可获取性等。

（四）组织过程资产

组织过程资产是企业在项目管理过程中积累的知识和经验,包括财务控制程序、历史项目信息、财务数据库等。历史信息和经验教训可为资源需求的估算提供参考,财务控制程序可确保项目的成本支出和支付流程符合既定的财务标准。此外,成本估算和预算的政策、程序、指南等文件,也为项目成本管理提供了重要的制度保障。

五、规划成本管理的方法

在项目成本管理计划的制定过程中,常用的方法包括专家判断法、选择确认法和数学方法,每种方法在资源分配和成本控制上有不同的优势和应用范围。

（一）专家判断法

专家判断法指专家基于历史数据、项目环境及类似项目的经验,针对成本计划的制订提供专业知识作为参考,适用于信息不全时或项目初期阶段。专家可能包括顾问、行业专家、技术人员和管理人员等。

（二）选择确认法

选择确认法指通过团队讨论和方案比较确定最优的成本管理计划。项目经理、发起人、团队成员及其他相关人员共同参加规划会议，通过头脑风暴法评估不同方案。通常有两种资源选择策略：一种是优先选择成本较低的资源，另一种是根据工期要求选择效率较高的资源。进行资源组合时，可通过搭配廉价资源和昂贵资源提高资源利用率。例如，增加低成本的一线工人数量，以充分使用昂贵的设备，平衡整体成本。

（三）数学方法

数学方法指通过网络建模、计算机仿真技术等辅助制定成本管理决策。企业可利用数学模型分析不同策略的潜在影响，制订更科学的成本管理计划。网络计划技术中的资源分配模型和资源均衡模型是常用的数学方法，可帮助优化资源配置，提高成本控制的精确度和科学性。

六、成本管理计划

成本管理计划旨在描述如何规划、安排和控制项目成本，包括成本管理过程及相关工具与技术。在制订成本计划时，需要遵循3个步骤：

第一步，明确成本计划的最终用户及其目的，据此选择合适的成本计划形式和格式；

第二步，拟定成本计划的到期日，以及成本审核的细节；

第三步，确定成本计划的准备成本，通知最终用户所需的成本。

因此，成本管理计划包括但不限于以下3个部分：

一是在计划阶段编制的成本计划；

二是预先确定的资源需求；

三是具体工作包的资源需求安排。

表8-3所示为旅游项目成本管理需要包含的内容。

表8-3　旅游项目成本管理计划要素

要素	具体内容	所需图表或文档
项目管理目标	明确项目的总体目标	项目目标描述文档
成本管理目标	在计划阶段编制的成本计划	文本描述
成本估算方法	对如何估算项目各项工作的成本的说明	估算方法、成本估算表、参数估算表
资源需求计划	对预先确定的资源需求的详细描述	WBS结构图、资源负荷图、资源计划矩阵、资源数据表
项目工作进度计划	具体工作包的资源需求安排	资源甘特图、项目时间表

要素	具体内容	所需图表或文档
成本预算编制	项目的简要成本预算	成本分布表、项目预算表、条形图
成本控制措施	项目成本控制方法的简要描述	挣值管理表、成本控制折线图
偏差管理和应急措施	对允许的成本偏差范围的定义（如±5%）	偏差分析表、偏差范围柱状图
应急储备规划	对应急储备的资金量及使用条件的规定	应急储备表、储备资金计划表

成本管理计划示例如图8-4所示。

项目名称：_____   日期：_____

计量单位	精确度	精准度

组织程序链接

控制临界值

绩效测量规则

成本报告信息和格式

其他细节

图8-4　成本管理计划示例

第二节 成本估算

成本估算是对完成项目所需的资源成本(如人力、材料、设备等)进行量化评估的过程,通常基于市场价格信息及资源需求进行。成本估算的目的是确定完成旅游项目所需的资金量,确保项目在预算内顺利实施。

成本估算可针对各个具体活动进行,也可以汇总形式呈现。通常,成本估算会使用特定货币单位(如美元、欧元等),但在特殊情况下也可使用人时数或人天数等作为单位,方便跨项目比较和减小通货膨胀的影响。精确的成本估算是编制成本预算的基础,同时决定了项目的进度安排。估算不准确会对项目启动与完成造成影响,估算过高可能使团队丧失竞争力,估算过低则可能导致项目亏损或质量下降。

成本估算并非一次性的工作,而是贯穿于旅游项目的整个生命周期。旅游项目往往会经历范围变更,同时利率、资源价格、通货膨胀等因素也会影响成本估算的精确度。项目团队应定期根据阶段性的详细信息对估算结果进行调整,以提高准确性。一般而言,在项目启动阶段,估算的不确定性较高,但随着项目的推进,信息越来越明确,估算的误差范围可缩小到-5%—10%。在估算过程中,还需特别关注两个方面:一方面是识别和分析备选方案,进行成本权衡。例如,在自制与外购、购买与租赁之间进行比较,有助于项目优化成本分配。另一方面是权衡应急储备和费用交换的影响。例如,延长工作时间可能减少直接费用,但也可能导致项目工期延迟;相反,增加费用投入可以缩短项目时间。

一、成本估算的主要依据

在旅游项目管理中,成本估算的主要依据包括以下几点。

(1)工作分解结构(WBS):WBS通过分解项目活动,确定需要估算费用的工作内容,确保所有工作都得到评估。

(2)资源需求计划:资源需求计划不仅明确了项目执行过程中所需的各种资源,还涉及人员配备、人工费率及奖励机制等细节。

(3)成本管理计划:成本管理计划规定了如何管理和控制项目的成本,包括成本估算的方法和准确性要求。

(4)项目进度计划:旅游项目的进度计划决定了资源使用的时间和数量,进度计划中的延误或提前都会对成本产生影响。

(5)项目范围基准:项目范围基准包括范围说明书、工作分解结构(WBS)和相关法律合同等。旅游项目的范围说明书明确了项目的边界、假设和制约条件。

(6)组织过程资产:如历史数据和经验教训,能够帮助项目团队优化成本,避免重复错误。

173

（7）风险登记册：风险登记册记录了风险分析和应对措施。成本估算应考虑可能的风险成本和节约成本的机会，如天气影响可能导致行程延误或费用增加。

（8）事业环境因素：事业环境因素指项目团队无法控制但会影响项目成本的条件，包括市场状况和公开的商业信息。事业环境因素涉及全球或地区的供需情况、材料价格波动等方面。

二、成本估算的方法

（一）专家判断法

专家判断法是在信息不全面、无法进行详细的成本估算时采取的经验型方法。基于已有的项目历史信息，此法不仅可以针对项目环境及以往类似项目的信息提出有价值的见解，还可以对是否综合使用多种估算方法，以及如何权衡不同方法做出判断。

（二）类比估算法

类比估算法指以以往类似旅游项目的参数（如行程范围、预算、持续时间等）或规模指标（如游客人数、景点数量、活动复杂性等）为基础，估算当前项目的相关参数，并根据新旧项目的差异进行适当调整。这是一种粗略的估算方法，尤其适用于项目信息不够详细的早期阶段，或需快速预估成本的场景。例如，一个增加了额外景点和高端酒店的新项目，相较于以往的项目需适度上调成本。此外，专家或项目经理采用类比估算法时，通常也会结合项目类型、活动安排、游客需求等多个因素进行调整。若参考的项目是几年前完成的，则必须根据当前的物价水平、市场波动情况和通货膨胀率进行修正。

类比估算法与其他估算方法相比，成本较低、耗时较少，但其准确性也较低。这种方法在当前旅游项目与以往项目相似度高、结构相近时较为实用。例如，当旅游项目的行程、规模、活动安排与先前的项目几乎一致时，类比估算法会提供较为可靠的成本预估。在旅游项目的早期阶段，特别是信息不足时，类比估算法可为项目经理快速提供预算框架和初步资金规划，但后期仍需通过更加精细的估算方法进行修正和优化。类比估算法的常用公式如下：

$$C_e = \left(C_p \times S_e\right)/S_p$$

其中，C_e、C_p分别为新项目估算成本、旧项目实际成本；S_e、S_p分别为新项目规模、旧项目规模。（陈关聚，2021）

（三）参数估算法

参数估算法指利用历史数据之间的统计关系和其他变量建立定量模型，进行项目工作的成本估算方法。历史项目的关键指标可以是物理特征，如面积、体积、重量或容量，也可以是性能特征，如速度、产出率、强度等。在操作过程中，可利用统计软件建立成本与参数之间的多元回归模型，若模型经检验后成立，则说明可使用模型进行新项目成本的预测。参数估算法的准确性取决于模型的成熟度和基础数据的可靠性。项目特性的不同,参数估算模型的复杂程度也不同。例如,建筑费用的估计较为简单,通常是建筑面积的简单函数(如 $y=ax$);但软件开发费用的模型通常就需要许多独立的因素加以描述,相对更为复杂(通常涉及回归指数,如 $y=ax^n$)。若模型依赖于历史信息,模型参数易于量化,且模型应用仅限于项目范围的大小,则参数估算法是较为可靠的方法。此外,也可通过绘图确定最合适的方程:将以前项目的所有数据点绘制到一个图表中,一般最合适的方程类型是可以通过所有数据点的方程,即成本估算关系曲线上,所有数据点的垂直距离之和等于成本估算关系曲线下所有数据点之和。

（四）自下而上估算法

自下而上估算法是对工作组成部分进行估算的一种方法,是最准确的估算方法,与实际成本大概存在 5% 的偏差,但自下而上估算法投入估算的精力和成本相对较大(师守祥、耿庆汇、尹改双,2013)。自下而上估算法的准确性及所需成本,通常取决于单个活动或工作包的规模和复杂程度。当项目中有定额标准时,成本估算较容易;项目中非标准任务越多,经验性的估算内容就越多,误差也相对较大。自下而上估算方法可作为一种参与式管理方法,让对资源需求状况更为了解的一线项目人员参与资源估算,能使估算结果更可靠、成本预算更容易被接受,也有利于提高工作效率。

自下而上估算法的操作一般可分为3个步骤:首先,项目成员根据历史信息、类似项目、标准手册、参考资料和个人经验,估算工作包各活动的成本,包括时间成本、人工成本、材料成本和设备成本。其次,项目成员将工作包成本估算结果提交给活动负责人检查。活动负责人检查后,提交给交付物负责人汇总与检查。最后,项目经理汇总所有主要交付物的成本估算数据,再加上适当的间接成本(如一般管理费用、应急准备),以及最终项目预算需考虑的其他问题,最终形成项目的成本估算。

自下而上估算法也存在较为明显的缺陷。在实际估算中,一线项目人员出于对项目经理削减预算的担心,同时也希望通过节约预算获得奖励,会倾向于高估成本。而管理人员习惯于认为一线员工会过高地进行成本估算,以在未来获取较高的费用支持,因此会按一定比例削减下层制定的成本估算。图8-5为使用自下而上估算法估算某会展项目成本的示意图。

（五）自上而下估算法

自上而下估算法和自下而上估算法相反,是从上往下逐步估计,多在有类似项目已完成的情况下应用。与类比估算法相似,自上而下估算法也可以与专家判断法一起使用。此外,自上而下估算法还有一个常用的技术——分配法,即当前项目在特性和成本方面与过去的项目密切相关时,可依据过去项目的平均成本百分比,将成本分配到工作分解结构的每个可交付成果中。图8-6为使用自上而下估算法估算某音乐节项目成本的示意图。

175

（六）三点估算法

三点估算法是考虑到估算中的不确定性与风险,进而使用三种估算值来界定活动成本的近似区间的成本估算方法。三点估算法可提高活动成本估算的准确性。三种估算值包括:最可能成本(C_m),对所需进行的工作和相关费用进行比较现实的估算得到的活动成本;最乐观成本(C_o),基于活动的最好情况进行估算得到的活动成本;最悲观成本(C_p),基于活动的最差情况进行估算得到的活动成本。可根据上述三种估算值,使用特定的公式计算预期成本(C_e)及其不确定区间。常用的公式有三角分布公式和贝塔分布公式。

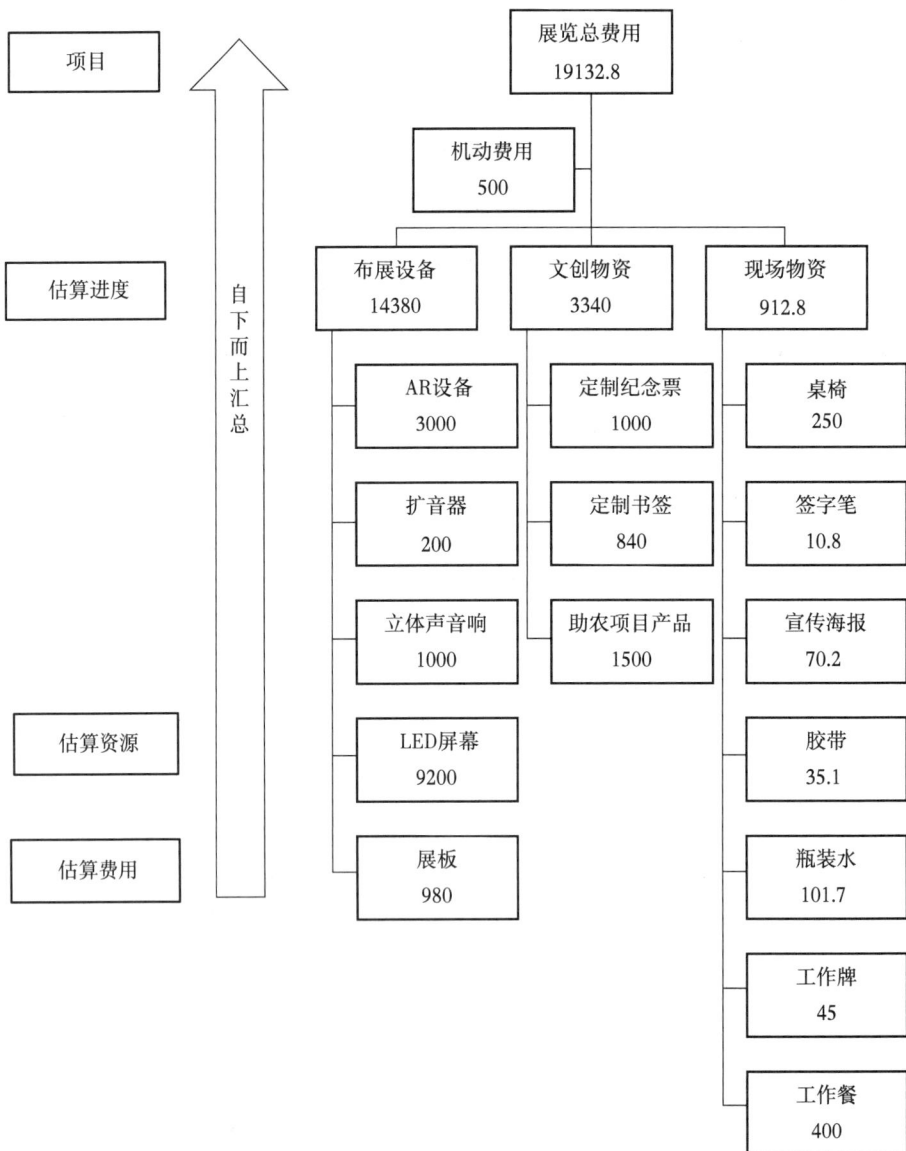

图 8-5　使用自下而上估算法估算某会展项目成本的示意图(单位:元)

177

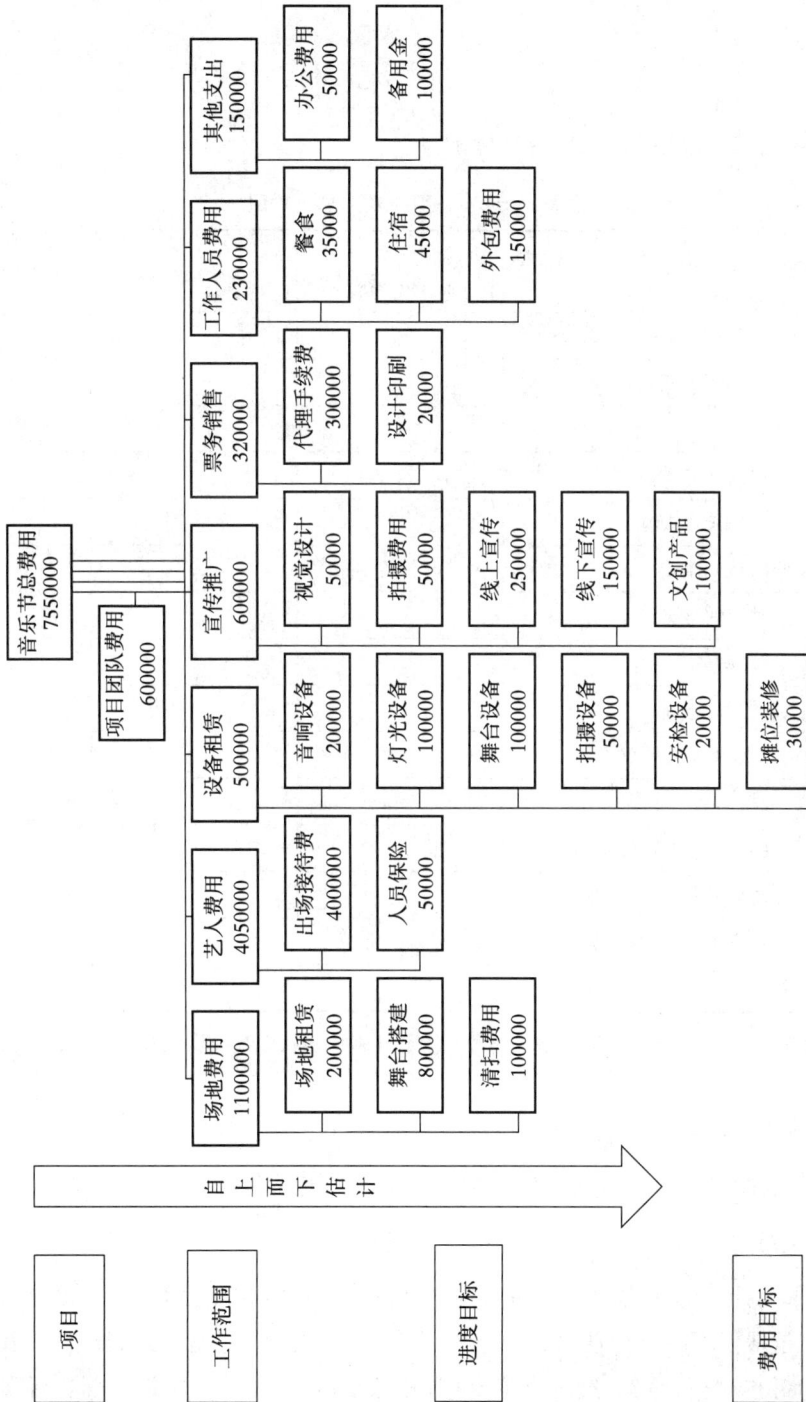

图 8-6　使用自上而下估算法估算某音乐节项目成本的示意图（单位：元）

三角分布：

$$C_e = \left(C_o + C_m + C_p \right) \big/ 3$$

贝塔分布：

$$C_e = \left(C_o + 4C_m + C_p \right) \big/ 6$$

成本估算技术的总结对照如表8-4所示。

表8-4　成本估算技术的总结对照

情形	类比估算法、自上而下估算法	参数估算法	自下而上估算法
显示估算资金的多少	√	√	√
持续运行中小型项目的组织	√	√	√
运行大型项目的组织	√	√	√
根据以往经验	√	√	
较高的精确度要求			√
较低的精确度要求	√	√	
短时间的准备	√		
中等时间的准备		√	
长时间的准备		√	√
项目筛选、预测需要的估算		√	√
预算授权需要的估算			√
成本建议/更改订单需要的估算			√
在项目生命周期的早期进行决策	√		
在项目定义/早期设计的估算		√	
在执行之前设计充分完成的估算			√

（资料来源：拉斯·J.马蒂内利、德拉甘·Z.米洛舍维奇《项目管理工具箱（第2版）》，有变动）

三、成本估算的结果

估算结果的输出包括项目成本估计和成本估算详细说明两种方式。

（一）项目成本估计

项目成本估计是对完成项目工作所需各种资源的成本量化估算，应该覆盖活动所使用的全部资源，包括但不限于劳动力、原材料、库存、设备、服务、设施、信息技术，以及一些特殊的成本项，如折扣、费用储备、融资成本（包括利息）、通货膨胀补贴、汇率等。若间接成本也包含在项目估算中，则可在工作包层级或更高层级中计列。项目成本估计的结果通常用劳动工时、工日、材料消耗量等表示，以汇总或详细分列的形式呈现。

（二）成本估算详细说明

成本估算详细说明即列出信息的数量和种类，根据不同项目类型需采取不同的方式，通常以 WBS 作为参考。但不论内容种类如何，成本估算详细说明都应清晰、完整地阐述其是如何得出的。详细说明的内容可以包括：关于估算依据的基本说明、对各种假设的说明、对各种已知制约因素的说明，以及估算结果的有效范围区间。

成本估算的结果一般用费用分解结构图表示（孙裕君、宿慧爽、田硕，2016），可参考自下而上估算法和自上而下估算法的示意图。

第三节   制定预算

制定预算指汇总项目的估算成本并建立经过批准的成本基准的过程。预算通过将分配的资金用于项目中的具体活动和工作包，为衡量和控制实际执行情况提供标准。项目预算包括直接人工费、服务费和采购费用。成本基准不仅帮助跟踪实际开支，还提供各项活动的资金分配和时间进度依据，如活动成本估算、工作分解结构、项目进度和资源日历。制定预算一般包括确定预算目标、收集信息、制订预算计划、沟通和协商、审批和批准、实施和监控、评估和反馈等几个步骤。

制定旅游项目的预算时，需要特别注意以下 3 点。

（1）计划性：旅游项目管理预算需预先明确每个阶段所需的资源和费用安排。例如，旅行活动中的住宿、交通等需要在早期阶段确定，并计划投入资源优先完成核心部分。预算计划有助于确保资源和外部条件（如能源、运输）能及时提供。

（2）约束性：预算经过批准后具有强约束力，决定了项目可以使用的资源量。然而，在项目执行中，不应过度依赖预算，因为实际资源使用可能与计划不同。项目管理者需要灵活应对，谨慎控制资源以提高效率，并根据实际情况调整预算执行方式。

（3）实时性：旅游项目的预算需和项目进展保持紧密联系。预算有助于管理者实时了解项目的费用和进度，避免超支和进度滞后。定期收集和报告项目的费用和进展数据，有助于及时发现偏差并采取控制措施，确保项目顺利推进且符合预算预期。

一、制定预算的依据

除成本管理计划外，制定预算的依据还包括项目范围基准、工作分解结构、活动成本估计和项目进度计划。其中，项目范围基准涉及资金制约因素，如组织或政府可能施加的资金限制；工作分解结构描述了项目各组成部分的关系及工作内容；活动成本估计通过汇总工作包内各活动的成本得出；项目进度计划是预算按时间分解的重要依据，费用安排需与项目活动、里程碑、工作包和控制账户的开始与完成日期相匹配，并将计划与实际成本汇总到相应的日历时段中。

二、制定预算的方法

制定预算的目的是通过一系列分析和计算,对项目细分的各个部分的资源需求情况预先进行估计和确定。因此,可以说成本预算是成本估算结果的一个更具权威的反映。成本估算中用到的方法与技术在制定预算的过程中同样适用。需注意的是,同成本估算相似,成本预算本身也带有很多假设和不确定性。因此,作为项目费用基线的成本预算需根据新材料、新技术的出现和突发事件等因素进行动态调整。例如,在图书出版项目中,只需知道书本字数、开本和印刷数,就可较准确地得出项目的预算;对于科研攻关项目等依赖智力因素的项目而言,项目本身是在一定假设的基础上进行的,不确定性很大,只能通过项目组成员或专家的以往经验编制项目预算,不准确性会大大增加。一般而言,若项目前期估算的结果比较准确,则预算的变动不会太大。

制定预算的方法如下:

(一)确定目标成本

在项目成本管理过程中采用目标成本管理的方法,设置目标成本并以此进行成本预算,是成本计划的核心,也是成本管理所要达到的目的。具体来说,确定目标成本常用3种方法。

1. 目标利润法

目标利润法是根据项目产品的销售价格扣减目标利润后得到目标成本。在项目承包商签订承包合同后,可从中标价中减去预期利润、税金、应上交的管理费等,剩下的在项目开展过程中所能够支出的最大限额,即基本的总目标成本。承包商在投标前需进行成本估算,确定投标报价的基础,并结合竞争情况、自身优势与项目难度等因素确定最后的报价。

2. 技术进步法

技术进步法是将项目计划采取的技术措施和节约措施所能取得的经济效果作为项目成本降低额,计算项目的目标成本。一般可以使用的公式为"项目目标成本=项目成本估算值-技术节约措施节约的成本"。技术进步法的主要作用是为企业节约成本或创造更多的项目利润。可以提取部分依靠技术节约的成本,作为对采用新技术的项目团队的激励。

3. 按实计算法

按实计算法是以项目实际的资源消耗为基础,根据资源的价格详细计算各项活动的目标成本。即按照项目工作结构分解原理,先把估算的活动成本汇总到工作分解结构的每个工作包中,再将成本从工作包汇总到更高层级,最终得出整个项目的总成本。在运用此法时,可按需参考和使用费用分解结构图。

(二)储备分析

储备分析指为应对成本的不确定性,在成本中加入的应急费用或管理储备。应急费用是包含在成本基准内的一部分预算,用来应对已经接受或已经制定应急/减轻措施的已识别的风险。应急费用可以应用于整个项目,也可以应用于项目中的某个具体活动。预算中的应急费用可按成本估算值的某个百分比或固定值来确定,也可通过定量分析来确定。管理储备是为管理控制特别预留的项目预算,也被用来应对项目范围中不可预见的工作,即未识别的风险。管理储备数额的确定方式和应急费用相似。

三、制定预算的结果

制定预算的输出包括成本预算表、成本基线、成本累计曲线、费用负荷图、预算进度表。

(一)成本预算表

成本预算表是一种简单的成本预算表现形式,一般将人员成本、分包商和顾问成本、专用设备和工具成本、原材料成本等信息在一张表中展示出来。在呈现预算制定的结果时,需同时按工作内容和组成部分或工作时间段编制成本预算表,以确保项目进展过程中的每项工作、每个阶段都有充足的资金。在按照工作内容和组成部分编制成本预算表时,需明确每个资源使用的起止时间、数量及预算,便于管理者进行资源和成本的分配以及跟踪控制。在按照项目时间段编制成本预算表时,表中需显示每个时间段的当期成本支出,以及截至每个时间段期末的项目累计成本支出。表8-5所示为按工作内容编制的某民宿项目成本预算表。

表8-5 某民宿项目成本预算表

阶段	负责人	开始时间	结束时间	工作日天数	预算/万元	直接人工成本/万元	辅助服务成本/万元	采购物品成本/万元	预算剩余/万元
项目规划设计	项目经理	01-01	01-15	15	20	5	2	3	10
选址与购置	项目经理	01-16	02-10	26	150	10	5	120	15
法规审批	经理助理	02-11	03-05	23	10	2	5	0	3
基础施工	承包商	03-06	04-20	46	100	30	10	50	10
建筑主体施工	工程师	04-21	06-30	71	300	100	20	150	30
室内装修	设计师	07-01	08-15	46	200	50	30	100	20
电气水暖	承包商	08-16	09-10	26	80	20	10	40	10
景观设计	设计师	09-11	09-30	20	50	10		25	10
检查验收	项目经理	10-01	10-10	10	20	5	2	5	8
项目交付启动	项目经理	10-11	10-20	10	30	10	5	5	10
合计	—	—	—	293	960	242	116	498	126

(二)成本基线

我们把每个时间段的项目成本逐期累加起来,就可以得到一条成本基准曲线,简称成本

基线。成本基线是基于时间段进行预算测量和监控项目成本预算的工具,也是度量和监控项目实施过程中费用支出的依据。成本基线根据时间段对成本预算进行划分,反映了成本预算应该发生的时间,以及是否按特定方式执行。

对于大型项目,需要通过多个成本基线来展现成本的不同方面,如现金流出、现金流入、约束性固定成本等。绘制大型项目的成本基线,要先依据确定目标成本的方法,按以下步骤进行:

(1)汇总各项目活动的成本估算及应急储备,得到相关工作分解结构下工作包的成本。

(2)汇总各工作包的成本估算及应急储备,相加得到成本基准。

(3)按时间段分配成本基准,得到一条曲线。

(4)在成本基准之上增加管理储备,得到项目预算。

(5)在项目进行过程中,加入项目资金投入线(资金需求线)、资金支出线,形成大型项目的项目现金流量图。

一方面,项目经理可根据成本基准,确定总资金需求和阶段性(如季度或年度)资金需求。资金需求通常以增量而非连续的方式投入,并且可能是非均衡的,呈现出阶梯状。若有管理储备,则总资金需求等于成本基准加管理储备。另一方面,项目经理也要注意记录资金支出。资金支出既包括预计的支出或预付款(应收未收款),也包括预计的债务(应付未付款)。资金流出的时间和成本产生的时间不一致。各时期现金流入减去现金流出后形成的一系列差额就是净现金流。净现金流为正数,说明资金剩余;为负数,则资金短缺。若在某时期出现资金短缺,就需设法获取更多的资金,可运用商业手法推迟某些款项的支付,或运用资源平衡的办法来调整项目进度计划。无论如何,项目完工时,资金投入线(资金需求线)、资金支出线和成本基准线都需要重合。

项目现金流量图如图8-7所示。

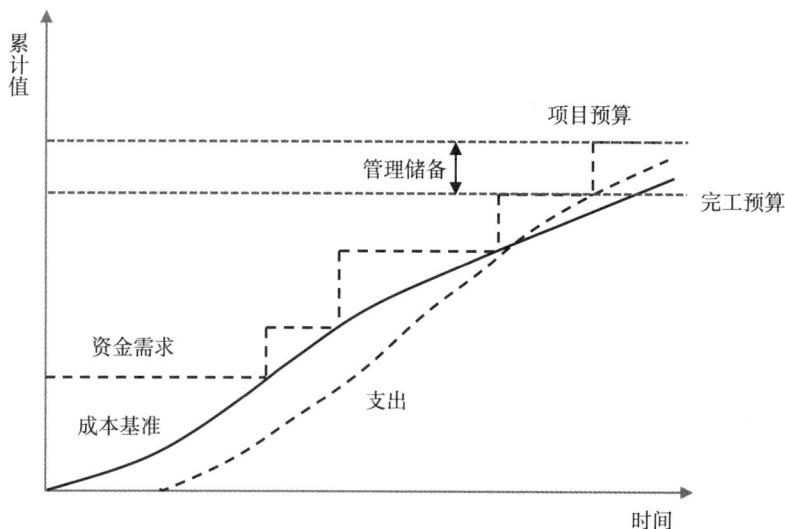

图8-7 项目现金流量图

(项目管理协会,2013)

　　小型项目可能只有一条成本基线。绘制小型项目的成本基线需按照以下几个步骤进行：

　　（1）识别成本基线类型和成本条目。

　　（2）设置成本基线标准。

　　（3）分阶段分配成本条目。

　　（4）加总时间段内的估算成本。

　　（5）画出成本基线。

　　（三）成本累计曲线

　　成本累计曲线也称时间累计成本图、费用负荷曲线、费用累计曲线，用于反映项目在某个时间段内实际成本支出与预算计划的差异。通常情况下，成本累计曲线可从项目的成本预算计划直接生成，或通过专门的网格图、条形图等方法单独绘制。成本累计曲线可帮助项目经理跟踪和监控项目成本的实际执行情况，确保项目按预算范围运行，及时发现潜在的偏差，并采取必要的纠正措施。同时，成本累计曲线也能反映项目某个独立部分的成本支出状态，帮助管理者更加细致地掌握项目的财务状况。此外，成本累计曲线还可根据实际支出趋势，对未来的项目成本进行预测，为项目的改进提供参考。

　　斜率曲线是通过项目的最早和最迟开始时间制作的成本累计曲线。实际成本若未超出斜率曲线的范围，则说明项目的成本变化属于正常且可控状态；反之，则需进一步分析原因，并迅速采取纠正措施。这不仅有助于成本控制，还可用于进度控制，确保项目如期完成。

　　绘制成本累计曲线通常分为3个步骤：

　　（1）建立坐标系。在直角坐标系中，横轴表示项目的时间进度，纵轴表示项目的成本。横轴上的时间单位可以根据项目周期选择天、周或月，纵轴上的费用支出的单位则应根据项目预算确定。

　　（2）确定每个时间段支出。根据实际情况，确定每个时间段内项目各工序或工作包的实际成本支出。按一定的时间间隔累计这些支出金额，确保覆盖项目的所有重要工作节点。

　　（3）连接数据点。将每个时间段内的支出累计到某一时间点，确定该时间点的累计资金支出点。随后连接这些支出点，形成完整的成本累计曲线。

　　成本累计曲线如图8-8所示。

　　（四）费用负荷图

　　费用负荷图通过将每个阶段的费用分布到时间轴上，显示项目各阶段的预算分配、实际支出和时间进度的关系，帮助管理者跟踪资源的使用情况，判断项目是否处于预算范围内。费用负荷图可以帮助识别不同阶段的资金需求高峰，有助于优化资金调度，确保项目在关键时刻资金充足，也能用于预测未来的费用开支，防止资源浪费或过度分配。绘制费用负荷图通常分为2个步骤：

　　（1）确定时间轴，横轴表示项目进度，纵轴表示费用。

　　（2）按照各阶段的预算分配，逐步绘制费用负荷条。

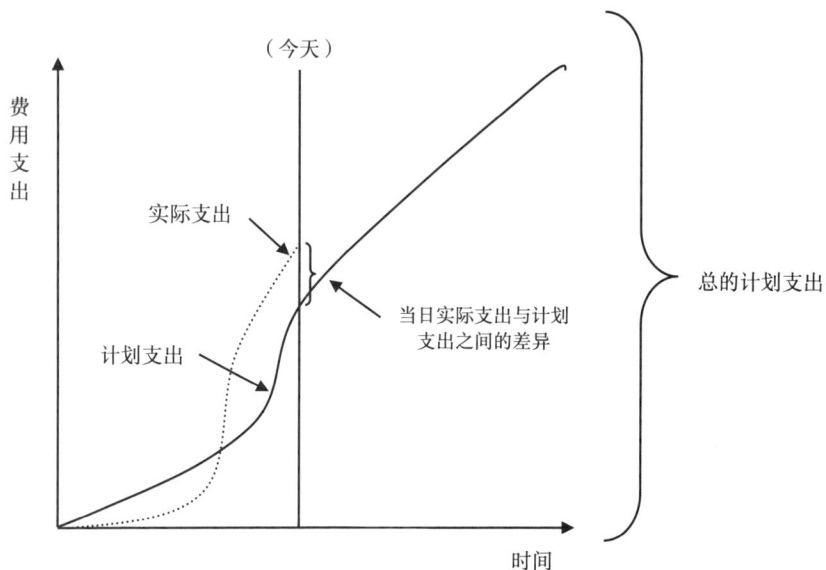

图 8-8　成本累计曲线

在使用费用负荷图进行预算管理时,需注意确保费用分配合理,避免过度集中在某一时段;定期更新数据,确保费用分配与实际进度一致。注意与累计曲线区分,费用负荷图关注的是每一阶段的即时费用,而非累计支出。

费用负荷图如图 8-9 所示。

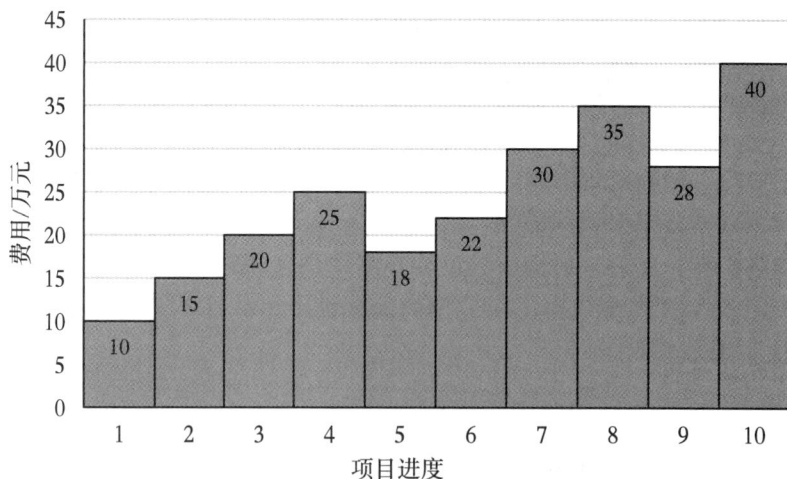

图 8-9　费用负荷图

（五）预算进度表

预算进度表列出项目从开始到结束每个阶段的预计成本,以及各阶段的时间节点,使项目团队能清晰了解何时投入资金、每个阶段的预算使用情况,并在项目周期内持续跟踪成本变化。预算进度表的核心作用是控制项目成本,使其与进度相匹配。通过预算进度表,项目经理能够在项目早期预见潜在的预算超支或工期延误问题,并采取相应措施调整资源分配。此外,它还能提高团队的沟通效率,使所有成员对项目进展和资金使用情况有一致的认知,确保项目能够按预算和进度顺利推进。

制作预算进度表通常分为3个步骤:

(1)确定项目时间节点。列出项目的主要阶段或里程碑,如项目规划、设计、启动等。

(2)分配预算。针对时间段或项目阶段设定预算,包括人工成本、物资采购、辅助服务等费用。

(3)制作甘特图。使用甘特图或其他时间表工具,展示每个阶段预算的投入和使用情况。

第四节　控制成本

项目经理在整个项目生命周期中需加强成本管理与控制,确保费用严格按预算执行,减少不必要的支出。只有有效控制成本,项目才能在合理预算内完成,达到最佳的经济效益。有效的成本控制包括定期评估和分析项目的成本绩效,及时发现偏差,预防风险。这些管理工作必须与进度和质量紧密结合,确保成本、技术、进度三者之间的平衡。

成本控制不能单独存在,必须通过全面的监控,及时提交报告,以此作为调整项目的依据。成本控制的核心是监控费用执行情况,确定与计划的偏差,确保所有变更都被准确记录在费用线上,并避免无效变更影响预算。对于预算的调整,只有经过审批的变更才能被纳入,以确保资金的合理使用及其与实际工作进度相符,避免因过度支出而忽略进度和成果。此外,外部因素如市场波动或政策变化也可能导致超支,项目团队需要及时应对这些不可控因素。

旅游项目成本控制以事先制定的预算为基础,部门需定期报告支出,与预算对比,确保资金合理使用。监控项目进展是成本控制的重要步骤,管理者要确保所有变更被准确记录,并将成本基准变更通知相关方。同时,管理者需确保支出不超过批准的预算限额,并监督项目的绩效,使预算、范围、进度和质量保持平衡,从而保证项目按计划顺利完成。

成本控制面临2种主要情况:成本未达预算或成本超出预算(见图8-10)。判断是否达到预算需要借助多种图表工具,如资源甘特图、费用累计曲线、人员负荷图和资源负荷图。项目经理需通过图表分析费用变化,并采取措施协调范围控制、进度控制与质量控制,避免不合适的变更影响项目整体。

一、控制成本的依据

在旅游项目管理中,成本控制依赖多个关键因素,包括项目管理计划、执行情况报告和变更请求。项目管理计划为成本控制提供了基础信息,包括费用预算计划和成本管理计划。执行情况报告是成本控制的主要依据,报告包含项目进展和成本支出的数据,能帮助项目团

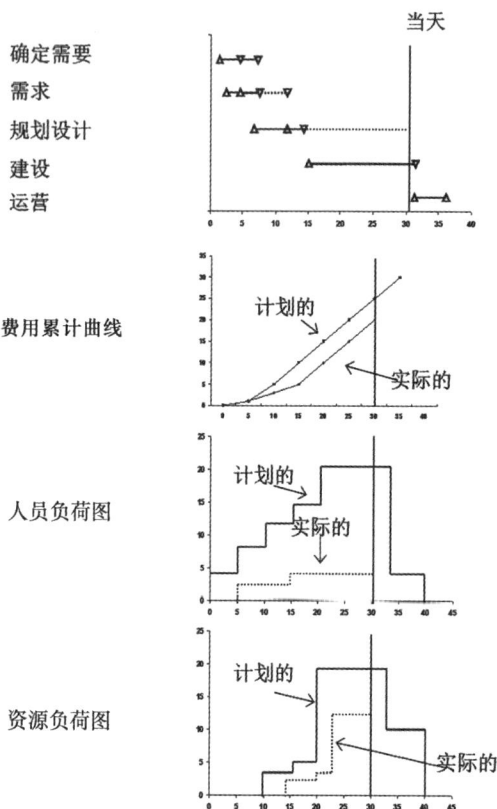
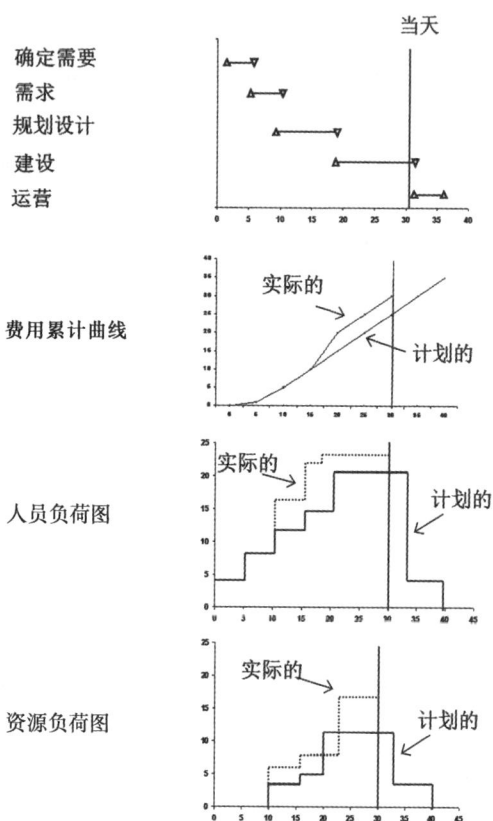

图 8-10　成本控制面临的两种情况示例

队识别哪些费用超出预算,以及可能影响未来成本的潜在问题。变更请求记录了项目费用使用的调整,可能涉及预算的增加或减少。变更请求可通过多种形式提出,其来源可能是项目内部或外部,甚至可能受到法律制约,使项目团队在应对预算变化时具备灵活性。

二、控制成本的工具与技术

(一)挣值分析法

挣值分析法也称挣值管理(Earned Value Management,EVM),是一种常用的综合考虑范围、进度和成本,以评估项目绩效和进展的方法。挣值分析法通过建立整合基准来测量项目期间的绩效,可以克服时间-成本累计曲线法等其他成本控制方法的缺陷,是分析项目成本和进度绩效的有效工具。它通过比较计划工作的预算成本与已完成工作的预算成本来确定项目进度,并通过对比已完成工作的预算成本和实际成本来判断项目的成本执行情况。一般来说,挣值分析法针对每个工作包和控制账户,计算并监测以下基本参数:

1. 计划价值(Planned Value,PV)

计划价值也称预算或计划工作的预算成本(Budgeted Cost of Work Scheduled,BCWS),指在给定时间内计划完成全部工作量的获批准预算。在项目实施过程中,若项目基准未变更,则计划价值保持不变,因此,计划价值可作为衡量项目进度和费用的基准。在我国,计划价值通常被称为计划投资额。作为用于计划工作分配的经批准的预算,计划价值专门用于完成某项活动或工作分解结构组件,因而不包括管理储备。为确保项目顺利进行,旅游项目管理团队应将该预算分配至项目生命周期的各个阶段,确保在某个特定时间点,计划价值可反映出应完成的工作量。计划价值的总和有时被称为绩效测量基准(PMB),而项目的总计划价值被称为完工预算(BAC)。

2. 实际成本(Actual Cost,AC)

实际成本也称完成工作的实际成本(Actual Cost of Work Performed,ACWP),是在特定时段内,为执行某项工作实际发生的成本,即完成与挣值(EV)相对应的工作所花费的总成本。实际成本包括直接成本和间接成本。在计算实际成本时,需要确保实际成本、计划价值(PV)、挣值(EV)的计算口径一致。例如,都只计算直接小时数,都只计算直接成本,都只计算包含间接成本在内的全部成本。实际成本(AC)没有上限,为实现挣值(EV)所花费的任何成本都需计算在内。在我国,实际成本通常被称为消耗投资额。

3. 挣值(Earned Value,EV)

挣值也被称为已完成工作的预算成本(Budgeted Cost of Work Performed,BCWP),指实际完成工作的价值,也是对已完成工作的测量值,用分配给该工作的预算表示。挣值反映项目在特定时间点上实际已完成的工作量的获批准预算,通常用于评估项目的实际进度是否满足质量标准。在我国,挣值通常被称为实现投资额。在计算挣值时,需确保其与绩效测量基准(PMB)相对应,并且挣值不得超过相应组件的计划价值(PV)总预算。通过计算挣值,项目管理团队能够确定项目的完成百分比,并评估实际进展与计划进度之间的差异。

挣值分析的数解法指通过计算各种指标来定量地衡量项目的绩效和进度。挣值分析的数解法常用的关键指标有以下4个:

(1)成本偏差(Cost Variance,CV)。

成本偏差指某个给定时点的预算亏空或盈余量,是衡量项目成本绩效的重要指标。成本偏差的计算公式为CV=EV−AC=BCWP−ACWP。成本偏差反映的是项目实际完工量的预算成本与实际成本之间的差异。CV≥0,表明项目在该时点上表现出较高的效率,意味项目进展顺利,资源利用有效;CV<0,表明项目效率低下,预示着项目可能面临资金超支的问题。由于负的成本偏差通常是不可挽回的,因此早期识别和管理成本偏差对项目的成功至关重要。

(2)进度偏差(Schedule Variance,SV)。

进度偏差指某个特定时点上,项目相对于计划进度的提前或落后情况,反映了项目实际完工量与计划完工量的预算成本之间的绝对差异。进度偏差是挣值(EV)与计划价值(PV)

之间的差额,公式为 SV=EV−PV=BCWP−BCWS。通过计算进度偏差,项目管理团队可以评估项目实际进展与计划进度之间的差距,从而判断项目是否按计划推进。$SV \geq 0$ 时,表明项目进度按计划进行或超前;$SV < 0$,则表明项目进度落后于计划。当项目完工时,所有的计划价值都将实现(即成为挣值),因此,进度偏差最终将等于零。

(3)成本绩效指数(Cost Performance Index,CPI)。

成本绩效指数是用来衡量项目预算资源成本效率的指标,定义为挣值(EV)与实际成本(AC)的比值,公式为 CPI=EV/AC=BCWP/ACWP。CPI 反映了项目实际完工量的预算成本与实际成本之间的相对差异,通过这一计算,可以评估项目已完成工作的成本效率。CPI > 1,表明项目的成本使用效率较高,这意味着每花费 1 元实际成本所获得的价值超过 1 元,即项目在成本方面有结余;CPI < 1,表明项目在成本上出现超支,这意味着每花费 1 元实际成本所获得的价值不足 1 元,表明成本效率低下;CPI=1,表明成本完全符合预算,既没有超支也没有节省。

(4)进度绩效指数(Schedule Performance Index,SPI)。

进度绩效指数是用来衡量项目进度效率的指标,定义为挣值(EV)与计划价值(PV)的比值,公式为 SPI=EV/PV=BCWP/BCWS。SPI 反映了项目实际与计划完工量预算成本之间的相对差异,通过这一计算,可以评估项目团队利用时间的效率。SPI > 1,表明项目进度超前,实际完成的工作量超过计划要求;SPI < 1,表明项目进度滞后,实际完成的工作量未达到计划要求;SPI=1,表明项目进度完全符合计划,既没有超前也没有滞后。SPI 作为一个关键的进度衡量指标,能够为项目管理团队提供关于项目当前进度状况的清晰视图。

挣值分析数解法各指标总结如表8-6所示。

表8-6 挣值分析数解法各指标总结

缩写	名称	定义	公式	对结果的解释
PV(或 BCWS)	计划价值	为计划工作分配的经批准的预算		
EV(或 BCWP)	挣值	对已完成工作的测量值,用分配给该工作的预算来表示		
AC(或 ACWP)	实际成本	实际发生的成本,内外部均可在项目运行期间核算		
BAC	完工预算	为完成特定工作的所有费用		

缩写	名称	定义	公式	对结果的解释
CV	成本偏差	项目完成量的预算成本和实际成本的差异	CV＝EV－AC＝BCWP－ACWP	结果＞0,表示实际成本在预算成本之内 结果＝0,表示实际成本与预算成本持平 结果＜0,表示实际成本超过预算成本
SV	进度偏差	项目进度偏差是指实际完成的工作量与计划完成的工作量之间的差距	SV＝EV－PV＝BCWP－BCWS	结果＞0,表示实际进度超过计划进度 结果＝0,表示实际进度与计划进度一致 结果＜0,表示实际进度落后于计划进度
VAC	完工偏差	项目完工时的预算总成本(完工预算)与预计完工总成本(完工估算)之间的差异	VAC＝BAC－EAC	结果＞0,表示预计完工总成本在预算总成本之内 结果＝0,表示预计完工总成本与预算总成本持平 结果＜0,表示预计完工总成本超过预算总成本
CPI	成本绩效指数	衡量预算资源的成本效率的一种指标,表示为挣值与实际成本之比	CPI＝EV/AC＝BCWP/ACWP	结果＞1,表示实际成本在预算成本之内 结果＝1,表示实际成本与预算成本持平 结果＜1,表示实际成本超过预算成本
SPI	进度绩效指数	测量进度效率的一种指标,表示为挣值与计划价值之比	SPI＝EV/PV＝BCWP/BCWS	结果＞1,表示进度超前于计划 结果＝1,表示进度与计划一致 结果＜1,表示进度落后于计划

189

缩写	名称	定义	公式	对结果的解释
EAC	完工估算	完成所有剩余项目工作的总成本估算	EAC＝BAC/CPI EAC＝AC＋(BAC－EV) EAC＝AC＋自下而上的ETC EAC＝AC＋[(BAC－EV)/(CPI×SPI)]	
ETC	完工尚需估算	完成所有剩余项目工作的预计成本	ETC＝EAC－AC	
TCPI	完工尚需绩效指数	为了实现特定的成本目标,剩余资源的使用必须达到的绩效指数	TCPI＝(BAC－EV)/(BAC－AC)	结果＞1,表示目标很难完成 结果＝1,表示目标正好完成 结果＜1,表示目标很容易完成
			TCPI＝(BAC－EV)/(EAC－AC)	结果＞1,表示目标很难完成 结果＝1,表示目标正好完成 结果＜1,表示目标很容易完成

（资料来源:项目管理协会,有调整和优化）

挣值分析的图解法,即通过可视化的方式来表示项目的预算、实际成本和挣值,常用折线图或柱状图展示。

用挣值分析法可以得到评价曲线图,横坐标表示时间即项目进度,纵坐标表示费用累计。对于ACWP(或AC)、BCWS(或PV)、BCWP(或EV)这3个参数,既可以分阶段(通常以周或月为单位)进行监测和报告,也可以对累计值进行监测和报告。理想状态下,ACWP、BCWS、BCWP这3个数据应该是一致的。但在项目实践中,三者往往不一致,并且其曲线会存在偏离。若3条曲线偏离过大,表示项目成本与进度管理存在严重问题,此时应对项目状态进行评估,并制定改善方案。

项目成本超支、进度提前的情况在旅游基础设施建设项目中较为常见,因业主通常倾向于追求进度而忽视成本控制。当偏差超过了允许的限度,项目团队需分析成本偏差产生的原因,提交成本分析报告,说明导致成本偏差或进度偏差的原因,影响项目时间、成本或绩效的因素,偏差对其他工作的影响,以及采取的纠正措施及其原因。

挣值分析的图解法示意如表8-7所示。

表8-7 挣值分析的图解法示意

序号	图形	三参数关系	分析	措施
1		ACWP>BCWS>BCWP SV<0 CV<0	效率低 进度较慢 投入超前	用工作效率高的人员替换一批工作效率低的人员
2		BCWP>BCWS>ACWP SV>0 CV>0	效率高 进度较快 投入延后	若偏离不大,维持现状
3		BCWP>ACWP>BCWS SV>0 CV>0	效率较高 进度快 投入超前	抽出部分人员,放慢进度
4		ACWP>BCWP>BCWS SV>0 CV<0	效率较低 进度较快 投入超前	抽出部分人员,增加少量骨干人员
5		BCWS>ACWP>BCWP SV<0 CV<0	效率较低 进度慢 投入延后	增加高效人员投入
6		BCWS>BCWP>ACWP SV<0 CV>0	效率较高 进度较慢 投入延后	迅速增加人员投入

例如,某生态旅游区开发项目计划修建多个生态观光步道,总长度为6000米,预算单价为100元/米。该步道项目的预算总费用为60万元,计划在20天内完成施工,每天预计完成300米的步道建设。

施工到第12天时,项目管理人员获取到以下数据:截至第12天,承包单位已完成3600米的步道建设;支付给承包单位的累计工程进度款为500000元。

① 计算过程:

已完工作的预算成本(BCWP)=100元/米×3600米=360000元。到第12天,按已完成的步道施工量,项目应支出的预算费用为360000元。

计划工作的预算成本(BCWS)=100元/米×3600米=360000元。根据项目计划,到第12天应完成3600米的步道建设工作。

这表明承包单位按计划在第12天应获得的工程进度款为360000元。

② 费用和进度偏差:

成本偏差(CV)=BCWP-ACWP=360000元-500000元=-140000元。成本偏差为负值,表明项目成本已超支,预算控制不佳。

进度偏差(SV)=BCWP-BCWS=360000元-360000元=0元。这表明项目进度按计划进行,无明显滞后或提前。

③ 效率指数:

成本绩效指数(CPI)=BCWP/ACWP=360000/500000=0.72。该指数小于1,表明项目在成本方面的执行效率较低,已明显超出预算。

进度绩效指数(SPI)=BCWP/BCWS=360000/360000=1。该指数等于1,表明项目进度正好与计划进度一致。

因此,在这个生态旅游区步道建设项目中,尽管施工进度符合预期,但成本支出明显超出了预算。项目管理人员需对成本超支原因进行深入分析,可能需要重新分配资源或调整施工方式,以免进一步的成本超支。

在完成上述挣值分析后,需要撰写项目挣值状态报告(见表8-8),通过综合分析项目的范围、进度和成本数据,提供项目当前状态的详细视图。该报告可帮助项目管理团队和利益相关者了解项目是否按计划进行,是否超支或滞后,并预测项目未来的进展和最终成本。

表8-8 项目挣值状态报告

项目名称:_____　　　　准备日期:_____

	当前报告阶段	当前阶段累计	过去阶段累计
计划价值(PV)			
挣值(EV)			
实际成本(AC)			
进度偏差(SV)			
成本偏差(CV)			

续表

	当前报告阶段	当前阶段累计	过去阶段累计
进度绩效指数(SPI)			
成本绩效指数(CPI)			
产生进度偏差的原因:			
对可交付成果、里程碑或关键路径的影响:			
产生成本偏差的原因:			
对预算计划、应急资金或预算储备的影响:			
完工估算(EAC):			
按照当前CPI的完工估算 $EAC=AC+(BAC-EV)/CPI$			

(资料来源:陈关聚《项目管理》,中国人民大学出版社,2021年版)

(二)预测总成本法

在实践中,实际成本偏离计划成本是常见的。在项目进展的某个时间点,若发现成本超支,项目经理须评估超支是否会持续,确定剩余工作需要多少费用,并估算完成整个项目的总成本,即随着项目的推进,项目团队应根据项目绩效对总成本也就是完工估算(EAC)进行预测。若BAC明显不可行,项目经理应对EAC进行新的预测。EAC的预测指基于当前掌握的绩效信息和其他相关知识,评估项目未来的情况。预测需根据项目执行过程中提供的工作绩效数据进行更新和发布。通过及时调整和重新评估EAC,项目团队可更准确地控制成本,确保项目在预算范围内完成。

工作绩效信息包含项目过去的绩效数据,以及可能在未来对项目产生影响的任何因素。在计算EAC时,一般的做法是将已完成工作的实际成本(AC)加上剩余工作的完工尚需估算(ETC)。公式为EAC=AC+自下而上的ETC。项目团队应根据以往的经验,考虑到执行ETC工作时可能遇到的各种情况。常见的做法是采用自下而上汇总的方法进行EAC预测。通过这种方法,项目经理可以将手工估算的EAC与计算得出的一系列EAC进行比较,这些计算得出的EAC代表了不同的风险情境。在计算EAC时,经常会使用成本绩效指数(CPI)和进度绩效指数(SPI),以更准确地反映项目的当前状态,并为未来的成本和进度提供可靠的预测。将挣值管理(EVM)与手工预测EAC的方法结合使用,效果更佳。

一般来说,预测EAC需要考虑到3种情况,并分别使用3种方法:

(1)假设项目剩余工作按照已完工部分的效率进行。

假设后期成本绩效指数(CPI)保持不变,则预计完工总成本的公式为EAC=BAC/CPI。研究表明,成本绩效指数在项目完成20%时趋于稳定,且最终的CPI变化不会超过0.1,因此也可将公式可调整为EAC=BAC/(CPI±0.1)。

(2)假设项目剩余工作按照预算计划执行。

若前期成本管理不到位或员工能力不足导致成本超支,通过管理改进和员工培训消除了这些因素,使剩余工作能在预算内完成,则预计完工总成本的公式为 $EAC=AC+(BAC-EV)$。这种方法假设未来的工作按预算单价完成,即预计ETC工作按预算计划执行。

(3)重估项目剩余工作的成本。

若项目在估算阶段方法不当,导致预算不合理且执行中的偏差很大,应重新估算剩余工作的成本。此时,通过成本绩效指数(CPI)和进度绩效指数(SPI)来综合决定效率指标,公式为 $EAC=AC+[(BAC-EV)/(CPI\times SPI)]$。这种方法假设CPI和SPI同时影响ETC工作,若项目进度对ETC影响大,这种方法最有效。

修改成本预算是一件严肃的事情,应在项目计划阶段采用多种方法估算成本,提高预算合理性,防止后期修改对项目实施产生不利影响。只有当实际成本与预算成本严重背离或发生重大变化时,才可采用重估剩余工作成本的方法。上述3种方法均可用于任何项目。若预测的EAC值超出可接受范围,可视为向项目管理团队发出的预警信号。

(三)项目费用分析表法

项目费用分析表法通过各种表格进行费用分析和费用控制。常见的费用分析表格包括月费用分析表、费用日报或周报表、月费用计算及最终预测报表等。

1.月费用分析表

月费用分析表用于对比分析各项费用,包括工程期限、成本费用项目、生产数量、工程成本、单价等内容。通过每月对可控的作业单位进行费用分析,确保作业单位的成本费用项目分类与费用预算保持一致,以便进行准确对比分析。通过月费用分析表,管理团队可以识别费用超支或节约的情况,并采取相应措施进行调整。

2.费用日报或周报表

费用日报或周报表通常针对进度较快或重要的项目作业,提供比月报表更为详细的费用信息,有助于项目经理及时做出必要的改进措施。费用日报或周报表可帮助项目组在每日或每周加强对项目费用的控制,并帮助管理团队及时掌握项目进度,以及识别项目实施过程中存在的问题。

3.月费用计算及最终预测报表

月费用计算及最终预测报表主要包括项目名称、已支出金额、预计完工所需金额、盈亏预计等事项,是项目费用控制的重要工具之一,每月编制一次。该报表在每月会计账簿截止时编制完成,但是随着时间的推移,报表的精确度会不断提高。通过该报表,项目管理团队可以对项目的未来费用进行更准确的预测,并进行相应的财务规划和调整。

(四)完工尚需绩效指数法

完工尚需绩效指数(TCPI)是一项通过衡量剩余资源使用效率,确保特定管理目标达成的成本绩效指标。TCPI具体是指完成剩余工作所需的成本与剩余预算的比率,为项目经理在确保实现完工预算（BAC）或完工估算（EAC）方面提供指导。使用 BAC 进行计算的 TCPI 公式是 TCPI＝（BAC−EV）/（BAC−AC）。当 BAC 不再现实时，项目经理应采用 EAC 进行 TCPI 的计算，并在获得批准后，用 EAC 取代 BAC。基于 EAC 的 TCPI 公式为 TCPI＝（BAC−EV）/（EAC−AC）。若累计成本绩效指数（CPI）低于基准，则所有剩余工作都按照 TCPI（BAC）的标准进行，以确保实际总成本不超过批准的 BAC。若 TCPI（BAC）的目标不可实现，则需要调整项目的未来绩效标准，使其符合 TCPI（EAC）的要求。TCPI 的概念可以通过图 8-11 进行解释。

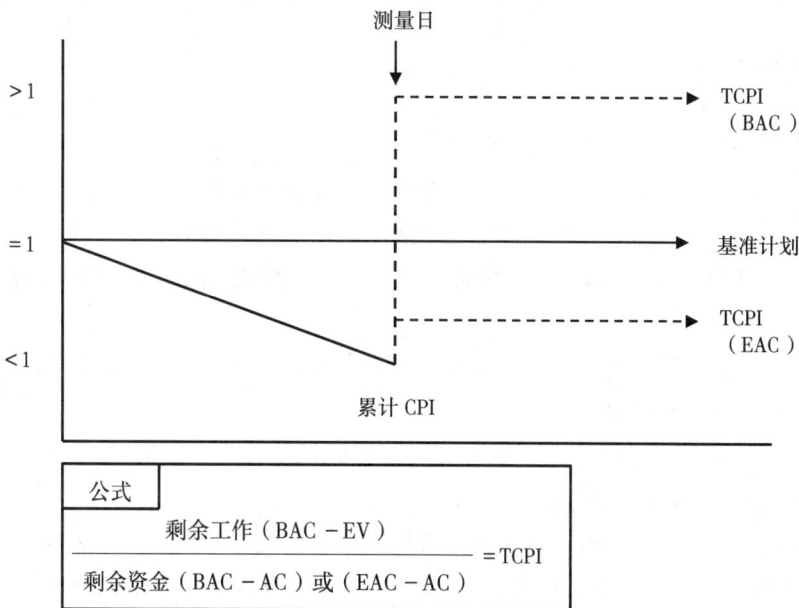

图 8-11　完工尚需绩效指数示意图

（项目管理协会，2013）

（五）绩效审查法

绩效审查的主要内容包括成本绩效的时间变化、进度活动或工作包的预算偏差，以及完成工作所需的资金估算。若采用了挣值管理（EVM），需要进行以下几种分析：

1.偏差分析

在挣值管理中，偏差分析用于解释成本偏差（CV＝EV−AC）、进度偏差（SV＝EV−PV）和完工偏差（VAC＝BAC−EAC）的原因、影响和纠正措施。成本偏差和进度偏差是关键的两种偏差分析对象。对于不使用 EVM 的项目，可以进行类似的偏差分析，即通过比较计划活动成本和实际活动成本，识别成本基准与实际绩效之间的差异。此外，还可以进一步分析偏离进度基准的原因和程度，决定是否采取纠正或预防措施。随着项目工作的逐步完成，偏差的可接受范围（通常用百分比表示）将逐渐缩小。

2.趋势分析

趋势分析旨在审查项目绩效随时间的变化情况,以判断绩效是正在改善还是恶化。可使用项目管理软件绘制趋势图,预测最终项目结果的可能区间,了解截至目前的绩效情况,并将发展趋势与未来的绩效目标进行比较,例如EAC与BAC的比较,或预测完工日期与计划完工日期的比较。

3.挣值绩效

挣值绩效通过将实际的进度及成本绩效与绩效测量基准进行比较来实现对绩效的评估。若不采用EVM,则需要对比分析已完成工作的实际成本与成本基准,以评估成本绩效。

三、控制成本的结果

(一)预算更新

在项目管理过程中,预算更新是一个关键环节。无论是通过计算得出的EAC值,还是通过自下而上估算得出的ETC值,都需详细记录并及时传达给所有相关干系人。这不仅能确保项目团队了解当前的财务状况,还能让干系人清楚地掌握项目的资金使用情况和未来的资金需求。需更新的项目文件包括以下两类:

一类是成本估算。随着项目的进展和新的信息的获取,需要对初始成本估算进行调整,以反映最新的成本数据和预测。

另一类是估算依据。更新估算依据可确保所有的成本估算都有据可依,并能反映当前的项目实际情况,提高成本估算的准确性和可靠性。

定期更新预算可帮助项目团队更好地控制成本,确保项目团队和干系人始终掌握最新的项目信息,及时发现和解决潜在问题,从而做出更准确的决策,提高项目的整体绩效。

(二)纠正活动

在对项目绩效进行分析后,可能需对成本基准或项目管理计划的其他组成部分进行调整。如有需要变更的地方,应发起变更请求,且确保所有的变更都是经审查和批准的,变更请求可能包括预防措施或纠正措施,以应对项目中发现的问题。通过这样的管理流程,可以有效地控制项目的变化,确保项目朝着正确的方向发展,避免不必要的偏差和风险。

(三)项目管理计划更新

在项目管理过程中,随着项目的进展和外部环境的变化,项目管理计划可能需要进行更新。更新的内容包括但不限于以下几个方面:

一是成本基准。在对项目范围、活动资源或成本估算进行变更后,必须相应地调整成本基准。特别是在成本偏差过于严重的情况下,需修订成本基准,以便为绩效测量提供更现实和可行的依据。

二是成本管理计划。成本管理计划的更新内容可能包括用于管理项目成本的控制临界值或所要求的准确度。

项目管理计划更新需根据干系人的反馈意见进行,以确保所有相关方对项目成本管理的要求和标准达成共识。项目管理计划的及时更新可以确保项目团队和干系人始终对项目的进展和成本状况有清晰的认识,从而更好地管理项目资源和风险。

（四）组织过程资产更新

在项目管理过程中,组织过程资产的更新同样是一个重要的环节。可能需更新的组织过程资产包括以下几个方面:

1. 偏差的原因

记录项目过程中出现的偏差及其原因,以便在未来的项目中能够避免类似的问题。

2. 采取的纠正措施及其理由

详细记录为解决项目问题所采取的纠正措施及其理由,为未来项目提供参考。

3. 财务数据库

更新项目相关的财务数据库,确保所有财务信息的准确性和完整性。

4. 从项目成本控制中得到的其他经验教训

记录和分享项目过程中积累的经验教训,帮助组织在未来的项目中改进管理流程,提高项目管理的整体水平。

思考题

（1）旅游项目成本估算的准确性受到哪些因素的影响？如何改善项目成本估算结果？

（2）在旅游项目生命周期中,如何更新预算？请列出预算更新在旅游项目生命周期中的具体步骤,并详细描述这些数据是如何传达给相关干系人的。

（3）在旅游项目生命周期中,可以采取哪些措施控制项目成本？请举例说明。

（4）某旅游景区计划安装100个解说牌,每月计划安装10个,每个预算1万元。截至第4个月末,安装了50个解说牌,花费了60万元,请用挣值分析法分析该项目目前的状态。

第九章 →

旅游项目质量管理

学习目标

（1）了解旅游项目质量管理的概念和特点。

（2）掌握旅游项目质量管理的具体流程和方法。

（3）熟悉常见的质量管理工具和技术。

（4）掌握评估旅游项目质量执行情况的方法，能采取改进措施。

第一节　旅游项目质量管理概述

一、旅游项目质量的概念

旅游项目质量是一系列复杂活动质量的结果，中间涉及政府、社区、企业和游客多种质量评价主体，最终以游客满意为核心。旅游项目质量管理涵盖执行组织制定旅游项目质量政策、目标与职责的全部过程与活动，目的是确保旅游项目能够满足既定需求。通过在项目环境中应用政策和程序，旅游项目质量管理不仅能有效实施组织的质量管理体系，还能适当地支持项目过程的持续改进活动，确保旅游产品需求的满足和验证。

旅游项目质量管理本质上是将组织的质量政策应用于旅游项目的规划、管理和控制，以满足相关方的目标。旅游项目质量管理的特点如下：

一是复杂性。旅游项目通常经历多个环节，涉及众多主体和影响因素，导致质量管理的复杂程度较高。

二是动态性。在旅游项目生命周期中的不同阶段，影响产品质量的因素各不相同，因此，质量管理的方法和重点需要根据项目的进展进行调整。

三是系统性。项目质量管理会受其他管理活动的影响，如进度决策、成本控制等，因此，质量目标必须与其他项目目标协同实现，才能使客户满意。

四是不可逆性。由于项目通常是一次性完成的,质量问题无法通过重复生产来修正,这对项目质量管理提出了更高的要求。

（一）质量

质量是项目使用价值的核心体现,只有满足质量要求的项目才能顺利交付并投入使用。在进度、质量和成本三大项目目标中,质量目标代表了项目的基本利益。根据国际标准化组织（ISO）的定义,质量指反映实体（如产品、活动、过程、体系等）满足明确或隐含需求的能力特性的总和。质量是一个综合概念,涵盖了功能、成本、服务、环境、心理等多个方面,并且是一个动态、相对、变化和发展的概念。美国质量管理专家朱兰认为,质量是产品的适用性,即产品在使用过程中满足用户需求的程度。日本质量管理专家石川馨将质量定义为评估产品或服务是否能满足顾客需求的标准。旅游项目的质量核心是满足顾客需求的各项属性。对于旅游项目质量,顾客通常期望其具备及时性、完整性、公平性、可得性、便利性、准确性等特点。

需要注意的是,质量水平与质量等级是两个容易混淆的概念。质量水平指一系列内在特性满足要求的程度,而质量等级是基于用途相同但技术特性不同的产品或服务的分类。未达到要求的质量水平是一个严重的问题,而质量等级较低则并不一定是问题。例如,高星级酒店和经济型酒店在质量等级上存在明显差异,但每个酒店都必须达到相应的质量水平要求（如符合安全卫生标准）。不卫生的高星级酒店的质量是不合格的,而安全卫生的经济型酒店的质量则是合格的。项目经理和项目团队必须确保项目产品达到既定的质量水平和质量等级。

（二）旅游项目质量

旅游项目质量指旅游项目的固有特性满足客户需求的程度。旅游项目质量不仅体现在项目的最终交付物上,包括产品、服务或成果,也反映在各个子项目、工作单元以及整个项目实施过程的质量上,因此,旅游项目的质量与普通产品或服务的质量在本质上是相似的。然而,由于旅游项目的独特性,其质量与普通产品质量仍存在明显差异,具体表现在以下3个方面:

（1）质量表现。

普通产品的质量通常可以通过分析原材料、生产设备、工艺流程和人员技能来提前预估。但旅游项目的质量要在项目完成后才能进行全面评估。在项目最终完成之前,即使项目中期的各个交付物符合标准,整体的质量仍无法完全确定。这种不确定性加大了旅游项目管理的难度,要求项目经理在每个阶段都必须进行严格的质量控制与改进,以确保最终交付物能满足预期质量标准。

（2）质量控制。

普通产品可通过持续改进提升产品质量,一旦出现问题,企业可迅速调整生产流程,提升下一批次产品的质量。但旅游项目具有一次性的特点,没有重复改进的机会,旅游项目的质量管理更依赖于过程中的精细控制和实时监控,以确保每一步都严格按照质量要求进行。

（3）过程质量。

旅游项目的质量还包括整个项目工作的质量。过程质量的提升不仅能改善最终产品和服务的体验，还能显著提高整个项目的运营效率。在旅游项目实施过程中，对质量的全程控制至关重要，这与制造业中的全面质量管理（TQM）原则相吻合，即通过全员参与和全过程控制来提升项目质量。

五星级度假酒店项目质量不仅体现在最终建筑本身的质量上，还体现在从项目规划、设计到施工和验收的全过程质量控制中。项目的立项质量决定了整体的方向与定位，设计过程的质量影响到项目的可行性与美观性，施工过程的质量决定了项目的安全性和使用寿命，而验收阶段的质量则确保了项目的合规性和可交付性。每个阶段的质量都直接影响最终交付物的质量，因此，必须进行严格的监控与评估。

总体而言，影响旅游项目质量的因素包括以下几点：

一是项目人员的质量意识与能力。所有相关人员的专业能力和质量意识都会影响项目质量，包括建设单位、设计公司、施工方、监理单位、地方监管部门等。

二是项目决策。它主要涉及早期的战略规划和设计方案的质量，直接影响项目的成败。

三是建筑材料和构配件的质量。选择高质量的材料能确保项目的长久性与安全性。

四是施工方案和施工环境。任何施工环节出现偏差都可能导致项目整体质量下滑。

旅游项目的质量管理在项目实施过程中至关重要。据统计，造成工程项目质量问题的主要原因中，设计问题占40.1％，施工责任占29.3％，材料问题占14.5％，使用责任占9.0％，其他占7.1％，这表明设计环节在项目质量中占核心地位。若设计阶段出现问题，如数据错误、内容遗漏、创意不足或深度不够，会导致施工中的误工或返工，从而直接影响项目的进度和整体质量。例如，在一些旅游项目的施工过程中，材料员和质量负责人若未能充分检查进场的建筑材料，或由于检查手段的局限而使用了不合格的材料，将直接影响项目质量。不仅如此，施工组织设计和施工方案的质量也是影响旅游项目质量的关键因素。若施工组织设计缺乏针对性，或施工方案的技术交底仅是形式上的，实际操作中就很容易出现违规行为。例如，一些项目在未完全审查设计图纸的情况下匆忙开工，导致施工过程中不断出现质量问题，这不仅会影响项目的最终质量，还可能导致工程延期，甚至需要额外的成本投入，进一步加大项目的风险。

旅游项目的质量问题不仅局限于传统的工程项目，信息系统项目同样存在类似的挑战。旅游信息系统项目质量可以从多个维度进行评估，包括可靠性、可维护性、易用性、有用性和关联性。每个维度的质量都会受到不同因素的影响。例如，信息系统的可靠性通常取决于信息系统部门的响应能力，易用性则与用户的技能水平和管理者的态度息息相关，而系统的有用性与信息部门的技术水平和响应速度紧密相连。在软件开发类的旅游项目中，组织因素往往比技术因素对质量的影响更大。尽管技术能力是确保项目成功的一个关键因素，但若项目团队的组织协调不力、沟通不畅，或是客户需求未得到充分理解和实现，项目的最终质量将大打折扣。因此，在项目管理中，不仅要注重技术方面的质量控制，还要关注组织管理、团队协作和客户沟通等方面的工作质量。

二、质量管理的标准与要求

项目质量管理标准是根据项目质量目标和项目质量计划指标给出的项目质量的最终要求所制定的管理依据,是确保项目交付成果符合既定质量要求的重要参考,为项目质量管理提供了明确的参数和基准。项目质量管理涵盖了项目管理和可交付成果两个方面。通常,项目质量管理的标准比质量目标更为精确和严格,因为一旦标准不够具体或不够严格,项目质量就有可能失控,进而导致频繁采取质量恢复措施,增加项目的整体成本。设立质量管理标准不仅是为了保证项目的顺利完成,更是为了确保项目能在不损害团队和客户利益的情况下达到预期的质量目标。

在项目质量管理中,精确度和准确性是两个关键概念。精确度指测量结果的精密程度,例如,在测量过程中,每个刻度的间隔越小,精确度就越高。准确性则指测量结果与真实值的接近程度。在项目质量控制中,只有同时达到较高的精确度和准确性,才能确保项目成果真正符合质量标准。在项目管理中,精确的测量未必准确,准确的测量也未必精确,项目团队必须在两者之间找到最佳的平衡点。

无论项目的规模和性质如何,质量管理都适用于所有项目。项目的质量测量方法和技术需根据具体的可交付成果进行调整。无论项目的类型如何,未达到质量标准都会给项目带来严重的负面影响。为确保项目质量达到预期标准,项目管理团队必须制订详细的质量管理计划。质量管理计划不仅要明确质量目标和控制标准,还需制定具体的质量测量方法和技术。通过不断监控和评估项目的质量表现,项目团队得以及时发现和解决潜在问题,确保项目的最终交付成果不仅符合质量标准,还能满足或超出客户的期望。项目质量管理应遵循以下几方面要求:

（一）客户满意

满足客户的需求和期望是企业成功的关键。项目管理组织必须全面了解、评估、定义和管理客户的期望,以确保项目成果既符合既定要求,又能适应实际使用需求。项目客户不仅包括最终的产品或服务使用者,也包括项目的购买者和其他利益相关者。客户对产品或服务的满意度可以分为三个等级:不满意、满意和喜欢。当客户的基本期望没有得到满足时,他们会感到不满意;当明确的期望得以实现时,他们会感到满意;而当意料之外的需求被满足时,客户会感到喜欢,认为产品或服务是高质量的,他们会购买或再次购买。但随着时间的推移,客户对产品和服务的满意度会发生变化。项目团队需不断识别客户需求和期望,并确保这些需求能够反映在项目的各项工作目标中。

为满足客户需求,项目团队可采取以下措施:

首先,持续识别和更新客户的需求和期望,灵活应对需求变化。

其次,持续评估客户满意度,及时调整项目策略以回应客户的反馈。

最后,有效管理客户期望,避免由于误解或信息不对称引发的问题。

（二）过程控制与改进

影响项目质量的因素和客户需求在不断变化,项目组织只有通过持续的质量改进,才能在项目结束前确保项目成果符合预期。过程控制的目标在于确保输出成果的可预测性和一致性,如果输出结果无法预测或不令人满意,那么项目经理应立即着手进行过程改进。

质量改进的基础是 PDCA 循环,这一方法由休哈特提出,被戴明进一步完善并发扬光大,因此也称为戴明环。此外,全面质量管理(TQM)、六西格玛和精益六西格玛等现代质量管理方法,也在改进项目管理质量及产品质量方面发挥着重要作用。常用的过程改进模型包括马尔科姆·波多里奇模型、组织项目管理成熟度模型(OPM3®)和能力成熟度模型集成(CMMI®)。

PDCA 循环包括 4 个环节,即计划(Plan)、实施(Do)、检查(Check)和行动(Act),如图 9-1 所示。

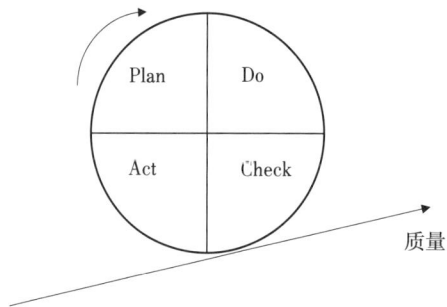

图 9-1　PDCA 循环示意图

（1）计划环节。项目团队识别问题和机会,制定质量管理目标,并提出具体的解决方案和措施。关键问题包括:需解决的问题是什么? 现有资源是否足够? 还需哪些资源?

（2）实施环节。团队按照制定的方案和措施进行操作,并详细记录实施过程中发生的情况,尤其是何时以及如何应用计划。常用的工具有检查表和流程图,可以帮助收集数据。

（3）检查环节。团队评估计划的实施效果,确定目标是否达成,并识别需在未来改进的问题。关键问题包括:系统是否有效? 是否继续使用当前系统或进行调整? 是否列出了意外结果、失败情况、成功经验和产出成果?

（4）行动环节。此环节对整个过程进行总结。若目标实现,成功的经验应被标准化并推广应用;若存在问题,则启动下一个改进循环。企业可以选择适应、采纳或放弃 3 种策略:适应意味着调整和修正 PDCA 循环;采纳意味着将成功的系统推广到整个组织;放弃意味着改变当前的 PDCA 循环,寻找新的改进方法。

（三）基于事实的管理

在项目质量管理中,基于事实而非权力和直觉进行决策是至关重要的。基于事实的管理主要涵盖 4 个方面。

（1）对偏差的理解。存在两种常见的统计偏差:随机偏差和特殊偏差。随机偏差是任何过程固有的,由许多小事件引发,减少随机偏差的最佳途径是改善整个系统。特殊偏差则是在过程中出现异常情况时引发的,如材料不合格、工人健康问题或设备故障等。若将随机偏差视为特殊偏差,则可能导致过度控制,反而增加了偏差;若将特殊偏差视为随机偏差,则可能错过减少偏差的机会。

(2)测度范围的确定。在确定测度范围时,项目管理者应避免两个极端:一是因时间紧迫而无法对所有方面进行测度,二是对确定性事件进行不必要的测度。项目经理与项目发起人应就测度范围、测度时间及测度的外部环境达成一致,协定越具体,收集的数据越有价值。

(3)数据的准确使用。项目经理应清楚哪些数据是有用且可收集的,并了解在缺乏这些数据时应如何采取行动。应明确规定收集信息人员的职责,确定收集信息的种类和渠道,并对信息进行鉴别以保证其准确性。决策数据的准确性会直接影响决策的质量,项目团队应实事求是地收集、检测和分析相关资料和数据。

(4)对已知信息的适当应用。建立质量管理信息系统,有助于确保信息渠道的畅通;制定数据收集模板,则有助于保持数据的一致性。

无论何种项目,质量目标的制定都必须考虑以下因素:项目本身的功能性要求或适用性要求,项目的外部条件(如工程项目的环境条件、地质条件、水文条件等),市场因素(如社会或用户对项目的期望),以及质量经济性(即既能满足项目的功能要求和社会或用户的期望,又不会造成成本的不合理增加)。

(四)管理层的责任

项目的成功依赖于项目团队全体成员的积极参与,但仅有团队的努力是不够的,管理层在质量职责范围内同样肩负着重要责任:

(1)确保项目所需的人力、资金以及技术支持等资源充分到位。

(2)指导编制切实可行的项目质量计划。

(3)设定富有挑战性的质量目标,激励团队不断提升工作质量。

(4)采取各种激励措施,如设立奖励制度、表彰机制等,使员工重视质量。

(5)打造适合项目特点的质量文化,引导员工将质量视为日常工作的核心。

(五)全员参与

项目成员的素质和努力程度对项目产品或服务的质量有极大影响,因此,应对全体员工进行质量管理培训,赋予他们应有的质量管理权限,确保项目最终达到质量要求。在委托承包商完成项目的过程中,承包商和供应商是落实质量技术绩效的主体,应建立质量保证体系。同时,监理机构应根据质量监控体系的要求,对承包商和供应商进行工作和产出物质量的监控。

(六)与供应商保持互利关系

在项目周期里,企业应通过招标来认真选择供应商,并本着双赢理念建立合作关系,共

享专门的信息渠道和资源。然而,有些企业一味强调低价中标原则,在货款支付时不严格履行合同,"一锤子买卖"现象使供应商难以与采购方建立信任关系,供应商也不会参与采购方的决策,从长远来看,这不利于企业降低采购成本与提高采购质量。

(七)授权的绩效

在员工的任务和职责范围内,授予其持续改善日常工作绩效的权力。自主决策会增强员工的信心,使其更加关注自己承担任务的价值。授权可以促进学习行为,扩大员工在工作中的影响力。

(八)预防胜于检查

质量是规划、设计和建造出来的,最好将质量融入可交付成果,而不是在检查时发现质量问题,这是现代质量管理的基本信条之一。通常,预防错误的成本远小于检查中发现问题并纠正的成本。项目质量是通过工作和管理而形成的结果,因此在质量保证方面,事前管理至关重要。

第二节　规划质量管理

一、规划质量管理的思路

项目质量管理的历史可以追溯到古代。在古巴比伦,《汉穆拉比法典》中规定,若建筑物倒塌,设计师和施工人员要被处以死刑。在中国古代,也有类似的法律规定,若河流堤防工程发生决口,负责的官员将受到严厉的处罚。与古代项目的事后评价不同,现代质量管理理念更强调预防质量问题。

在20世纪30年代之前,制造商通过使用各种检测设备和仪器对产品进行全面检测,从而剔除不合格品。这个时期的检验方式是事后的、被动的,成本相当高。1924年,美国贝尔实验室的休哈特提出了统计过程控制理论,并发明了控制图,这是质量控制理论的一个重要里程碑。休哈特的同事道奇进一步提出了抽样检验理论,这些理论标志着统计质量管理阶段的开始。在这个阶段,质量控制从事后的检测逐渐转向制造阶段的主动控制。1961年,当时通用电气公司的阿曼德·费根堡姆在其著作《全面质量控制》中提出了全面质量管理的理念。他认为,全面质量管理(TQM)的核心是全员参与、全过程和全方位的管理,通过将企业的设计、生产和服务等各部门的质量活动整合为一个有效的系统,能够在最经济的情况下充分满足用户的需求。

在20世纪80年代末,TQM逐渐在全球范围内普及,并取代了传统的通过检验发现质量问题的方法。全面质量管理可分为"软的"和"硬的"两种,其中,"软的"TQM对项目管理提升的影响更为显著。所谓"软的"TQM,主要涉及员工关系因素和领导因素。员工关系因素包括员工的授权与参与、开放透明的沟通,以及组织内部的培训与发展;领导因素包括高层管理者对质量的承诺、明确的使命与战略、浓厚的组织质量文化,以及清晰的质量绩效目标。

而"硬的"TQM包括产品和流程管理,以及客户和供应商关系管理。在这些因素中,员工关系对项目管理提升或成功的影响最大。

项目质量管理伴随着质量管理理论的发展而不断演变。结合复杂性、动态性、系统性和不可逆性4个特点,项目质量管理在现代项目管理中扮演着至关重要的角色,确保项目能够有效地满足相关方的需求,实现高质量的项目交付。项目质量管理的流程包括规划质量管理、实施质量保证和质量控制3个环节,每个环节在项目中至少要进行一次,可以在项目的一个或多个阶段进行,各个环节不仅相互交叠、相互作用,还与进度管理和成本管理等其他管理过程相互作用。规划质量管理的目的是识别项目及其可交付成果的质量要求或标准,并通过书面描述项目符合质量要求的过程。实施质量保证指通过审计质量要求和质量控制测量结果,确保采用合理的质量标准和操作性定义的过程。质量控制指监督并记录质量活动执行结果,以便评估绩效并推荐必要的变更的过程。

现代质量管理的核心理念之一是"质量出自计划,而非出自检查"。只有精确的质量计划,才能为项目提供明确的执行路径,确保质量控制的有效性。需注意的是,质量规划与其他项目管理规划过程应同时进行。在项目的规划阶段,项目团队需协调质量管理、进度管理和成本管理等各个方面。例如,为了满足特定的质量标准,项目团队需要对项目的可交付成果进行某些修改,这些修改很可能会影响项目的成本或进度计划,甚至带来新的风险。

在制订项目质量计划时,项目经理和团队应明确项目的范围、中间产品和最终产品,确定与中间产品和最终产品相关的规定和标准,识别可能影响质量的关键技术要点,并找到最佳的方法满足这些要求。规划质量管理的基本思路如下:

（一）识别与项目相关的环境标准、环境要求和市场因素

项目质量目标往往受外部条件的限制,例如,建筑项目的质量目标可能受环境、地质或水文条件的影响。在制定质量目标时,必须充分考虑这些外部条件,确保项目成果适应实际环境。此外,市场需求也是制定质量目标时必须考虑的重要因素。项目的质量目标不仅要满足客户的明确需求,还应通过市场调查等手段了解隐含的用户期望,并将这些期望纳入质量目标的范畴。

（二）识别项目质量标准

不同行业和领域对项目有不同的质量标准,一般通过标准、规范、规程等形式进行明确。质量目标必须能够满足项目的应用需求,确保项目在完成后能够正常运作。项目质量标准会对质量计划产生重要的影响。首先,在识别项目质量标准前,应设定明确的质量目标,包括总体和具体目标。不同项目的质量目标会存在差异,但通常涵盖可靠性目标、安全性目标、经济性目标、时间性目标和环境适应性目标等,既涉及宏观层面的总体质量水平,也涉及具体的技术性指标。其次,需识别项目的顾客,确定他们的需求和期望,根据顾客的需求开发满足需求的产品。再次,需设计产品的生产过程,确保从生产到交付的每个环节都符合既定的质量标准。最后,需设定严格的过程控制机制,规定如何根据实际情况修改和完善质量计划,确保生产过程能够持续输出高质量的产品,避免产生偏差或质量问题。

（三）注意质量和成本的关系

质量追求并非越高越好,而是应在满足功能要求和市场期望的同时下,兼顾成本,合理进行控制。质量成本分为一致性成本和非一致性成本两部分。一致性成本指为防止错误而采取的额外努力,非一致性成本则指为纠正已发生的错误所付出的努力。质量成本贯穿于项目生命周期的各个阶段,可能影响项目的整体成本结构,因此,项目团队在规划阶段就应考虑质量成本问题,因为质量的提升通常会带来额外的成本。项目团队应努力在一致性成本方面投入更多,在质量和成本之间取得平衡,预防错误的发生,以降低后期修正的费用,如退货、保修索赔和产品召回等产生的支出。

二、规划质量管理的依据

规划质量管理需以多项要素为依据:

项目管理计划中涉及质量管理的信息包括范围基准、进度基准、成本基准及其他管理计划,这些内容有助于确保项目质量目标的实现。其中,范围基准描述项目范围、可交付成果和验收标准;进度基准为质量工作提供时间框架;成本基准用于控制质量成本。干系人登记册有助于识别对质量有影响的干系人,风险登记册包含潜在的质量威胁和机会,需求文件定义了项目和质量需求。此外,事业环境因素和组织过程资产也会影响质量管理的规划与执行。

三、规划质量管理的工具与技术

规划质量管理的工具与技术具体包括以下几类:

（一）成本效益分析

成本效益分析是用于评估不同备选方案的财务分析工具,通过衡量每个方案的潜在优势和劣势,确定哪一个方案能创造最佳效益。通过成本效益分析,项目经理能够确定所规划的质量活动是否具有成本效益,同时识别出哪些质量措施能带来最大的收益,从而确保项目在不浪费资源的前提下能达到预期的质量目标。对每个质量活动进行成本效益分析,不仅是为了控制成本,更是为了确保项目以高效的方式交付符合要求的高质量产品或服务。

（二）质量成本（COQ）分析

质量成本涉及项目生命周期中的各个环节,主要包括预防成本、评价成本、失败成本,如图9-2所示,涵盖了项目为确保产品或服务符合质量要求所进行的所有投入。为了更好地理解项目质量与成本的关系,分析每类质量成本对项目的影响至关重要。

（1）预防成本:它是项目在早期阶段预防质量问题的投入,用于防止旅游项目产品或服务在交付过程的任何阶段出现质量缺陷,可能包括质量规划、设计评审、供应链调查、信息系统建设、员工教育培训、设备采购等。预防成本是保证项目从设计、开发、建设到交付的各个阶段质量不出问题的关键。

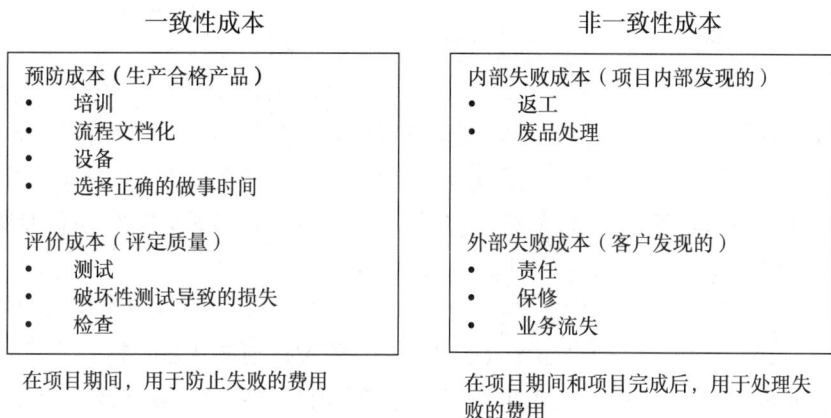

一致性成本	非一致性成本
预防成本（生产合格产品） • 培训 • 流程文档化 • 设备 • 选择正确的做事时间 评价成本（评定质量） • 测试 • 破坏性测试导致的损失 • 检查	内部失败成本（项目内部发现的） • 返工 • 废品处理 外部失败成本（客户发现的） • 责任 • 保修 • 业务流失
在项目期间，用于防止失败的费用	在项目期间和项目完成后，用于处理失败的费用

图 9-2　质量成本

（2）评价成本：它主要用于检测和评估项目产品或服务是否满足客户需求，包括产品的测试、过程测量、破坏性测试及定期质量检查等方面。对旅游项目而言，评价成本尤其重要，因为项目的最终质量必须通过一系列测试和检查来确保。

（3）失败成本：它指由于旅游项目质量未能达到预期标准而产生的相关费用，通常分为内部失败成本和外部失败成本两类。内部失败成本是在项目内部发现质量问题时产生的费用，包括废品处理、返工、维修、停工等。外部失败成本则是项目交付后由客户发现问题而引发的费用，通常要比内部失败成本更高，包括游客调查投诉、纠正措施等。在旅游项目中，外部失败成本的影响尤其严重，不仅会增加直接的资金损失，还可能对项目管理方的声誉和品牌形象产生负面影响。

一般来说，预防成本低于评价成本和失败成本，特别是当质量不合格导致项目客户损失时，失败成本会显著增加。在旅游项目管理中，找到最优的质量成本平衡点是关键，增加预防和评价成本有助于降低项目中的次品率和减少失败成本。从财务角度看，过高的质量改进成本可能并不能产生较高的经济效益，因此，项目管理者应确保成本效益分析的合理性。只要每单位的预防成本和评价成本低于失败成本，项目管理方就应继续投入资源进行改进，直到达到最优的质量成本。

可通过5种不同的方式进行质量成本控制：

一是让客户发现缺陷。这种方式的成本最高，可能导致客户投诉、项目返工及声誉受损。

二是控制质量过程。这种方式是在产品交付前发现并修复缺陷，主要依赖于评价成本和内部失败成本。

三是通过评估检查以纠正质量问题。这种方式不仅关注个别缺陷，更注重改善整体质量。

四是将质量融入规划与设计。这种方式在设计阶段就有高标准的质量要求。

五是在组织内创建质量文化。这种方式通过全员参与，确保项目团队成员都致力于提

高质量水平。

（三）标杆对照

标杆对照指通过对比项目实践来识别最佳实践，是项目质量管理中的常见工具。具体而言，就是将实际或计划中的项目与可比项目进行比较，发现项目之间的差距，进而形成改进方案。标杆项目可以来自内部/外部组织或跨行业的项目，通常将标杆项目的质量文件、方针、标准和改进记录作为参照。标杆法的关键步骤包括以下四点。

（1）选择标杆项目：从组织内部、行业外部或其他应用领域选取可比较的项目。

（2）数据收集：获取标杆项目的质量标准、规范、管理计划等文档资料。

（3）差距分析：通过对比分析，识别新项目与标杆项目之间的差异和改进机会。

（4）实施改进：将标杆项目中的最佳实践应用于新项目质量管理中，形成具有针对性的质量计划和改进措施。

标杆对照不仅为质量改进提供依据，还为绩效考核提供明确的标准和参考。

（四）实验设计（DOE）

实验设计是一种强大的统计方法，广泛用于识别影响产品性能或流程效率的关键因素。通过设计和分析实验，DOE能帮助开发团队确定哪些因素会对目标变量产生显著影响、因素之间是否存在相互作用或协同效应。与传统的单一因素变动不同，DOE允许在实验中系统地改变多个因素，从而更高效地找到最佳组合。在质量管理过程中，DOE可以通过改变测试的类别和数量，评估不同测试的影响，为质量改进提供依据，优化产品和流程，使产品在各种环境或生产变化中保持性能的稳定。

（五）统计抽样

统计抽样指从目标总体中随机抽取部分样本进行检查和分析，广泛应用于旅游项目的质量管理。例如，在一个包含100张民宿设计图纸的项目中，可随机抽取其中10张进行质量评估，在确保样本具有代表性的同时反映整体的质量水平。统计抽样的频率和规模应在项目规划阶段进行确定，以平衡质量管理成本和检测精度。频繁地进行抽样可及时发现潜在的质量问题，避免整体项目受到影响。项目管理团队需掌握不同的抽样技术，以确保抽取的样本能准确反映项目总体质量。例如，可采用分层抽样技术，确保每个子项目或阶段的质量都能得到关注，而不只集中在某一部分。科学的抽样方法可帮助项目管理团队提前发现质量隐患，降低后期返工和修复的风险。抽样还能结合其他质量管理工具，如控制图、直方图等，全面评估项目的进展和质量状况，确保最终的交付成果符合预期标准。

在制定质量规划时，可选择以下方法辅助项目的质量管理。

（1）头脑风暴法：通过开放的讨论，提出和收集多种不同的想法和解决方案，有助于发现潜在的质量改进方向或创新的管理手段。

（2）力场分析法：通过图形显示推动力与阻力，清楚地展示影响变更或改进的因素，帮助识别哪些因素可推动或阻碍项目的成功实施。

（3）名义小组技术：结合头脑风暴法和评估过程，先由小团队提出创意，再由更大的团队对创意进行评审，以确保每个提议都能得到深入讨论和分析。

（4）质量规划会议：项目团队成员、项目经理、干系人、质量管理专家等参与者可在会议上讨论并确定质量管理计划，这不仅能够确保各方意见被充分考虑，还有助于制定更具针对性的质量管理措施。

四、规划质量管理的结果

规划质量管理的结果主要包括以下三个方面。

（一）质量管理计划

质量管理计划是项目管理计划中的核心组成部分，描述如何执行组织的质量政策，并指导项目管理团队达到项目设定的质量要求（汪小金，2020）。通过建立有效的质量管理计划，项目团队能够确保项目从设计到实施的各个阶段都符合相关标准和要求，提升项目的整体价值。质量管理计划的形式和详细程度应根据项目的具体需求进行调整，可以是高度概括的框架，也可以是具体到每个阶段的详细指导。在旅游项目中，由于涉及建筑、服务和运营等多领域的协同，质量管理计划需根据不同阶段的进展进行评审和更新，确保质量标准得以贯彻执行。

在旅游项目中，质量管理计划通常涵盖多方面的控制和监督措施，包括设计、采购、施工和运营等环节的质量要求。例如，设计阶段需确保所有图纸和概念符合项目的总体质量标准，而在施工阶段，需定期进行检验和评估，确保建筑质量符合要求。此外，旅游项目还需特别关注游客体验和服务质量。质量管理计划的附加文件包括质量目标、工作流程、各阶段的职责与资源分配、测试和评估标准，以及修改计划的程序等。

（二）过程改进计划

过程改进计划是项目管理计划的一个重要子计划，旨在对项目管理和产品开发过程进行系统分析，以识别增值活动并提高效率。改进计划不仅关注建筑和基础设施的质量，还包括游客体验的优化和服务流程的提升。过程改进计划应包括以下内容。

（1）过程边界：明确过程的目标、开始和结束的节点、输入和输出的内容，以及相关的负责人和干系人。

（2）过程配置：通过流程图形等工具，帮助团队更直观地分析和改进各环节的运作方式。

（3）过程测量指标：有效评估项目效率的基础工具。

（4）绩效改进目标：为改进工作指引方向，帮助团队逐步优化项目管理和服务流程。

持续改进可以带来多重收益：

一是降低成本，如减少冗余步骤或加快服务响应速度，在不牺牲质量的前提下提高效率。

二是追赶或超越竞争对手，通过优化游客体验或推出创新型旅游活动，以增强竞争优势。

三是实现质量和体验的飞跃,通过创新和技术手段,为客户创造更大的商业价值和文化价值。

旅游项目的过程改进分为由低至高的 4 个层次,每个层次都有特定的要求。

第一层次:自发性水平。旅游项目的管理过程缺乏系统化的标准,几乎没有明确的流程和文档支持。项目的成功主要依赖于项目经理和团队的经验、直觉与个人技能。一旦技术与知识不一致,且项目的不同环节之间难以实现有效的追溯,就很容易导致游客体验不一致,质量波动较大。

第二层次:初始水平。旅游项目的管理过程开始规范化,但仍然存在明显的非专业性。虽然有一些基础的文档、流程描述了"做什么",但对于"如何做"缺乏详细说明。每个项目成员可能按照各自的方式执行任务,导致实施过程中出现偏差。虽然已展开数据收集工作,但收集到的数据未能很好地用于改善服务或提升项目质量。

第三层次:正常的水平。旅游项目的管理流程已经实现标准化和制度化。项目的各项基本流程均以文件形式记录下来,并且在团队内部严格执行。旅游项目团队会持续收集数据,并定期在组织内部进行反馈与汇报,确保问题能够及时解决。项目成员间也会分享经验教训,通过内部培训不断提升技能,确保项目的运行情况符合预期。

第四层次:最优化水平。这代表旅游项目管理的最高水平。旅游项目在这一阶段已拥有系统测量过程、持续改进过程、职能交叉的集成过程与业务运作机制。项目团队持续收集与保存数据,对所有过程进行绩效评价。同时,团队也集成了数据库与信息系统,并建立起有助于持续改进的机制。

(三)质量测量指标

质量测量指标是用于实施质量检测的指标,描述项目或产品属性(如准时性、成本控制率、缺陷频率、故障率、可用性、可靠性和测试覆盖度等),以及控制质量过程如何对属性进行测量。项目中通常允许每个指标存在一定的变动范围,这一范围被称为公差,将测量得到的实际数值与标准值进行比较,就可知是否超出公差。例如,对于把成本控制在预算的 $\pm10\%$ 之内的质量目标,就可依据这一具体指标测量每个可交付成果的成本,并计算其偏离预算的百分比。

第三节　实施质量保证

实施全面的质量保证对旅游项目至关重要。质量保证指通过审计质量要求和质量控制测量结果,确保项目采用合理的质量标准和定义的过程。质量保证旨在促进项目各个环节的质量改进,确保项目从规划到实施的每一步都符合高标准,避免潜在的缺陷和问题。质量保证指通过有计划且系统的活动,确保某一产品、过程或服务的质量能够满足规定的质量要求。

一、实施质量保证的依据

实施质量保证的依据包括质量管理计划、过程改进计划、质量测量指标、质量控制测量结果,以及可能影响质量保证工作并应放在配置管理系统内监控的项目文件。

质量管理计划通常包含详细的标准和操作规范,涵盖从设施建设、景区规划到游客服务的方方面面。质量保证通过计划性的过程预防缺陷,通过对过程的细致规划和监督,项目团队能够在问题发生前解决潜在的隐患,降低未来维护和修复的成本,同时提升游客体验。实施质量保证需依据项目质量管理计划中规定的步骤进行。旅游项目中的质量保证包括制定合理的质量标准、执行各项必要的检查和测量,以及确保整个项目的持续改进。

在项目实施过程中,质量管理体系的建设至关重要。例如,在一个大型旅游景区,建筑的耐久性、安全性和可维护性是质量保证的关键,需确保所有建筑材料和施工过程都符合行业标准。多层次的质量管理体系,需由包括甲方、施工方和监理方等在内的多方利益相关者参与制定和执行。各方分别设立质量保证机构,确保从规划、施工到验收的各个阶段都受到监督。例如,项目甲方通常由项目质量领导小组负责监督项目整体质量,施工方由总工程师或技术质量负责人负责具体的质量控制,监理方则通过专门的质量领导小组进行质量审查和监督。

在实施质量保证的过程中,需要注意区分"内部质量保证"与"外部质量保证"。内部质量保证是指为了让项目执行团队内部确信项目能够满足预期的质量标准。企业领导层或项目经理通常对项目的质量负全责,因此在项目实施过程中,领导层或项目经理会组织专门的质量审核人员,对主要的质量活动进行监督和审核。通过这些内部的质量保证措施,项目团队能够及早发现潜在的问题,并采取必要的改进措施。内部质量保证往往通过项目团队的层层管理和监督来实现。例如,在大型景区建设项目中,施工方的内部质量保证机构可能会定期审查各项施工进度,确保每一步都符合设计标准。项目团队的每个成员需确保自己所负责的部分达到公司内部规定的质量要求。外部质量保证是指面向客户或其他项目相关方的一种保证方式。在旅游项目中,用户或客户(如项目投资方、政府或运营商)可能会要求项目团队提供证据,证明项目在各个环节都达到了规定的质量标准。外部质量保证往往需要项目团队提供详细的报告和审查文件,以向客户证明项目的可行性和可靠性。

质量保证为项目的持续改进创造条件。持续改进指通过不断提升项目各个环节的质量,以提高整体效率并减少浪费。持续的质量改进不仅能够确保项目顺利完成,还能在未来的运营中提高整体的效益。持续改进的一个重要方面是取消非增值的活动,即通过不断审查和优化项目流程,发现并取消不会为最终输出增加价值的活动。例如,通过持续的质量改进优化某些可能导致资源浪费的冗余流程或不必要的重复工作。此外,持续改进还强调通过创新和技术手段提升项目质量。通过引入智能化的设施监控系统,旅游项目管理方可实时监控设备的运行状态,提前预防可能的故障,从而提高可靠性和效率。

二、实施质量保证的工具与技术

实施质量保证一般会用到 7 种质量管理工具,也称"7QC 工具",分为"老七种工具"和"新七种工具"。

(一)质量管理"老七种工具"

1. 因果分析图

因果分析图(见图 9-3)又称鱼骨图或石川图,是常用于分析复杂问题根源的工具,特别适合质量管理中的问题分析。在鱼骨图中,问题陈述被放置在鱼骨的头部,然后根据不同因素进行分解和分析,通过不断问"为什么"追溯问题的源头,直到找到根本原因。

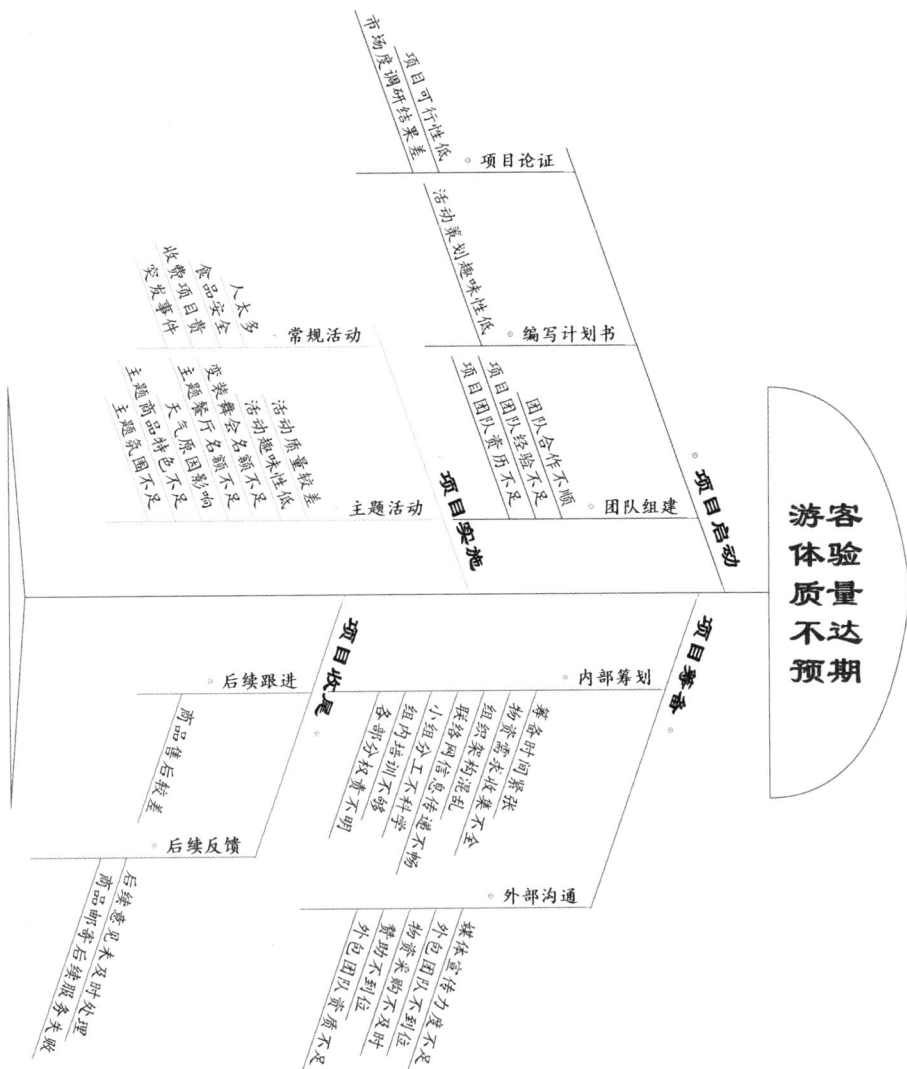

图 9-3 因果分析图示意图

2. 流程图

流程图也称过程图,用于显示一个或多个输入如何转化为一个或多个输出的关键工具。流程图基于SIPOC模型(供应商、输入、过程、输出、客户),可详细展示整个价值链的运行机制(见图9-4),通过映射关键环节中的活动、决策点、分支循环和并行路径,揭示如何将各项输入转化为最终输出。此外,流程图还能帮助项目经理预测潜在的质量问题。

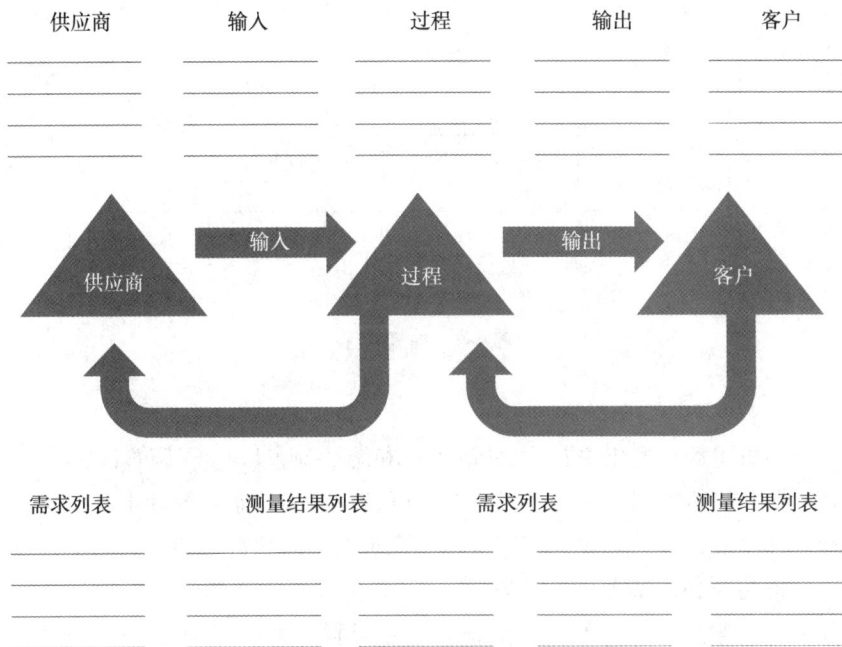

图9-4　SIPOC模型

(项目管理协会,2013)

3. 核查表

核查表又称计数表,是用于收集和整理数据的工具,通常用于质量管理过程中识别和跟踪潜在缺陷或问题。核查表通过系统排列事项,使得收集与项目或产品质量相关的数据变得更加高效。核查表的主要优势在于其简便性和实用性。核查表收集的数据通常用于生成帕累托图,以直观显示哪些缺陷最为常见或影响最大,帮助团队优先处理重要问题,优化质量改进过程。

4. 帕累托图

帕累托图(见图9-5)也称为排列图,是一种特殊的垂直条形图,用于帮助识别问题的少数重要原因。帕累托图遵循帕累托原理,即80%的问题往往是由20%的原因引起的。帕累托图由两个纵坐标构成:左侧表示频数,显示每种原因出现的次数;右侧表示累计频率,表明每种原因在总原因中的百分比。通过这种方式,可以形象地展示不同原因对整体质量的影响,帮助管理者优先处理主要问题。

213

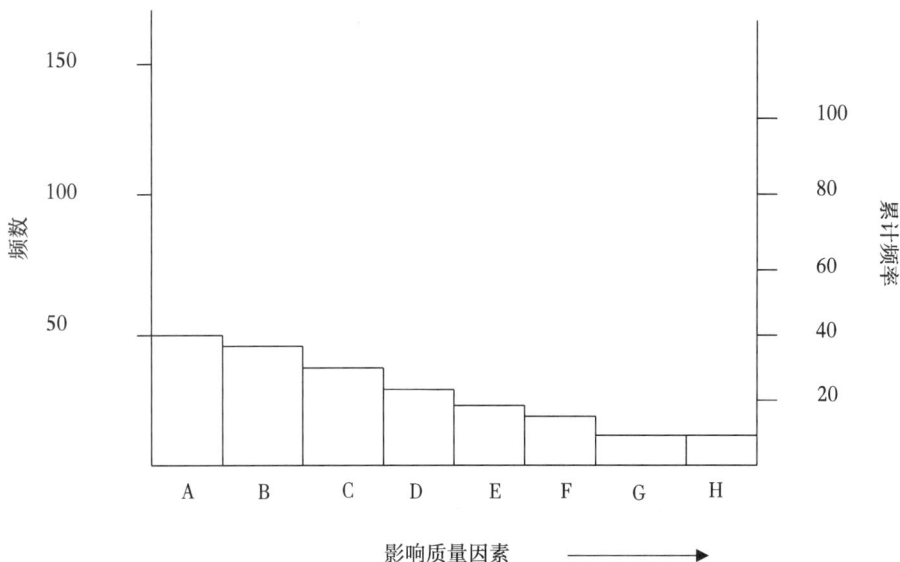

图 9-5　帕累托图

5. 直方图

直方图用于描述数据的集中趋势、分散程度和统计分布形状。不同于控制图,直方图不考虑时间对数据变化的影响,而是通过将数据分层整理,通过频数统计来呈现质量分布。横坐标表示质量特性值,如尺寸或强度,纵坐标则表示出现的频数或频率。每个直方块的底边显示特定质量特性值的取值范围,而高度则表示该范围内出现的次数。常见的直方图类型(见图9-6)包括:正常型——中间为峰顶,表示质量过程较为稳定;折齿型——组距设置不当时可能出现;孤岛型——通常因材料或操作人员变化导致;绝壁型——人为剔除数据后形成;双峰型——将两种不同方法或两台设备或两组工人进行生产的质量特性统计数据混在一起整理产生。

6. 控制图

控制图又称管理图,是画有控制界线的一种图表,用来分析质量波动究竟由正常原因引起还是由异常原因引起,从而判明生产过程是否处于控制状态。控制图不仅适用于批量生产,还能监测成本、进度偏差、范围变更等项目管理的不同方面,帮助项目经理保持过程的可控性和稳定性。通过定期抽样,即可绘制数据点,形成控制图。控制图(见图9-7)中通常有三条线表示不同的控制范围:上控制线(UCL)、下控制线(LCL)和中心线(CL)。当所有数据点落在控制界限内且无异常排列时,生产过程被认为是正常和受控的。若数据点超出控制界限或显示某些异常模式,则表明过程已失控,必须采取纠正措施。控制图的作用不仅是监测生产中的质量波动,还用于识别是否需要采取措施防止非自然的绩效波动。控制界限通过统计方法设定,并通常位于过程均值(0西格玛)的±3倍标准差的位置(3西格玛)。当某个点超出这些界限或出现连续的异常情况,如7个点位于均值上方或下方,表明过程不再受控。

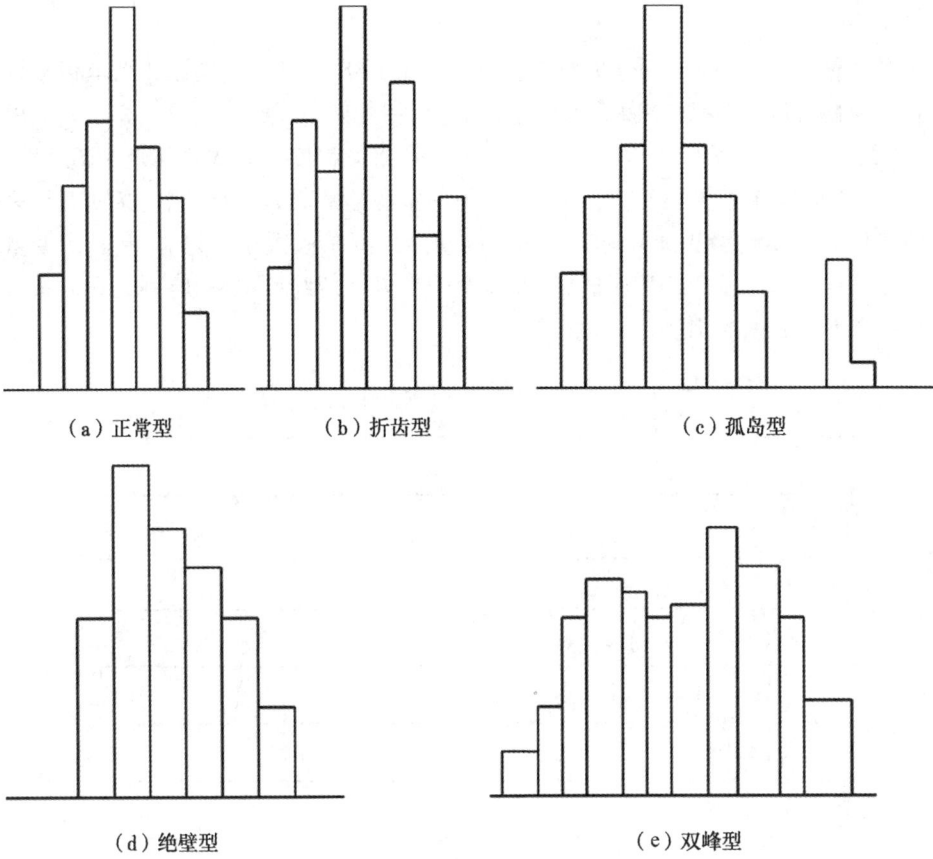

（a）正常型　　　　　（b）折齿型　　　　　（c）孤岛型

（d）绝壁型　　　　　　　　（e）双峰型

图9-6　直方图

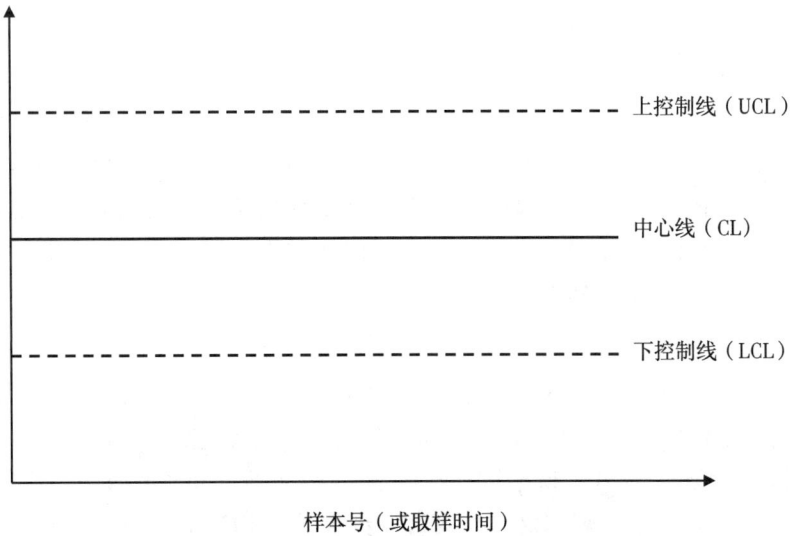

上控制线（UCL）

中心线（CL）

下控制线（LCL）

样本号（或取样时间）

图9-7　控制图

7. 散布图

散布图又称相关图,是用于分析两个变量之间关系的图表。横坐标和纵坐标分别表示自变量和因变量,根据测量结果将数据标注在坐标系上(见图9-8)。通过观察这些点的分布形态,可判断两个变量之间是否存在相关性,并明确相关程度。相关性可能呈现3种形式:正相关、负相关或不相关。当散布图中的点呈现一定的趋势时,可以绘制一条回归线来表示自变量的变化如何影响因变量。这条回归线能帮助预测未来数据的趋势,是分析变量之间关系的重要工具。散布图广泛用于研究、判断两个变量间的线性关系,特别是在质量管理和数据分析中有着重要的应用。

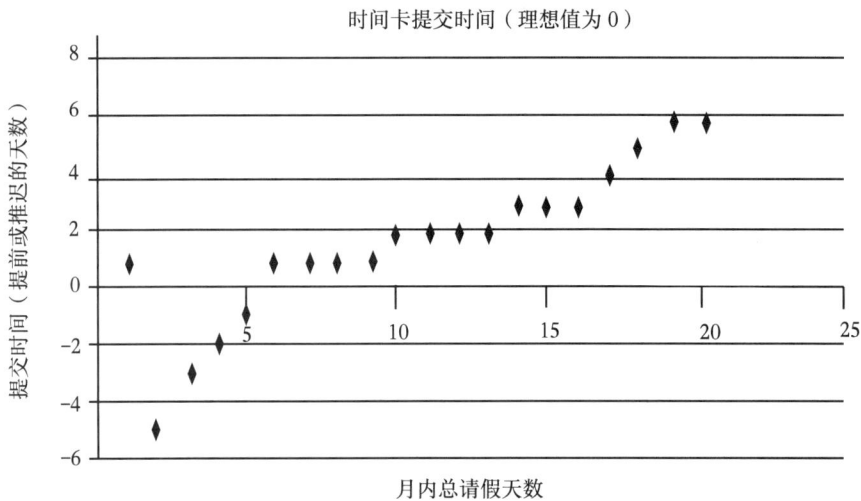

图9-8 散布图

(二)质量管理"新七种工具"

1. 亲和图

亲和图(见图9-9(a))是用于组织和分类信息的工具,特别适合处理头脑风暴法所产生的庞杂数据。亲和图与心智图(思维导图)相似,但更侧重于把看似无关的想法和概念归纳到不同类别中,在项目管理中尤其有用。通过亲和图,项目经理能更好地了解项目范围和各任务之间的关系,进而能更准确地规划和分配资源。

2. 过程决策程序图(PDPC)

过程决策程序图(见图9-9(b))是项目管理中的应急计划工具,有助于理解如何从当前状态逐步实现预定目标。过程决策程序图通过预测目标实现过程中可能遇到的障碍和潜在问题,帮助团队制定出应对措施和应急方案。它的工作原理是将项目过程逐步分解,详细列出每个阶段的步骤及可能出现的风险,并为每个步骤制定相应的应对策略。

3. 关联图

关联图(见图9-9(c))也称关系图,常用于解决涉及复杂逻辑关系的问题,尤其是当任务或信息之间存在交叉或相互依赖时。它可帮助分析多项任务或信息之间的相互关系,并确定这些关系如何影响项目的整体进程。关联图通常从其他工具中获取数据,如亲和图、鱼骨图或树形图,通过这些工具分析得出的数据可以帮助项目团队理清复杂的交叉关系,并找到最具影响力的关键要素。

4. 树形图

树形图(见图9-9(d))又称系统图,是表现项目分解结构的主要工具之一。它将项目、风险、组织或任务等内容通过分层级的方式展示,帮助项目经理清晰地看到不同层级之间的关系。树形图可以是纵向(如组织分解结构OBS)或横向(如风险分解结构RBS)的,能直观展示各个层级任务的关联。其层级结构便于项目团队理解整体任务如何逐步分解到具体的操作层面。

5. 优先矩阵

优先矩阵(见图9-9(e))是帮助项目团队在多个备选方案中进行优先级排序的决策工具。它首先对备选方案涉及的标准进行排序和加权,然后将这些权重应用于每个备选方案,最终通过数学评分计算出优先级。该工具对于项目中需要在多个选项中进行抉择的场景非常有帮助,如选择供应商、确定项目实施方案等。

6. 活动网络图

活动网络图可帮助项目经理有效编排任务和活动之间的关系,帮助项目经理识别关键路径,预测项目的整体工期,合理安排资源,确保项目按时完成。活动网络图主要分为两种类型:箭线图(见图9-9(f))和节点图。无论是哪种形式,都用于展示项目活动之间的先后关系和依赖性。项目管理方法如计划评审技术(PERT)、关键路径法(CPM)等,常通过活动网络图来分析和优化项目进度。

7. 矩阵图

矩阵图(见图9-9(g))通过矩阵结构对项目中的各种因素进行分析,尤其是当多个变量(如目标、原因和影响)之间存在复杂关系时。矩阵图可在行列交叉点展示这些变量之间的相互作用,便于项目团队直观地看到不同因素之间的关系强度。

(三)质量审计

质量审计旨在评估项目活动是否严格遵循组织和项目既定的政策、流程和程序,是独立且结构化的检查。质量审计涵盖多个层面,包括质量体系审计、项目质量审计、过程(工序)质量审计和监督审核。每个层面的审计都有其特定的关注点:质量体系审计通常聚焦于整体的质量管理体系是否按计划有效运行;项目质量审计关注具体项目活动是否符合项目要求及目标;过程质量审计检查项目的各个工序是否符合流程规定;监督审核用于确保之前审计中提出的改进措施是否已有效实施。

质量审计能确保从设计到运营的各个环节都严格执行规定要求,保证项目的质量符合客户预期。例如,在旅游设施建设过程中,项目质量审计主要检查施工质量是否符合行业标

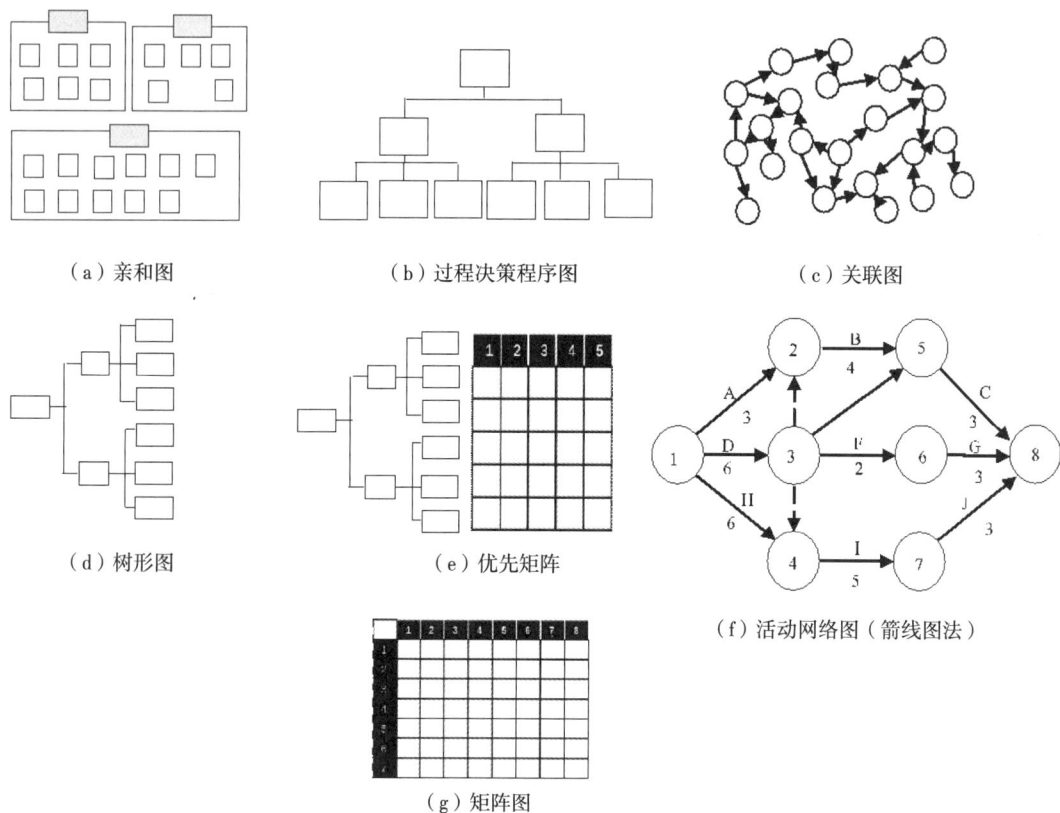

（a）亲和图　　　　　（b）过程决策程序图　　　　　（c）关联图

（d）树形图　　　　　（e）优先矩阵　　　　　（f）活动网络图（箭线图法）

（g）矩阵图

图9-9　质量管理的"新七种工具"示意图

（项目管理协会，2013）

准和项目规范,确保旅游设施的安全性和功能性达到高标准。此外,质量审计还能确保旅游项目的服务质量在运营阶段保持一致性和实现持续改进。

质量审计可提前安排,也可随机进行,通常由项目外部的团队开展,如组织的审计部门、项目管理办公室或外部审计师等。外部审计有助于提供更加客观的评价,避免内部审查中可能产生的偏见。审计过程并非仅限于发现问题,通过采取措施解决审计中发现的问题,还能大幅提高项目发起人和客户的满意度,增加项目的成功率,增强长期可持续性。在旅游项目质量管理中,质量审计的意义还体现在对行业最佳实践的分享和推广上。通过审计过程,项目团队能够获取同行业中类似项目的良好实践经验,帮助他们在未来的项目中避免重复犯错,并优化项目管理流程。此外,质量审计还能确保已批准的变更请求(如更新、纠正措施和预防措施)得以执行,进一步提升旅游项目的整体质量和客户体验。

（四）过程分析

过程分析指按过程改进计划的步骤,识别项目流程中需改进的部分,主要关注在过程运行期间出现的问题、瓶颈和非增值活动,确保项目管理的持续优化。原因分析是过程分析中常用的技术,能够深入挖掘问题背后的根本原因,并提出预防措施。

三、实施质量保证的结果

实施质量保证的结果包括：变更请求；更新项目管理计划，包括质量管理计划、范围管理计划、进度管理计划、成本管理计划等；进行项目文件中的质量审计报告、培训计划、过程文档的更新；组织过程资产更新，包括质量标准和质量管理系统。

第四节　质量控制

质量控制指通过监督和记录项目执行中各项质量活动的结果，以评估项目的绩效并建议必要的变更，确保项目成果达到预期标准。质量控制不仅要确保基础设施和服务质量良好，还要保证游客体验、文化元素呈现等方面满足相关方的需求。

旅游项目的质量控制贯穿整个项目周期，包括产品和服务的合规性检查、工序质量的监控以及服务体验的反馈分析。例如，项目执行期间可能会出现设施建设进度延迟、服务标准执行不一致等问题，质量控制流程将通过实时监测这些问题，提出整改措施，以确保项目在交付前满足旅游行业标准及文化保护要求。

此外，旅游项目的质量控制还涉及项目的3个方面：工作质量、程序质量和产品质量。工作质量控制确保管理层与员工能够高效合作，提升项目执行的协调性；程序质量控制监督每道程序的合规性，避免影响后续工作；产品质量控制关注最终交付成果是否符合设计标准，如景区建筑物、文化展示等是否具备较高的审美与功能性。有效的质量控制不仅可确保项目在预期时间内按标准交付，还能提高旅游项目的整体服务水平。

在旅游项目中，质量控制可分为3个阶段：事前控制、事中控制和事后控制。事前控制主要集中在项目准备阶段。在这一阶段，项目管理团队需熟悉项目的设计图纸和施工方案，确保所有技术和物资准备到位。团队需要严格审查材料和设备的规格和性能，确保符合项目要求。此外，还需为项目人员提供培训，提升他们的专业能力和质量意识，以确保后续工作能够顺利进行。事中控制是项目执行过程中最为关键的部分。旅游项目中的工序和工作质量必须严格监控，确保每个环节都符合标准。项目团队通过定期检查、隐蔽工程验收等措施，确保施工工艺符合设计标准，避免出现质量问题。此外，任何项目变更都需严格按照程序进行，确保变更不影响项目的整体质量。事后控制主要集中在项目完成后的验收阶段。项目完成后，团队需对所有可交付成果进行全面检查和评估，确保其符合客户和发起人的验收标准。例如，通过最终验收确认项目中的工程建设、设备安装、景观设计等是否符合相关要求，能否满足游客的需求。

影响项目质量的因素可以归纳为以下5个方面。

（1）人员：人员素质和责任心直接影响项目质量。在旅游项目中，管理人员和一线员工的专业水平、质量意识、责任感至关重要。高素质、责任心强的工作人员能够有效预防操作不当、疏忽等问题，从而提高项目质量。因此，必须通过培训提升工作人员的业务能力和质

量意识,避免因操作不规范、责任心不强等问题导致的服务质量偏差。

(2)机械设备:旅游项目中的机械设备,如主题公园的游乐设施、演出设备等,必须具备高可靠性和安全性。设施设备的性能、使用寿命及维护状态对项目质量有着重要影响,应定期对设施设备进行检查、保养,确保其在项目运营期间保持良好状态。

(3)材料与构件:材料和构件的质量决定了项目设施的耐用性和安全性。在旅游项目中,建筑材料、景观设施等都需符合设计要求,以确保项目的长期安全运营。为避免因材料不合格导致的质量问题,项目团队必须对不同批次、不同供应商的材料进行严格验收,确保所有投入使用的材料和构件符合标准。

(4)工艺与方法:工艺流程和施工方法也是影响项目质量的关键因素。在旅游项目中,施工过程是否严格按照工艺标准执行直接决定了项目的成败。先进的施工工艺和合理的技术方案可以有效减少操作误差,提升项目的整体质量。任何对工艺流程的忽视或简化都可能导致项目出现质量缺陷。

(5)环境因素:项目环境包括技术环境、工作环境和自然环境等,所有这些因素都可能对项目质量产生影响。在旅游项目中,自然环境尤为重要。例如,景区内的气温、湿度变化可能影响建筑物的施工质量,特定天气条件也可能影响游客的体验和安全。因此,项目团队需要根据环境的变化制定应对措施,减少自然环境对项目质量造成负面影响。

一、质量控制的主要依据

项目管理计划中的质量管理计划为项目的质量控制提供了全面指导,以确保项目成果符合标准。质量管理计划明确了如何测量和控制质量,涵盖责任分配和监督机制。质量控制的主要依据包括:质量测量指标、质量核对单、工作绩效数据、变更请求、可交付成果、项目文件、组织过程资产。

二、质量控制的工具与技术

与质量保证相似,质量控制一般也使用7种基本质量管理工具。质量控制也可按照质量管理计划中的规定开展统计抽样工作。

此外,质量控制还有一个重要方法——检查。检查工作产品是否符合书面标准,是项目质量控制中的核心步骤之一,旨在确保项目的每个可交付成果或活动结果达到既定的质量标准。检查的过程通常会生成相关的测量数据,这些数据可用于分析项目的质量表现,确认是否存在偏差。检查的层次多种多样,既可针对单个活动或任务进行,也可对项目的整体成果进行检查;检查的形式多种多样,包括审查、同行评审、审计或巡检等,在不同应用领域中,这些术语可能有更加具体的含义。例如,在建筑施工项目中,检查内容可能包括施工进度、建筑材料的质量,以及是否符合设计标准。而在旅游项目中,检查范围还涉及文化展示的内容是否准确、游客服务的质量是否达到预期要求等。

为使检查更加系统化和有成效,许多项目会建立质量例会制度。通过定期召开质量例会,项目团队可及时分析施工过程中的质量问题,识别潜在的质量隐患,并制定相应的解决方案。质量例会通常由质量主管、设计单位代表及其他相关方共同参与,以确保所有相关方都能了解当前的质量情况。除定期的会议和检查,还可建立奖惩机制。奖惩机制能够激励团队保持高标准的工作质量,同时及时纠正不合格的工作流程或产品。

三、质量控制的结果

在旅游项目的质量控制过程中,质量控制的结果直接影响项目的成败。质量控制的结果包括:质量控制测量结果,即项目执行期间质量管理的正式记录;确认的变更内容;核实的可交付成果;工作绩效信息;项目文件的更新,包括质量标准、审计报告及培训计划等。

思考题

(1)项目质量管理和产品质量管理的区别是什么?请列出项目质量管理的几个基本原则,并明确其与产品质量管理原则的区别。

(2)在项目质量管理过程中,不同类别的项目干系人分别承担什么责任?

(3)试论述项目质量计划、质量保证(质量管理)和质量控制三者之间的区别和内在关系。

(4)以某个旅游项目的质量管理实践为例,谈一谈旅游项目质量管理与其他项目的质量管理过程相比,需要特别注意哪些事项。

第十章 →

旅游项目团队管理

学习目标

(1) 熟悉项目经理在旅游项目中的角色与职责。

(2) 了解不同的项目组织形式及其适用场景。

(3) 熟悉有效地获得与配备项目团队的方法。

(4) 掌握项目团队建设与管理的策略和技巧。

(5) 熟悉项目团队的绩效考评和激励办法。

第一节　项目经理的任命

项目经理是确保项目成功的关键角色。项目经理在项目中承担多样化角色，包括领导者、沟通者和决策者，不仅需具备出色的技术管理技能，还需展现高超的人际交往能力和卓越的决策能力。此外，项目经理高超的领导技巧对激励团队和处理项目中出现的各种复杂问题至关重要(肖祥银,2023)。

一、项目经理的角色

项目经理的管理能力、经验水平、知识结构和个人魅力对项目的成败起着至关重要的作用，项目经理承担着领导项目团队、管理项目实施全过程的责任，是项目成功的关键因素之一。项目经理可扮演以下角色：

(1) 领导者，指导团队向着共同的目标努力，激励和鼓舞团队成员发挥他们的潜力。

(2) 计划者，制订项目计划，确定项目目标、里程碑，规划项目的活动和资源分配。

(3) 管理者，协调和指导团队成员，管理项目的日常运作，解决团队内部的问题。

（4）决策者，做出各种决策，包括制定项目策略、调整资源分配、应对变化等。

（5）分析者，分析项目的需求、风险和变化，并对项目进行评估和预测。

（6）控制者，监督项目的执行，发现并处理偏差，采取控制措施以应对风险和变化。

（7）组织者，组织和协调团队成员的工作，建立有效的沟通和协作机制。

（8）评价者，进行定期评估和审查，检查项目的进展和绩效，识别问题和改进机会。

（9）协调者，平衡旅游者需求、项目的社会经济效益和可持续发展的关系。

旅游项目经理的角色示意图如图10-1所示。

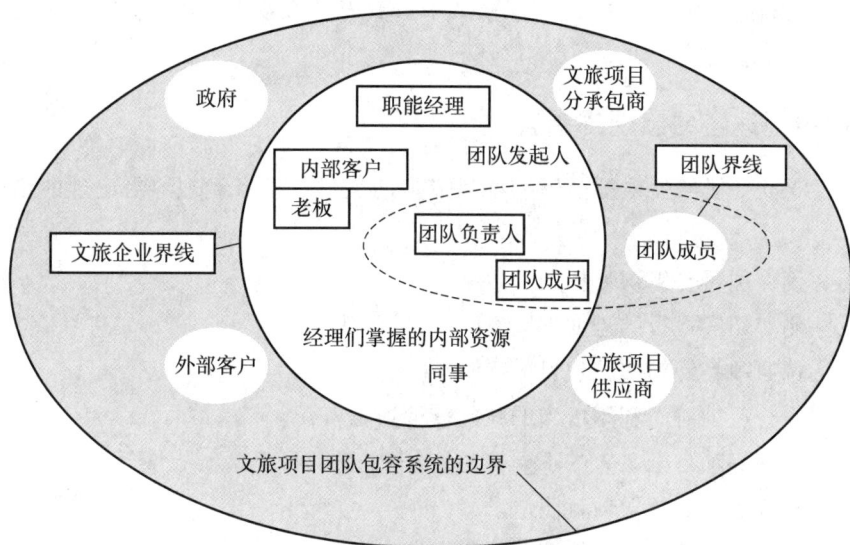

图 10-1　旅游项目经理的角色示意图

二、项目经理的责任与权力

项目经理作为项目的负责人，需确保在规定的范围、时间、成本和质量等约束条件下完成项目可交付成果。项目经理是项目团队对外的唯一责任人。项目经理的具体职责取决于项目经理签订的服务合同。项目经理的职责包括：

（1）参与项目启动，为高层管理者提供专业支持。

（2）筹建、培养和管理项目团队。

（3）主导制订项目计划。

（4）指导团队按计划执行项目任务。

（5）监督项目执行过程。

（6）预测和控制项目风险。

（7）管理相关方的期望和需求。

（8）组织项目收尾工作。

（9）收集项目数据，进行项目后评估，更新组织过程资产。

权责对等是管理的重要原则,权大于责可能导致决策轻率,无人承担相应后果;而责大于权可能导致管理者保守,难以决策。因此,在明确项目经理完成项目可交付成果的责任的同时,还应赋予项目经理适当的权力。

项目经理需要灵活运用各种权力才能确保项目顺利推进。一是职务权,项目经理拥有正式的指挥和决策能力;二是奖励权,项目经理可通过物质和非物质激励,提升团队积极性和绩效;三是惩罚权,这主要用于维持纪律和秩序,但需合理使用,以免团队士气低落。此外,项目经理还需具有人格魅力和权威性。人格魅力源于项目经理的个人素质和领导风格,能够赢得团队信任并增强凝聚力;专家权威来自其专业知识,可帮助项目经理提供技术指导,树立威信并推动项目成功。

三、项目经理容易出现的错误

作为项目经理,任何失误都会影响项目成果的交付。项目经理容易出现的错误有以下几点:

(1)无法确保项目与组织目标的一致性。

(2)无法制定切实可行的进度表,均衡配置的资源。

(3)无法按照项目计划实施项目。

(4)无法在合适的时间利用恰当的技能获取所需资源。

(5)无法处理好项目干系人的不同期望,获得主要项目干系人的认可。

(6)无法充分管理和领导项目团队。

(7)无法利用变更控制程序管理项目合同。

(8)无法与各主要项目干系人持续有效地沟通。

(9)无法强力跟踪、督促问题的解决。

(10)无法提前识别风险并制订风险应对计划。

第二节 项目组织形式和结构

项目组织形式直接影响项目管理的效率和效果。项目组织是所有活动的载体和焦点。项目组织是综合性的,不仅可以汇集和协调不同的专业人才,还可以通过活动来影响组织内部和外部。项目的一次性决定了项目组织的临时性。在项目开始时建立有效的项目管理团队并制定有效的沟通策略,在项目存续期内进行有效的指导、管理和沟通,是项目成功的重要因素。项目组织具有生命周期,要经历建立、发展和解散的过程,不断地更替和变化。和其他组织一样,项目组织也应具备良好的内外部沟通、人员配备、人事激励机制、计划战略、规章程序,以及合理的组织文化。一个合格的项目组织应当满足以下要求:

(1)包括项目组织建设方、客户和供应商等干系人代表。

（2）明确项目指导、管理和实施的相关职责，清晰定义各层级的义务。

（3）在项目存续期内，持续评审项目角色，确保持续有效。

（4）建立有效的策略，使项目团队与干系人之间保持有效沟通。

一、项目组织形式的划分

项目管理的组织结构分为4种：职能式组织、项目式组织、矩阵式组织（包括弱矩阵式组织、强矩阵式组织、平衡式组织）和混合式组织。

（一）职能式组织

职能式组织根据职能划分部门，各职能部门都由相应的经理进行管理，每个职能部门内部分为多个层级，每位职员具有明确的职责和分工且只有一位上司，如图10-2所示。各职能部门中只有部分职员参加部分工作，项目不设专门的项目经理，各职能部门经理根据项目的进度和需要进行协调。

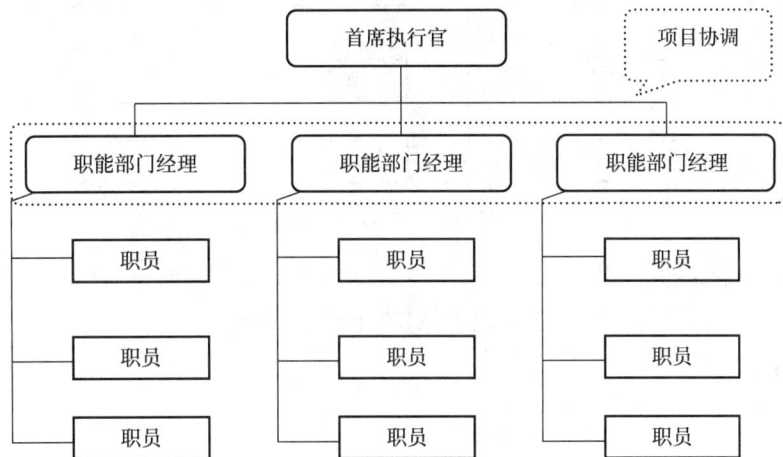

图 10-2 职能式组织

职能式组织的优点：

（1）有利于同一部门的专业人员共同交流知识和经验，促进技术创新。

（2）技术专家可同时参与不同项目。

（3）确保项目的连续性。

职能式组织的缺点：

（1）责任不明确，职员积极性不高。

（2）各职能部门之间缺乏交流。

（3）无法确保项目所需的资源。

（4）不利于培养复合型人才。

（二）项目式组织

项目式组织的显著特点是强烈的项目导向性，其运作方式类似于企业的分支机构，每个项目都由一位项目经理负责，拥有必要的职能部门，可以独立操作。项目式组织中，项目经理拥有较大的自主权和职权，对项目全权负责，如图10-3所示。项目经理是项目成败的关键，不仅需管理团队内部的运作，还需与外部环境进行有效互动。例如，同客户的沟通协调、从供应商处筛选合适的资源，以及向上级申请更多支持等。项目经理需在专注于内部团队管理与着眼于外部客户和市场需求之间做出选择。

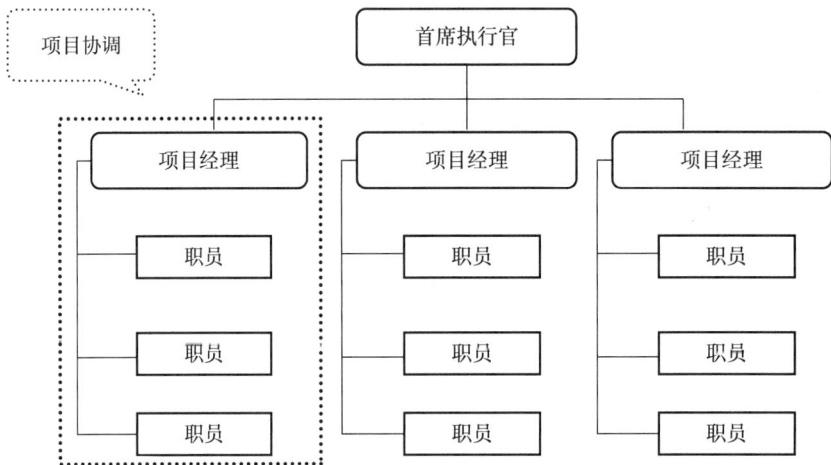

图10-3 项目式组织

项目式组织的优点：

（1）项目经理拥有足够的权威和职权，对项目全权负责。

（2）沟通途径便捷高效。

（3）能够充分发挥团队精神。

（4）快速决策。

（5）命令统一。

项目式组织的缺点：

（1）容易造成资源浪费。

（2）对职员的要求较高。

（3）项目结束后成员难以安排。

（4）组织规章制度执行不一致。

（三）矩阵式组织

矩阵式组织能够弥补职能式组织和项目式组织的缺点，最大限度地发挥职能式组织和项目式组织的优势。矩阵式组织分为3种：弱矩阵式组织、平衡式组织、强矩阵式组织。

弱矩阵式组织保留了职能式组织的大部分特征，项目的各项工作由一个项目经理负责协调，但项目经理有职无权，职员在各职能部门为项目服务，如图10-4所示。

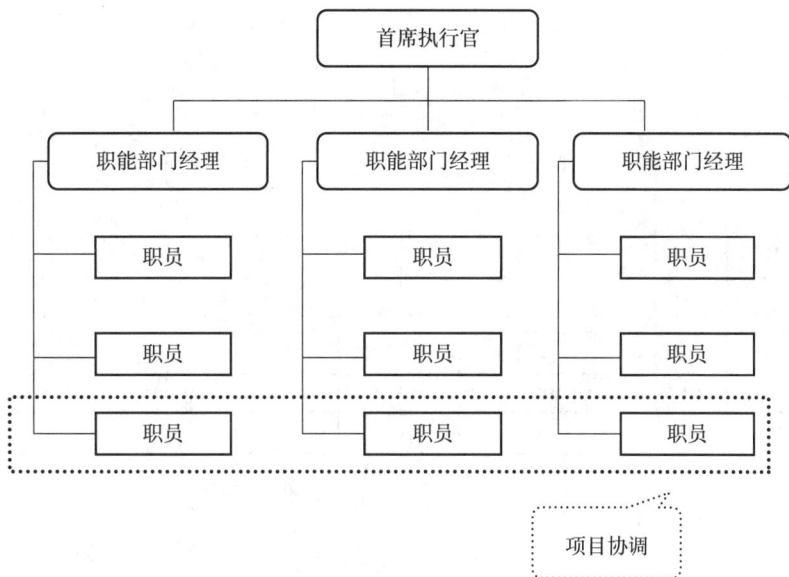

图 10-4　弱矩阵式组织

平衡式组织很难维持,项目经理和职能部门经理"势均力敌"。项目经理负责监督项目的执行,职能部门经理对本部门的工作负责。在平衡式组织中,许多职员同时属于职能部门和项目部门,如图 10-5 所示。

227

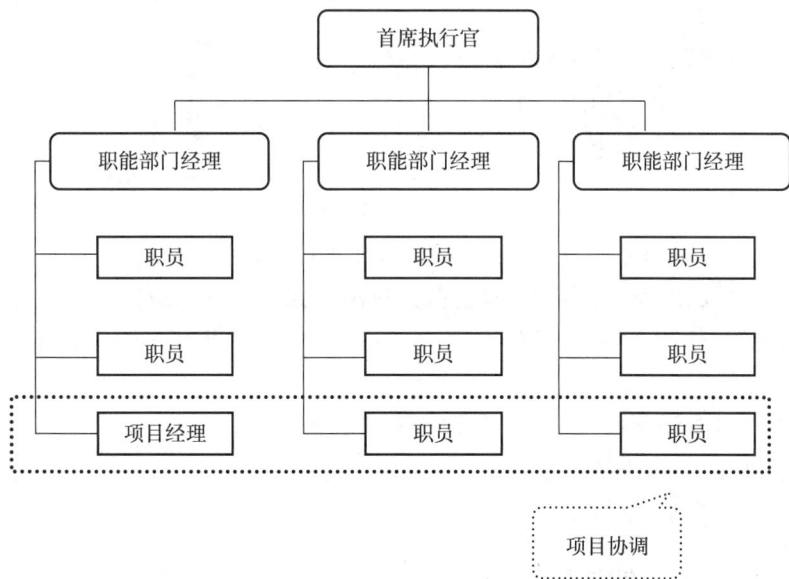

图 10-5　平衡式组织

强矩阵式组织具有项目式组织的许多特征,项目经理拥有主要职权,职能部门经理辅助项目经理进行协调,对项目的影响较小,如图 10-6 所示。

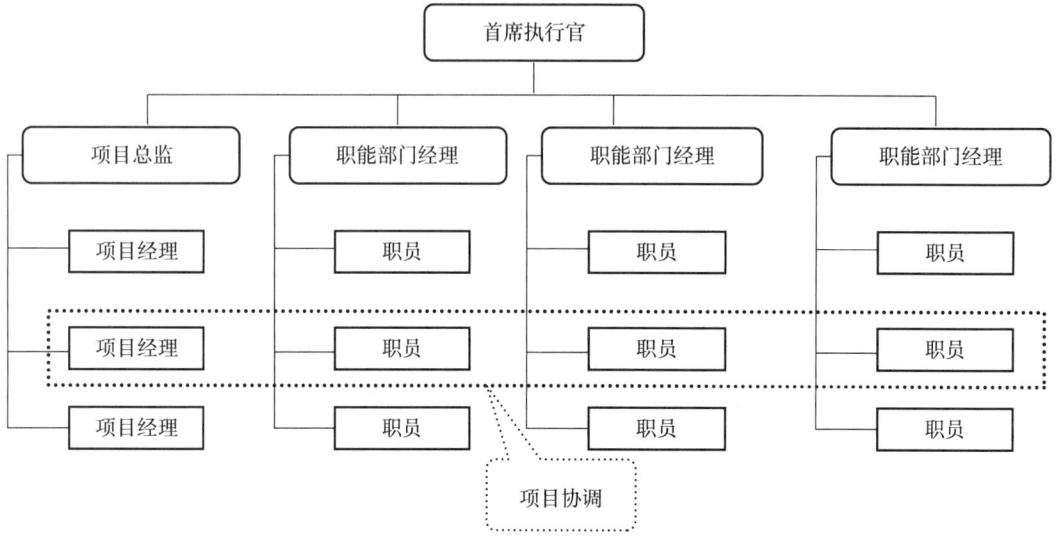

图 10-6　强矩阵式组织

矩阵式组织的优点：

（1）确保项目是组织工作的重点。

（2）多项目共享各部门的人才资源。

（3）项目结束后职员回到原职能部门或开始新项目，减少其对于归属的担忧。

（4）反应快速灵活。

矩阵式组织的缺点：

（1）项目经理之间容易产生冲突。

（2）项目部门与职能部门责权不清。

（3）职员可能有多个顶头上司，导致积极性不高。

（四）混合式组织

混合式组织可看作职能式组织、项目式组织和矩阵式组织的结合，根据项目的不同设置一系列相对独立的职能部门，同时又建立起具有项目式组织特性的项目组织以确保项目完成，一旦项目完结，项目组织就可解散，职员回到原有部门或者开始新的项目，如图10-7所示。

混合式组织使公司在建立项目组织时具有较大的灵活性，但容易存在一定的风险。如果公司的若干项目采取不同的组织方式，那么在利益分配上容易产生不一致，进而可能引发不必要的资源浪费和各种冲突。

二、项目组织形式的选择

旅游项目的目标是在时间、成本、质量上实现平衡。由于不同项目的侧重点不同，工作的重点存在差异，这要求项目团队要选择合适的组织形式。影响项目组织形式选择的主要因素如下：

228

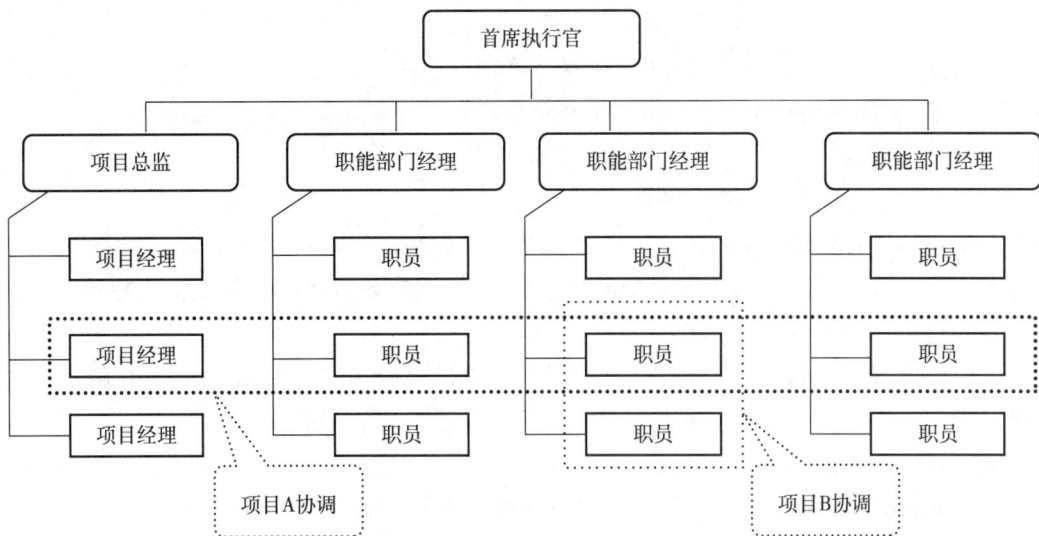

图 10-7　混合式组织

（1）项目规模。项目规模越大，涉及的资源、团队和任务就越复杂，故需要更加正式和结构化的管理模式，如矩阵式或混合式组织形式。

（2）项目历时长短。项目持续时间越长，面临多变情况的可能性就越大，故应采用较为灵活的组织形式。

（3）控制幅度。项目的控制范围越大，项目经理需监督和协调的工作就越多，故应选择多层级或分散的管理架构。

（4）项目成本。项目成本越高，管理者就越需要进行严格的预算控制和资源管理，故应选择能够精确把控支出和资源使用情况的组织形式。

（5）项目管理组织的经验。组织经验越匮乏，就越应选择简单的组织形式，避免复杂性带来的管理难题。

（6）高层管理者的经营理念和洞察力。领导层的理念会影响组织形式的选择，注重创新和灵活性的管理者可能更倾向于选择矩阵式组织形式。

（7）项目的地理环境。若项目团队分布在多个地点或国家，分散的组织形式或远程管理工具可能更有效。

（8）可用的资源。资源丰富时，组织形式可更灵活、复杂；资源有限时，简单、精简的组织形式可能更高效。

（9）项目的独特方面。项目越独特，就越需要采用定制化的管理方式，故可能要求更灵活的组织形式或跨职能团队以应对不确定性和创新需求。

项目管理部门（特别是矩阵式组织中的）通常能最有效地控制人力资源，更适合劳动密集型项目，而不适合资金密集型项目。劳动密集型组织应设置正式的项目管理机构，而资金密集型组织可使用非正式项目管理方法。

在选择项目组织形式时，应先分析以下4点内容：

一是整合机制,确保不同职能部门或团队在项目中的协调和资源共享。

二是影响分布,定义各部门或利益相关者在项目中的决策权和影响力分配。

三是权力结构,明确项目经理和团队成员的职责及决策权限。

四是信息系统,支持项目沟通和数据管理。

此外,影响组织形式选择的其他因素如下:

(1)产品线的多元化。多元产品线要求项目管理更具灵活性。

(2)技术水平。项目的技术复杂度越高,组织形式就越需要强大的技术支持和专家管理能力。

(3)产品线的更新速度。快速的更新频率要求组织具备更强的适应性和更快的反应速度。

(4)规模经济。规模经济越明显,组织越需集中管理资源以提高成本效益。

(5)下属部门的相互依赖性。部门间的依赖性越强,就越需加强协作和跨部门整合。

尽管项目组织通常是以任务为导向的独立实体,但很少完全脱离传统的组织结构存在。所有项目管理结构都建立在传统结构之上,且公司内部可能同时存在多个不同类型的项目组织。

三、项目团队的非正式组织

非正式组织指员工自发形成的社交网络或群体,不受企业正式层级制度或管理结构的直接控制。一般基于个人兴趣、共同价值观、情感联系或社交需求形成,具有自发性和灵活性。非正式组织虽然不具有正式的组织架构,但在日常工作中影响深远,尤其在沟通、协作和文化氛围方面。

非正式组织的形成是企业内外多种因素共同作用的结果,具体原因包括以下几点:

(1)社交需求。非正式组织提供自由交流、建立友谊的平台,帮助员工在工作之外找到情感支持。

(2)共同的目标或兴趣。员工之间可能因兴趣、价值观相同或目标、文化背景相似而聚集在一起。

(3)弥补正式组织的不足。非正式组织能弥补正式管理中沟通不畅、决策缓慢等不足,帮助员工快速获取信息、解决问题。

(4)个人安全感的需求。非正式组织能够提供情感和心理支持,增强个人在企业中的归属感和安全感。

(5)工作性质的互动要求。非正式组织是员工改善工作关系的桥梁,有助于工作流程的简化与效率的提升。

(6)共同经历。共同经历促使员工形成非正式的小团体,共同分享经验,帮助彼此解决问题。

非正式组织具有以下优点:

首先,非正式组织能增强团队凝聚力,促进员工之间的社交和合作,提高工作满意度。

其次,非正式组织能加速信息传播,帮助员工快速解决工作中的问题。

再次,非正式组织具备较强的灵活性,能够支持创新,鼓励员工提出新的创意和解决方案。

最后,非正式组织能为员工提供相互支持的网络,缓解工作压力,改善整体工作环境。

然而,非正式组织也存在一些弊端:

其一,非正式组织影响正式组织的权威,会与管理体系冲突,导致沟通不畅或削弱决策的有效性。

其二,信息的传播不受控制,容易扩散谣言、产生误解或传递错误信息,影响工作效率和员工关系。

其三,容易形成小团体,引发派系分化或对团体外部的其他人产生排斥,破坏团队合作和企业文化。

其四,员工的社交活动若发生在不合适的时间,可能干扰工作流程,影响任务的顺利完成。

管理者要有效识别并正确引导非正式组织,建立合适的沟通渠道,倾听团队成员的意见和需求,了解团队成员在非正式组织中的活动情况和心理状况,适度满足和有限支持非正式组织的活动,提供必要的场地、资金和资源。同时,要注意避免非正式组织对项目正式活动的干扰,防止其削弱正式组织的权威性或扰乱工作秩序。

第三节　项目团队的获得与配备

一、选择合适的项目团队成员

高效的项目团队是项目成功的基础。项目团队的特性体现了项目管理的独特性和挑战性。以下是项目团队的几个关键特征:

(1)明确的目标定位。项目团队以实现具体的、明确定义的目标为工作核心,要求项目团队在项目周期内高度集中和协调。

(2)临时性组织结构。项目的本质是临时的,因此,项目团队也具有临时性,要求项目团队能够快速形成并高效解散。

(3)项目经理的领导。项目团队由项目经理领导,负责协调资源,指导团队成员,并做出关键决策。

(4)团队协作的重要性。项目团队强调团队协作精神,良好的团队协作能够促进信息流通,提高工作效率,帮助解决项目中的复杂问题。

(5)成员数量与结构的灵活性。根据项目的进展和阶段性需求,团队规模可能会扩大或缩小,成员的选择也可根据项目需要进行调整。

(6)团队建设与管理的关键作用。这不仅涉及选择合适人选,还包括维持团队士气、激发创造力、解决内部冲突,以最大限度地发挥团队潜力。

项目团队的组织形式多样,常见的类型有以下3种:

第一种是跨职能团队。该团队汇聚来自各个工作领域的人员,团队成员拥有不同的知识和技能。成员的多样性为项目带来了广阔的视角和多元化的解决方案,但也可能因不同的专业背景和思维方式产生误解。项目经理不仅要促进团队内部的沟通,还需具备与各类技术专家有效交流的能力,必须能够理解专家的话语并获得其信任。

第二种是集中办公团队。其主要的团队成员被安排在同一个地方工作,通常在项目需要高频率交流和协调时采用此种类型,尤其适用于处理复杂项目或项目的关键阶段。团队成员面对面的交流不仅有助于迅速解决问题,还能加强团队凝聚力,提升团队绩效。集中办公可以是临时的,也可覆盖整个项目周期,具体的安排应取决于项目的需求和性质。

第三种是虚拟项目团队。团队成员可能分布在不同的地理位置,跨越不同的时区和组织边界,主要依靠互联网、电子邮件、电话和视频会议等通信工具进行协作。虚拟项目团队的主要挑战包括如何建立有效的信任关系和确定最佳的沟通模式。在全球化的项目管理中,虚拟项目团队能提高灵活性和成本效益。

每种团队类型都有其独特的优势和面临的挑战。项目经理和团队领导者必须根据项目的具体需求、成员的地理分布和预期的项目成果来选择最合适的团队结构。通过有效的团队建设和管理,最大限度地发挥团队成员的潜力,从而推动项目目标的实现。

构建项目团队,需要筛选并确认满足特定项目需求的人力资源。通常,项目团队成员可以来源于组织内部,也可以从外部引入。内部人员的配置方式包括预先指派和通过协商分配。预先指派通常适用于关键人员,他们因独特的专业技能或项目的特定需求而被提前确定参与项目,如项目章程中明确要求的关键技能持有者。更常见的是通过协商分配,即项目经理与组织内的职能部门经理、其他项目的项目经理通过协商确定谁将参与项目。当组织内部资源无法满足项目需求时,则需从外部招募人员,一般通过聘用或分包的方式进行招募。

通常,一名合适的项目团队成员应该满足以下5点要求:

一是乐于合作,乐意与他人一起工作,能够适应团队其他成员的工作风格。

二是善于协调,具有良好的协调能力,能让整个团队有更好的表现。

三是善于沟通,积极倾听同事的想法,并使用合适的方式和语言与他人沟通。

四是能够慰藉他人,帮助同事和团队保持积极健康的状态,鼓舞团队士气。

五是善于解决冲突,具备解决团队分歧的能力,能够识别冲突并高效解决。

在挑选组织内部的人员作为项目团队成员时,我们可以根据其对组织价值观的认同情况和能力,将组织内部的人员分为四类,并采取针对性的管理策略,如图10-8所示。

二、项目团队的人员分配

项目团队的人员分配的合理性将决定后续的项目团队的运行效率。对于组织内部的人员,可通过预分配或商谈的方式进行分配。总体上,项目的人力资源投入一般在项目刚开始时较低,在项目执行阶段达到最高,随着项目接近尾声迅速回落。

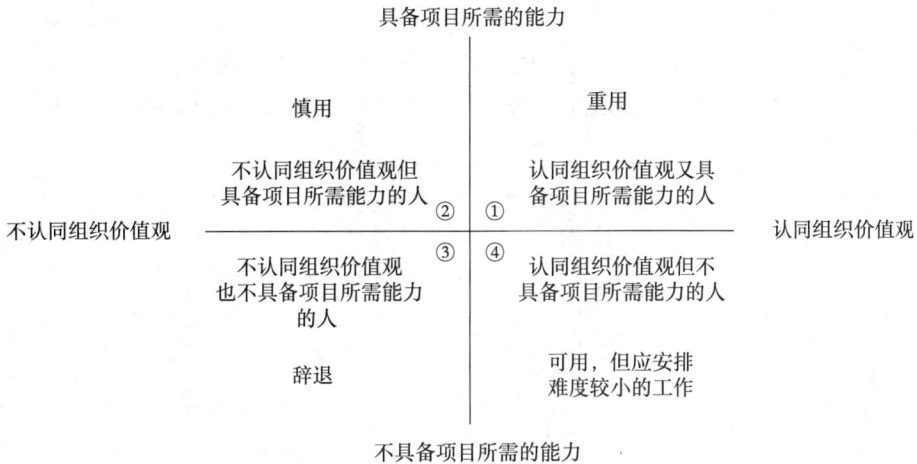

具备项目所需的能力

| 慎用 | 重用 |

不认同组织价值观但
具备项目所需能力的人 ②　① 认同组织价值观又具
备项目所需能力的人

不认同组织价值观　　　　　　　　　　　　　　　认同组织价值观

不认同组织价值观
也不具备项目所需能力
的人 ③　④ 认同组织价值观但不
具备项目所需能力的人

辞退　　　　　　　　　可用，但应安排
难度较小的工作

不具备项目所需的能力

图 10-8　组织成员分类图

(郭致星,2020)

在组建项目团队的过程中,人员分配情况应当及时制定并更新,以记录团队配置的具体情况。同时,资源日历也是不可或缺的工具,它主要用于记录团队成员在项目中的具体工作时间,帮助项目经理避免时间上的冲突,并精准地安排每位成员的任务时间。构建一个人员分配合理、整体高效的团队是确保项目成功的关键。

团队成员在初次分配后,可能会产生不安或焦虑的情绪,这通常与不熟悉即将承担的角色有关。团队成员可能会担心个人自由、管理细节、工作范围和责任等问题。项目经理应主动与每位团队成员进行一对一的会谈,解释为何选择他们加入团队、表达对他们的期望,以及向他们说明可能遇到的挑战、其职责范围,以及项目成功对他们个人可能产生的影响,帮助缓解他们的担忧,强化他们对项目的承诺,促进团队的整体协作,提升团队的工作效率。

项目经理可以通过责任矩阵明确分工、跟踪进展、调整任务,确保项目顺利推进(黄娜、李广涛、彭秋瑜等,2024)。首先,要创立项目人员架构(见图10-9)。

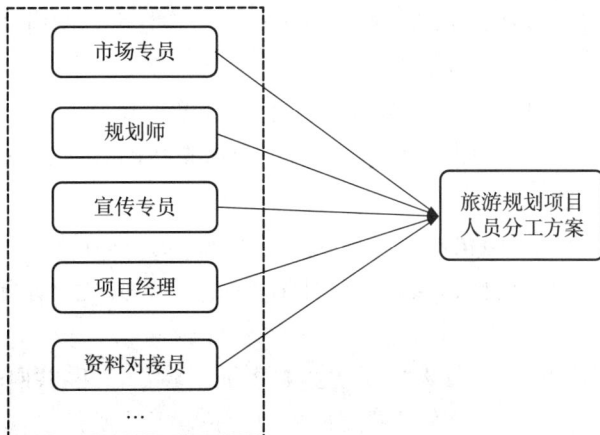

图 10-9　项目人员架构图

然后,要划分成员角色,如表10-1所示。表中,R(Responsible)代表负责人,对任务的执行和结果负责;A(Accountable)代表主要责任人,最终对任务结果负责;C(Consulted)代表顾问,提供建议和专业支持;I(Informed)代表知情人,了解任务进展,但不直接参与执行。

表 10-1　项目团队成员责任分工表

任务	张三 (市场专员)	李四 (规划师)	王五 (宣传专员)	赵六 (项目经理)	刘七 (资料对接员)
市场调研	R	C	I	A	I
路线规划	I	R	C	A	C
宣传推广	C	I	R	A	I
资源协调	R	C	I	A	C
资料对接	I	I	I	C	R

第四节　项目团队的建设与管理

一、高效的项目团队特征

项目团队作为一种特殊的组织形式,与其他管理组织相比存在明显差异(肖祥银,2023):

一是目标性。项目团队围绕着明确定义的目标进行操作,通常是在特定的限制条件下完成一个独特的产品或服务。目标性对项目团队的构成和运作提出了严格的要求,包括质量控制、时间管理和成本控制等多个方面。

二是临时性。项目团队通常根据特定任务的需要临时组建。一旦项目任务完成,团队就会解散,成员可能返回常规职能部门或被分配到新的项目中。临时性要求成员迅速适应新环境和新任务,团队配置和成员选择需具备高度的灵活性。

三是多样性。项目涉及多个专业领域,项目团队通常由来自不同管理层、不同职能部门和不同专业领域的成员组成。团队成员在团队中发挥互补作用,依靠彼此的专业能力和经验,共同努力达成项目目标。

四是开放性。项目团队的构成和任务分配会在项目的不同阶段根据需要进行调整,这显示出高度的灵活性,而开放性则意味着项目团队的边界和成员配置可根据项目的进展和变化灵活调整。

在一个高效的项目团队中,团队成员通过频繁沟通、建立信任、共同努力,形成强大的合作体系,营造良好的协作氛围。这种项目团队通常具备以下特征:

(1)工作和结果导向。团队成员专注于工作和结果,并按照预期达到甚至超越目标。

通过项目工作任务,成员之间会产生共同的成就感,使所有成员形成一个利益共同体,自觉遵守团队的行为规范,相互支持与合作,从而提高整体效率。

（2）明确的项目目标。团队成员必须明确目标是什么、当前正在做什么,以及为什么要这样做。团队成员需了解项目的优先级,明确自己的角色和责任,理解自己的工作任务及与其他成员任务的适配性。

（3）强烈的归属感。团队成员具备强烈的归属感,以自己是团队的一部分为荣,从内心认同团队的价值观,并愿意为团队的利益最大化而努力。强烈的归属感意味着对团队的忠诚、对组织的承诺,以及在组织中保持稳定的意愿。

（4）全身心投入。团队成员愿意全身心地投入项目,为项目的成功奉献自己的时间和精力。团队成员表现出坚持不懈的精神和决心,无论动机是个人特质、对团队的责任感、客户的需求,还是对组织的忠诚。

（5）高效的沟通。团队成员之间进行全方位沟通,确保信息充分共享。团队成员间不刻意隐藏信息,而是积极分享,以提高整个团队的知识水平和协作能力。开放的信息交流不仅能提升团队执行的透明度,还能增强了成员之间的信任和协作。

（6）相互协作和信任。通过坚持合作,团队成员的技术和经验得以充分融合,进而形成强大的团队意识,明确各自的角色和责任。项目领导者应着力打造开放、协作的工作环境,让成员自由交流想法,以此培养其信任关系。

以上特征是项目经理判断团队状态的重要指标,也是项目经理组建和管理团队的主要目标。在实践中,大多数项目团队都不会一蹴而就,而是经过一定周期的磨合、协调和持续优化,最终逐渐形成高效的项目团队。

二、项目团队建设和发展

项目团队的发展是有关项目团队建设的过程,布鲁斯·塔克曼提出的著名的团队发展阶段模型可以被用来辨识团队建设与发展中的关键性因素,并对团队的历史发展进行解释。团队发展的5个阶段是形成阶段、震荡阶段、规范阶段、执行阶段和解散阶段(见图10-10),每个阶段都有各自的管理需求。

图10-10　项目团队的发展阶段

（一）形成阶段

团队成员刚开始一起工作,团队缺乏明确的工作目标和职责标准,工作流程也不够流畅。团队成员之间的沟通和交流较少,角色定位尚未明确。该阶段的主要任务是确定方向、明确职责、制定工作规范和标准,并对团队成员进行必要的培训。项目经理需进行全面的指导和团队建设,向团队成员解释工作目标、工作范围、质量标准、预算和进度计划的标准;鼓

励团队成员讨论工作计划,消除他们的困惑与顾虑,确保团队成员之间建立起一种互信的工作关系,形成共同的愿景,并激励团队成员积极参与。

（二）震荡阶段

团队成员可能因观点和见解的不同而产生冲突和分化,个人性格特征开始显现,对团队目标、期望、角色和责任的不满和挫折感逐渐暴露。项目经理需创造一个彼此理解和支持的环境,允许团队成员表达不满,并做好导向工作,努力解决问题和矛盾。同时,项目经理需要建立和规范团队的工作标准和行为准则,避免团队运作的混乱和不均衡,并在规范管理的过程中以身作则。

（三）规范阶段

团队的规则、价值观、行为方式、工作方法和工具都已建立,团队成员开始逐步提升自己的技能并掌握新技术,团队效能显著提高,团队成员逐渐形成身份认同。团队成员重新将注意力集中在工作上,调整自己的行为,使团队发展更加自然流畅,积极解决问题,实现组织和谐。项目经理应尽量减少直接指导,鼓励团队成员发挥个性优势,培育团队文化,增强成员对团队的认同感和归属感。

（四）执行阶段

团队结构已完全功能化并得到认可,团队整体运作模式成熟,工作得以顺利高效地推进,没有任何冲突,不需要外部监督。团队成员对各自的任务和职责有清晰的了解,彼此协作,即便在没有监督的情况下,也能自主决策,表现出积极的工作态度。这一阶段,项目经理应授予团队成员更大的权力,充分发挥他们的潜力,支持团队执行项目计划,并对成员进行持续的培训,确保项目目标的实现。

（五）解散阶段

在经历了前几个阶段后,项目团队已发展成为一个成员间相互理解、高效沟通、密切配合的团队。当项目任务完成后,团队会解散,成员将被调到新的工作岗位。此时,团队成员的动机水平可能下降,对未来的不确定性会增加。项目经理需对团队成员进行思想指导,帮助他们认同组织的调整决定,对他们的职业发展提供支持并给出建议。

项目团队的建设面临一系列常见因素的影响,有效处理团队发展中遇到的障碍（见表10-2）,是团队快速、顺利地通过震荡阶段并走向规范阶段的关键。

表10-2　项目团队发展障碍及其处理办法

具体障碍	有效处理障碍的方法
不同的见解、优先级和兴趣	在项目生命周期早期关注引发这些冲突的差异,向团队成员充分解释项目优先级和顺利完成项目可能带来的奖赏,宣传"团队"概念并解释职责,使个人兴趣与项目目标一致

续表

具体障碍	有效处理障碍的方法
角色冲突	在项目前期,询问团队成员的个人定位,通过协商的方式分配任务;将整个项目分为最恰当的子系统和子任务(如工作分解结构);举行常规状态评审会议,确保团队成员了解项目进展;关注项目生命周期中未曾预料到的任务冲突
项目目标或结果不明确	确保团队成员理解总体的和跨组织的项目目标;与高层管理者和客户进行明确且频繁的沟通,召开状态评审会议听取反馈;选取适宜的团队名称,强化项目目标
动态的项目环境	稳定外部影响;项目核心成员拟定关于项目主要方向的协议并将之传达给整个团队,同时让高层管理者和客户了解无根据的变化可能带来的不利后果;预测项目发展所处环境的变化,制订应急计划
团队领导权的竞争	高层管理者帮助项目经理确立领导职责,另外,项目经理需具备团队成员期望的领导能力。明确的任务和职责界定,通常能使团队领导权的冲突降至最低
缺乏团队定义和组织结构	项目领导者需将团队概念同时传递给高层管理者和团队成员,定期举行团队会议,明确界定任务、职能和责任,强化团队意识。清晰明了的备忘录和其他形式的书面信息,以及高层管理者和客户的参与,都能使团队协调一致
团队职员选择	尽力与可能成为团队成员的人协商项目的任务分配;明确地与可能成为团队成员的人讨论项目的重要性,让其了解自身在项目中的任务、完成任务可能带来的奖赏,以及项目管理总体的"一般准则";若团队成员对项目还不感兴趣,应考虑换人
项目领导者的信誉	信誉随领导者的管理知识的增长和技术专长的精进而提升;信誉随项目领导者与其他支持团队工作的重要领导者的关系的改善而提升
团队成员缺乏责任心	在项目生命周期的早期,若察觉团队成员缺乏责任心,应尽力改变其可能对项目不利的想法。通常,不安全感是缺乏责任心的主要原因,因此,要设法弄清为什么存在不安全感,努力减少团队成员的顾虑。此外,和其他团队成员的冲突可能是导致其缺乏责任心的另一个重要原因,项目经理需尽快干预和调节这些冲突。若团队成员的专业兴趣在其他领域,项目领导者应采取满足其兴趣的措施或考虑换人
沟通问题	项目领导者应投入时间与个别的团队成员就其需求和关心的事项进行交流。项目领导者应召开适时会议鼓励团队成员之间的交流。强化沟通的方式有状态通报会、评审会、进度计划会、汇报系统和集中办公等。此外,项目领导者应与客户和高层管理者建立定期且全面的联系,重点应围绕关键问题和合作协议展开书面或口头沟通
缺乏高层管理者的支持	项目领导者应使高层管理者对项目有持续的关注和投入。建议高层管理者成为项目监管委员会的核心成员,为项目的有效运行提供适宜的环境。项目领导者需在项目开始时就告知高层管理者需要的资源。项目领导者和高层管理者的关系及其获取高层管理者支持的能力,受到项目领导者个人信誉,以及项目重要性和优先级的影响

237

三、项目团队绩效与激励

（一）绩效考评

绩效考评决定整个激励机制的成败。在建立合理、正确的绩效考评体系前，必须了解绩效考评的内容、绩效考评的流程，以及绩效考评的原则。

1. 绩效考评的内容

（1）员工业绩：员工完成工作的客观结果，是考核的核心指标。

（2）员工能力：员工个人素质的客观潜能，是考核的辅助指标。

（3）员工态度：员工对待工作的主观态度，是考核的参考指标。

2. 绩效考评的流程

（1）制定标准：根据项目的计划及目标制定衡量员工绩效的标准。

（2）收集信息：收集员工的工作表现、结果等信息，并整理成数据或资料。

（3）分析评估：参照制定的标准，对收集到的信息进行对比和测评，得出员工的考评成绩。

3. 绩效考评的原则

（1）公开透明：在进行绩效考评前，将考核的标准和方法告知员工，并获得他们的认可。

（2）客观公正：在进行绩效考评时，严格执行考核标准，对所有员工一视同仁。

（3）全面细致：在进行绩效考评时，保证考核的数量和信息真实、全面。

4. 绩效考评的方法

（1）工作包法：项目被分解为若干个工作包，每个工作包设定了负责人、工作任务、工作量、所需资源和所要达到的质量标准，一般为可量化的考评。员工绩效需根据工作包的完成情况进行考评，一般是将员工的工作与项目组织制定的工作标准相对照，进而评价并确定其绩效。

（2）评分表法：项目团队根据工作难度和工作量，制定一套工作绩效的构成指标及工作绩效的评价等级，在绩效考评时针对每一位员工的实际工作情况进行打分，最终得到工作绩效的考评结果。

（3）贡献排序法：项目团队按照每个人的贡献大小进行排序，在绩效总额确定的情况下，由高到低进行绩效分配。这种方法仅适用于小型项目，工作量和工作成效清晰可见的情况，否则容易导致团队内部成员互相扯皮。

（4）自我鉴定法：有一些项目活动是不可见的，工作量不透明，专业性太强，各成员之间的工作差异又很大。此时，每个成员都应该及时开展自我评估、自我鉴定，并提交书面报告以说明自己的工作情况和业绩水平，最终由绩效考评者根据实际情况予以确定。

5. 绩效考评的作用

其一，绩效考评是进一步修订项目管理计划的依据。项目团队需要根据员工的绩效表现来判断项目进度、质量等状态,及时调整项目管理计划。

其二,绩效考评是合理确定工作报酬与奖励的基础。通过绩效考评,可以制定和修订工资报酬办法与奖励政策,核算员工绩效奖金。

其三,绩效考评是评估员工是否称职,以及给予升职、处罚、调岗或辞退的重要依据。通过绩效考评,能对员工实际表现做出客观反映和评价,并据此做出升职、处罚、调岗或辞退等决定。

其四,绩效考评是开展项目成员培训的主要依据。项目团队需要根据成员的实际表现,找到能力缺陷和知识短板,从而开展有针对性的培训。

在完成绩效考评后,还需要对评估结果进行总结,提出优化方案,并将其纳入绩效激励体系。

（二）激励机制

激励机制指激励主体系统地运用多种激励手段,并使之规范化和相对固定化,从而与激励客体相互作用、相互制约的结构、方式、关系及演变规律的总和。激励机制是将企业理想转化为具体事实的重要连接手段。通常,一个项目组织的激励机制包括以下4种,每种机制对组织的作用虽各有不同,但相辅相成。

（1）目标牵引机制:通过设定明确的目标和期望发挥拉力作用。通过设定目标,员工可自主选择正确的工作态度和行为,将个人贡献融入实现组织目标的整体合力之中。

（2）监督约束机制:通过各种规章制度、职业道德评价体系和员工守则约束并规范员工的行为,以此限制员工做出不符合规章制度的行为,确保其行为符合预定轨道。

（3）奖惩激励机制:通过对分工授权系统、薪酬体系、绩效管理系统及职业晋升通道等的管理,提升员工的工作积极性和责任感。

（4）竞争淘汰机制:通过竞争上岗制度、人才退出制度和末位淘汰制度等手段,激发员工的压力和动力,激活组织的人力资源,防止员工产生惰性心理。

四、项目团队的氛围营造

项目集体氛围指在项目团队内部形成的整体感受和情感氛围,包括团队成员之间的互动方式、沟通模式、合作态度以及整体的工作环境。营造良好的项目集体氛围能够增强团队凝聚力,使成员更有归属感,并愿意为共同目标而努力。同时,和谐的工作环境有利于促进高效沟通和协作,减少因误解和冲突造成的效率低下问题。此外,积极的氛围能够提高团队成员的工作满意度和幸福感,降低人员流动率,并且能够激发创新和创造力,鼓励团队成员提出创新想法和解决方案。以下是关于营造团队集体氛围的具体建议:

（一）优化工作环境

确保工作场所干净、舒适、设施齐全。提供充足的办公设备、舒适的座椅和良好的照明,营造让员工感到愉悦和高效的物理环境。设置休息区、咖啡角等区域可为团队成员提供放松和社交的空间,促进非正式交流。

（二）建立开放的沟通渠道

促进团队成员之间的开放沟通。设立如 Slack、邮件、视频会议等多种沟通渠道，确保成员能随时表达意见和建议。定期举行全体会议和小组讨论，鼓励团队成员积极参与，分享观点和见解。

（三）鼓励团队合作与互动

组织团队建设活动，如团建活动、集体培训和团队竞赛等，增强成员之间的了解和信任。团队合作项目和小组工作也是增强团队互动的重要方式。

（四）提供职业发展机会

支持项目团队成员的职业发展，通过提供培训、指导和晋升机会，增强他们的工作积极性和归属感。明确职业发展路径，帮助员工设定职业目标，并为其提供实现目标所需要的资源和支持。

五、项目管理办公室

项目管理办公室是组织中专门管理项目的常设职能部门，旨在降低企业项目管理职能的成本和提升呈报给高层管理者的信息质量。项目管理办公室并非决策机构和管理机构，而是项目决策的支持机构和项目管理的服务机构。其作用主要体现在以下几点：

一是项目管理办公室可为项目经理和项目团队提供行政支持，如制作项目的各种报表。

二是项目管理办公室可最大限度地集中项目管理专家，并将企业的项目管理实践和专家知识整理成适合本企业的方法论，在企业内推广和应用。

三是项目管理办公室可充当高层管理者与项目经理之间的沟通桥梁，向高层管理者汇报项目的进展情况；对项目经理进行培训，帮助其正确理解和把握高层管理者的关注点。

四是项目管理办公室可配置部分项目经理，有需要时可直接参与具体项目，为重点项目提供重点支持。

在不同的组织中，项目管理办公室的作用存在较大的差别。根据其作用的大小，项目管理办公室又可以分为不同的类型，主要有以下几类：

第一类是战略型。它是项目管理办公室发展到高级阶段的产物。项目管理办公室承担着企业项目筛选、战略目标确定与分解等任务，具有承上（战略理解）和启下（启动项目）的双重职能。此类项目管理办公室负责项目群管理，确保所有项目围绕组织目标开展，可直接向最高管理者汇报。

第二类是指令型。此类项目管理办公室直接管理一些重要的项目集和项目，因此，组织需要规定哪些项目集和项目必须由项目管理办公室直接管理。

第三类是控制型。此类项目管理办公室在强矩阵式组织形式中容易实现，拥有很大的权力,代表公司的管理层对项目进行整体的管理和控制。

第四类是支持型。此类项目管理办公室仅充当项目集管理团队和项目管理团队的顾问,为项目集管理团队和项目管理团队提供标准化的项目管理方法体系,但无权要求项目集管理团队和项目管理团队必须采用。

为了赢得高层管理者和其他重要干系人的支持,项目管理办公室的负责人必须借助量化的指标,用实际数据来证明项目管理办公室的价值。项目管理办公室在设立之初不能急于求大求全,而应该将高层管理者最关心的项目事宜作为切入点,再逐渐壮大和完善项目管理办公室。

团队管理是一项复杂的工作,项目经理不仅要对项目本身的情况熟悉,还要对团队成员的个性了解。只有知己知彼,才能够知人善任,充分发挥每个人的才能。按照梅雷迪思·贝尔宾的团队角色理论,不同的团队成员可能在团队中担当不同的角色:

(1)创意者,为团队所面临的问题带来新的思想和有突破性的见解。

(2)资源调查者,与外部联系较多,能给团队带来资源和有用的思想。

(3)调节者,将适当的任务授权给适当的人,确保团队资源得到最佳利用。

(4)塑造者,设立目标,确定事务的轻重缓急,保证团队的目标清晰、方向准确。

(5)观察评估者,分析问题和评估解决方案,确保决策制定均衡和正确。

(6)协调者,促使团队以和谐的方式运作,善于缓和矛盾,培养团队的士气和精神。

(7)执行者,接收概念并将之转变为实际步骤,制订计划并执行。

(8)完成者,注重细节,为确保所有工作按计划准确完成,往往提前超额完成任务。

(9)专家,为团队提供宝贵的经验,乐于将自己的专业知识分享出来。

在知己知彼的基础上,项目团队需通过观察、评估团队成员的绩效来解决问题、变更管理。管理项目团队时,可以运用多种技术,如观察和交谈、冲突管理、问题日志和项目绩效评估。通过观察团队成员在工作中的表现,并与之进行交谈,可以了解他们的工作态度,及时帮助解决问题。成功的冲突管理可以提高团队工作效率,改善人员关系,营造良好的组织氛围。团队领导者在处理冲突时,应认识到冲突是正常的,并非所有冲突对项目都是有害的,解决冲突时应对事不对人。在项目团队管理中,问题处理的过程、方法和结果应以文档形式记录下来,作为组织的资产,为后续项目提供参考。通过项目绩效评估,领导者可以发现团队成员在工作中出现的问题,并及时向他们提供建设性的意见。

此外,团队活动也是项目团队管理的重要环节。可以通过社交聚会的方式,如工作后聚会、组织社会性活动等,将团队成员聚在一起,增强其对项目的融入感。团队活动还可以包括在工作场所开展的活动,如在墙上标注项目网络进度图、为项目团队会议制定管理章程、庆祝重要项目里程碑等。

思考题

（1）项目经理需要具备哪些能力？如何确定一个人是否适合担任项目经理？

（2）职能式、项目式、矩阵式组织的优缺点分别是什么？如何为旅游项目选择合适的组织形式？

（3）团队成员需要具备哪些基本素质？如何选择合适的项目团队成员？

（4）项目团队如何适应成员变动以满足项目需求？

（5）如何通过团队建设提高团队的协作效率和绩效？

第十一章

旅游项目沟通管理

(1) 掌握旅游项目沟通管理的核心概念与要素。

(2) 了解项目沟通的不同类型及其在项目各个阶段的应用场景。

(3) 熟悉识别项目沟通需求和制订有效沟通计划的方法。

(4) 掌握项目沟通过程中的信息传递与反馈机制的运作方式。

(5) 了解沟通障碍及其解决策略。

第一节　项目沟通的类型与过程

沟通指信息在不同主体之间传递、理解和反馈的过程。信息可以通过文字、语言等形式呈现,也可以是表情、手势、声音、图像等多种形式。沟通是社会生活中不可或缺的一部分,不仅是人与人之间的交流,也是人与技术之间、技术与技术之间相互作用的表现。沟通系统主要包含以下要素(见图11-1)。

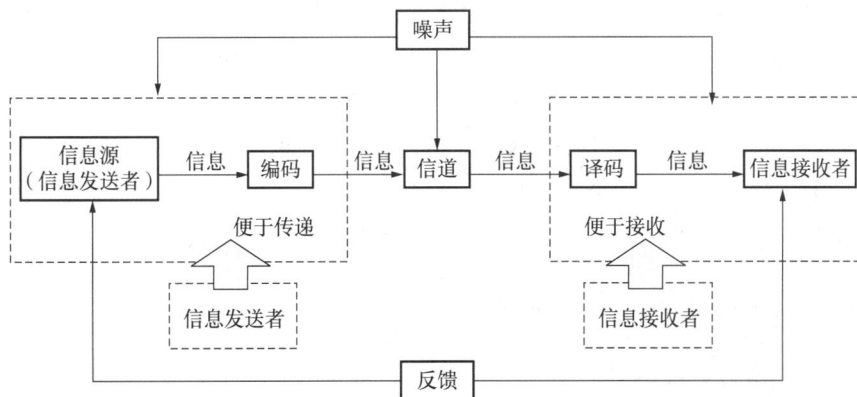

图 11-1　沟通系统示意图

（1）信息发送者，作为沟通的主体，是有目的的信息传播者。信息发送者通常包括项目经理、团队成员或其他相关方。他们会根据项目的需求和目标，有选择地传递信息，以实现特定的管理或协调目的。

（2）信息，作为沟通的核心内容，承载着信息发送者的观念、需求、意愿、指示或消息。它可能是关于项目进展的报告、客户反馈、资源分配、预算调整等多种内容。信息的准确性、完整性和及时性直接影响沟通的效果和项目的成败。

（3）信道，作为信息传递的途径或媒介，是沟通过程中不可或缺的部分。它可能是人际沟通中的语言和非语言符号，也可能是书面报告、电子邮件、视频会议、社交媒体等形式。应根据具体情境选择合适的信道，避免误解。

（4）信息接收者，作为沟通的终端，是信息的接收方。信息接收者可能是项目团队成员、客户、供应商或其他相关方。信息接收者的理解和反馈决定了沟通的最终效果。有效的沟通包括信息接收者准确接收信息并根据接收到的信息采取适当的行动或做出适当的回应。

在人际沟通过程中，沟通不仅是信息的传递，更是情感、思想、态度和观点的表达与交换。人际沟通之所以在旅游项目管理中尤为重要，是因为它直接影响团队协作、客户满意度以及项目的整体成败。以下是人际沟通的几个关键特点：

其一，主要通过语言进行。人际沟通的核心工具是语言，包括口头语言和书面语言。在旅游项目管理中，团队成员、客户、供应商等各方通过会议、报告、电子邮件等形式进行语言沟通，确保项目的各个环节能够顺利衔接。

其二，超越信息的单纯交流。人际沟通不仅是信息的传递，还涵盖情感、思想、态度和观点的交流。在项目管理中，理解团队成员的情感状态、思想动机和态度倾向，能够帮助管理者更好地协调团队、解决冲突，以及提升团队的积极性。

其三，旨在了解彼此的动机和目的。了解和回应对方的动机和目的至关重要，有助于避免误解和冲突，提升沟通的效率和效果。项目经理与客户之间的沟通不仅是传递项目进展信息，更需明确客户的需求和期望，以便更好地调整项目计划和资源配置。

其四，以改变行为为目标。人际沟通的最终目标往往是引导或改变行为。团队成员会根据收到的任务指令调整工作方式，客户会根据项目建议做出决策。有效的沟通能够促使信息接收者采取正确的行动，推动项目向预期目标迈进。

其五，存在沟通障碍。沟通障碍可能源于语言表达不清、文化差异、情感因素、技术问题或环境干扰等。此障碍可能导致信息误传、决策失误或团队协作不畅。管理者需敏锐地识别并及时克服此障碍，采取适当的措施，确保沟通的顺畅和有效。

一、项目沟通的类型与渠道

（一）项目沟通的类型

沟通是旅游项目管理中的关键环节，其类型多样，涵盖了从正式到非正式、从内部到外部、从口头到书面等各种形式,了解并掌握不同类型的沟通方法,有助于管理者在复杂的项目环境中保持信息的畅通,推动项目目标的实现。以下是几种主要的沟通类型:

1. 正式沟通与非正式沟通

正式沟通指通过正式的渠道和结构进行的沟通,通常与组织的层级、程序和政策相关,一般以书面形式(如会议纪要、项目报告、邮件)或正式的口头形式(如会议、电话会议)进行,具有较高的严肃性和规范性。正式沟通常用于传递重要的项目决策、进度汇报、风险管理计划等,能确保信息的权威性和可靠性,有助于维持组织的秩序和项目的有序推进。非正式沟通指在组织结构外或不受正式程序约束的沟通,通常发生在同事之间的日常互动中,可能是口头的,也可能通过短信、即时通信工具进行。非正式沟通更灵活、更自然,通常发生在工作场所的非正式场合,如走廊、茶水间或社交媒体平台。非正式沟通有助于增进团队成员间的理解和合作,解决日常工作中的小问题,并在正式沟通之外提供反馈和建议。

2. 垂直沟通与水平沟通

垂直沟通是在组织的不同层级之间进行的沟通,分为向上沟通和向下沟通。向上沟通指下级向上级汇报工作进展、反馈问题或建议;向下沟通指上级向下级传达指令、目标或政策。向上沟通有助于管理层了解项目进展、员工需求和潜在问题;向下沟通有助于确保项目目标、策略和任务得到有效执行。水平沟通是在组织同一层级之间进行的沟通,通常发生在同事、部门或团队之间,通常互动性更强也更为直接。水平沟通主要用于协调工作、分享信息、解决问题和推动团队合作。水平沟通对跨部门合作、团队协调、资源共享和项目协作至关重要,能够提高团队的效率和一致性,促进项目的顺利推进。

3. 内部沟通与外部沟通

内部沟通是组织内部各部门、团队或个人之间的沟通,可以是正式的,也可以是非正式的,涵盖了项目的各个方面,包括任务分配、资源管理、进度报告等。内部沟通有助于确保项目团队在同一目标下工作,及时解决内部问题,并保持项目的透明度和一致性。外部沟通是组织与外部利益相关者(如客户、供应商、政府机构、媒体)之间的沟通。外部沟通通常更加正式,涉及合同谈判、市场推广、客户服务等内容,对组织的外部形象和关系维护至关重要。外部沟通有助于确保项目与外部利益相关者保持良好的合作关系,满足客户需求,遵守相关法规,并有效应对外部环境的变化。

4. 口头沟通、书面沟通与非语言沟通

口头沟通指通过语言进行面对面交流,或通过电话、视频会议等方式进行的实时交流。口头沟通灵活性强,能够即时反馈,适合处理紧急问题或需立即沟通的情况。口头沟通常用于团队会议、客户咨询、问题解决等场合,有助于迅速传达信息和达成共识。书面沟通指通过文字进行的信息传递,包括电子邮件、报告、通知、合同等。书面沟通能记录和保存信息,提供详细且清晰的指导,适合需正式记录的情况。书面沟通一般用于发布正式文件、记录会议内容、传达项目计划和进度等,有助于确保信息的准确性和可追溯性。非语言沟通指通过肢体语言、表情、姿态、眼神等方式进行的沟通。非语言沟通有助于补充和增强语言沟通,尤其是在面对面交流中,非语言线索可以传达情感、态度和潜在的意图。非语言沟通有助于建立信任、表达支持或异议,特别是在文化差异较大的环境中,需注意非语言沟通的微妙之处。

（二）项目沟通的渠道

项目成员在解决特定问题或协调工作时,会在既定的组织系统中进行沟通和协作,从而形成不同的信息传递渠道,即信息网络。信息网络不仅影响团队的工作效率,还会对成员的心理状态和组织氛围产生影响。

1. 正式沟通渠道

在信息的传递过程中,信息通常需经过多个中间环节才能到达接收者。沟通结构的设计直接影响信息的传达效果,并进而影响团队的协作效率和集体行为表现。不同的沟通网络在影响个体行为和团队动态方面各有特点,巴维拉斯（Bavelas）曾通过实验对5种沟通结构进行比较,揭示它们在不同情境下的优缺点和适用性。以下是5种主要的正式沟通渠道（见图11-2）。

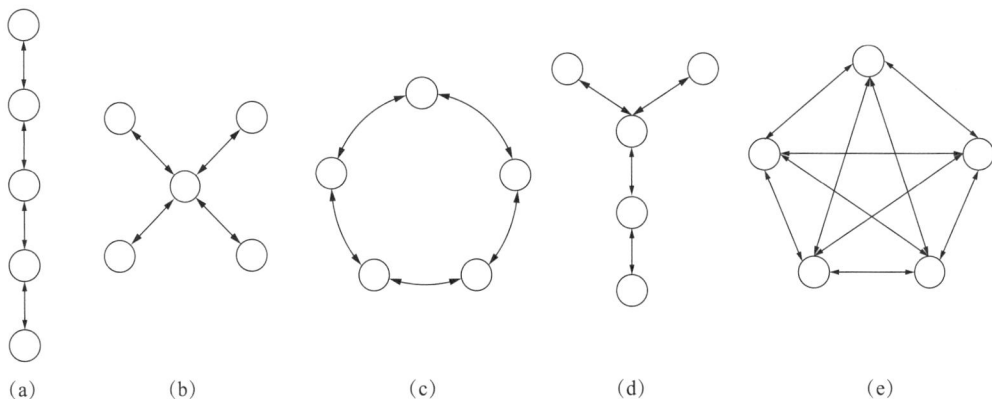

| (a) | (b) | (c) | (d) | (e) |

图11-2 正式沟通渠道

（1）链式沟通渠道（见图11-2(a)）。这是一种层级式的信息传递方式,信息按照上下级关系依次传递,适用于层级分明的组织结构。信息传递的顺序和过程较为规范,适合明确指令、传达决策和反馈信息。例如,项目经理向中层管理者下达任务,中层管理者再将任务分配给具体执行者。这种渠道的信息传递的准确性较高,但信息流动速度相对较慢,容易出现信息滞后。

（2）轮式沟通渠道（见图11-2(b)）。它以项目经理或中心人物为核心,所有信息均通过该核心进行集中处理和分发,适合项目初期的计划阶段。项目经理作为核心决策者,需集中处理各部门的信息,并快速做出调整和分配。其信息集中度高,有助于项目的快速推进,但也容易增加项目经理的工作负担。

（3）环式沟通渠道（见图11-2(c)）。信息按照环形路径在团队成员之间依次传递,每个成员既是信息的接收者,也是信息的传递者,适合强调平等协作的团队,如跨部门的联合项目组。环式沟通渠道能够促进成员之间的协作和信息共享,有助于创新和方案优化。环式沟通的互动性较强,但信息传递速度较慢,且容易受到个别成员的影响。

(4)Y式沟通渠道(见图11-2(d))。它结合了链式和轮式的特点,信息从一个点出发,经过分层传递后分别流向不同的分支,适合项目中层管理者的任务分配和协调工作,有利于确保信息的分层传达和任务的落实。Y式沟通在信息的分流上有较强的适应性,但需合理设计沟通节点以避免信息传递混乱。

(5)全通道式沟通渠道(见图11-2(e))。这是一种最为开放的信息交流模式,所有成员都可自由地与其他成员沟通和互动,适用于需高互动性和创造力的项目团队,如旅游产品的创新开发团队。全通道式沟通能够促进信息的快速共享和多样化视角的交流,但也可能导致信息过载,项目经理需通过设定优先级和沟通规则控制信息的流动。

2.非正式沟通渠道

非正式沟通渠道一般通过组织内部的个人联系和社会网络实现,信息的传递过程较为灵活,适合用于快速解决问题和促进团队合作。以下是4种主要的非正式沟通渠道(见图11-3)。

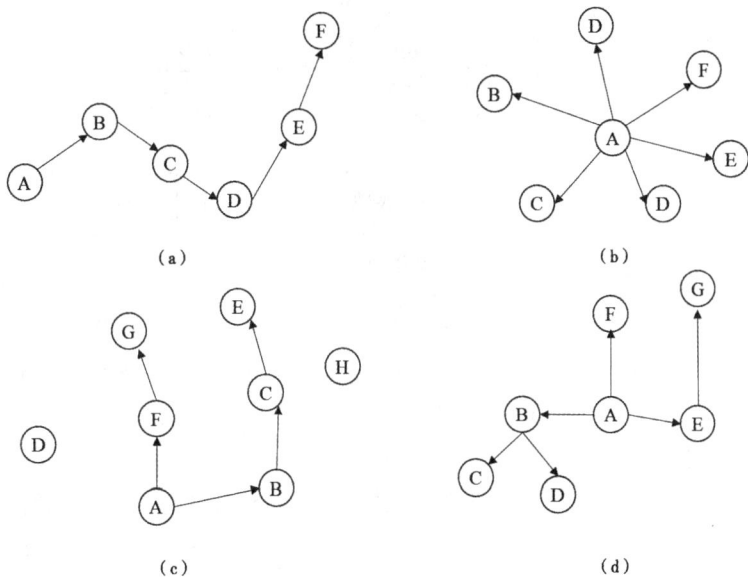

图11-3 非正式沟通渠道

(1)单线式沟通渠道(见图11-3(a))。信息在成员之间依次传递,类似于"悄悄话",信息的传递路径较长且传递速度较快。单线式沟通常见于紧急事件的快速传达,例如处理游客投诉或应对突发事件时,可迅速将信息传递给所有相关人员,但信息的准确性和完整性较低。

(2)流言式沟通渠道(见图11-3(b))。信息从一个人扩散到多个成员,通常不受正式的沟通程序约束,信息传播范围广、速度快,适用于非正式的交流和团队的情报收集。例如,在

项目的启动阶段,项目经理通过与核心成员的非正式交流,快速获取关于市场需求、竞争态势和客户反馈的信息,但此类沟通容易出现信息失真的情况。

（3）偶然式沟通渠道(见图11-3(c))。发生在日常的偶然接触中,随机性强,但信息传递往往轻松自然,有助于打破正式沟通的限制。在旅游项目的日常管理中,项目经理通过偶然式沟通渠道可以了解团队成员的心理状态、工作压力和实际需求,这有助于营造良好的团队氛围并提高团队成员的士气。

（4）集束式沟通渠道(见图11-3(d))。信息由核心成员传递给其个人关系网内的成员,这些成员再将信息扩散给其他成员。它常见于团队内部的决策支持和非正式讨论,信息扩散速度适中,但传递的准确性较高。例如,在旅游产品的市场推广前期,项目经理通过核心成员的集束式沟通,快速获取团队对方案的反馈和意见。

二、项目沟通的过程模型

在旅游项目管理中,项目沟通的过程是确保信息在项目各方之间有效传递的关键环节。通过明确的过程模型,项目管理者可系统化地组织和实施沟通,减少误解和疏漏,从而提高项目的成功率。这一过程包含7个关键步骤(见图11-4)。

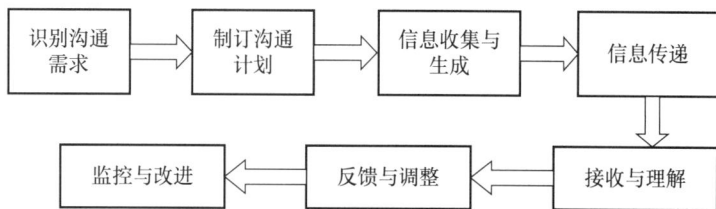

图11-4　项目沟通的过程模型图

（1）识别沟通需求。这是项目沟通的起点,需明确主要利益相关者(如项目团队成员、客户、供应商、监管机构等)及其信息需求。通过利益相关者分析,项目管理者可以了解谁需要哪些信息、在什么时间需要、通过何种方式传递。通过系统化的识别,项目管理者可为后续的沟通制定有针对性的策略。

（2）制订沟通计划。明确沟通需求后,项目团队需制订详细的沟通计划,包括沟通的内容、频率、渠道和责任人,确保信息通过适当的方式传递给合适的人。沟通计划还应包括紧急情况和危机沟通策略,以应对突发事件。系统性计划能够提高沟通的规范性和效率。

（3）信息收集与生成。项目沟通需持续收集和生成适合不同受众的信息。信息可能来自项目活动、监控过程或反馈机制,可能包括施工进度、财务支出和环境监测结果,以报告、图表或简报的形式呈现。信息的准确性和及时性是有效沟通的核心。项目管理者需根据不同利益相关者的需求,生成相应的沟通材料。

（4）信息传递。这是沟通过程的核心环节,需将信息通过适当的渠道传递给利益相关方。沟通方式包括口头(如会议、电话)、书面(如邮件、报告)及多媒体形式(如视频会议、演示文稿)。项目管理者需选择适合的沟通方式,以确保信息被正确理解。多渠道的信息传递有助于确保信息的全面覆盖和准确传达。

（5）接收与理解。有效的沟通不仅是指信息的传递,还需确保接收者正确理解信息内容。项目团队可通过提问、反馈和确认等方式来验证信息的理解程度。例如,项目经理可通过提问环节确认施工团队是否理解变更的具体要求。互动式的沟通方式能够确保信息的准确接收和执行。

（6）反馈与调整。沟通是一个双向互动的过程,接收者的反馈至关重要。项目团队需根据反馈来调整沟通策略,确保信息的持续有效性。例如,施工团队在执行设计变更时遇到问题,应及时反馈给项目管理者,管理者应根据反馈调整方案或提供额外支持。及时的反馈和调整有助于提升沟通的效率,加快项目的整体进度。

（7）监控与改进。项目管理者需对沟通流程进行持续监控和评估,并根据结果进行调整。一般通过沟通日志、满意度调查和会议纪要等方式进行监控,例如,项目团队每季度召开一次沟通评估会议,分析各类沟通活动的效果,如政府对环保报告的接受度、投资方对财务透明度的满意度等。持续改进可确保沟通的有效性和适应性。

在旅游项目管理中,项目沟通的各个步骤相互关联且相辅相成。通过系统化的沟通步骤,项目管理者可确保信息在各利益相关者之间的高效流动。理解和应用项目沟通的模型,不仅有助于减少误解和沟通障碍,还能提高项目的执行效率和成功率。

第二节　项目沟通计划

项目沟通计划的制订是确保项目顺利实施的核心环节。项目沟通计划的内容应覆盖项目的各个阶段,并明确沟通的目标、对象、方式和频率,以提升沟通效率,确保信息的准确传达和及时反馈。以下将从5个阶段来阐明项目沟通计划应包含的内容:

在启动阶段,项目沟通计划主要关注项目目标和愿景的明确与传播。项目经理需与项目团队成员、政府部门、居民代表等利益相关者进行详细沟通,阐明项目的总体目标(如提升游客满意度、促进旅游收入等),并分享项目的长远愿景。沟通计划的重点是确保各方对项目目标的共识和理解,并明确沟通的主要内容和方法。

在规划阶段,项目沟通计划需详细制定各项工作方案,确保项目的时间表、任务分配和预算分配得到充分讨论和确认。项目团队成员和上级领导就项目计划的可行性进行沟通,确保所有决策基于准确的信息和合理的分析。同时,还需与外部利益相关者进行沟通并收集他们的反馈。沟通方式包括项目讨论会、报告呈递、问卷调查和访谈等。

在执行阶段,项目沟通计划主要围绕任务进度、资源协调和质量控制展开,强调沟通的实时性和反馈的迅速性。项目团队需定期召开进度会议,报告各任务的完成情况、遇到的问题和解决措施;同时,需与资源供应商、政府部门等进行协调沟通,确保资源的及时供给和服务质量的提升。此外,还需建立专门的沟通渠道及时收集游客反馈意见并采取改进措施。

在监控阶段,项目沟通计划聚焦于绩效评估和风险管理,以确保各方清晰了解项目进展和潜在风险。项目经理需定期与团队成员和上级领导沟通项目的绩效指标(如游客满意度、旅游收入等),通过绩效报告和总结会议分享评估结果;同时,还需与安全监管部门、环保部门等外部机构进行风险预警沟通,及时获取风险信息,制定应对方案。

在收尾阶段,项目沟通计划以项目总结和知识转移为重点。通过组织项目总结会议和编写项目总结报告,项目团队向上级领导、利益相关者和其他旅游项目团队分享项目的成果、经验和教训;与新项目团队进行沟通和培训,确保项目经验的延续性和知识的沉淀。沟通方式可以是总结会、培训讲座或书面报告等,需选择合适的沟通方式以确保沟通内容清晰且系统。

一、项目沟通计划的需求分析

项目沟通计划的需求分析旨在明确项目中各类沟通需求,确保项目团队和利益相关方能够及时获取准确的信息(田文迪、吴金红,2023)。在确定沟通目标后,可依据目标和需求,使用"5W"法分解沟通任务(见图11-5)。

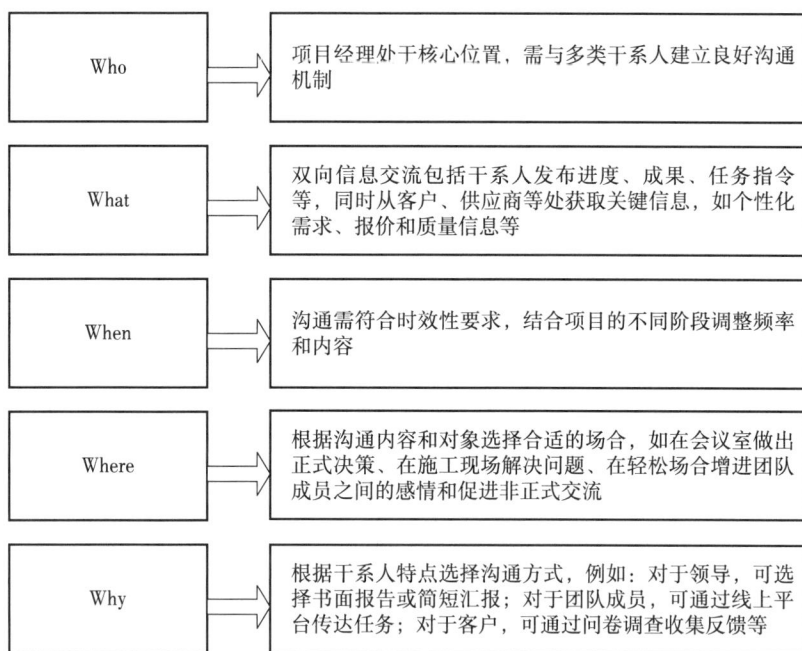

Who	项目经理处于核心位置,需与多类干系人建立良好沟通机制
What	双向信息交流包括干系人发布进度、成果、任务指令等,同时从客户、供应商等处获取关键信息,如个性化需求、报价和质量信息等
When	沟通需符合时效性要求,结合项目的不同阶段调整频率和内容
Where	根据沟通内容和对象选择合适的场合,如在会议室做出正式决策、在施工现场解决问题、在轻松场合增进团队成员之间的感情和促进非正式交流
Why	根据干系人特点选择沟通方式,例如:对于领导,可选择书面报告或简短汇报;对于团队成员,可通过线上平台传达任务;对于客户,可通过问卷调查收集反馈等

图11-5 "5W"沟通任务分解法

Who:项目经理处于核心位置,需与多类干系人建立良好沟通机制。与项目发起人和投资人沟通,需及时汇报旅游项目的预期收益、市场前景等,以确保他们继续支持项目。与团队成员和技术骨干沟通,需合理授权并激励他们发挥专业优势,共同打造优质旅游产品。与供应商或分包商沟通,需保障其获得稳定的资源和劳务支持。与同业竞争者、新闻媒体、项目支持者和项目反对者沟通,需从竞争者处学习经验、在新闻媒体前树立良好形象、争取支持者的持续助力并消除反对者的疑虑。

What:包含双向信息交流。一方面要向不同干系人发布相应信息,如向上级领导汇报旅游项目的进度、阶段性成果和面临的问题;向团队成员下达明确的分工任务指令,包括工作内容、时间节点和质量要求等。另一方面要从各方获取关键信息,如从客户处了解他们对旅游项目的个性化需求、期望的服务水平;从供应商处获得准确的报价和产品质量信息,为项目成本控制和质量保障提供依据。

When:强调信息的时效性和沟通的时间跨度。例如,在旅游旺季来临前,及时与各方沟通准备情况,包括景区设施维护、人员配备等。根据项目的不同阶段,如规划期、建设期、运营期等,调整沟通的频率和重点。

Where:沟通场合丰富多样。在会议室进行正式的项目讨论和决策,如规划旅游线路、制定营销策略等;在施工现场解决实际问题,确保工程进度和质量;在餐馆等轻松的场合与团队成员增进感情,提高团队凝聚力;与客户和合作伙伴进行非正式交流,加深彼此的理解和信任。

Why:根据不同干系人选择合适的沟通方式。与上级领导沟通时,了解他们的偏好,如有的领导喜欢详细的书面报告,便于深入了解项目情况,而有的领导则更倾向于简洁的口头汇报,快速掌握关键信息。对于团队成员,可采用线上沟通平台及时传达任务和反馈问题,也可通过面对面的方式进行深入讨论和培训。与客户沟通时,可以通过问卷调查、在线客服等方式收集意见和建议,满足他们的需求。

在旅游项目管理中,精心编制和有效实施项目沟通计划,充分考虑"5W"因素,能够确保项目顺利进行,提升旅游项目的质量和效益。

二、影响项目沟通计划选择的因素

不同的沟通方式和方法对项目信息传递的准确性、可靠性、及时性和完整性会产生不同的影响。采用哪种沟通方式与方法通常是由项目的实际需求和客观条件决定的,可能受以下因素影响。

(一)沟通需求的紧迫度

对于紧迫的信息沟通,需选择更为快捷的沟通方式;对于暂缓的信息需求,可采用相对缓慢的沟通方式。例如,在旅游旺季来临前,景区设施升级改造的信息沟通极为紧迫,需选择快捷的沟通方式,如即时通信工具或紧急会议。

(二)沟通方式的有效性

采用什么样的方式方法最有助于满足项目沟通需求是确定项目沟通方式的关键因素之一。进行研究和集体决策时,召开会议是比较好的选择,而发布规章制度或各种项目事务的通知则更适合进行公告。

（三）项目相关人员的能力和习惯

沟通方式方法的选择必须充分考虑项目参与者的经历、知识水平、接收与理解能力和在沟通方面的习惯做法。例如,对于经验丰富的旅游规划师和管理人员,可采用专业的书面报告或通过研讨会进行沟通。

（四）项目规模的大小

规模小、工作量不大、生命周期很短的项目,一般采用人们习惯的且便于实施的沟通方式与方法;而规模大、生命周期长的项目则需采用先进而有效的项目沟通方式和方法,才能产生更高的效率。

三、项目沟通计划实施与保障

有效的沟通计划不仅包括明确的目标和详细的规划,更需要在实施过程中严格遵循既定方针,并通过一系列保障措施确保沟通的持续性、准确性和高效性。项目沟通计划实施与保障的主要内容包括以下几点。

（一）建立明确的沟通责任制

项目经理通常是沟通的核心人物,负责整体沟通策略的执行和监督,团队成员也需对其所分配的沟通任务负责。宣传负责人需向项目经理汇报广告投放效果,确保宣传策略的有效性;景区建设团队需更新施工进度,确保工程按时完成。通过明确的责任分工,确保各环节信息畅通,避免出现沟通盲区。

（二）定期召开沟通会议

定期召开沟通会议是项目沟通计划实施的重要手段。会议频率和内容应根据项目的阶段和需求进行调整,以确保团队成员和其他利益相关者获得一致的信息。定期沟通机制能确保团队成员始终保持信息同步,有助于及时发现和解决问题,避免项目偏离预期目标。

（三）选择合适的沟通工具和渠道

沟通工具和渠道的选择直接影响沟通的效果和效率。在跨国旅游推广项目中,可通过视频会议进行沟通,同时使用共享文档实时更新项目计划和任务进展,在保证与远程团队紧密合作的同时,也确保项目信息及时更新和准确传达,减少误解和信息延迟带来的风险。

（四）监控沟通效果并及时调整

持续监控沟通效果是确保沟通有效性的关键。项目经理发现团队成员对邮件通知的依赖性过高并导致信息滞后时,应调整沟通方式,增加项目管理软件的使用频率,确保成员能及时获取信息。动态监控和调整机制有助于提升沟通的效率,避免因沟通不畅导致的项目延误。

（五）建立沟通反馈机制

有效的反馈机制有助于项目团队识别潜在问题并及时调整策略,加快项目团队的反应速度,增强团队凝聚力,提高项目成功率。项目团队应建立在线反馈平台,允许项目成员和外部利益相关者随时提交反馈意见。通过分析反馈,项目团队能及时调整环保措施和游客管理策略,确保项目执行过程中的问题得以迅速解决。

（六）风险管理与应对措施

项目沟通计划的实施还需考虑潜在的沟通风险,如信息泄露、误传或延迟等。项目团队应制订风险管理计划,涵盖风险识别、评估和应对措施等。预见性的风险管理措施能有效降低沟通风险,为项目的顺利实施提供强有力的保障。

第三节 项目沟通的障碍与解决策略

在项目的执行过程中,沟通障碍常常是导致项目延误和信息不对称的原因。

一、主观障碍

在旅游项目中,沟通的主观障碍会显著影响项目的效率和效果。主观障碍通常源于个体之间的认知、个性、喜好、情感、经历和背景等方面的不同。这些因素可能导致沟通双方对相同信息的理解和反应存在显著差异。

（一）个人对现实的认知与想象力

个人基于自身的经历和思维方式,会对现实世界形成独特的认知。例如,在规划旅游景区项目时,项目经理通常从项目的整体运营角度出发,更关注成本控制和时间管理;而设计师则从艺术和创意的角度出发,更注重创新性和美学价值。当项目经理和设计师就设计方案进行沟通时,可能会因关注点的不同而产生分歧。为消除这种障碍,项目团队可采用多种视觉辅助工具,如通过图表清晰地展示项目的进度、成本和资源分配等信息,使用虚拟现实技术让团队成员身临其境地感受设计方案的效果,为大家提供一个共同的、直观的展示。

（二）个人的喜好、个性和感情

个人的喜好、个性和情感会影响其对项目的投入程度和决策。例如,在以生态旅游为主题的项目中,有的成员重视环保,主张采用环保材料、推广低碳出行,有的成员更关注项目的经济效益,认为环保措施会增加成本,这种对环保行为的认识导致项目团队的决策出现分歧。不同的沟通风格也会增加沟通障碍。有人喜欢直接而快速的沟通方式;有人倾向于循序渐进的、细致的讨论,希望在做出决策之前充分了解各种情况。为消除这种障碍,可采取简洁明了的方式向喜欢直接沟通的成员传达信息;而对于喜欢细致讨论的成员,则可为其提供更多的背景资料和分析信息,以满足他们的需求。

（三）个人的经历和背景

个人的经历和背景会影响其沟通方式和解释信息的能力。在国际旅游开发项目中,来

自不同国家的项目成员可能在教育水平、文化背景和工作经验上存在差异,有不同的工作习惯、沟通方式甚至工作时间。比如,西方团队成员可能更习惯开放式的讨论和扁平化的管理,鼓励成员自由表达意见,注重团队合作和创新;东方团队成员可能更尊重等级制度,倾向于正式的报告体系,按照上级的指示行事,注重细节和规范。项目管理者需充分了解团队成员的文化背景差异,通过文化敏感性培训,帮助团队成员了解不同文化的异同,增强跨文化沟通能力。

二、客观障碍

客观障碍常常与主观障碍相互交织,共同影响沟通的效率和效果。以下是常见的客观沟通障碍。

(一)有形和无形的距离

在旅游项目中,有形的距离是常见的障碍。在跨国项目中,团队成员来自不同国家和地区,地理分散使面对面沟通变得困难,人们不得不依赖视频会议、电子邮件等工具,但这些工具也存在不足。例如,视频会议可能因网络不稳定而出现卡顿或声音不清晰的情况,影响沟通效果;电子邮件虽便捷,但易造成信息过载或回复延迟。此外,不同时区的差异也增加了沟通难度,团队成员需调整工作时间以配合其他时区的同事,这降低了效率,同时增加了压力。为克服这些障碍,项目团队应制订明确的沟通计划,确定沟通的频率、方式和时间,确保信息的及时传递。同时,可利用项目管理软件实时更新项目进展和任务分配,让成员随时掌握项目动态。此外,定期组织线上团队建设活动,也能增强团队凝聚力和合作精神。

在旅游项目中,无形的距离如权力距离同样让人不容忽视。企业内部的权力距离过大会导致员工不敢对上级决策提出异议,可能造成信息被隐瞒,进而影响决策的准确性和项目的成功。为缩小权力距离,项目经理应采取更开放和包容的管理方式,鼓励各层级员工自由表达意见,并建立畅通的沟通渠道,如设立意见箱或进行匿名问卷调查,让员工能够放心地提出建议和意见。同时,应定期召开团队会议,让不同层级的员工有机会面对面交流,共同讨论项目所面临的挑战和解决方案。此外,还可通过培训和教育,提升员工的沟通能力,增强其自信心,使员工敢于表达自己的观点,从而推动项目成功。

(二)语言障碍

在旅游项目中,语言障碍是常见的问题。以国际旅游度假区建设项目为例,参与方包括来自不同国家的投资方、设计团队和施工单位,语言背景复杂。在项目文件、报告和沟通过程中,信息需在多种语言间进行翻译,以确保所有参与者能够准确理解相关内容。但翻译过程中难免会出现误解和不准确的情况,一些专业术语在不同语言中的译法存在差异,可能导致团队成员对项目要求的理解不一致。不同语言的表达方式也会影响沟通效果,有的语言比较直接,有的比较委婉,都可能引发误解。为克服语言障碍,项目团队可采取多种措施。其一,在挑选项目成员时,优先考虑多语言人才。其二,聘请专业翻译人员,确保翻译的准确性和专业性。理想情况下,翻译人员不仅要精通语言,还要了解旅游项目的相关专业知识,以确保信息传达的精准性。此外,可建立共享词汇表,统一项目中的专业术语和常用词汇,避免不同理解导致的误解。同时,可通过定期的语言培训,提升团队成员的语言能力和跨文化沟通技能,确保信息在多语言环境中准确传递。

（三）位置、层次和角度的差异

在旅游项目中,不同组织层级和立场对问题的看法往往存在差异,可能导致沟通不畅。以旅游城市规划项目为例,高层管理者通常关注项目的长远战略和整体影响,优先考虑如塑造城市的旅游品牌和吸引更多的游客与投资;执行层的员工专注于日常运营和短期目标,如景区的清洁维护、游客接待等具体任务。层级差异常常在决策过程中引发摩擦和沟通不畅。例如,在制定旅游推广策略时,高层管理者可能倾向于大规模广告投入,而执行层的员工可能认为应优先改善景区基础设施和服务质量,提高游客满意度。为减少视角差异带来的沟通障碍,项目管理方需提供全面的信息和透明的沟通渠道,可组织跨层级的沟通会议,让不同层级的员工有机会表达自己的想法和建议。高层管理者应向执行层员工解释项目的战略目标和决策逻辑,使其了解项目的整体规划。同时,执行层员工也应向高层管理者反馈实际操作中的问题和困难,使其了解项目的具体情况。此外,还应建立信息共享平台,让所有成员随时了解项目进展和决策过程,从而在同一视角下理解项目目标和策略,促进沟通顺畅与协作。

（四）复杂性

项目管理中的复杂性本身就会构成沟通障碍。在旅游项目中,复杂项目涉及的变量多,决策路径长,信息量大。以大型主题公园建设项目为例,项目涉及多个专业领域,如规划设计、工程建设、市场营销、运营管理等(保继刚、梁增贤,2021)。各领域有独立的专业知识和要求,需不同的团队成员进行协作。同时,项目的决策过程也非常复杂,需考虑多种因素,如投资成本、市场需求、技术可行性等。这就要求项目经理不仅要管理复杂的信息,还要确保信息在团队中清晰传达。为克服复杂性带来的沟通障碍,项目经理可使用简化的模型、图表和可视化工具。例如,使用项目管理软件跟踪进度和分配资源,让团队成员能够直观地了解项目的进展情况;制作流程图和思维导图,帮助团队成员理解项目的决策过程和工作流程。此外,可定期组织项目评审会议,让团队成员有机会共同讨论项目存在的问题和解决方案,确保信息的及时更新和共享。

（五）文化差异

文化差异在国际旅游项目中尤为显著,极大地影响着项目团队的沟通方式。以跨国旅游合作项目为例,不同国家和文化背景的团队成员可能对工作方式、沟通风格和决策过程有不同的期待和偏好。例如,一些国家的团队成员注重个人主义,强调个人的成就和贡献;另一些国家的团队成员则注重集体主义,强调团队的合作和协调。文化差异可能导致沟通中的误解和冲突。例如,在项目决策过程中,个人主义文化背景的团队成员可能更倾向于快速做出决策,而集体主义文化背景的团队成员可能更倾向于经过充分的讨论和协商后再做出

决策。为克服文化上的沟通障碍,项目团队需营造包容的组织文化,强调跨文化交流和理解。例如,组织文化培训课程,让团队成员了解不同国家和文化的特点和差异。在项目团队中设立文化协调员,负责协调不同文化背景的团队成员之间的沟通和合作。此外,还应鼓励团队成员尊重和欣赏不同的文化,积极参与跨文化交流活动,增进彼此之间的了解和信任。

三、沟通障碍的解决策略

实现有效沟通并非易事,不同的利益相关方往往具有不同的期望和目标,这很容易给沟通过程带来障碍。对于沟通中存在的主客观障碍,有多种应对方法,以下是几种通用的策略(见图11-6)。

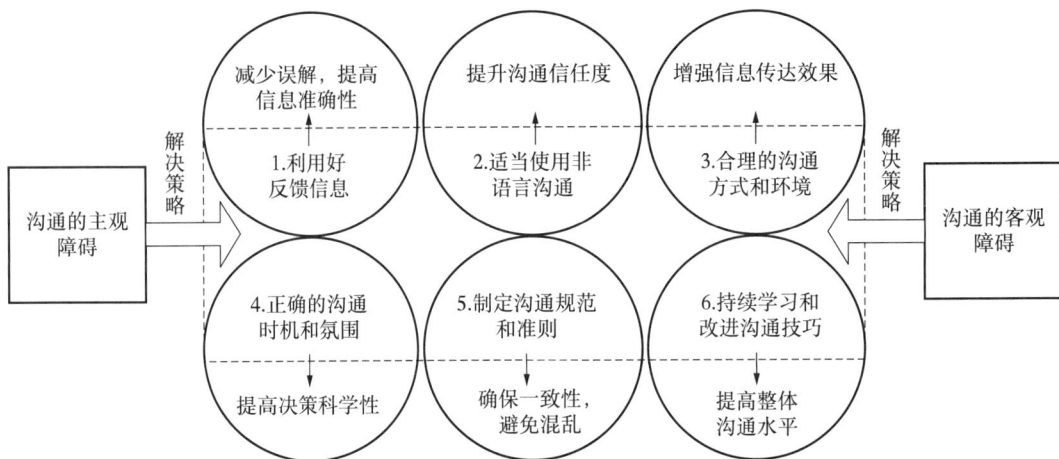

图 11-6　沟通障碍的解决策略示意图

（一）利用好反馈信息

误解是导致沟通障碍的主要原因之一。项目管理者若能在沟通过程中切实有效地利用反馈信息,就能大幅减少误解的发生。有效的反馈并不仅是简单的回应,还涵盖主动提问、对话内容的总结和澄清等多个方面。例如,项目管理者在介绍新的旅游景区开发项目阶段计划时,可通过询问团队成员是否完全明白计划内容或是否存在疑问等方式评估信息传达的效果。若团队成员提出问题,项目管理者可即时解答,从而避免可能产生的误解。

（二）适当使用非语言沟通

项目管理者应充分意识到肢体语言、面部表情、眼神交流和身体姿态等都能显著影响沟通的效果。例如,在讨论旅游项目的重要决策时,开放的手势和肯定的点头可传达自信和包容的态度,促进更有效的沟通和团队的信任。在与游客沟通时,微笑和友好的眼神交流可让游客感受到热情和关怀,提高游客的满意度。在与当地政府部门沟通时,得体的身体姿态可显示出对对方的尊重,有助于建立良好的合作关系。

（三）合理的沟通方式和环境

在旅游项目管理中，合理的沟通方式和环境对于信息的有效传达至关重要。正式和重要的沟通，如旅游项目启动会议，应选择正式的会议室和结构化的会议流程，使成员更专注于项目的目标、任务和计划，提高沟通的效率和效果。敏感或非正式的讨论，如团队建设或问题反馈，应选择轻松的环境，如团队聚餐或户外活动，使团队成员卸下防备、畅所欲言。

（四）正确的沟通时机和氛围

项目管理者应全面考虑沟通的目的，选择合适的沟通对象和时机，同时营造鼓励开放交流的氛围。例如，在旅游项目的关键阶段，应组织全体会议，确保所有团队成员在决策前充分了解情况并提供反馈。在会议中，项目管理者应鼓励成员积极发言，提出观点和建议，营造开放、民主的沟通氛围，充分收集各方意见，提高决策的科学性和合理性。

（五）制定沟通规范和准则

制定明确的沟通规范和准则，有助于确保沟通的一致性和有效性。例如，规定信息的传递方式、回复时间、沟通频率等。旅游项目可能涉及多个部门和团队的协作，制定统一的沟通规范可避免混乱和误解。同时，应明确沟通的责任和权限，确保成员了解各自在沟通中的角色和职责。比如，指定成员负责与游客的沟通和反馈处理，确保游客的问题能够及时得到解决。

（六）持续学习和改进沟通技巧

沟通是一项不断发展的技能，团队成员可通过参加沟通培训课程、阅读相关书籍和文章、与同行交流经验等方式持续学习和改进自身的沟通技巧。随着行业的发展和变化，新的沟通挑战会不断出现。例如，随着社交媒体的兴起，团队成员需学会利用社交媒体平台与游客进行沟通和互动，了解游客的需求和反馈。

通过实施这些策略，旅游项目管理者不仅能够有效地克服沟通障碍，还能极大地增强团队协作能力，提高项目管理的效率，获得好的成果。这些策略不仅适用于旅游项目管理，对任何需要精确沟通的职业场合都具有重要的参考价值。无论是在企业管理、教育领域还是医疗行业等，有效的沟通都是获得成功的关键因素之一。

第四节　项目谈判策略与技巧

项目谈判是项目管理过程中不可或缺的一部分。无论是项目的启动、资源的分配、合同的签订，还是项目进程中的调整与变更，都需进行有效的谈判。在旅游项目中，项目经理需与多方利益相关者（如政府、供应商、社区代表等）进行协调沟通，确保项目的顺利推进。

一、项目谈判的原则

(一)谈判准备原则

谈判准备通常需要遵循"知己知彼""知头知尾"和"通过预审"12字原则。

1.知己知彼

"知己知彼"强调对己方与对方的全面了解,包括人与事的各方面信息。项目管理者需了解法人和自然人(如投资人、合作伙伴等)的财务状况、目标追求和个人背景等信息,以及对谈判标的的技术水平、市场竞争情况、交易条件等进行深入分析。此外,背景信息(如政治、经济状况及人际关系等)也会影响谈判的优势与结果,都需在谈判前做到心中有数。例如,在规划新景区时,若管理者对投资方的目标追求和市场竞争的了解不充分,可能导致谈判结果不符合项目需求或投资预期。

2.知头知尾

"知头知尾"强调对谈判过程的设计与预测。谈判设计需明确成交目标,并制定合理的谈判程序和时间安排。成交目标通常分为上限、中间和下限3个方案,以应对不同的谈判情况。谈判程序应包括开场、议题顺序及结束条件的设置,确保沟通顺畅、有序推进。谈判时间需合理安排,利用时间对谈判心理的影响,确保在有限时间内实现有效沟通。比如,在旅游设施的建设项目中,项目管理者可在开场时突出旅游景点的经济潜力,引起投资者的兴趣;在结束阶段,需设定适当的条件,以便各方能在合理范围内达成共识。

3.通过预审

预审是谈判方案在正式实施前的审核过程。项目管理者需将谈判目标、程序等内容报送至相关领导或决策者处,进行审查并获得批准。这不仅能确保谈判方案的合法性和可行性,还能为谈判提供组织支持和法律保障。多部门和利益相关方的参与需具有明确的授权和合法的沟通渠道,以避免后续操作出现冲突或不一致的情况。

(二)谈判中的原则

在项目谈判中,应遵循以下几个基本原则。

1.双赢原则

谈判者应在利益平衡的基础上寻求解决方案,确保各方在合作中受益,促进项目的顺利实施和长久合作。

2.诚信透明原则

谈判的基础是信任,项目经理在谈判过程中应保持诚信和信息透明。坦诚沟通有助于增强信任,减少误解和潜在冲突,建立良好的合作关系。

3.灵活性与适应性原则

项目谈判往往涉及多变的因素,如项目预算、时间进度、资源配置等。谈判者需根据实际情况及时调整策略,寻找利益平衡点。

4.目标明确原则

在进入谈判前,项目经理应清晰认识谈判目标,了解对方的目标和需求。清晰的目标有助于谈判者在谈判过程中保持专注,避免偏离核心目标。

二、项目谈判的方式

不同的谈判方式在不同情境下具有独特的优势和适用性。了解并灵活运用多种谈判方式,不仅有助于项目的顺利实施,还能有效解决项目中复杂的合作与交易问题。

（一）书面磋商

通过邮件、传真等书面形式进行沟通和讨论,是旅游项目谈判中常见的形式之一。书面磋商的主要优势是成本低、效率高,适合处理细节复杂的合同内容和技术文档,信息的文字化和可记录性也能为后续的项目管理提供清晰的文档依据,确保合同条款的执行与跟踪。与供应商进行设备采购合同的谈判时,书面形式可确保报价、规格、交货时间等细节的清晰表达。与政府部门进行政策许可和审批的沟通时,也常采用书面磋商,确保沟通的严谨性和信息的规范化。书面磋商的局限性是缺乏直接互动,特别是在处理复杂问题或需要快速决策时,可能因信息不对称或误解导致沟通效率降低。

（二）电话磋商

电话磋商具有快捷、便利等特点,适合处理时间紧迫或紧急的问题。突发事件的应对、短期内的资源调度和临时调整等情况,都可通过电话进行快速磋商。例如,当游客在旅游中出现紧急情况需协调相关资源时,通过电话能够在最短时间内与当地旅游服务商或政府部门取得联系,并进行相应的安排和调度。此外,电话磋商能减少面对面谈判时的尴尬或压力,有助于调节紧张的谈判氛围。不过,电话磋商也存在一些不足。其一,电话磋商的信息记录难度较大,特别是口头承诺的留存和可追溯性较差,可能在日后的合同履行和责任划分中引发争议。其二,电话沟通可能因双方的语音质量、信号问题或表达方式不同而产生信息误解。项目管理者应尽量在电话磋商后通过书面方式进行信息确认,确保双方的理解一致,并为后续沟通留存书面依据。

（三）面对面磋商

面对面磋商是旅游项目谈判中最为传统和常见的方式,也是最直观、互动性最强的谈判方式。在大型或敏感的旅游项目中,面对面磋商能使双方更好地理解对方的意图、态度和需求。这种方式不仅可以快速反馈和调整策略,还能通过肢体语言、面部表情和语气等非语言信号增强信息的传递效果,进而有助于建立信任和达成共识。然而,面对面磋商的成本较高,涉及时间、资金和精力的投入,特别是在跨地域项目中,面对面磋商可能还需要额外的差旅安排。此外,这种方式的谈判也可能因谈判者的情绪波动或现场环境的影响而导致沟通效果不理想。因此,在选择面对面磋商时,应综合考虑项目的规模、复杂性和谈判双方的具

体需求,确保谈判的有效性。

在实际操作中,旅游项目管理中的谈判往往不是单一方式的运用,而是多种方式的结合。例如,在大型旅游景区的开发项目中,可能需通过书面磋商明确合同条款,通过电话磋商处理突发事件,在项目关键决策环节则采用面对面磋商的形式。项目管理者需具备灵活运用各种谈判方式的能力,能够根据项目的具体情况和谈判对象的需求,选择最合适的方式进行沟通和谈判。

三、项目谈判的技巧

谈判是推动项目成功的关键环节,项目经理需具备多种技巧,才能在多方利益的博弈中达成共识(田文迪、吴金红,2023)。这些技巧不仅有助于解决复杂的沟通问题,还能促进项目的高效推进。以下是项目谈判的5个核心技巧:

(1)有效沟通。项目经理需具备良好的倾听和表达能力,既要准确了解对方的需求和顾虑,也要清晰地传达己方的立场和期望。良好的沟通还应注重非语言的表达方式,如眼神交流、肢体语言和面部表情,以增强谈判的亲和力和说服力。

(2)主动引导。项目经理需掌握主动引导的技巧,确保谈判的节奏和方向符合项目目标。主动引导包括:设定明确的议程,把握话题切入点和恰当的时机,防止谈判出现议题偏移或无效沟通的情况。

(3)情绪管理。项目经理需要在谈判中保持冷静和理性,避免因情绪失控而影响谈判的进程和结果。当对方在谈判中情绪激动或表现出强烈反对时,项目经理应采取缓和策略,如调整语气、放慢语速或适当暂停谈判,以平息紧张的气氛。

(4)识别对方的底线和需求。项目经理需具备敏锐的观察能力,以识别对方的真实底线和核心需求,提高谈判的针对性,促进双方的有效合作。

(5)使用数据和事实。在谈判中,数据和事实是最有力的说服工具。项目经理需准备充足的数据和案例,以提升己方的可信度和说服力,进而提高谈判的成功率。

在旅游项目谈判中,项目经理需运用有效沟通、主动引导、情绪管理、识别对方的底线和需求、使用数据和事实等多种技巧,确保谈判顺利推进。这些技巧不仅能够帮助项目经理在复杂的谈判环境中达成共识,还能为项目的成功实施奠定基础。

四、项目谈判的常见挑战

在旅游项目的谈判中,项目经理面临多种挑战,这些挑战源于项目的复杂性、多方利益的博弈以及多样化的背景因素。项目谈判中常见的4个挑战如下:

(一)利益冲突

在旅游项目中,不同利益方对资源分配、预算优先级和时间安排的需求往往存在差异,从而产生利益冲突,甚至可能导致谈判陷入僵局。项目经理需灵活调整谈判策略,积极寻找折中方案,以实现多方利益的平衡。通过议题的分解和逐步妥协,项目经理不仅能推动谈判有序进行,还能提升项目的社会认可度和可持续性。

（二）信息不对称

信息不对称可能导致谈判一方在决策上处于不利地位。项目经理应尽可能收集和共享相关信息,如通过市场调研、政策咨询和技术分析等方式,减少信息差距。同时,项目经理应在谈判过程中主动提供数据和案例,增强己方的可信度和说服力。

（三）跨文化因素

跨文化因素是涉及国际合作的旅游项目中不可忽视的挑战。项目经理在跨文化谈判中应具备一定的文化敏感性,了解对方的文化背景和沟通习惯,并采取适应性的谈判策略。例如,项目经理可通过增加非正式的交流机会、提供多语言资料或邀请文化专家参与等方式,增进跨文化理解和加强合作。

（四）时间压力

时间压力是旅游项目谈判中的常见挑战,尤其是涉及季节性旅游项目时。项目经理需具备高效的谈判和决策能力,能通过明确的优先级排序和分阶段协议应对时间压力。项目经理可先与核心合作方签订临时协议,确保基本资源到位,待旺季后再进行更详细的谈判并签订补充协议。

在旅游项目的谈判中,项目经理需要灵活应对利益冲突、信息不对称、跨文化因素和时间压力等挑战,根据具体情况制定多样化的应对策略,从而在复杂的谈判环境中实现平衡与突破。这些挑战不仅是项目推进的障碍,还是提升谈判技能和项目管理能力的契机。

五、项目谈判的结果

结束谈判不仅决定合作的达成与否,还对项目的后续执行产生深远影响。根据谈判的结果和双方的协议情况,项目谈判的结果可分为3种:成交、破裂和中止。每种结果背后都有特定的成因和影响,项目经理需要在不同情境下采取灵活的应对策略。

（一）成交

项目谈判中最理想的结果,意味着双方通过多轮协商,最终在主要议题上达成一致。成交标志着谈判的成功,也是项目推进的关键节点。在实际操作中,成交的达成可能表现为对原有条件的全面接受,也可能是对部分条件的妥协和调整。例如,在旅游景区的合作开发中,项目经理可能需与投资方就预算分配、收益比例和资源调度等问题进行多轮谈判。最终,双方在预算和收益分配上达成共识,尽管对景区的部分设计仍有不同意见,但已足以签署合作协议。成交的关键在于合同条款的明确和执行细节的落实,项目经理需在协议签署后迅速制订详细的实施计划,确保谈判成果能够顺利转化为项目行动。

（二）破裂

谈判常见的结束形式,通常因双方在某些关键议题上分歧过大而导致未能达成协议。

破裂并不总意味着谈判的彻底失败,有时甚至可为未来的合作创造机会。破裂可分为友好破裂和愤然破裂两种情形:友好破裂指双方虽未能在交易上达成一致,但在沟通过程中保持了尊重和理解,为未来的合作保留了空间;愤然破裂指谈判环境恶化或条件过于苛刻,导致双方在交易和沟通上均未能取得进展。例如,在国际旅游度假村的开发谈判中,双方对投资回报的预期存在较大分歧,最终未能达成协议。但项目经理在谈判过程中保持了专业和友好的态度,表达了对未来合作的开放意愿,为日后合作奠定了良好的基础。反之,若谈判在情绪对立和利益冲突中愤然破裂,则可能不仅导致交易失败,还会影响双方的长期关系和潜在合作机会。

（三）中止

中止是谈判中较为灵活的结束形式,指双方因某种原因未能完全达成协议,但也未彻底终止谈判。在谈判中止时,项目经理需考虑是否设定恢复谈判的时间和条件。选择中止,通常是为了避免因条件不明或情绪激化导致谈判彻底破裂,而为重新协商留出时间和空间。中止的原因可能是议题过于复杂、外部条件变化或双方需更多时间进行内部讨论。在这种情况下,项目经理应积极保持沟通,在中止期间重新评估谈判策略,收集更多信息或争取更高层的支持,为后续的谈判打下更坚实的基础。例如,在与某城市政府进行旅游设施建设谈判的过程中,由于规划政策的调整和预算审批的变化,项目经理建议暂时中止谈判,等待政策进一步明朗后再进行协商,这一做法不仅为项目保留了继续谈判的机会,也为双方争取到更多的时间和资源来做谈判准备。

在项目谈判的最后阶段,项目经理需根据不同的结束方式采取相应的策略。若谈判成交,项目经理需快速落实合同条款,明确执行细节,确保项目的顺利推进;若谈判破裂,项目经理应尽量保持沟通的友好性,避免损害长期关系,并总结经验教训,为未来可能的合作打下基础;若谈判中止,项目经理应保持积极的沟通态度,利用中止的时间来优化谈判策略、整合资源,为重新开启谈判创造更有利的条件。

思考题

（1）简述文化和旅游项目中的沟通要素,并结合实际案例说明这些要素如何影响项目的成功。

（2）在项目沟通的不同类型中,正式沟通与非正式沟通有何不同?请举例说明这两种沟通类型在旅游项目中的应用场景。

（3）请结合一个文化或旅游项目,分析项目沟通过程模型的各个步骤,并讨论每个步骤在项目管理中的作用。

（4）请列出3种常见的主观或客观沟通障碍,并提出相应的解决策略。

（5）如何制订一个有效的旅游项目沟通计划?

第十二章 →

旅游项目风险与收尾管理

学习目标

（1）掌握风险识别、评估和应对策略的基本流程和方法。

（2）掌握旅游项目收尾管理的关键步骤，包括项目验收、项目审计、项目后评价等。

（3）了解旅游项目可能面临的潜在风险，并且能评估其影响和发生的概率。

（4）熟悉项目执行过程中应对风险的方法。

（5）熟悉项目验收、项目审计和项目后评价的主要方法。

第一节　旅游项目风险管理

旅游项目通常都处于复杂多变的环境中，风险管理贯穿于旅游项目的每个阶段，从风险的识别、评估到应对和监控，形成了完整的闭环。风险管理强调对项目目标的主动控制，能够提前识别和预防项目执行过程中可能出现的风险和干扰因素，避免或减少潜在损失。

一、旅游项目风险概述

（一）风险的概念

风险的本质是损失的不确定性。由于定义的角度不同，风险有不同的解释，较为通用的有以下几点：

（1）风险是损失或收益发生的不确定性，由不确定性和损失（收益）两个要素构成。

（2）风险是在一定条件下，一定时期内，某一事件的预期结果与实际结果之间的变动程度，变动程度越大，风险越大，反之越小。

（3）风险是损害和损害暴露度两种因素的综合，表达式为"风险＝损害（Haz-

ard)×损害暴露度(Exposure)"。损害暴露度是指风险发生的频率和可能性。

（4）风险是危险和保险的函数，即"风险＝f(危险，保险)"。风险随危险因素的增加而升高，但随保险因素的增加而降低。因此，好的项目管理结构应能够识别危险因素、设置保险因素，通过化解危险因素，将风险降低到可接受的水平。

（二）风险的特征

风险具有以下特征：

（1）客观性。风险的存在不以个体意志为转移，决定风险的各种因素相对于风险主体独立存在；风险无时不有、无所不在的，存在于人类社会的发展进程中，潜藏于人类从事的各种活动中。

（2）不确定性。风险的发生是不确定的，风险的程度、风险何时何地转化为现实均是不确定的。风险的不确定性要求项目管理人员运用各种方法对风险进行测度，以便采取相应的对策规避风险。

（3）不利性。风险一旦产生，会使风险主体遭遇挫折、失败乃至损失，对风险主体极为不利。风险的不利性要求项目管理人员在承认风险、认识风险的基础上，做好决策，尽可能规避风险，将风险的不利影响降至最低。

（4）可变性。在一定条件下，风险可进行转化，包括风险性质的变化、风险量的变化，此外，某些风险在一定空间和时间范围内会消失，同时也会产生新风险。

（5）相对性。面对相同的风险，不同风险主体对风险的承受能力不同，这主要与收益的大小、投入的多少、风险主体的地位，以及拥有的资源量有关。

（6）与利益的对称性。风险和利益同时存在，风险是利益的代价，利益是风险的报酬。

（三）旅游项目风险

旅游项目风险指在项目实施过程中，各种不确定因素导致项目未能实现预期目标或遭受损失的可能性，主要包括：

1. 经济风险

（1）投资回报的不确定性：市场需求评估不准确、项目定位不清晰、运营管理不当等，都可能导致项目建成后无法产生足够的现金流，造成巨大的负债。若投资者是地方政府，项目负债将严重影响当地经济社会发展。

（2）成本超支：预算编制不准确、施工过程中出现意外情况或材料价格波动，可能导致项目建设和运营成本超出预期。

2. 环境风险

（1）环境保护要求：旅游项目通常涉及自然景观和生态资源的开发和利用，若违反环境保护法规，可能面临罚款或停工，甚至引发公众抗议。

（2）生态破坏：项目在建设和运营过程中，可能对当地生态环境造成破坏，如景区的过度开发、游客过多导致环境压力等,因此需要制定有效的环境保护措施。

3.社会风险

(1)社区冲突:项目实施可能涉及当地居民的搬迁和土地使用问题,若处理不当,可能引发社区矛盾和社会冲突。

(2)文化冲突:项目在开发过程中需尊重当地习俗,否则可能引发文化冲突和社会不满。

4.政策风险

(1)政策变化:政策和法规的变化可能对项目的实施和运营产生重大影响,如环境保护要求的提高、假日制度的调整等。

(2)审批延误:项目需经多个政府部门的审批,若审批过程延误,可能导致项目进度滞后,特别是历史文化遗址开发等需要特别许可的项目。

5.自然灾害风险

(1)自然灾害:自然灾害可能对项目的建设和运营造成重大影响,因此需要制定应急预案,尤其是户外项目和自然保护项目。

(2)疾病疫情:类似SARS等流行疫情,会导致大部分旅游项目暂停或中断。

(四)风险管理

1.风险管理的概念

风险管理指通过风险识别、风险分析和风险评价认识项目的风险,并以此为基础合理地使用各种风险应对措施、管理方法和技术手段,对风险进行有效控制,并妥善处理风险事件造成的不利后果。

2.风险管理与项目管理的关系

从项目的时间、质量、成本目标来看,风险管理与项目管理的目标一致,即通过风险管理降低项目在进度、质量和成本方面的风险,满足游客及社会各界的期望。

从项目计划的职能来看,风险管理为项目计划的制订提供依据。旅游项目往往涉及季节性因素、天气变化、市场需求波动等不确定性,风险管理可帮助预测这些潜在问题。

从项目沟通控制的职能来看,项目沟通控制是对沟通体系进行监控,特别是关注那些经常出现误解和矛盾的职能及组织间的接口。项目沟通控制可为风险管理提供信息,反之,风险管理中的信息又可通过沟通体系传输给政府部门、社区、游客、投资方等。

从项目实施过程来看,风险大多在项目实施过程中由潜在变为现实。风险管理是在风险分析的基础上,拟定具体的应对措施,以消除、减轻或转移风险,从而降低其对游客体验和项目运营的负面影响。

3.风险管理计划

风险管理计划指将风险分析和管理步骤应用于项目管理之中。风险管理计划应详细说

明风险识别、风险估计、风险评价、风险控制所涉及的方方面面,以及如何评价项目整体风险(孙裕君、朱其鳌,2010)。

项目风险管理计划的基本程序如图12-1所示。

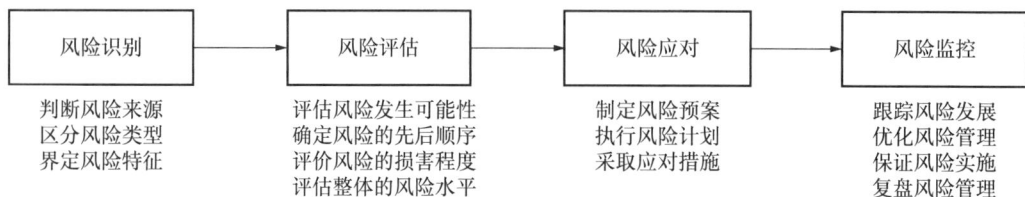

```
┌──────────┐    ┌──────────┐    ┌──────────┐    ┌──────────┐
│  风险识别  │ →  │  风险评估  │ →  │  风险应对  │ →  │  风险监控  │
└──────────┘    └──────────┘    └──────────┘    └──────────┘
判断风险来源      评估风险发生可能性   制定风险预案      跟踪风险发展
区分风险类型      确定风险的先后顺序   执行风险计划      优化风险管理
界定风险特征      评价风险的损害程度   采取应对措施      保证风险实施
                评估整体的风险水平                    复盘风险管理
```

图 12-1 项目风险管理的基本程序

(1)风险识别:旨在全面分析和归类旅游项目在不同阶段可能面临的各种风险。通过调研,识别项目内外的潜在风险,并分析其对项目的影响,为后续管理奠定基础。

(2)风险评估:确定风险发生的概率,以及对项目目标的影响程度,并根据严重性进行分级和排序,包括风险估计和风险评价两个方面。需根据项目实际情况,对风险进行定量和定性分析,制定应对方案。

(3)风险应对:针对项目风险提出具体措施,并做好时间和预算安排。应对策略的制定需综合考虑项目的目标、规模和可接受的风险大小,采用恰当的方法降低风险发生的概率、减少可能造成的损失。常见的策略包括回避风险、降低风险、转移风险和保留风险。

(4)风险监控:在风险事件发生时采取预定的规避措施,并在项目情况发生变化时重新进行风险分析,制定新的规避措施。风险监控包括跟踪已识别的风险,识别剩余风险和新出现的风险,修改风险管理计划,确保风险计划的实施,评估和降低风险的效果。

二、旅游项目风险识别

(一)项目风险识别的依据

要正确识别项目的风险因素,需认真、细致地研究、分析与项目相关的资料。项目风险识别的依据包括以下几点:

(1)风险管理规划。这是识别风险的首要依据,规划和设计了项目风险管理的过程,定义了组织和成员风险管理的行动方案及方式,涵盖角色和职责分配、风险预算、风险管理时间表及风险种类等信息。

(2)项目生命周期。项目不同阶段存在不同的风险因素。例如,在项目策划阶段,市场需求预测不准确、政策变化等都是常见风险。

(3)外在环境。旅游项目受外部环境影响较大,如政治局势不稳定、经济政策变化、资金链断裂、社会舆论和文化保护要求等都会给项目带来风险。

(4)历史记录。通过调查以往类似旅游项目的成败得失、遇到的风险及主要症状和后果,可为当前项目的风险识别提供有价值的参考。

(5)制约因素与假设条件。项目建议书、可行性研究报告、设计和实施方案等文件中的假设条件和制约因素,往往隐藏着可识别的风险。

(6)相关资料。这些资料包括项目本身的可行性分析报告、需求建议书、设计文件、技术报告等,以及项目所处环境的法律法规、环保要求、文化遗产保护要求、原材料供应情况、政治经济环境等内容。

(7)利益相关者的期望和需求。旅游项目往往涉及多个利益相关者,包括政府部门、当地社区、游客等,其期望和需求会对项目产生重要影响,因此需将其作为风险识别的重要依据。

(二)项目风险识别的过程

项目风险识别的过程一般可分5步:确定目标、明确关键参与者、收集资料、估计项目风险形势、识别潜在的项目风险(邱菀华,2013)。

(1)确定目标。在进行旅游项目的风险识别前,需明确旅游项目的风险管理目标。例如,旅游项目的目标可能包括保障游客安全、提升游客满意度、带动区域经济发展等。根据风险管理目标,项目团队需在不同阶段参与风险识别工作。

(2)明确关键参与者。旅游项目的风险识别应涵盖项目的核心团队(如项目经理、设施维护人员、导游服务人员等),同时也需考虑利益相关方的意见,包括游客反馈、当地政府的环保要求等,以确保各方对项目风险有一致的认识,从而有效参与风险管理。

(3)收集资料。应收集的资料包括:有关项目本身情况的资料,如项目计划、变更报告等;与项目所处环境相关的信息资料,如环境保护法律法规、自然灾害历史记录等;类似项目的有关管理资料,如同类项目遇到的风险及其具体情况。

(4)估计项目风险形势。分析收集的信息,寻找潜在的风险源。在分析资料、识别风险时,可利用一些工具和技术。常用的分析工具包括SWOT分析法、头脑风暴法、专家访谈法等。

(5)识别潜在的项目风险。风险识别需对制订的项目计划、项目假设条件和约束条件、与本项目具有可比性的已有项目的文档及其他信息进行综合会审,确定需重点关注的风险并制定应对策略。

(三)风险识别工具与技术

借助一定的技术和工具能够提高项目风险识别的成效,目前主要的风险识别工具与技术包括以下几种:

(1)文件资料审核。对项目所有文件进行结构性审查,包括项目计划、设想、前期文件及相关资料等,找出项目可能存在的风险因素。项目的各种计划及计划执行的连续性,都可能揭示项目可能存在的风险,但此方法对多个风险的来源描述不够全面,无法揭示风险来源间的互相依赖关系,对重要风险的指向性较弱,容易遗漏未在文件中列出的风险。

(2)信息收集法。通过收集有关信息分析项目风险的方法有头脑风暴法、德尔菲法、访谈法、SWOT分析法。

(3)检查表法。有关人员利用其丰富知识设计检查表。检查表按系统化、规范化的要

求识别风险,简单易行,但专业人员无法编制绝对全面的检查表,因此,检查表应尽可能详细列举项目所有的风险类别。

(4)流程图法。按内在的逻辑关系将项目全过程制成流程图,针对流程中的关键环节和薄弱环节进行调查和分析,找出风险存在的原因,发现潜在风险的威胁,分析可能的损失和影响。项目的规模越大,流程图分析的优越性越明显。

(5)因果分析图。因果分析图用于展示旅游项目中风险问题与风险因素的关系,常见的风险因素包括人员管理、设施设备、运营流程和环境影响(如天气或自然灾害)。通过因果分析图,项目管理者可识别和分析风险源,并据此制定应对措施。

(四)风险识别的成果

完成风险识别后,应整理结果,编制书面文件,为后续的风险分析和风险管理提供参考。风险识别的成果应包含以下内容:

(1)风险来源表。此表可详细说明风险来源的背景和影响因素,解释风险事件对项目的可能影响,包括风险事件的可能后果、预期发生的时间、预期发生的次数等。表12-1为风险来源表示例。

表12-1 风险来源表示例

风险事件的来源	预期发生的时间	预期发生的次数	风险事件的可能后果
市场需求波动	旅游旺季或淡季	每年多次	游客减少,经济效益下降
自然灾害	不可预测	不确定	景区关闭、设施损坏,游客安全受到威胁
安全事故	旺季或大型活动期间	每年可能发生多次	轻则游客投诉,重则引发负面社会舆论
…	…	…	…

(2)风险的类别。为便于进行风险分析、量化、评价和管理,有关人员应对识别出的风险进行分组或分类。识别过程中若发现新的风险类别,也应纳入风险清单。

(3)风险优先级。有关人员可根据风险的严重程度和发生概率对识别出的风险进行优先级排序。

(4)风险症状。风险症状是指风险事件的各种外在表现。通过识别风险症状,有关人员可更早发现潜在的风险。项目进度延误、成本超支、安全事故等都是风险症状,反映出项目管理中可能存在的问题。

(5)对其他方面的完善。在旅游项目的风险识别过程中,有关人员可能会发现其他需改进的项目管理问题,对此应进行相应的管理和完善。

三、旅游项目风险评估

(一)项目风险评估的依据

项目风险评估的依据包括以下几点。

（1）风险管理计划：明确各方责任，界定游客安全、设施维护、环境保护等方面的风险类型和影响。

（2）风险识别的成果：识别潜在风险，评估潜在风险对游客体验、设施运营、自然资源保护等的影响。

（3）项目进展状况：随着旅游项目从规划阶段推进至实施阶段，风险的不确定性可能逐渐增加。

（4）项目类型：技术含量高或复杂性强的旅游项目的风险评估需更加严格。

（5）数据的准确性和可靠性：评估用于识别旅游项目风险的数据是否准确，特别是关于游客流量预测、自然资源状况和市场趋势等方面的信息。

（6）概率和影响程度：评估旅游项目中风险发生的概率及其对游客体验、设施运维和项目经济效益的影响。

（二）项目风险评估的方法

项目风险评估的方法分为定性风险分析和定量风险分析两种。

1.定性风险分析

在对风险发生的概率和影响进行评估与汇总后，对风险进行排序。定性风险评估要求使用已有的定性评估方法和工具评估风险的概率和后果。风险概率指风险发生的可能性；风险后果指风险事件发生对项目目标产生的影响。风险概率估计方法主要有以下几种。

（1）历史资料法：观察潜在风险在长期内已经发生的次数，并估计概率。

（2）理论概率分布法：根据理论上的概率分布进行补充或修正，建立风险概率分布图。

（3）主观概率：根据长期积累的经验，对项目活动及有关风险事件进行估计。

（4）风险事件后果的估计：其内容包括风险损失的性质、风险损失的程度和风险损失的时间分布。

一般使用矩阵图进行风险影响程度分析。风险对项目主体影响程度评价如表12-2所示。

表12-2　风险对项目主体影响程度评价

项目目标	很低(0.05)	低(0.10)	一般(0.20)	高(0.40)	很高(0.80)
成本	无明显的运营或维护费用增加	增加<5%的运营或维护费用	增加5%—10%（含）的运营或维护费用	增加10%—20%（含）的开发或运营费用	增加>20%的开发或运营费用
进度	无明显的项目开业或推广拖延	项目开业或推广拖延<5%	总体项目拖延5%—10%，影响推广计划	开业或推广延迟10%—20%，影响高峰期游客流量	开业或推广推迟>20%，严重影响经营收益

项目目标	很低(0.05)	低(0.10)	一般(0.20)	高(0.40)	很高(0.80)
范围	很难发现的服务或设施功能减弱	影响部分次要设施功能(如游客中心)	影响部分主要设施功能(如景区主要景点)	主要设施功能明显受损,游客体验受限	重要设施功能缺失,游客满意度大幅降低
质量	设施条件或服务质量下降较难察觉	只有在游客要求较高时,设施条件或服务质量才会影响体验	设施条件或服务质量下降,影响游客体验,导致负面反馈	设施条件或服务质量下降明显,游客投诉频发,影响口碑	设施条件或服务质量严重下降,无法维持运营

风险发生概率与影响程度评价如表12-3所示。其中,风险值＝风险概率×风险影响值。

表12-3　风险发生概率与影响程度评价

一个具体的风险值					
风险概率	风险值				
0.9	0.05	0.09	0.18	0.36	0.72
0.7	0.04	0.07	0.14	0.28	0.56
0.5	0.03	0.05	0.10	0.20	0.40
0.3	0.02	0.03	0.06	0.12	0.24
0.1	0.01	0.01	0.02	0.04	0.08
	0.05	0.10	0.20	0.40	0.80

2.定量风险分析

定量风险分析指量化每一风险的概率及其对项目目标造成的后果,以此分析项目总体风险的程度。主要方法如下:

(1)访谈法。

访谈法用于量化对项目目标造成影响的风险的概率和后果。可邀请有类似项目经验的专家,凭借其经验进行风险量度,其结果往往比较可靠,有时甚至比数学计算和模拟分析的结果更准确。

(2)盈亏平衡分析。

盈亏平衡分析旨在确定项目的盈亏平衡点。在平衡点上,销售收入等于生产成本,标志着项目达到不盈不亏的生产规模,可用来确定最低生产量。盈亏平衡点越低,项目盈利的可能性就越大,亏损的风险越小,因此,该点表明项目生产能力的最低容许利用程度。盈亏平衡分析有3个变量——产量、销售和成本。成本又分为固定成本和可变成本,其中,可变成本与生产量成正比。盈亏平衡分析主要使用的方法有图解法和数解法。

图解法如图12-2所示。

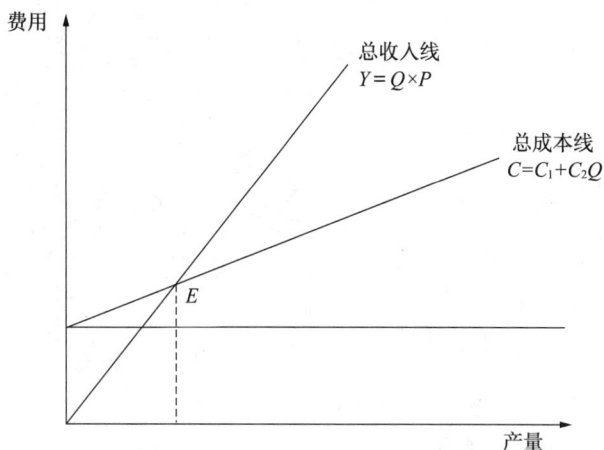

图 12-2　图解法示意

（邱菀华,2013）

数解法的过程及案例如下：

①以实际产量（或销售量）表示平衡点。

$$销售收入\ Y=Q\times P$$

式中：Q——销售量；

P——单位产品销售价格。

$$生产成本\ C=C_1+C_2\times Q$$

式中：C_1——固定成本；

C_2——单位可变成本。

∵平衡点上的销售收入等于生产成本,即 $Y=C$

∴$Q\times P=C_1+C_2\times Q$

∴$Q=\dfrac{C_1}{P-C_2}$

②以销售收入表示平衡点。

$$Y=\frac{C_1}{P-C_2}\times P$$

③以生产能力的利用率表示平衡点。

$$R=\frac{C_1}{r-C_2}$$

式中：R——达到项目设计生产能力的利用率；

r——达到设计生产能力时的销售收益。

【例12-1】某旅游项目预计年接待游客500万人次,每人次门票价格为100元,可变单位成本为60元,固定成本3000万元。请进行盈亏平衡分析。

年销售收入：

$$500 \times 100 = 50000(万元)$$

年可变成本：

$$500 \times 60 = 30000(万元)$$

该项目的实际产量：

$$Q = \frac{C_1}{P - C_2} = \frac{3000}{100 - 60} = 75(万人次)$$

这说明该项目游客接待量达到 75 万人次就不会亏本。

该项目的实际销售收入：

$$Y = Q \times P = 75 \times 100 = 7500(万元)$$

这说明该项目收入达到 7500 万元后就不会导致亏本。

该项目的实际生产能力的利用率：

$$R = \frac{C_1}{r - C_2} = \frac{3000}{50000 - 30000} \times 100\% = 15\%$$

这说明该项目达到盈亏平衡点时，生产能力的利用率为 15%。

（3）敏感性分析。

敏感性分析旨在分析受客观条件（如政治形势、通货膨胀、市场竞争等）的影响，项目的成本、投资、价格、工期等主要变量因素发生变化，进而导致项目主要经济效果评价指标发生变动的敏感程度。若变量的变动对评价指标的影响不大，则该方案为不敏感方案；反之，若变量的变化幅度很小，评价指标却反应明显，甚至否定原方案，则该方案对变量的不确定性是很敏感的，称为敏感性方案。其中，敏感性方案具有较大的潜在风险，不敏感方案则较为可靠。

敏感性分析的程序包括：①确定分析指标。选择投资回报率或净现值等指标，确保最终效果评价的一致性。②选择不确定因素。选择影响较大的因素，如产品价格、销售量、经营成本等。③计算不确定性因素变动对分析指标的影响。逐一变动不确定因素，计算其对分析指标的具体影响，并记录结果。④寻找敏感因素。比较各因素的变动对分析指标的影响，选出影响最大的因素。

敏感性分析主要包括单因素敏感性分析和多因素敏感性分析。

单因素敏感性分析指每次只变动一个不确定因素，计算其对分析指标的影响程度。

【例 12-2】某旅游项目预计投资 1500 万元，年游客量为 80 万人，门票价格为 120 元/人，年运营成本为 1000 万元，方案经济寿命期为 12 年，设备残值为 600 万元，基准折现率为 8%。试就投资额、门票价格及方案寿命期对其净现值进行敏感性分析。

解：以现值作为经济评价的分析指标，预期净现值为

$NPV_0 = -1500 + (80 \times 120 - 1000) \times PVIFA(8\%, 12) + 600 \times PVIF(8\%, 12)$

$= -1500 + (9600 - 1000) \times 7.5361 + 600 \times 0.3971$

$= 63548.72(万元)$

分别就投资额、门票价格和方案寿命期3个不确定因素进行敏感性分析,投资额、门票价格及方案寿命期在其预计值的基础上分别按±10%、±15%、±20%变化,相应的项目净现值将随之变化,其结果如表12-4所示。

表 12-4　单因素敏感性分析　（单位:万元）

单因素	变动率						
	−20%	−15%	−10%	0%	10%	15%	20%
投资额	63848.72	63773.72	63698.72	63548.72	63398.72	63323.72	63248.72
门票价格	49079.41	52696.74	56314.06	63548.72	70783.38	74400.70	78018.03
方案寿命期	56046.92	58321.08	60400.80	63548.72	66229.02	67626.96	68908.66

从表12-4中可以看出:在同样的变动率下,门票价格的变动对方案的净现值影响最大,其次是寿命期的变动,投资额的影响相对较小。若旅游项目投入运作,应对未来门票价格进行更准确的预测。

多因素敏感性分析法指在假定其他不确定性因素不变条件下,计算分析两种或两种以上不确定性因素同时发生变动,对项目经济效益的影响程度,确定敏感性因素及其极限值。多因素敏感性分析一般在单因素敏感性分析的基础上进行,分析的基本原理与单因素敏感性分析大体相同,但需注意的是,多因素敏感性分析须进一步假定同时变动的几个因素是相互独立的,且各因素发生变化的概率相同。

【例12-3】某旅游项目位于国内某一线城市,预计投资1500万元,年游客量为80万人,门票价格为120元/人,年运营成本为1000万元,方案经济寿命期为12年,设备残值为600万元,基准折现率为8%。试就投资额、门票价格及年游客量对其净现值进行多因素敏感性分析。

解:以净现值作为经济评价的分析指标,则预期净现值为

$$NPV_0 = -1500 + (80 \times 120 - 1000) \times PVIFA(8\%, 12) + 600 \times PVIF(8\%, 12)$$
$$= -1500 + (9600 - 1000) \times 7.5361 + 600 \times 0.3971$$
$$= 63548.72 (万元)$$

表12-5所示为投资额、门票价格和年游客量同时变动时对净现值的影响。

表 12-5　多因素敏感性分析　（单位:万元）

变动率	多因素		
	投资额&门票价格	门票价格&年游客量	投资额&年游客量
−20%	49379.41	37503.96	49379.41
−15%	52921.74	43472.55	52921.74
−10%	56464.06	49802.87	56464.06
0%	63548.72	63548.72	63548.72

续表

变动率	多因素		
	投资额&门票价格	门票价格&年游客量	投资额&年游客量
10%	70633.38	78741.50	70633.38
15%	74175.70	86880.49	74175.70
20%	77718.03	95381.21	77718.03

从表 12-5 中可以看出,投资额、门票价格和年游客量同时变动对项目净现值有显著影响。尤其是在门票价格和年游客量同时减少的情况下,净现值下降显著。这说明这些因素对项目的经济效益有重要影响,是项目管理中需重点关注的敏感因素。

通过多因素敏感性分析,管理者可更全面地了解旅游项目在不同情景下的经济效益变化情况,确定关键敏感因素及其极限值。对于该项目,管理者应特别关注门票价格和年游客量的变化,采取有效的风险管理措施,以确保项目的经济效益和可行性。

(4)决策树分析。

决策树分析指将有关决策的相关因素进行分解,逐项计算其概率和期望值,并进行方案的比较和选择。决策树法不仅可用来解决单阶段的项目风险问题,还可解决多阶段的项目风险量化问题,具有层次清晰、不遗漏、不易错的优点。用此方法进行风险量化的步骤包括:首先,按问题所给信息,由左至右顺序绘制决策树,□表示决策节点,从决策节点引出的分枝为方案分枝,需在分枝上标明方案名称;○表示状态节点,从状态节点引出的分枝为状态分枝或概率分枝,应在分枝上标明状态名称及出现概率;△表示结果结点,是各种自然状态下所取得的结果(如期望值)。其次,计算方案的益损期望值,并将计算结果标注在相应的状态节点上方。最后,比较益损期望值并选取最优的期望值,其相应的方案即最优方案(沈建明,2010)。

【例 12-4】假设在某地规划建设一个大型旅游综合项目,项目面临两种方案选择。一种是继续开发现有的旅游景区,另一种是建设新的主题公园。据测算,若市场需求量大,继续开发现有景区预计年度收益为 300 万元,建设新的主题公园年度收益为 500 万元。若市场需求量小,继续开发现有景区年度收益为 100 万元,建设新的主题公园年度亏损为 50 万元(以上损益值均指一年的情况)。另据市场分析可知,市场需求量大的概率为 0.7,需求量小的概率为 0.3。试分析并确定哪一种生产方案年度获利最多。

解:①绘制决策树,如图 12-3 所示。

②计算各节点的期望损益值,期望损益值的计算从右向左进行。

节点 2:$300 \times 0.7 + 100 \times 0.3 = 240$(万元)

节点 3:$500 \times 0.7 + (-50) \times 0.3 = 335$(万元)

决策节点 1 的期望损益值:$\max\{240, 335\} = 335$(万元)

③剪枝,决策节点的剪枝从左向右进行。

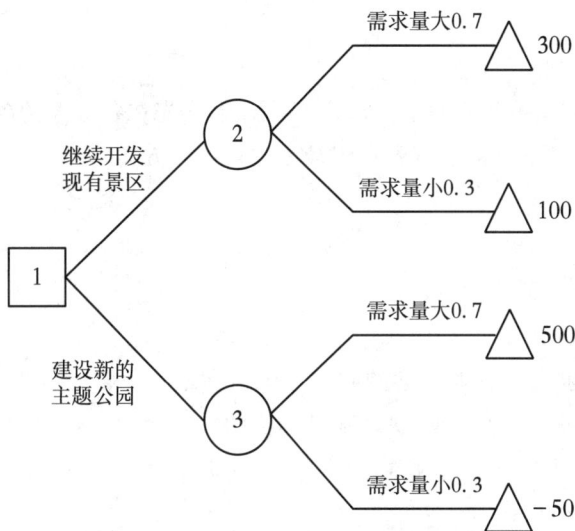

图 12-3 某地建设大型旅游综合项目决策树

(沈建明,2010)

因决策节点的期望损益值为 335 万元,为建设新的主题公园方案的期望损益值,所以剪掉继续开发现有旅游景区这一方案分枝,保留建设新的主题公园这一方案分枝。根据年度获利最多的评价准则,合理的生产方案应为建设新的主题公园。

(5)非肯定决策分析。

非肯定决策分析指在只了解预期收益或损失的情况下进行风险决策。

相同概率准则认为,不同方案的预期收益或损失的概率是相同的,因此应从中选取收益期望值最大的方案。损益值如表 12-6 所示。

表 12-6 损益值

方案	前景		
	好	中	差
a_1	110	96	−80
a_2	100	80	0
a_3	50	50	50

(资料来源:风险管理课程教学 PPT)

极大极大准则要求决策者追求最大收益,而对损失不加考虑,也称为乐观准则。按此准则,先在各方案的各种前景中找出最大的收益值,再从各方案的收益最大值中找出最大收益值的方案。

a_1:max {110,96,−80}=110

a_2:max {100,80,0}=100

a_3:max $\{50,50,50\}=50$

$\therefore$ max $\{110,100,50\}=110$

极小极大准则要求决策者在稳妥中追求最大收益。先在各方案的各种前景中找出最小的收益值,再从各方案的收益最小值中找出最大收益值的方案。

a_1:min $\{110,96,-80\}=-80$

a_2:min $\{100,80,0\}=0$

a_3:min $\{50,50,50\}=50$

$\therefore$ max $\{-80,0,50\}=50$

加权系数准则要求决策者对方案的收益最大值和最小值都予以考虑,首先由决策者根据自己的估计为收益最大值赋予权数 α,则最小值的权数为($1-\alpha$),其次分别计算各方案的收益加权平均值,最后从各方案的收益加权平均值中取最大值。

设 $\alpha=0.7$,则 $1-\alpha=0.3$

a_1:$110\times0.7+(-80)\times0.3=53$

a_2:$100\times0.7+0\times0.3=70$

a_3:$50\times0.7+50\times0.3=50$

$\therefore$ max $\{53,70,50\}=70$

机会损失值最小准则要求决策者根据机会损失值选择方案。首先计算各前景下各方案的机会损失值,其次在各方案的机会损失值中选取最大值,最后在各方案的最大机会损失值中选取最小值。机会损失值如表12-7所示。

表12-7　机会损失值

方案	前景		
	好	中	差
a_1	0	0	130
a_2	10	16	50
a_3	60	40	0

a_1:max $\{0,0,130\}=130$

a_2:max $\{10,16,50\}=50$

a_3:max $\{60,40,0\}=60$

$\therefore$ min $\{130,50,60\}=50$

【例12-5】一家旅游开发公司正在规划新景区的3种开发方案,预计该项目将吸引大量游客。根据市场调研,开发公司估算了在不同市场前景下每个方案的预期收益(单位:万元),需根据不同的决策准则选择最优方案。

方案1:建设一个生态旅游度假村。

方案2:建设一个大型主题公园。

方案3:开发一个历史文化遗址景区。

3种市场前景下的预期收益如表12-8所示。

表12-8 预期收益

方案	前景		
	市场繁荣	市场稳定	市场衰退
方案1	150	80	30
方案2	200	120	60
方案3	100	90	70

公司管理层可采用不同的决策准则选择最优开发方案。

① 相同概率准则:假设各个市场前景的发生概率相同,选择预期收益最大的方案。

② 极大极大准则:选择在市场繁荣时最大收益值最大的方案。

③ 极小极大准则:选择在市场衰退时最小收益值最大的方案。

④ 加权系数准则:假设市场繁荣的概率为0.5,市场稳定和衰退的概率分别为0.3和0.2,计算各方案的加权平均收益,选择加权收益最大的方案。

⑤ 机会损失最小准则:计算各个方案在不同市场前景下的机会损失,选择机会损失最小的方案。

(6)效用和效用函数。

在旅游项目决策中,项目管理者经常面临收益和损失的评估问题。例如,在开发旅游项目时,管理者可能根据投资风险和预期收益做出不同的反应。为更好地反映项目管理者对风险的态度,需使用效用和效用函数进行分析。效用指决策人对特定风险事件的期望收益和期望损失所产生的独特兴趣、感觉或取舍反应,代表决策人对特定风险事件的态度,也是决策人胆识的一种反映。效用值以量化指标反映决策人的态度和胆识,一般被界定在0到1之间,即$0 \leqslant$效用值$\leqslant 1$。人们对风险的认知以及对风险后果的判断,会随风险后果的大小、所处环境的变化而变化,这种变化关系可用效用函数$u(x)$来表示。效用函数一般用于衡量人们对风险以及其他事物的主观评价、态度、偏好和倾向等,在经济学和管理学领域有广泛的应用。在项目风险管理中,效用常被用来量化项目管理人员的风险观念。图12-4给出了3种常用效用曲线,反映了人们对待风险的不同态度。

Ⅰ型效用曲线适用于保守型管理者,这类决策者对项目潜在损失的反应较为敏感,往往会选择收益较低但风险较小的方案。

Ⅱ型效用曲线适用于中间型决策者,这类决策者会根据市场环境适度冒险,兼顾收益和风险,适合进行兼顾风险与收益的中等规模旅游项目投资。

Ⅲ型效用曲线适用于冒险型决策者,这类决策者对旅游项目中较高的风险损失不敏感,追求高额收益,愿意承担较大的项目风险。

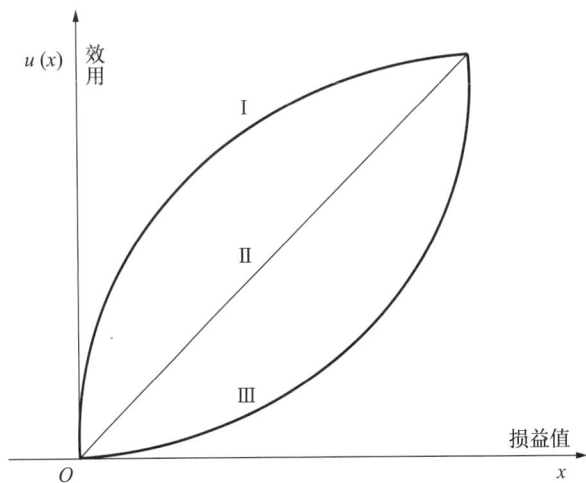

图 12-4　典型效用曲线模型

效用曲线广泛应用于旅游项目的风险评估与决策中。对效用函数的分析,能够帮助项目管理方在面临不确定性时选择最优的开发策略。比如,在评估旅游景区的扩建方案时,可结合预期游客流量、市场需求波动及自然灾害等因素,通过效用函数找到风险与收益的最佳平衡点,从而做出明智的投资决策。

四、旅游项目风险应对

风险应对计划是旅游项目管理计划中的重要部分,不仅需涵盖财务预算、设备维护、人员调配等资源的保障,还需根据具体风险(如游客突然增加或设施超负荷运转)制定详细的应急措施。组织还需明确各部门的职责,确保风险事件发生时能够高效应对,防止影响扩大(迪奥尼西奥,2014)。

制订风险应对计划的依据包括:①风险排序,即按可能性、对项目目标的影响程度、缓急程度对风险进行分级排序。②风险认知,指对可放弃的机会和可接受的风险的认知,组织的认知度会影响风险应对计划。③风险主体,项目利益相关者中的风险应对者应参与风险应对计划的制订。④可供选择的风险应对措施,对于某一具体项目风险,可供选择的应对措施可能有多个,需通过比较选择最优措施。

在旅游项目中,可根据风险发生的性质、概率及影响程度采取多种风险应对策略,包括回避风险、转移风险、降低风险和保留风险。

（一）回避风险

回避风险指通过改变项目的规划或管理措施完全消除某种风险。例如,若某个旅游项目位于自然灾害多发区,项目管理方可选择取消该项目或更改选址回避风险,或放弃某些极具挑战性的户外活动(如探险或极限运动),减少游客安全事故发生的可能性。在采取回避风险策略时,应注意以下几点:

（1）当风险可能对项目运营和声誉造成重大影响，且项目管理方充分了解该风险的严重性时，回避风险策略最为合适。

（2）当转移、降低其他风险的应对策略的成本和收益不符合项目预期时，回避风险可能是更加合理的选择。

（3）并非所有风险都能通过回避策略应对。例如，市场波动、游客需求变化等无法通过完全放弃项目解决。

（4）回避风险只适用于特定的条件和范围，若完全取消某项活动可能导致游客体验感下降，对营收造成负面影响，必须谨慎权衡。

（二）转移风险

在旅游项目中，转移风险指将风险的责任转移给第三方，减少项目管理方的负担。转移风险并不会降低风险本身的发生概率或减少不利后果，但通过签订合同、购买保险或寻找合作伙伴，项目管理方可以将风险责任转移出去。转移风险有3种形式：

一是控制型非保险转移。转移的是损失的法律责任，通过合同或协议，消除或减少转让人对受让人的损失责任和对第三者的损失责任，包括外包、分包、免责条款3种方式。

二是财务型非保险转移。转让人通过合同或协议寻求外来资金补偿其损失，包括免责约定和保留合同2种方式。

三是保险与担保。这包括保险合同和担保合同2种方式。保险合同即项目管理方根据相关法律，通过购买合适的保险产品，将风险转移给保险公司。担保合同则用于分担项目中的部分财务风险。

（三）降低风险

降低风险指通过具体措施，将旅游项目中不利风险事件的发生概率或其对项目造成的影响降至可接受的范围。与事后补救相比，提前采取的行动更具有效性，尤其是在旅游项目中，预防性措施能够有效减少自然环境破坏、游客安全事故及设施故障等带来的损失。降低风险的方式如下：

1. 损失预防

损失预防，指设法消除或减少各种风险因素，以降低损失发生的频率，包括：①工程法，即定期维护景区设施，建设防护设施应对自然灾害；②教育法，即通过安全教育培训，消除人为的风险因素，如为游客提供安全培训；③程序法，即制定应急预案，确保能及时处理突发事件。

2. 损失抑制

损失抑制，指损失发生时或损失发生后，采取各项措施降低损失，包括：①分割，将某一风险单位分割成许多独立的、较小的单位，以达到减少损失幅度的目的；②储备，提前储备应急物资和设备，以应对突发状况；③拟定减少损失幅度的规章制度，如设定游客上限和环境保护标准等。

（四）保留风险

保留风险指旅游项目管理方选择自行承担某些风险,而不是将风险转移给第三方。当其他风险规避方法成本过高时,保留风险便成为可行的替代方案。

1. 保留风险的类型

从是否主动来看,保留风险可分为主动保留与被动保留。主动保留又称计划性承担,指经合理判断、慎重研究后,将风险承担下来;被动保留指由于疏忽未探究风险的存在而被动承担风险。

从承担范围来看,保留风险可分为全部保留和部分保留。全部保留指损失频率高、损失幅度小,且当最大损失额发生时,项目组织有足够的财力承担风险;部分自留指依靠自身的财力,承担一定范围内的风险。

2. 保留风险的资金筹措

一是建立内部意外损失基金,即设立专门的应急基金,用于应对设施维护、游客赔偿等潜在损失;二是从外部获得应急贷款或特别贷款。

五、旅游项目风险监控

通过风险监控,项目管理者可及时识别、评估并控制潜在的风险,减少项目运行过程中突发事件带来的影响,保证项目的成功实施。

（一）项目风险监控的技术手段

1. 建立项目风险监控体系

主要内容包括制订专门的风险监控计划、设置定期报告机制、制定应急预案等。例如,对大型旅游设施(如缆车等)进行定期监控与维护,是保障项目安全运营的重要措施。

2. 审核项目风险

管理者需确保每项风险控制活动符合旅游项目的计划目标,并通过系统性检查及时发现和调整可能出现的偏差。例如,景区是否按规定落实环保措施、游客安全保障是否到位等。

3. 挣值分析

将计划工作与实际完成的工作进行比较,确定项目是否符合计划费用和进度的要求。例如,在项目建设期间,实际施工进度是否与计划一致、是否超出预算,若产生较大的偏差,则需进一步对项目风险进行识别、评估和量化。

4. 制订附加风险应对计划

若出现事前未预料到的风险,或者该风险对项目目标的影响较大,且原有的风险应对措施不足以应对,为控制风险,有必要制订附加风险应对计划。

5.独立风险分析

对于复杂的旅游项目,项目管理方可通过独立的风险分析来评估每个风险的发生概率和可能损失,进而判断是否需进一步监控某些高风险项目。例如,某些特定自然景区的环境保护措施是否需进行调整。

(二)项目风险监控的成果

1.随机应变措施

通过监控,及时执行应对措施并做好记录,如游客滞留或设备故障时,应立即启动应急预案。

2.纠正措施

在监控过程中发现项目存在风险或问题时,通过改进服务或改造设施以降低风险,如根据游客投诉改进服务。

3.项目调整

若应急措施使用频繁,说明现有规划存在不足,此时需根据监控来调整项目规划,如暴雨时节设施易损时,应加强基础设施建设,以提升抗风险能力。

4.风险应对计划更新

风险事件发生后,及时对监控到的相关情况进行归档,并重新评估应对措施,确保未来能更好地处理类似情况。

5.风险数据库建立

通过监控获得累计游客流量、设备故障情况等数据,建立风险数据库,为后续项目管理提供数据支持。

6.风险识别检查表更新

通过监控,定期更新检查表,确保涵盖所有潜在风险,如设备安全、游客反馈和环境变化等。

第二节　旅游项目收尾管理

收尾是旅游项目管理的最后阶段。当项目阶段目标或最终目标得以实现,或是项目目标无法实现时,都会进入收尾环节。项目收尾不仅是对工程质量和资料完整性的检查,还是对项目目标实现情况的全面评估,更是为未来的项目管理积累经验。项目审计在项目结束时起到至关重要的作用,审计可确保项目在资金使用和管理方面的合规性和透明度,帮助项目实现经济和社会效益最大化。

一、旅游项目验收

项目验收又称范围确认或移交,指当项目结束或项目阶段结束时,在项目团队交付成果之前,项目接收方与项目团队、项目监理方等有关方对项目的工作成果进行审查,核查项目计划规定范围内的各项工作或活动是否已经完成、应交付的成果是否令人满意,并将核查结果记录在验收文件中的一系列活动。若检查合格,项目接收方应及时接收项目成果,并实现从投资到生产或使用的转化。同时,总结经验教训,为后续项目提供参考。

（一）旅游项目验收对象和范围

在旅游项目验收过程中,需明确验收的对象和范围。验收通常涉及工程质量、文件资料及项目整体运行情况,旨在确保所有设施能够正常运营、服务质量符合要求、游客体验达到预期效果。

（1）工程质量验收:对景区内各类建筑设施（如游客中心、景区道路、游乐设施等）进行质量检查,不仅要确保其符合设计标准,还要确保其安全、环保且能满足游客需求。

（2）文件资料验收:验收过程中需核查与旅游项目相关的设计文件、技术规范、施工记录等资料,确保它们完整且符合标准,特别是针对环境保护和文化保护的合规性文件。

（3）项目整体运行情况验收:要对整个项目进行全面验收,确保所有子项目（如休闲娱乐区、文化展示区、住宿餐饮区等）都按设计要求建成并能正常运营,重点关注在游客高峰期时的承载能力和服务设施的运行状况。

（二）旅游项目验收方法

项目验收应根据项目的特点,灵活采用不同的方法。对于旅游项目,可以采用的具体方法包括观测法、试运行法和考核法。

（1）观测法:通过现场观测和检查,评估项目建设质量和各项指标是否符合设计要求和验收标准,需要特别关注景区内的景观效果、游客通道、安全设施等。

（2）试运行法:对系统开发项目进行试运行,检验项目是否能够正常运行并达到预期目标。例如,试运行游客服务系统、文化展示设备等。

（3）考核法:通过考核其经济效益或社会效益进行验收,评估项目的实际效果和贡献。例如,通过游客满意度调查、收入分析等方法,评估景区运营效果。

通过以上方法,可确保旅游项目在各个方面都达到预期标准和要求,从而成功验收,为后续的运营和使用提供保障。

（三）旅游项目验收依据

旅游项目的验收依据应具有科学性和权威性,通常包括项目合同书、国家标准、行业标准、相关政策法规和国际惯例等。其中,项目合同书规定了项目的具体目标、实施要求和成果标准,是项目验收的首要依据,验收过程需以此为基准,确保项目建设和运营符合合同约定的质量和效果。若无特殊的规定,还可参照国家标准、行业标准、地方性标准、企业标准及相关政策法规进行验收。例如,旅游项目应符合《旅游景区质量等级划分》(GB/T 17775—2024)等标准,以达到行业认可的服务水平和管理要求。

此外,项目的工作成果和成果文档也是项目验收的主要依据。工作成果是项目实施后的结果,项目结束时应产出令人满意的工作成果。因此,项目验收重点是针对工作成果进行检验和接收。只有工作成果验收合格,符合设计要求和使用标准,能够正常运行和提供服务,项目实施才算最终完结。同时,项目团队必须向接收方提供项目(或项目阶段)成果文档(包括项目计划、设计图纸、施工记录、质量检验记录、环境影响评估报告、文化遗产保护方案等),确保所有文档齐全、规范且符合验收标准。

(四)旅游项目验收组织

旅游项目的验收组织由对项目成果进行验收的人员组成。一般情况下,项目验收组织包括项目接收方、项目团队和项目监理方。然而,由于项目性质的不同,验收组织的构成会有所差异。例如,一般的小型服务性项目,只需由项目接收方进行验收;而较复杂的大型旅游项目,可能需要更全面的验收团队,成员包括政府部门、旅游管理机构、项目投资方及相关专家等。

(五)旅游项目验收程序

项目验收的程序通常因项目的大小、性质和特点而异。旅游项目的一般验收程序如图12-5所示(白思俊,2013)。

1.前期准备工作

(1)项目收尾:完成项目建设的收尾工作,确保所有设施、景观等已按计划建设完毕。

(2)准备验收材料:准备项目验收所需的所有材料,包括设计图纸、施工记录、质量检查记录、文化展示内容清单、环境影响评估报告等。

(3)团队内部自检:项目团队对项目进行自检,确保所有文化展示设施、旅游服务设施等已达到规定标准。

(4)提交验收申请报告:向相关验收机构提交验收申请报告,报送验收材料。

2.验收方做好验收工作

(1)验收组查验报告:根据项目特点组成验收工作组或验收委员会,通常包括项目接收方、项目团队、项目监理方、旅游专家、环保专家及相关政府部门代表。

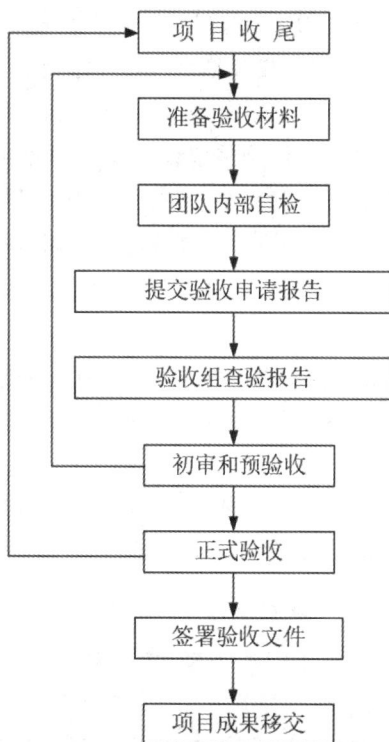

图12-5 旅游项目的一般验收程序
(白思俊,2013)

（2）初审和预验收：对项目材料进行详细检查，确保所有文档和记录齐全、规范，符合旅游项目的特殊要求，主要包括各项设施检查、环境影响评估等。

（3）正式验收：综合现场检查的结果，确认项目成果达到设计要求和验收标准。

（4）签署验收文件：验收合格后，签发项目验收合格文件，确认项目已经达到规定的验收标准。

（5）项目成果移交：验收合格后，办理项目固定资产的形成和增列手续，确保项目资产登记到位。

二、旅游项目审计

旅游项目审计指审计机构依据国家法令和财务制度，以及企业的经营方针、管理标准和规章制度，用科学的方法和程序对旅游项目的经济活动进行审核检查，判断其是否合法、合理、有效，借以发现错误、防止舞弊、改善管理，保证项目目标顺利实现，具有独立性、权威性、科学性的特征。

（一）旅游项目审计职能

就旅游项目建设而言，审计职能可分为以下几个方面。

（1）经济监督：对旅游项目的经济活动进行监督，确保项目的实施符合经济计划、法律法规及资源利用规范，避免不合规行为。例如，景区基础设施建设的资金是否得到合理使用、游客服务设施是否按预算建设。

（2）经济评价：对项目计划和实际执行情况进行核查，评估投资决策的合理性及项目的可行性。关注项目建设进度、资金使用效率及收益是否符合预期。例如，娱乐设施的建设进度是否符合项目要求、投资是否合理。

（3）经济鉴证：核查旅游项目建设及运营的实际情况，收集相关资料，验证项目的准确性和真实性。通过收集景区经营收入、游客流量等数据，审计人员能够为项目管理者提供决策依据。

（4）支持职能：监督旅游项目的执行，提出优化项目、提升管理效率的建议。例如，通过分析景区设施的利用率、资源管理情况，制定改善方案，以推动项目的持续优化和运营目标的实现。

通过这些职能，审计不仅能确保旅游项目的合法合规，还能为项目的管理优化和资源合理利用提供依据和建议。

（二）旅游项目审计类型

按照项目的周期，旅游项目审计可分为项目前期审计、项目建设期审计、项目竣工期审计。

（1）项目前期审计：确保项目在大规模开展前具备稳健的基础。通过审计项目计划、资金配置和投资决策的合理性，有效防止错误决策的产生。前期审计包括可行性研究审计、项目设计审计、招标审计、投资审计及合同审计等，以确保项目顺利进入实施阶段。

（2）项目建设期审计：审计部门需依据国家的相关政策法规以及企业的投资目标，严格检查项目建设过程中的资金使用及管理情况。具体包括项目组织审计、报告审计、设备和材料审计，以及建设期间收入审计等，以确保景区设施建设按时、按质完成。

（3）项目竣工期审计：这是确保项目投入使用前的最后一道关卡，因此需要对项目的所有环节进行审计，包括游客中心、娱乐设施、基础设施等。它还涉及对项目的运营准备情况进行评估，确保游客接待能力及设施运营状况符合预期，为项目的正式运营提供保障。

（三）旅游项目审计任务

旅游项目审计的任务主要包括以下几个方面。

（1）合规性审查：旅游项目涉及的政策、法律法规较多，需审查其是否符合国家及地方的相关规定，特别是在环境保护、文化遗产保护等方面，需确保项目建设和运营合法合规。

（2）经济活动合理性审查：旅游项目通常涉及多种业态（如景区、酒店、演艺等），需审查项目计划是否合理、组织结构和控制系统是否有效，以确保资源的合理利用。

（3）效益审查：它主要审查项目投资是否产生预期的经济效益，同时，旅游项目往往注重生态效益和社会效益，因此也需对这些方面进行审查。

（4）财务审查：它指对旅游项目的多元化收入来源（如票务、餐饮、住宿等）进行审查，以确保资金使用透明、财务报表真实可信，避免出现虚报或漏报的情况。

（5）管理状况审查：对景区管理、设施维护和服务质量等进行审查，提出改进建议，确保旅游项目在长期运营中保持质量稳定、实现管理优化，进而提升游客体验。

（6）总体监督与建议：为项目提供风险规避、效益最大化和可持续发展等方面的建议，确保旅游项目在社会效益和经济效益之间实现平衡。

（四）旅游项目审计作用

旅游项目审计在旅游项目管理中发挥着巨大的作用，主要体现在以下几个方面。

（1）提高项目效益：通过审计发现管理中的疏漏和资源浪费，据此提出改进建议，优化资金、劳动力等资源的分配和使用，最大限度地提升项目的经济效益。

（2）确保投资决策的科学性：通过审查投资计划和项目建设期间的重大决策，确保决策依据充分、过程科学，防止因决策失误导致项目资金浪费或收益下降。

（3）揭示违规行为：通过审计及时揭露项目中的违规行为，如不合规的财务活动、违法操作或违规建设等，避免违法操作对项目的长远发展产生负面影响。

（4）积累项目管理经验和教训：审计不仅有助于识别当前存在的问题，还能为未来项目的管理提供借鉴，逐步提高项目的管理水平，减少未来项目中的失误。

（5）激励和监督管理人员：审计过程可为项目管理人员提供有效的监督和激励，也可对违规或不尽责的人员起到警示作用，促使他们改进工作态度。

（五）旅游项目审计步骤

项目审计必须按照科学的程序进行，旅游项目审计需采取的步骤如下：

1.审计准备

(1)选择审计目标和范围:确定需要审计的项目,明确审计目标,如是否符合国家文化、旅游发展政策等。根据项目的规模和内容,确定审计的具体领域。

(2)组建审计工作组:根据项目特点,选择具备相关经验的审计人员,确保审计团队能够深入理解旅游项目的特殊要求,如文化保护、生态平衡等。

(3)项目调研和信息收集:审计开始前,审计团队需充分了解项目的基本情况,包括项目的组织架构、资金来源、资源配置、政策文件、合同内容等。

2.实施审计

(1)现场审计与数据验证:实地考察项目的实施情况,核实项目是否按计划执行、是否符合预算要求,同时,应特别关注自然资源开发是否合理以及是否符合当地环保政策。

(2)财务审查:审查资金使用情况,确认是否有违规挪用资金、预算超出等问题。对于旅游项目的多元化收入来源,需确保财务报表的准确性,并评估收益是否符合预期。

(3)纠正错误与风险防范:及时发现项目管理存在的问题,如资源浪费、项目进度延迟等,向项目管理方提出改进意见,确保项目管理在法律、政策层面的合规性。

3.报告审计结果

(1)审计结果总结与报告:审计完成后,需将审计的发现、问题和改进建议汇总成正式报告。报告应重点突出文化遗产保护、生态平衡等方面的审查结果。

(2)反馈和交流:审计团队与项目管理方、相关部门进行充分沟通,解释审计结果,确保整改意见能够落实到位。

4.后续工作

(1)跟进整改措施落实:审计结束后,审计团队需继续跟进项目整改措施的落实情况,确保项目管理方及时解决审计过程中发现的问题。

(2)吸取经验教训与培训:审计结束后,需对项目管理方进行反馈和培训,分享审计过程中发现的经验教训,避免未来出现类似问题。

(3)档案整理与保存:将审计过程中的所有资料整理归档,为未来项目提供重要的参考依据。

三、旅游项目后评价

项目后评价指对已完成项目(或规划)的目的、执行过程、效益、作用和影响进行的系统、客观的分析。它通过项目活动实践的检查总结,确定项目预期的目标是否达到、项目是否合理有效、项目的主要效益指标是否实现;通过分析评价找出成败的原因,总结经验教训;通过及时有效的信息反馈,为提高未来项目的决策水平和管理水平提供借鉴;同时为项目实施运营中出现的问题提出改进建议,以达到提高投资效益的目的。

（一）旅游项目后评价的内容

基于现代项目后评价理论的发展,项目后评价应包括项目效益后评价和项目管理后评价两方面的内容。

1.项目效益后评价

项目效益后评价指基于项目投产后实际产生的效益(包括经济、社会、环境等)及相关技术影响,重新测算各项经济数据,获取相关投资效果指标。将这些数据与项目前期评估时的预测值(如净现值、内部收益率、投资回收期等)和社会环境影响值(如环境质量值等)进行对比,通过评价和分析偏差及其产生的原因,总结经验教训,以提高项目的投资管理水平和决策质量。

旅游项目效益后评价的具体内容包括以下几个方面。

(1)经济效益评价:对项目的财务状况和经济效益进行再评估,重新计算投资回报率、净现值等财务指标,特别关注旅游收入、门票收入和周边经济的带动效应。

(2)环境效益评价:对照项目前期的环境影响评估报告,审核项目实际产生的环境影响,验证环境保护措施的有效性,评估项目对自然景观、生态环境和文化遗产的影响。

(3)社会效益评价:评估项目对当地社会发展的影响,包括创造就业机会、提高居民收入水平、推动社区发展和文化传承等。

(4)项目的可持续性评价:分析项目的长期可持续性,评估项目在外部资金支持结束后是否能够继续运作和发展,尤其关注文化遗产资源的可持续利用和旅游市场的稳定发展。

(5)项目综合评价:总结项目的整体成败,明确项目管理各环节的责任并进行成败分析。通过专家经验和逻辑框架法,对项目的成功程度进行定性和定量综合评价,可分为五个等级:一是完全成功的,项目所有目标全部实现或超出预期,带来显著收益,提升了游客满意度,推动了当地经济发展;二是成功的,项目大部分目标达成,游客量和收益符合预期,整体运营状况良好;三是部分成功的,部分目标实现,整体效益有限,部分设施和运营未完全达到预期;四是不成功的,目标实现较少,效益有限,游客量和经济效益均未达预期;五是失败的,项目目标无法实现或中止,几乎没有产生效益,运营失败。

2.项目管理后评价

传统的项目管理后评价是以项目竣工验收和项目效益后评价为基础,结合其他相关资料,对项目整个生命周期中各阶段的管理工作进行评价。旅游项目管理后评价旨在通过对项目管理过程的系统分析和总结,评估项目各个阶段的管理工作,提炼出成功经验和改进措施,为未来的项目管理提供指导。

旅游项目管理后评价的主要内容包括以下几个方面。

(1)项目执行情况:评估旅游项目是否按规划实施,需覆盖项目各阶段的管理情况,包括工作团队组织结构、游客接待能力等,确保项目各环节的协调和高效运行。

(2)项目管理能力:评估旅游项目管理团队在项目规划、执行、监控方面的表现,特别关

注其应对旅游行业特定需求的能力,如游客管理、服务质量监控等。

(3)项目管理者表现评价:评估项目管理者在整个旅游项目中的决策能力、执行能力和协调能力,评价其提出的改进建议和管理手段的有效性。

(4)外部协作单位表现评价:分析外部协作单位(如旅行社、承包商等)在游客接待、设备供应等方面的合作效率及其对项目目标达成的贡献,明确外部协作单位在项目中所发挥的作用。

(5)环境和社会影响管理评价:评估项目在环境保护和社会影响管理方面的措施实施效果,确保旅游项目运营不会对当地环境和社会产生较大负面影响,并且能推动项目的长期可持续发展。

(二)旅游项目后评价的程序

旅游项目后评价的程序一般如下:

1.选定项目

选定的项目主要包括:

(1)具有显著社会影响的项目,如大型文化遗产保护工程、大型旅游景区建设项目等。

(2)涉及创新技术和模式的项目,如新型文旅融合项目、智慧旅游项目等。

(3)建设内容、外部条件或项目布局发生重大变化的项目。

(4)急需评估影响的项目,如新建的主题公园、重大节庆活动项目等。

(5)组织管理复杂的项目,如跨区域的旅游协作项目、国际文化交流项目等。

2.制订项目后评价计划

制订详细的项目后评价计划,明确评价的目标、内容、方法和时间安排,具体包括:

(1)评价目标和要求,旨在明确评价的具体目标和任务来源。

(2)时间安排,旨在制定评价的时间表,确保评价工作按计划进行。

(3)执行团队,旨在确定评价的执行者,包括内部团队和外部专家。

(4)依据和方法,旨在明确评价的依据、标准和方法,确保评价的科学性和客观性。

3.确定项目后评价范围

明确项目后评价的具体范围和重点,确保评价内容覆盖项目的各个方面,具体包括:

(1)经济效益,如旅游收入、就业机会、区域经济带动效应等。

(2)环境效益,如生态环境保护措施、环境改善效果等。

(3)社会效益,如文化传承、社区发展等。

(4)可持续性,如项目的长期运营能力、旅游资源的可持续利用等。

(5)管理情况,如项目管理团队的表现、资源配置和管理流程等。

4.选择执行项目后评价的咨询机构及专家

选择具备旅游领域专业知识和丰富经验的咨询机构和专家团队,确保评价的专业性和权威性。项目后评价专家组由"内部"和"外部"两部分人组成。"内部"指被委托机构内部的专家,熟悉项目后评价过程和报告程序,了解后评价的目的和任务,一方面可顺利实施项目后评价,另一方面费用也较低。"外部"指项目后评价执行机构以外的独立咨询专家。聘请外部专家的优点是其评价一般更为客观、公正。

5.实施独立后评价

负责项目后评价任务的咨询机构,在接受委托、组建满足专业评价要求的工作组后,即可开始执行评价工作。具体包括以下几个步骤:

(1)资料信息的收集,即收集项目相关资料、当地旅游资源资料、评价方法的规定等。

(2)后评价现场调查,即明确调查任务,包括项目建设情况、运营管理情况等。

(3)分析和总结,即对现场调查资料进行全面分析,评估项目的总体效果、可持续性等。

6.出具项目后评价报告

项目后评价报告是评价结果的汇总,是反馈经验教训的重要文件。后评价报告必须反映真实情况,文字要准确、简练,尽可能不用生疏的专业词汇;报告内容的结论、建议要和问题分析相对应,并将评价结果与未来规划和政策的制定、修改相联系。报告应包括:

(1)项目背景,即介绍项目目标、建设内容、工期、资金来源与安排等。

(2)实施评价,即分析项目实施的特点和变化,评价这些变化对项目效益的影响。

(3)效果评价,即评估项目的经济、环境和社会效益,特别是文化传承和旅游发展方面的效益。

(4)结论和建议,即给出项目的综合评价和结论,提出经验教训和改进建议。

四、案例

旅游项目案例如下所示。

Y省某生态旅游景区综合开发项目验收

1.项目背景

该景区以喀斯特地貌和湖泊湿地闻名,是一个兼具自然美景和民族文化的生态旅游目的地。该项目的开发主要是为了充分挖掘景区的自然景观资源,推动当地的旅游经济发展。项目建设内容包括景区基础设施提升、湿地保护工程、游客服务中心及少数民族文化体验区等。该项目得到了政府和企业的大量投资,目标是打造一个国际化的生态旅游景区。

2.项目验收

(1)工程质量验收:项目完工后,当地文旅部门牵头对景区基础设施进行了质量验收,包括湿地保护工程、栈道、游客服务中心等。特别注重验收喀斯特地貌保护区的环保设施,确保其符合设计规范。同时,还对水质监测系统、环保厕所和垃圾处理系统等生态保护措施进行了详细检查。

(2)文件资料验收:验收时,项目团队提供了完整的施工记录、设计图纸、环境影响评估报告等资料,确保项目所有环节的文件齐全且符合规定,特别是环保相

关文件,如环境影响评估报告和生态修复计划,经过了多轮审查,确保符合国家相关标准。

(3)项目完整性验收:整个景区项目(包括基础设施、文化体验区和湿地保护区)都按设计要求完成,所有子项目功能齐全,能够正常投入运营。

3. 项目审计

(1)经济监督:针对湿地保护区和文化展示区的建设,项目审计团队重点监督了资金的使用情况,确保专项资金用于湿地生态修复、栈道建设等重要部分。审计人员定期核查资金流向,确保项目资金按预算合理分配,避免资金浪费或挪用。

(2)经济评价:项目审计报告评估了景区开发的投资回报情况,重点审查了新增游客设施(如生态游船、游客服务中心)的投资效果。评估结果显示,游客数量显著增加,带来了较高的旅游收入,经济效益达到预期目标。

(3)经济鉴证:项目审计人员对各项财务报表进行了核实,确保项目建设中的资金流动透明、真实。湿地保护工程的具体支出与环保专项资金完全吻合,财务数据与实际建设进度一致,未发现违规使用资金的情况。

(4)合规性和效益审计:针对景区的生态敏感性,审计人员特别关注项目是否遵守环境保护法规,并审查了湿地保护措施的执行情况。审计人员还评估了项目的社会效益,包括项目带来的就业机会。结果显示,项目在环境和社会效益方面表现良好,达到预期目标。

4. 试运行与考核

(1)试运行阶段:在项目正式对外开放前,景区进行了为期3个月的试运行。试运行期间,对游客接待系统、导览服务、观光线路及生态保护措施进行了测试。试运行过程中发现部分景点的游客通道需要优化、部分地区的指示标识不足,项目管理方根据试运行反馈对相关设施和服务进行了改进。

(2)游客反馈考核:项目管理方通过问卷调查和访谈的方式,收集了游客对湿地观光、民族文化展示和基础设施的反馈。大部分游客对景区的自然风光表示满意,但对服务设施提出了一些改善意见,例如,停车场的布局不合理、游客服务中心的功能性不足等。

5. 项目后评价

(1)生态效益评价:项目在建设过程中严格执行了湿地保护政策,环境监测结果显示,湿地环境保持良好,水质未受到污染,植被修复进展顺利。喀斯特地貌的自然景观得到有效保护,并成为景区的核心吸引力之一。后评价还指出,景区的环保措施,如垃圾分类处理和环保厕所建设,达到了预期效果。

(2)社会效益评价:该项目为当地少数民族提供了大量的就业机会,特别是在文化体验区,多个村寨的居民参与到景区运营中,通过展示民族特色手工技艺、进行民族风情表演等方式增加了居民收入。此外,景区的建设带动了周边基础设施的改善,吸引了更多投资。

（3）文化保护与传承：项目后评价指出，少数民族文化体验区为当地少数民族提供了传统文化展示平台，通过日常的民族表演和节庆活动，丰富游客体验的同时，也加强了当地文化的传承和保护。

6. 经验总结与改进建议

（1）生态保护与发展平衡：项目的成功经验表明，旅游开发必须注重生态保护。从规划到施工，要始终坚持环保优先，特别是在湿地保护和喀斯特地貌开发方面，应严格控制建设规模，确保旅游开发与环境保护协调发展。

（2）旅游服务质量提升：试运行阶段的反馈表明，游客服务设施在高峰期的承载能力有待提升，特别是在停车场、游客中心等使用率较高的区域。后评价建议采用导流措施优化服务设施布局，以提升游客满意度。

（3）提升文化与旅游融合度：项目将少数民族文化融入旅游体验，既增强了景区的吸引力，又促进了文化的传承和创新。未来的项目可以进一步增加文化展示的深度和游客的互动体验，推动文旅融合发展。

7. 总结

该景区开发项目成功实现了生态保护与旅游开发的平衡，成为生态旅游的典范。项目通过严格的环保措施保护了喀斯特地貌和湿地生态，同时促进了当地少数民族文化的传承与创新。项目不仅为当地居民提供了大量就业机会，还提升了游客的生态体验和文化认知。项目的成功展示了如何通过科学规划和持续的生态监测，在实现旅游业可持续发展的同时，保护自然环境和文化遗产。

思考题

（1）旅游项目风险通常包含哪几类？

（2）识别旅游项目风险常用的方法有哪些？

（3）旅游项目风险管理计划的核心目标是什么？

（4）在风险识别的过程中，哪种技术或工具最常用于收集项目相关信息？

（5）风险概率和影响评估通常在哪个风险管理过程中执行？

（6）在风险应对规划中，哪种应对策略旨在消除风险的原因？

（7）旅游项目的审计工作主要包括哪些方面？

（8）旅游项目后评价的程序是什么？

参考文献

Bibliography

[1] 白思俊.现代项目管理:升级版[M].2版.北京:机械工业出版社,2019.

[2] 白思俊.现代项目管理概论[M].2版.北京:电子工业出版社,2013.

[3] 保继刚,梁增贤.基于层次与等级的城市旅游供给分析框架[J].人文地理,2011,26(6):1-9.

[4] 保继刚,梁增贤.主题公园发展——中国案例[M].北京:科学出版社,2021.

[5] 陈关聚.项目管理[M].3版.北京:中国人民大学出版社,2021.

[6] 戴大双.项目融资/PPP[M].3版.北京:机械工业出版社,2018.

[7] 郭致星.极简项目管理:让目标落地、把事办成并使成功可复制的方法论[M].北京:机械工业出版社,2020.

[8] 哈罗德·科兹纳.项目管理:计划、进度和控制的系统方法[M]13版.杨爱华,王丽珍,译.北京:电子工业出版社,2023.

[9] 何正文,王能民,徐沛雷.项目采购与合同管理[M].西安:西安交通大学出版社,2022.

[10] 黄娜,李广涛,彭秋瑜,等.跟我们做项目管理:500强项目经理实操案例[M].北京:中华工商联合出版社,2024.

[11] 康路晨,胡立朋.项目管理工具箱[M].2版.北京:中国铁道出版社,2016.

[12] 拉斯·J.马蒂内利,德拉甘·Z.米洛舍维奇.项目管理工具箱[M].2版.陈丽兰,王丽珍,译.北京:电子工业出版社,2017.

[13] 黎亮,肖庆钊,宋瑾.项目管理——PRINCE2+PMBOK[M].2版.北京:清华大学出版社,2022.

[14] 梁增贤,保继刚.基于珠海实证的城市旅游增长极限分析框架[J].地理学报,2020,75(8):1711-1724.

[15] 梁增贤,保继刚.主题公园黄金周游客流季节性研究——以深圳华侨城主题公园为例[J].旅游学刊,2012,27(1):58-65.

[16] 梁增贤,董观志.旅游管理原理与方法[M].3版.北京:中国旅游出版社,2024.

[17] 梁增贤.主题公园开发与管理[M].重庆:重庆大学出版社,2019.

[18] 梁增贤.主题公园与城市发展[M].北京:科学出版社,2019.

[19] 刘键.政府投融资管理[M].北京:中国金融出版社,2022.

[20] 戚安邦.项目论证与评估[M].3版.北京:机械工业出版社,2018.

[21]　邱菀华.现代项目管理学[M].3版.北京:科学出版社,2013.

[22]　沈建明.项目风险管理[M].2版本.北京:机械工业出版社,2010.

[23]　师守祥,耿庆汇,尹改双.旅游项目管理[M].天津:南开大学出版社,2013.

[24]　辛西娅·斯塔克波尔·斯奈德.活用PMBOK®指南:项目管理实战工具[M].2版.赵弘,刘露明,译.北京:电子工业出版社,2014.

[25]　孙裕君,宿慧爽,田硕.现代项目管理学[M].3版.北京:科学出版社,2016.

[26]　孙裕君,朱其鳌.现代项目管理学[M].2版.北京:科学出版社,2010.

[27]　田文迪,吴金红.项目管理[M].武汉:华中科技大学出版社,2023.

[28]　汪小金.项目管理方法论[M].3版.北京:中国电力出版社,2020.

[29]　Project Management Institute.项目管理知识体系指南[M].6版.北京:电子工业出版社,2018.

[30]　Project Management Institute.项目管理知识体系指南[M].5版.北京:电子工业出版社,2013.

[31]　肖祥银.从零开始学项目管理[M].北京:中国华侨出版社,2017.

[32]　杨宜,张峰.中小企业投融资管理[M].2版.北京:北京大学出版社,2022.

[33]　张晓远.项目合同管理[M].北京:机械工业出版社,2008.

[34]　周峰,魏汝岩,陈曦.招投标管理[M].西安:西安电子科技大学出版社,2023.

[35]　Bentley C. Prince2: a practical handbook[M].London:Routledge,2012.

[36]　ISO.ISO 21500:2021-Project,programme and portfolio management-Context and concepts[S].International Organization for Standardization,2021.

[37]　Kerzner H. Project management:a systems approach to planning,scheduling,and controlling[M].10th ed.Hoboken:Wiley,2013.

[38]　Mendelow A L. Environmental scanning—the impact of the stakeholder concept[J].ICIS 1981 Proceedings,1981.

[39]　Mitchell R K, Agle B R, Wood D J. Toward a theory of stakeholder identification and salience: defining the principle of who and what really counts[J]. Academy of Management Review, 1997, 22(4): 853-886.

[40]　Perlow L A. The time famine: toward a sociology of work time[J]. Administrative science quarterly, 1996, 8(1): 244-248.

[41]　Stacey R D. Complexity and Creativity in Organizations[M]. San Francisco, CA: Berret-Koehler Publishers,1996.

293

后 记

　　2012年，我入职中山大学旅游学院，当时分管教学的副院长彭青教授让我承担学院核心课程"旅游项目管理"的教学任务，面向全年级300多名本科生授课。这对于刚刚入职的我来说是极大的挑战。一方面，"旅游项目管理"课程的教学需要有前期积累和实践经验；另一方面，要让全院3个不同专业方向的学生都听得懂，且听完后都要觉得有用。好在该课程的前任教师、即将退休的卓欧教授将他在中山大学岭南学院讲授的"项目管理"课件分享给我，让我能够站在前辈的肩膀上前进；暨南大学董观志教授不仅分享了他过往项目管理的资料，还让我在与他一起编写《旅游管理原理与方法》的过程中初步组织完成了《旅游项目管理》的内容。中山大学保继刚教授更是亲自带我参与旅游项目，全程指导，细心点拨。十几年来，在保教授的指导下，我参与完成了一系列旅游项目，这些项目为本教材的编写工作积累了不少实战案例和项目素材。彭青教授作为教学督导，时常到课堂旁听并给予指导，指出了需要改进的地方，并对课程应增加的内容和讲课的方式提出了具体建议。几位教授为本课程倾注了心血和时间，足见"旅游项目管理"课程于我、于学生、于学院、于专业之重要程度。

　　几年来，这门课程日臻完善，已成体系。院长徐红罡教授主导的几次人才培养方案改革一直将"旅游项目管理"作为学院的核心课程，并多次表示要将其打造成为一流课程。两任分管教学的副院长罗秋菊教授和张骁鸣教授也为我出谋划策、申请经费、争取资源、联系合作企业，使"旅游项目管理"接连获批本科一流课程建设、思政课程建设、野外实习资助等项目。学院黄山书记和赵静副书记也对书稿的审阅和把关投入了大量的时间和精力。据粗略统计，学校、学院、合作企业以及我个人相继为本课程投入28.6万元，其余各类支持难以估计。本教材正是在多方长期、持续的帮助下积累的成果，相信能为旅游项目管理人才的培养提供有效的教学内容和工具，成为国内外旅游项目管理领域具有创新意义、系统价值和建设性发展的成果。

　　本教材在撰写和修改的过程中参考了大量资料，包括书籍、期刊、报纸、网络信息和自媒体内容等，尽管列出了主要参考文献，但限于篇幅以及可能的疏漏，肯定还有未列出来的，在此对有关作者、单位等表示衷心的感谢！本教材的不断完善，离不开华中科技大学出版社李欢、胡弘扬等同仁的帮助。出版社前瞻性的细致工作和周到的跟进服务，让我少走了很多弯路。我的博士生吴璧君负责书稿第八章、第九章的材料整理、数据收集和全书的校对工作，硕士生陈香萍负责全书的校对和文字整理工作。其勤奋、细心、耐心和出色的文字功底，让书稿的质量得到有效提升。以下博士生和硕士生也参与了书稿的材料整理和数据收集工作:徐海超负责第十章、第十一章;郭子钰负责第五章、第十二章;孙宇洁负责第六章、第七章;苏思晴负责第三章;吴伟勋负责第二章、第四章。此外,胡希、黄婉莉、王泽铃、翟佳薇、陈倩绮、陈晓彤、陈垣润、王佳润、杨恬甜等硕士生和本科生参与了文字编辑工作。以上所有同学的工作都卓有成效,在此深表感谢!当然,本教材为初版,知识体系仍有完善空间,书中难免存在疏漏和不当之处,敬请各位读者不吝赐教!

2025年是特殊的一年,百年未有之大变局正迎来关键时期,全球政治、文化、经济和旅游格局正发生深刻调整;旅游业在经历跌宕起伏后企稳增长,在经济格局重组、旅游市场重构、人工智能与数字化转型的浪潮中迎来复苏,被确定为中国新兴的战略性支柱产业和具有显著时代特征的民生产业、幸福产业。从中央高层到文旅基层企业和个人,无不为此倍感振奋。本教材在此巨变时代出版,恰逢其时,相信能为新时期中国文化和旅游人才的培养注入新的活力。

最后,感谢我的家人和朋友们,以及所有在背后默默支持的同行、同事和同学们!

2025年2月6日

教学支持说明

为了改善教学效果,提高教材的使用效率,满足高校授课教师的教学需求,本套教材备有与纸质教材配套的教学课件(PPT电子教案)和拓展资源(案例库、习题库等)。

为保证本教学课件及相关教学资料仅为教材使用者所得,我们将向使用本套教材的高校授课教师赠送教学课件或者相关教学资料,烦请授课教师通过电话、邮件或加入旅游专家俱乐部QQ群等方式与我们联系,获取"电子资源申请表"文档并认真准确填写后发给我们,我们的联系方式如下:

地址:湖北省武汉市东湖新技术开发区华工科技园华工园六路

邮编:430223

电话:027-81321911

E-mail:lyzjjlb@163.com

旅游专家俱乐部QQ群号:758712998

旅游专家俱乐部QQ群二维码:

群名称:旅游专家俱乐部5群
群　号:758712998

华中科技大学出版社
http://press.hust.edu.cn

电子资源申请表

填表时间：_____年____月____日

1. 以下内容请教师按实际情况写，★为必填项。
2. 根据个人情况如实填写，相关内容可以酌情调整提交。

★姓名		★性别	□男 □女	出生年月		★职务	
						★职称	□教授 □副教授 □讲师 □助教
★学校				★院/系			
★教研室				★专业			
★办公电话			家庭电话			★移动电话	
★E-mail（请填写清晰）					★QQ 号/微信号		
★联系地址					★邮编		

★现在主授课程情况	学生人数	教材所属出版社	教材满意度
课程一			□满意 □一般 □不满意
课程二			□满意 □一般 □不满意
课程三			□满意 □一般 □不满意
其　他			□满意 □一般 □不满意

教 材 出 版 信 息

方向一		□准备写 □写作中 □已成稿 □已出版待修订 □有讲义
方向二		□准备写 □写作中 □已成稿 □已出版待修订 □有讲义
方向三		□准备写 □写作中 □已成稿 □已出版待修订 □有讲义

　　请教师认真填写表格下列内容，提供索取课件配套教材的相关信息，我社根据每位教师填表信息的完整性、授课情况与索取课件的相关性，以及教材使用的情况赠送教材的配套课件及相关教学资源。

ISBN（书号）	书名	作者	索取课件简要说明	学生人数（如选作教材）
			□教学 □参考	
			□教学 □参考	

★您对与课件配套的纸质教材的意见和建议，希望提供哪些配套教学资源：